3942

Eine Arbeitsgemeinschaft der Verlage

Böhlau Verlag · Wien · Köln · Weimar
Verlag Barbara Budrich · Opladen · Toronto
facultas.wuv · Wien
Wilhelm Fink · München
A. Francke Verlag · Tübingen und Basel
Haupt Verlag · Bern
Verlag Julius Klinkhardt · Bad Heilbrunn
Mohr Siebeck · Tübingen
Nomos Verlagsgesellschaft · Baden-Baden
Ernst Reinhardt Verlag · München · Basel
Ferdinand Schöningh · Paderborn · München · Wien · Zürich
Eugen Ulmer Verlag · Stuttgart
UVK Verlagsgesellschaft · Konstanz, mit UVK / Lucius · München
Vandenhoeck & Ruprecht · Göttingen · Bristol
vdf Hochschulverlag AG an der ETH Zürich

Johannes Münder
Rüdiger Ernst
Wolfgang Behlert

Familienrecht

Eine sozialwissenschaftlich
orientierte Darstellung

7. Auflage

Die Deutsche Nationalbibliothek verzeichnet diese Publikation in
der Deutschen Nationalbibliografie; detaillierte bibliografische
Daten sind im Internet über http://dnb.d-nb.de abrufbar.

ISBN 978-3-8252-3942-8 (UTB)

7. Auflage 2013

Vorwort

Hiermit liegt die 7. Auflage des Familienrechts vor. Gemeinsam mit der 2011 (noch im Luchterhand Verlag) erschienenen 7. Auflage des Kinder- und Jugendhilferecht von Johannes Münder und Thomas Trenczek (vgl. S. 15) liegt damit eine umfassende Darstellung der für Ehe, Partnerschaft, Lebensgemeinschaften sowie für Kinder und Jugendliche wichtigsten rechtlichen Materien vor. Das Buch konzentriert sich mit dem Familienrecht auf die einschlägigen Regelungen des BGB. Eine Beschränkung nur auf das Familienrecht des BGB ist heutzutage aber nicht mehr möglich, will man die für das Zusammenleben der Erwachsenen, die Sozialisation und Erziehung von Kindern und Jugendlichen relevanten Rechtsvorschriften darstellen. Deswegen ist vielfältig über den engeren Bereich des BGB hinausgegriffen.

Die Darstellung folgt weitgehend der familienrechtlichen Systematik. Dadurch soll juristisches Grundlagenwissen vermittelt werden. Inhaltlich findet eine intensive Einbeziehung sozialwissenschaftlicher Erkenntnisse statt, nicht zuletzt deswegen, da im Familienrecht, wie sonst selten im Zivilrecht, sozialwissenschaftliches Wissen für die Auslegung und Anwendung des Rechts von Bedeutung ist.

Die 7. Auflage ist eine grundlegende Überarbeitung. Eingearbeitet wurden alle seit der 6. Auflage geänderten oder neu verabschiedeten Gesetze. Besonderer Wert wurde auf die gründliche Einbeziehung der sich durch das inzwischen in Kraft getretene neue FamFG ergebenden Auswirkungen auf das Verfahren gelegt. Einbezogen wurden auch die zunehmend von Bedeutung werdenden gemeinschaftsrechtlichen Vorschriften der EU.

Das Buch befindet sich auf dem Gesetzesstand vom 1.8.2013.

Das Buch ist nach wie vor als Lehrbuch konzipiert, es wendet sich an alle, die mit dem Familienrecht zu tun haben, seien es Studierende der Rechtswissenschaften, Rechtsanwälte, Richter, seien es Studierende der Sozialen Arbeit, Sozialpädagogen, Verfahrensbeiständе, Betreuer, d.h. am alle Personen, die sich systematisch mit dem Familienrecht beschäftigen müssen oder wollen, sowie an Menschen, die an detaillierten Rechtsinformationen über das Familienrecht interessiert sind.

Bis einschließlich der 5. Auflage hat Johannes Münder das Lehrbuch allein verfasst, die 6. Auflage wurde von ihm und Rüdiger Ernst gemeinsam verantwortet. Mit der 7. Auflage ist nunmehr Wolfgang Behlert hinzugekommen. Die Einführung sowie die Paragrafen 1, 2, 13, 14, 15, 16, 17 hat Wolfgang Behlert übernommen, Rüdiger Ernst bearbeitet die Paragrafen 3, 4, 5, 6, 7, 8 sowie die Abschnitte § 13.V und § 14.V, Johannes Münder die Paragrafen 9, 10, 11, 12, 18.

Berlin/Jena, Sommer 2013   *Johannes Münder, Rüdiger Ernst, Wolfgang Behlert*

Zu den Autoren

Prof. Dr. iur. Johannes Münder: emeritierter Universitätsprofessor, Lehrstuhl für Sozialrecht und Zivilrecht, TU Berlin

Prof. Dr. iur. Rüdiger Ernst: als Richter am Kammergericht (Berlin) Mitglied eines Familiensenats

Prof. Dr. iur. Wolfgang Behlert: Professor für Recht und Gesellschaft am Fachbereich Sozialwesen der Ernst-Abbe-Hochschule Jena

Inhaltsverzeichnis

Münder/Trenczek
Kinder- und Jugendhilferecht (7. Auflage 2011)

Inhaltsübersicht:

Einführung

Das Familienrecht ist im Buch 4 des BGB geregelt. Die Strukturen, aber auch wichtige 1
Detailregelungen dieses Regelungskomplexes zu vermitteln, ist das zentrale Anliegen
dieses Lehrbuches. Zugleich ist *Familienrecht* ein problematischer Begriff. Er erfasst
nicht mehr die Lebenswirklichkeit, auf die er sich normativ bezieht. Schon aus diesem
Grunde ist es sinnvoll, heutiges Familienrecht im Kontext des sozialen Wandels, dem
Familie unterliegt, zu begreifen und auch zu erklären und dabei auch rechtliche Regelungen außerhalb des BGB mit in die Darstellung einzubeziehen.

I. Das Ziel: Grundstrukturen verstehen, wichtige Details kennen, Zusammenhänge erfassen, die soziale Wirklichkeit des Rechts im Blick behalten

Eine Darstellung des Familienrechts an sozialwissenschaftlichen Fragestellungen und 2
Befunden zu orientieren, ist zwar keineswegs unumgänglich, gleichwohl aber naheliegend. Das ergibt sich schon aus den Lebenssachverhalten, die familienrechtlich regu-
liert sind. An ihnen wird deutlich, dass sich die professionellen Handlungsfelder, in
denen Familienrecht vorkommt, keinesfalls auf den Rechtsstab beschränken, sondern
auch auf Sozialarbeiter, Lehrer, Erzieher, Betreuer, Psychologen und (Kinder-) Ärzte,
um nur einige zu nennen, erstrecken. Ihnen allen – Studierenden wie Praktikern – soll
dieses Lehrbuch einen Zugang zur Materie des Familienrechts eröffnen.

Gleichwohl bleiben die normativen Gehalte der Regelungen im Mittelpunkt der Dar- 3
stellung. Hierbei wird allerdings versucht, in der sprachlichen Gestaltung möglichst
Juristenjargon zu vermeiden und immer dort, wo rechtliche bzw. rechtstechnische
Fachtermini unumgänglich sind, diese vernünftig zu erklären. Das Buch will die
Grundstrukturen des Familienrechts sichtbar machen, ohne die auch seine Details
nicht begriffen werden können. Zugleich werden auch klare Schwerpunkte insbesondere hinsichtlich der unterschiedlichen Formen partnerschaftlichen Zusammenlebens
einschließlich ihrer Auflösung (Teil 2) sowie des Eltern- Kind- Verhältnisses (Teil 5)
gesetzt. Teilbereiche, wie etwa das eheliche Güterrecht oder die elterliche Vermögenssorge werden dadurch, will man den Umfang eines Lehrbuches nicht sprengen, allerdings notwendigerweise an den Rand verlagert. Insbesondere in § 9, teilweise auch in
§ 16 erfolgt ein Übergang zu anderen, außerfamilienrechtlichen Rechtsgebieten. Denn
die soziale Wirklichkeit heutiger Familien- und Lebensformen stellt sich nicht nur innerhalb der privatrechtlichen Formen des Familienrechts, sondern auch in öffentlich-
rechtlichen Formen, wie etwa dem Sozialrecht oder auch dem Steuerrecht, her.

Dass dies in einer *sozialwissenschaftlich orientierten Darstellung* erfolgt, bedeutet zu- 4
nächst, dass die Erläuterung des geltenden Rechts jedes Mal die Lebenssachverhalte,
die den jeweiligen Regelungsgegenstand ausmachen, konsequent mit im Blick behält.
In einer solchen Herangehensweise erweist sich schon der Begriff *Familienrecht* als

problematisch. Denn zum einen findet sich in diesem Rechtsgebiet eine ganze Reihe von Regelungen, die, soweit sie sich etwa auf den Lebenssachverhalt einer kinderlosen Ehe beziehen, zunächst erst einmal überhaupt nicht die Familie zum Gegenstand haben. Zum anderen werden einige Familienformen, die sich mittlerweile sozial etabliert haben, nicht oder jedenfalls nicht vollständig durch das Familienrecht erfasst, z.B. die Paarbeziehung in einer nichtehelichen oder nichtverpartnerschaftlichten Lebensgemeinschaft mit Kindern. In der Sozialwissenschaft wird dieser Bedeutungsverlust der Ehe als „Keimzelle" der Familie und die gleichzeitige soziale Verfestigung alternativer Familienformen in der Konzeption der „Lebensformen" zum Ausdruck gebracht, die darüber hinaus noch darauf verweist, dass immer mehr Menschen (Singles, kinderlose Paare) auch ganz und gar außerhalb von Familienverbünden leben (hierzu umfassend: Peuckert, 2012)

5 Die rechtliche Bezugnahme auf sozial gewandelte Familien- und Lebensformen bringt aber nicht nur einen verstärkten Rückgriff auf sozialwissenschaftliche, insbesondere familiensoziologische Erkenntnisse mit sich. Dies auch. Sie wirkt sich darüber hinaus auch auf das normative Verständnis von Recht selbst aus. Vermeintliche Gewissheiten, denen normativen Ausdruck zu verleihen immer eine wichtige Funktion von Recht war, sind heute keineswegs mehr gewiss. Es wäre daher nicht angemessen, deduktiv von der Norm her zu Urteilen über die Wirklichkeit zu kommen. Vielmehr erschließen sich heutige normative Gehalte häufig erst, wenn man sich ihrer sozialen Veranlassungen vergewissert. Damit überträgt sich die Dynamik der Lebenswirklichkeit mehr und mehr auch auf das Recht selbst; es wird dynamischer, flexibler, ist immer wieder auch raschen Veränderungen unterworfen. Zu denken ist hier nur an Entwicklungen bei der gemeinsamen elterlichen Sorge nicht miteinander Verheirateter, bei der Rechtsposition biologischer, jedoch nicht rechtlicher Väter oder auch bei der komplexen Ausgestaltung gleichgeschlechtlicher Partnerschaften.

6 Schon der Wortlaut des Gesetzes bleibt manchmal unverständlich, wenn ausgeblendet bleibt, welche konkreten sozialen Entwicklungen ihn veranlasst haben. Insbesondere bei der Auslegung von unbestimmten Rechtsbegriffen sind die Entstehungszusammenhänge von Normen und die in ihnen verfolgten gesellschaftlichen Ziele zentrale Bezugspunkte. Schließlich ist für das Begreifen dessen, was bei der Anwendung von Familienrecht tatsächlich geschieht, auch von Relevanz, dass auch in der Juristenschaft, namentlich der Richterschaft, ein durch eigene Sozialisationserfahrung bedingter sozialer Wertewandel stattfindet, der wiederum auf das Einfluss hat, was der Rechtswissenschaftler Josef Esser einmal als „Vorverständnis" bezeichnet und dem er für die Rechtsfindung eine entscheidende Bedeutung unterstellt hat (Esser 1970).

7 Eine *sozialwissenschaftlich orientierte Darstellung* des Familienrechts will also über die gesellschaftlichen Kontexte und die sozialen Gehalte des Rechts selber informieren, die sich aus einer rein juristischen Sichtweise noch nicht erschließen (vgl. Stegmaier 2011, 65). Sie will verdeutlichen, dass etwa die normative Bestimmung und fallbezo-

gene Auslegung des (unbestimmten) Rechtsbegriffs „Kindeswohl" (etwa: §§ 1627, 1666, 1697 a BGB) nicht gelingen wird, ohne hierbei auf Wissen zurück zu greifen, das sich auf die soziale Lebenswirklichkeit des Kindes bezieht, also auf soziologisches, entwicklungspsychologisches, pädagogisches Wissen (hierzu z.b. Balloff 2004, 64 ff., Dettenborn 2010, 47ff.).

II. Hinweise auf Lern- und Arbeitsmaterialien

Für die Erarbeitung des Familienrechts muss man die wichtigsten Arbeitsgrundlagen 8
kennen und z.t. auch zur Verfügung haben. Die Befassung mit Recht ohne die einschlägigen *Gesetzestexte* ist nicht möglich. Sie sind der Ausgangspunkt der rechtlichen
Informationen und der Begleittext jeder weiteren juristischen Lektüre. Das Familienrecht ist schwerpunktmäßig Teil des BGB; es finden sich jedoch, wie bereits erwähnt,
auch familienrechtliche Regelungen außerhalb des BGB. Es ist daher sinnvoll, entsprechende Gesetzessammlungen zur Verfügung zu haben. Will man sich systematisch
in ein Fachgebiet wie das Familienrecht einarbeiten, so greift man am besten zu *Lehr-
büchern*. Man wird hier auf Werke unterschiedlicher thematischer Breite und Tiefe
und unterschiedlicher sprachlicher Gestaltung zurückgreifen können. Auch in den
Schwerpunktsetzungen (etwa: auf das Ehe- und Ehescheidungsrecht, das Kindschaftsrecht oder das Unterhaltsrecht) können sie sich unterscheiden. Die meisten Titel richten
sich unmittelbar an Studierende der Rechtswissenschaft, aber auch die Zahl der familienrechtlichen Darstellungen, die sich explizit an Studierende in Studiengängen der
(angewandten) Sozialwissenschaft bzw. an Praktiker in sozialen Berufen wenden, ist
im Steigen begriffen. Wichtigstes Instrument zur Detailauslegung der Gesetze sind die
Kommentare. In ihrer Darstellung folgen sie regelmäßig den Paragrafen der kommen-
tierten Gesetze. Da das Familienrecht mit seinen gesetzlichen Novellierungen auf eine
über 100-jährige dogmatische Bearbeitung zurückblicken kann, gibt es entsprechend
umfangreiche und ausführliche Kommentierungen. Über die Rechtsentwicklung hinaus geben sie den aktuellen Stand der Rechtsprechung, der wissenschaftlichen Bearbeitung und (teilweise) der fachlichen Kontroversen wieder. Die aktuelle fachliche
Auseinandersetzung über Rechtsfragen findet vornehmlich in *Fachzeitschriften* statt,
insbesondere in Aufsätzen, in denen Rechtsprobleme abgehandelt, neue Rechtsentwicklungen dargestellt und zum Teil auch Kontroversen ausgetragen werden. Hier,
wie auch zunehmend im Internet, findet man auch den Abdruck zahlreicher Gerichtsentscheidungen, die ebenfalls Teil des fachlichen Diskussions- und Weiterentwick-
lungsprozesses sind. Gerichtsentscheidungen werden darüber hinaus zum Teil in gesonderten Entscheidungssammlungen veröffentlicht. Dies gilt insbesondere für die
Entscheidungen der jeweiligen obersten Bundesgerichte.

Gesetzessammlungen

■ Da das Familienrecht Teil des Bürgerlichen Gesetzbuches ist, gibt es zahlreiche Gesetzesausgaben des BGB, in denen es enthalten ist. Verbreitet (und etwa jährlich auf den aktuellen Stand gebracht) sind die Beck-Texte im Deutschen Taschenbuchverlag. Hier gibt es auch eine spezielle Gesetzessammlung zum Familienrecht, die über das BGB hinaus eine Vielzahl von einschlägigen Gesetzen beinhaltet. Gerade das Familienrecht ist häufig Gegenstand gesetzlicher Änderungen. Relativ schnell auf neue gesetzliche Bestimmungen reagieren die sogenannten Loseblatt-Ausgaben: durch entsprechende Ergänzungslieferungen wird dafür gesorgt, dass die Gesetze sich möglichst auf einem aktuellen Stand befinden. Auch hier gibt es verschiedene Loseblatt-Ausgaben. Das Familienrecht als Teil des BGB und damit als Teil des Zivilrechts befindet sich z.b. im sogenannten Schönfelder, einer recht umfangreichen Loseblatt-Ausgabe zivilrechtlicher Gesetze. Inzwischen erscheinen Gesetze auch zunehmend auf CD-ROM, was eine schnelle Aktualisierung bei Gesetzesänderungen (ohne das mühsame Einsortieren wie bei Loseblattsammlungen) erlaubt. Familienrecht im weitesten Sinne ist besonders eingebettet in das Recht der sozialen Arbeit. Auch hierzu gibt es spezielle Gesetzessammlungen. Besonders hinzuweisen ist auf die im Frankfurter Fachhochschulverlag herausgegebene Gesetzessammlung: „Gesetze für Sozialberufe" sowie die in der Reihe NomosGesetze erscheinende Textsammlung „Gesetze für die Soziale Arbeit". In diesen in regelmäßigen Abständen aktualisierten Gesetzessammlungen findet sich eine Zusammenfassung so gut wie aller Gesetze (zum Teil in Auszügen), die für das Familienrecht und die soziale Arbeit von Bedeutung sind. Darüber hinaus können Gesetzestexte auch im Internet eingesehen werden: zum einen auf einer vom BMJ eingerichteten Seite **www.gesetze-im-internet.de** zum anderen auf **www.dejure.org**.

Lehrbücher

■ Studienbücher zum Familienrecht sind die Lehrbücher von Dethloff (2012), Schlüter (2012), Schwab (2012), Wellenhofer (2011); die umfassendste Darstellung des Familienrechts findet sich bei Gernhuber/Coester-Waltjen (2010).

■ Aus der Perspektive der sozialen Arbeit, z.T. auf einzelne Bereiche des Familienrechts bezogen sind: Fieseler/Herboth (Recht der Familie und Jugendhilfe, 2010); Marx (Familienrecht für soziale Berufe, 2011), Schleicher (Jugend- und Familienrecht, 2010)

Kommentare

Als Teil des BGB findet sich die Kommentierung des Familienrechts in zahlreichen Kommentaren zum BGB. Auf die folgenden sei hingewiesen.

■ Münchener Kommentar (Hrsg. Säcker/Rixecker). Die 5. Auflage dieses mehrere Bände umfassenden Kommentars erscheint (je nach Band unterschiedlich) seit

1993. In zwei Bänden (Band 7 und 8) dieses Kommentars wird das Familienrecht ausführlich von verschiedenen Autoren kommentiert. Neben Kommentarteilen, die rechtswissenschaftlich-rechtsdogmatisch orientiert sind, finden sich Kommentierungen, die sozial- und humanwissenschaftliche Erkenntnisse in die rechtswissenschaftliche Arbeit einbeziehen.

- Staudinger/Bearbeitername: Kommentar zum BGB. Dies ist der umfangreichste Kommentar zum BGB, in dem auch das Familienrecht mehrere Bände umfasst. Seit 1993 erscheint die 14. Auflage, je nach Fertigstellung der einzelnen Kommentierungen wird sie dann veröffentlicht.
- Palandt: Im Rahmen des BGB wird das Familienrecht von Brudermüller und Götz kommentiert. Der jährlich erscheinende Kommentar beinhaltet eine Ansammlung von Entscheidungen und spricht auch rechtsdogmatische Probleme an; eine Einbeziehung der für die Praxis der sozialen Arbeit notwendigen sozialwissenschaftlichen und sozialpädagogischen Erkenntnisse findet teilweise statt.
- Schulze et al. Ein Handkommentar des BGB, der seinem Umfang nach diese Bezeichnung auch verdient. Das Familienrecht ist hier von Kemper bearbeitet. Die 7. Auflage erschien 2012.

Zeitschriften

- BtPrax: Betreuungsrechtliche Praxis: Fachzeitschrift für Betreuung und soziale Arbeit. Gesetzliche Vorgaben und praktische Umsetzung werden in verständlicher Form erläutert.
- FamRZ: Zeitschrift für das gesamte Familienrecht: Die Zeitschrift mit den umfangreichsten Veröffentlichungen, insbesondere von Gerichtsentscheidungen (auch auf CD-ROM).
- FPR: Familie, Partnerschaft, Recht: Interdisziplinäres Fachjournal mit juristischen, sozialwissenschaftlichen, pädagogischen und psychologischen Aspekten.
- FuR: Familie und Recht: Eine stärker auf anwaltliche Praxisprobleme ausgerichtete Zeitschrift.
- JAmt: Das Jugendamt: Mitgliederzeitschrift des Deutschen Instituts für Jugendhilfe und Familienrecht.
- NJW: Neue Juristische Wochenschrift: Auf diese Zeitschrift wird wegen der Aktualität des Abdruckes von Entscheidungen hingewiesen; sie erscheint wöchentlich, mit Fragen des Familienrechts befasst sie sich nur zum Teil (auch auf CD-ROM).
- ZKJ: Zeitschrift für Kindschaftsrecht und Jugendhilfe.

Entscheidungssammlungen

Die Entscheidungssammlungen veröffentlichen zum größten Teil Entscheidungen eines speziellen Gerichtes. Von besonderer Bedeutung sind die Entscheidungssammlungen der Bundesgerichte, so zum Beispiel für das Familienrecht die Entscheidungssammlung des Bundesgerichtshofes in Zivilsachen (BGHZ), für das Kinder- und Jugendhilfegesetz die Entscheidungssammlung des Bundesverwaltungsgerichts (BVerwGE) oder auch die Entscheidungen des Bundesverfassungsgerichtes (BVerfGE). Auch hier gibt es ein zunehmendes Angebot auf CD-ROM (z.B. BGHZ), was insbesondere Recherchen erleichtert.

Links

Gerichte

www.curia.eu (Europäischer Gerichtshof)
www.bundesverfassungsgericht.de (Entscheidungen ab 1998)
www.bundesgerichtshof.de (Entscheidungen ab 2000)
www.bverwg.de (Entscheidungen ab 2002)
www.bundessozialgericht.de (Entscheidungen ab 2009)

Institutionen

www.bund.de
www.bmj.de
www.bmfsfj.de
www.dijuf.de

kostenpflichtige Datenbanken

www.beck-online.de
www.juris.de

kostenlose Datenbanken

www.jurathek.de
www.recht-in.de
www.jura.uni-saarland.de
www.lexetius.com
www.rechtliches.de

Teil 1
Annäherungen

Familienrecht bezieht sich im Wesentlichen auf die Lebensverhältnisse von heterosexuellen oder auch gleichgeschlechtlichen Paaren bzw. Partnern sowie das Verhältnis von Eltern zu ihren Kindern – und damit auf mehr (bzw.: weniger) als nur Familie. Die verfassungsrechtlichen Vorgaben für das rechtliche Handeln und die politische Gestaltung sind insbesondere in Art. 2, 3 und 6 GG enthalten. Lebensverhältnisse und verfassungsrechtliches Verständnis von Familie haben sich im Laufe der Jahre verändert. So ist auch das Familienrecht einem steten Wandel unterworfen. Dies macht sich einerseits in einer Verrechtlichung bestimmter Lebensbereiche, vor allem in Gestalt des Lebenspartnerschaftsgesetzes (LPartG), aber auch etwa im Bereich des Kinderschutzes, geltend. Andererseits hat aber der Gesetzgeber gleichzeitig kontinuierlich seine verbindlichen rechtlichen Vorgaben reduziert und es in steigendem Maße den Betroffenen selbst überlassen, ihre familialen Lebensverhältnisse zu regeln.

§ 1. Familien – Lebensverhältnisse, Verfassung, Politik

Familienrecht formuliert normative Erwartungen, die zwar unmittelbar aus dem politischen Gestaltungswillen des Gesetzgebers hervorgehen, in denen sich aber auch gesellschaftliche Entwicklungsprozesse widerspiegeln. Will man die Wirkung von Recht in familialen Zusammenhängen verstehen, muss man diese Prozesse und ihre Auswirkungen auf die Lebensverhältnisse von Familien kennen. Das hierzu vorhandene familiensoziologische Material kann an dieser Stelle nicht ausgebreitet werden; es können lediglich einige orientierende Hinweise gegeben werden (§ 1 I). Für die Anwendung und die Weiterentwicklung des Familienrechts waren und sind stets die entsprechenden verfassungsrechtlichen Vorgaben bedeutsam (Kap.§ 1 II.). Sie sind auch der Rahmen für die auf Familien und ihre Lebensverhältnisse bezogene gesellschaftliche und politische Gestaltung als Ehe-, Familien-, Jugend-, Altenpolitik (§ 1 III.).

I. Familien- und Lebensformen im Überblick

Nach einem heutzutage in den Sozialwissenschaften verwendeten *weiten* Familienbegriff kann das entscheidende Merkmal von Familie darin gesehen werden, dass Menschen, die „zwei oder mehreren aufeinander bezogenen Generationen" angehören, „zueinander in einer besonderen persönlichen Beziehung stehen, welche die Position ‚Elter' und ‚Kind' umfasst und dadurch als Eltern- Kind-Beziehung bezeichnet werden kann" (Lenz 2003, 495). Dabei kommt es nicht darauf an, ob das Kind biologisch von den Menschen abstammt, mit denen es in der bezeichneten persönlichen Beziehung steht. Das Kind kann auch adoptiert sein, als Pflegekind aufgenommen oder durch den anderen Partner in die dadurch sich erweiternde Familie mit hineingebracht worden

1

sein. Kinderlose eheliche und nichteheliche Partnerschaften fallen jedoch hiernach nicht unter den Familienbegriff; sie sind den sonstigen Lebensformen zuzuordnen (vgl. Peuckert 2012, 163). 2011 gab es 8,1 Mio. Familien mit minderjährigen Kindern. In 5,7 Mio. Familien waren die Eltern miteinander verheiratet, in 0,79 Mio. Familien waren sie dies nicht. Hinzu kommen 4.000 gleichgeschlechtliche Lebensgemeinschaften mit Kindern. In 20 % aller Familien (1,6 Mio.) erzieht ein Elternteil sein(e) Kind(er) allein. Dem gegenüber sind 9,8 Mio. Ehepaare und 1,9 Mio. Lebensgemeinschaften kinderlos; knapp 16 Mio. Menschen leben alleinstehend in einem Einpersonenhaushalt. Mithin leben von den (2011) 80,9 Mio. Einwohnern der Bundesrepublik Deutschland 39,8 Mio. in einer Familie (19 Mio. Eltern und 20,8 Mio. Kinder) und 41,2 (kinderlose Paare und Alleinstehende) in außerfamiliaren Lebensformen.

> Aussagen zur Ausgestaltung der unterschiedlichen Familien- und Lebensformen und zu ihrer quantitativen Verbreitung lassen sich insbesondere familien- und jugendsoziologischen Forschungsergebnissen entnehmen. Verdichtet sind sie in familiensoziologischen Standardwerken, z.B. bei Peuckert 2012, Nave- Herz 2012 oder auch in dem schon etwas zurück liegenden zweibändigen Handbuch der Familien- und Jugendforschung (Nave- Herz/ Markefka 1989). Weitere Quellen sind der Familienbericht (aktuell: Familienreport 2012) sowie der Jugendbericht (aktuell: 14. Kinder-und Jugendbericht 2013). Beide Berichte werden im Auftrag der Bundesregierung von unabhängigen Sachverständigen erstattet und vom BMFSFJ veröffentlicht. Ebenfalls zu nennen sind die zahlreichen Forschungsprojekte an wissenschaftlichen Instituten wie z.B. die Forschung des Deutschen Jugendinstituts (DJI) München/ Halle (Saale) innerhalb seines Projektschwerpunktes „Familie und Familienpolitik". Statistisches Material findet sich vor allem auch in den einschlägigen Abschnitten des jährlich vom Statistischen Bundesamt herausgegebenen Jahrbuchs (z.B. 2012: Kap. 2: Bevölkerung, Familie, Lebensformen). Hier sind auch, soweit nicht anders ausgewiesen, die Angaben im Folgenden entnommen. Schließlich sei auch noch auf eigene Veröffentlichungen des BMFSFJ zur Thematik verwiesen.

2 Der Soziologe Robert Hettlage hat bereits Ende der 1990er Jahre vier grundlegende Tendenzen der gesellschaftlichen Entwicklung im Kontext von Familie benannt, die unter rechtlichem Aspekt nicht nur deshalb von Interesse sind, weil sie zu neuen Formen des Zusammenlebens im affektiv geprägten Nahbereich führen können, sondern auch zu neuen Dimensionen von Konflikten, für die schließlich ebenfalls rechtliche Lösungsmöglichkeiten zur Verfügung stehen müssen.

3 (1) Für die von ihm ausgemachte Umwälzung in der **Geschlechterfrage** (hierzu und zum Folgenden vgl. Hettlage 1998, 203 ff.) hat vielleicht die nachfolgende Sentenz aus einer älteren Entscheidung des BVerfG mehr Aussagekraft als statistische Datensätze. Dort heißt es noch 1963: „Der Frau ist die Haushaltsführung, der geltenden Anschauung entsprechend, … zur ersten Pflicht gemacht" (BVerfG 24.7.1963–1 1BvL 30/57, 1 BvL 11/61, BVerfGE 17,1; 20). Angesprochen ist hier also in rechtlicher Hinsicht vor allem die mittlerweile angenommene Normalität der Berufstätigkeit von Frauen. Zu berücksichtigen bleibt allerdings, dass die soziale Realität von dieser Annahme in einigen Lebensbereichen noch gravierend abweicht, denn immerhin sind 35 % aller

Frauen, die in einer Familie mit einem Partner und gemeinsamen Kind(ern) zusammen leben, nicht erwerbstätig; nur 19 % dieser Gruppe sind in Vollzeit erwerbstätig. Obgleich das Problem unter rechtlichem Aspekt schwerpunktmäßig arbeits- und sozialrechtlich zu bearbeiten ist, ist der Vorgang auch für das Familienrecht von Bedeutung. Denn die gesellschaftlichen Lernprozesse verlaufen eher schleppend und führen noch immer zu Rollenüberlastungen von Frauen: Während Männer in Familien am Tage durchschnittlich ½ Stunde für Kinderbetreuung und 1 ½ Stunden für Arbeiten im Haushalt aufwenden, sind das bei Frauen 1 ¼ Stunden für Kinderbetreuung und 4 ¼ Stunden für den Haushalt, also annähernd drei Mal so viel. Hierin können Gründe für konflikthafte familiare Instabilitäten zu sehen sein. Die durch Berufstätigkeit erlangte wirtschaftliche Unabhängigkeit von Frauen wiederum, verbunden mit Unterhaltsregelungen etwa für die Betreuung von Kindern, die im Ergebnis nicht mehr danach unterscheiden, ob die Eltern verheiratet waren oder nicht, mag Bedeutung für heutzutage bevorzugte Konfliktlösungsstrategien haben. Vertieft wird dies gleich im Anschluss in diesem Kap. noch einmal unter verfassungsrechtlichem Aspekt sowie unter § 3 II.

(2) Die Umwälzung in der **Ehefrage** ist eng verbunden mit der Enttabuisierung von **4** vor- und außerehelicher Sexualität. Die allmähliche gesellschaftliche Verfestigung libertärer Moralanschauungen war auch hier begleitet von rechtlichen Entwicklungen wie der Entkriminalisierung von Ehebruch (1969, 1. Strafrechtsreformgesetz) oder der „Kuppelei" (1973, 4. Strafrechtsreformgesetz), aber auch dem 1. Ehereformgesetz 1976. Durch sie erfuhr der Wunsch nach geregelter Sexualität als Ehemotiv eine deutliche Abschwächung. Als Folge dessen ist heute zum einen eine zeitliche Verschiebung der Eheschließung zugunsten alternativer Formen des Zusammenlebens zu beobachten-vom „quasi- ehelichen" Zusammenleben in der nichtehelichen bzw. nichteingetragenen Lebensgemeinschaft über das sog. Living Apart Together (LAT) bis zum Leben ohne feste Partnerschaft („Swinging"). Zum anderen wird verstärkt die Option wahrgenommen, auf die Ehe ganz zu verzichten und als Alleinstehende(r) zu leben. In Zahlen: Während 1960 noch 689 028 Ehen geschlossen wurden, und damit 9,5 je 1.000 Einwohner, waren es 2010 noch 382.047 Ehen, was 4,7 Ehen je 1.000 Einwohner entspricht. Das durchschnittliche Erstverheiratungsalter lag 2010 bei Männern bei 33,2 Jahren (1985: 26,6 Jahre), bei Frauen bei 30,3 Jahren (1985: 24,1 Jahre). Es wird erwartet, dass von den 1960 geborenen Menschen im früheren Bundesgebiet 30 % der Männer und 20 % der Frauen und in den neuen Bundesländern 18 % der Männer und 10 % der Frauen nicht heiraten werden. Auf die familiare Situation bezogen bedeutet dies, dass inzwischen mehr als 32 % aller Kinder in der Bundesrepublik Deutschland Eltern haben, die nicht miteinander verheiratet sind; in einigen ostdeutschen Bundesländern sind es bereits über oder um die 60 %. Allerdings ist dieser allgemeine Trend bei den gleichgeschlechtlichen Partnerschaften zumindest derzeit noch nicht zu beobachten. Im Gegenteil hat sich der Anteil der eingetragenen Lebenspartnerschaften an der Gesamtzahl gleichgeschlechtlicher Partnerschaften seit 2006 von

19 % auf 40 % mehr als verdoppelt, so dass von den 2011 (mindestens) 67.000 gleichgeschlechtlichen Partnerschaften 27.000 eingetragene sind. Familienrechtlich reflektieren sich die genannten Entwicklungen u.a. darin, dass sich die Inhalte der Ehe heute anerkanntermaßen aus stark persönlichkeitsrechtlich geprägten Positionen herleiten und der rechtliche Rahmen der Ehe etwa in der Neugestaltung des Unterhaltsrechts (2008), aber auch durch andere Novellierungen wie das Eheschließungsreformgesetz (1998) oder die Güterrechtsreform (2009) dem auch Rechnung trägt. Rechtliche Diskriminierungstatbestände für nichteheliche Lebensgemeinschaften wurden beseitigt. Das seit 2001 in Kraft befindliche Lebenspartnerschaftsgesetz, das die eingetragene Lebenspartnerschaft für gleichgeschlechtliche Paare ermöglicht, stellt, gegen noch immer nicht ganz zum Erliegen gekommenen Widerstand aus einer bestimmten politischen Richtung, mittlerweile Regelungen zur Verfügung, die denen des Eherechts weitestgehend entsprechen (vgl. §§ 3 bis 5).

5 (3) Das dritte von Hettlage beschriebene Phänomen betrifft die Umwälzung in der *Kinderfrage.* Hier ist ein zunehmender freiwilliger Verzicht auf Kinder bzw. zumindest eine zeitliche Zurückstellung des Kinderwunsches oder aber eine freiwillige Beschränkung der Kinderzahl zu konstatieren. Als Hintergrund hierfür wird auf der Folie der Individualisierungstheorie von Beck (hierzu: Beck 1996, 161 ff.; Beck/ Beck- Gernsheim 1990) u.a. eine Präferierung individueller Lebenschancen bzw. eines intensiven Partnerschaftserleben ausgemacht. Freilich verweisen explizit familiensoziologisch ausgerichtete Theorien der Differenzierung privater Lebensformen darauf, dass die Veränderungen in der Kinderfrage, ebenso wie der bereits oben beschriebene Wandel in den Familien- und Lebensformen, aber insbesondere wohl auch als Strategie zu deuten ist, mit den Anforderungen des Arbeitsmarktes besser fertig zu werden, als dies die herkömmliche „Normalfamilie" vermag (Peuckert 2012, 672). Statistisch drückt sich das so aus, dass die sog. zusammengefasste Geburtenziffer auch 2011 weiter auf nunmehr statistisch 1,36 Geburten pro Frau gesunken ist (ostdeutsche Länder: 1,43; westdeutsche Länder: 1,36). Das Durchschnittsalter der Mütter bei der Geburt des ersten Kindes hingegen geht weiter, wenn auch nur geringfügig, nach oben und liegt nunmehr bei 28,9 Jahren. Die Kinderlosigkeit beträgt, bezogen auf die Jahrgänge 1964 bis 1968, deren Geburtenbiografie als abgeschlossen gilt , 21,7 %; bei Akademikerinnen aus den alten Bundesländern liegt sie bei über 30 %. Gegenüber 2010 ist ein Geburtenrückgang von 2,2 % zu verzeichnen. Allerdings steigt der Anteil der Kinder, deren Eltern bei ihrer Geburt nicht miteinander verheiratet sind, auf 34 % der Gesamtzahl der Kinder (alte Bundesländer: 28 %; neue Bundesländer: 62 %). Die Mehrzahl aller Familien, nämlich 53 %, sind mittlerweile Ein-Kind-Familien, 36 % sind Zwei-Kind-Familien. Familienrechtlich wurden die skizzierten Entwicklungen vor allem durch eine große Reform des Kindschaftsrechts 1998 (vgl. § 2 III.) sowie sich daran anschließende, immer wieder auch durch die Rechtsprechung des BVerfG und des EGMR initiierte Rechtsentwicklungen etwa auf den Gebieten der gemeinsamen elterlichen Sorge nicht miteinander Verheirateter (§ 10), des Umgangsrechts (§ 14) oder des

Abstammungsrechts (§ 6), bspw. in Hinblick auf sog. „biologische Väter", aber auch des Namensrechts flankiert. Auch die Rechtsposition von Co-Elternteilen in gleichgeschlechtlichen Partnerschaften erfuhr in den letzten Jahren eine deutliche Verbesserung (zuletzt: BVerfG zur Zulässigkeit der sog. Sukzessivadoption v. 19.2.2013, BvL 1/11/ BvR 3247/09). Die andere, eher dunkle Seite der Individualisierung freilich betrifft die Vielzahl notwendig gewordener gesetzgeberische Nachjustierungen im Bereich des Kindesschutzes (§ 12).

(4) Eine vierte Tendenz schließlich wird in einer Umwälzung in der **Stabilitätsfrage**   **6** ausgemacht. Hettlage spricht in diesem Zusammenhang, vielleicht etwas überpointiert, von einer „Veralltäglichung der Scheidung". Gemeint ist damit, dass in der Bundesrepublik Deutschland von 100 im Jahr 2009 geschlossenen Ehen 38,1 im Verlauf der nächsten 25 Jahre wieder geschieden werden (sog. Zusammengefasste Ehescheidungsziffer, vgl. hierzu Peukert 2012, 307 ff.). Bemerkenswert ist in diesem Zusammenhang vor allem auch die zunehmende Bereitschaft, sich auch nach langer Ehedauer, besonders in der sog. Empty-nest-Phase, scheiden zu lassen. Denn obwohl die größte Scheidungshäufigkeit nach 5 bis 9 Ehejahren auftritt, ist die durchschnittliche Ehedauer ständig im Steigen und beträgt 2011 immerhin 14,5 Jahre (2000: 12,9). Einher mit dem Anstieg der Scheidungshäufigkeit geht eine starke Tendenz zur Wiederheirat: 2009 waren nur noch 64 % aller Eheschließungen für beide Partner Erst-Ehen. Eine mögliche Folge hiervon ist u.a. die Herausbildung von sog. Patchwork- Familien. Auch diese Entwicklungen bedürfen einer permanenten Anpassung des Rechtsstoffes, bspw. im Rahmen der bereits genannten Reformen des Unterhaltsrechts für Geschiedene und des Kindschaftsrechts. Hier ist vor allem auf Entwicklungen bei der elterliche Sorge bei Trennung und Scheidung, dem Umgangsrecht sowie der Einbeziehung von Stiefelternteilen in Sorge- und Umgangsrechtsregelungen hinzuweisen. Behandelt wird dies in den §§ 3 IV., 3 V. und 15.

Jedoch beanspruchen auch die sozialen Beziehungen zwischen **Eltern und ihren voll-**   **7** **jährigen Kindern oder Großeltern und ihren Enkelkindern** und damit auch die Problematik **alter Menschen** zunehmend das Interesse des Familienrechts. Zwar wohnen immerhin noch 6,09 Mio. volljährige Kinder bei ihren Eltern, darunter 1,38 Mio., die bereits älter als 27 Jahre sind. Drei- und Mehrgenerationen*haushalte* machen jedoch (2010) nur noch 0,5 % an der Gesamtzahl aller Haushalte in der Bundesrepublik Deutschland aus. Insofern ist die Rede von der „Singularisierung des Alters" (Peukert 2012, 595) wohl zutreffend, denn es gibt kaum noch ältere Menschen, die mit ihren Kindern und Enkeln in einem Haushalt leben. Allerdings nimmt, bedingt durch eine höhere Lebenserwartung, die Zahl der Mehrgenerationen*familien* (mindestens drei zu einer Familie gehörende Generationen leben noch) deutlich zu (Peuckert 2012, 596). Dies führt u.a. dazu, dass immer mehr Kinder ihre (Ur-)Großeltern erleben, was sich familienrechtlich auch in einem Umgangsrecht von (Ur)Großeltern mit ihren (Ur-)Enkeln niederschlägt (§ 14 III.). Jedoch müssen Großeltern u.U. auch Unterhalt für ihre

Enkel leisten, wenn die Eltern hierfür (z.B. weil sie sich in einer Ausbildung befinden oder nicht erwerbstätig sind) nicht aufkommen können. Anders herum gewinnt auch die Unterhaltsverpflichtung „mittelalter" Kinder für ihre alten Eltern insbesondere auch angesichts kostenintensiver Pflegebedürftigkeit zunehmend an Bedeutung (§ 7 IV.). Dieselbe Entwicklung – höhere Lebenserwartung, höhere Pflegebedürftigkeit, auch etwa wegen Altersdemenz – führt schließlich zu einer permanenten quantitativen Zunahme an Betreuungsverhältnissen auch innerhalb der Familie: In 56,6 % aller 2011 eingerichteten Betreuungen wurden Familienangehörige als Betreuer bestellt. Das Betreuungsrecht, das hier in § 17 behandelt wird, ist, nicht zuletzt auch wegen des dramatischen Anwachsens von Betreuungsfällen und damit verbundenen Kostenexplosionen, seit seinem Inkrafttreten im Jahr 1992 bereits vier Mal, teilweise grundlegend, novelliert worden.

8 Teilweise deutliche Besonderheiten weisen die Lebenssituationen von Familien auf, in denen ein oder mehrere Angehörige über **Migrationserfahrung** verfügen. Jedoch sei gerade hier vor Legendenbildungen gewarnt. Zwar trifft es zu, dass ohne Zuwanderinnen die Geburtenziffer in der Bundesrepublik noch niedriger wäre, denn sie liegt für ausländische Frauen mit 1,6 immerhin etwas höher als für inländische. Auch sind Zuwanderer häufiger verheiratet und lassen sich seltener scheiden, was für eine größere Stabilität dieser Ehen sprechen könnte (BMFSJF 2011). Mythen sind hingegen die kinderreiche Familie und der Mehrgenerationenhaushalt in Migrantenfamilien. Während Ein- und Zweikindfamilien bei Zugewanderten und Einheimischen praktisch identisch verteilt sind, gibt es eine geringfügige Differenz von 8 % bei den Dreikindfamilien zugunsten der Migranten (BMFSJF 2011). Und tatsächlich leben nur 2,3 % der Menschen mit Migrationserfahrung in Mehrgenerationenhaushalten. Im Übrigen ist davor zu warnen, in diesem Zusammenhang vorschnell wie auch immer geartete „kulturell bedingte Unterschiede" auszumachen zu versuchen. Die Lebenslagen von Migranten oder auch „Menschen mit Migrationshintergrund" – nicht immer ist eindeutig zu erkennen, worauf sich die amtlichen Statistiken beziehen – bedürfen schon wegen deren ausgeprägter sozialer Heterogenität einer genauen sozialen Analyse und keinesfalls einer „ethnisierenden" Pauschalierung.

9 Im Ergebnis kann festgehalten werden, dass der Abschied von der Normalfamilie (hierzu: Peuckert 2012, 20) zumindest als vorherrschender Lebensform irreversibel zu sein scheint. Gleichwohl besteht kein Anlass, heutige Entwicklungen zu dramatisieren. Denn einerseits ist die Ehe nach wie vor die mit Abstand verbreitetste Form partnerschaftlichen Zusammenlebens; auch leben nach wie vor die meisten minderjährigen Kinder mit ihren verheirateten Eltern zusammen in einer Familie. Andererseits sind Familien mit Alleinerziehenden, oder Paarbeziehungen außerhalb der Ehe auch keine Erfindungen des ausgehenden 20. oder des beginnenden 21. Jahrhunderts.

10 Die Familien-und Lebensformen sind im Wandel, nicht in der Krise. Ihnen steht eine spannende Zukunft bevor. Deswegen wäre es auch riskant, familienrechtliche Ent-

wicklungen vorschnell als weitgehend abgeschlossen zu betrachten. Seit der letzten Auflage unseres Buches sind weitreichende Änderungen insbesondere im Verfahrensrecht, dem Recht der elterlichen Sorge, dem Abstammungsrecht, bei den Regelungen zur Vormundschaft und im Betreuungsrecht wirksam geworden, die sich damals teilweise noch im Entwurfsstadium befanden. Neue Rechtslagen sind darüber hinaus inzwischen durch einige eingreifende Entscheidungen des BVerfG entstanden, die den Gesetzgeber bereits zum Tätigwerden bewegten oder ihm hierfür bestimmte Fristen setzten. So wurde die Entscheidung zum Sorgerechtsanspruch des nicht mit der Mutter des Kindes verheirateten Vaters vom 3.8.2010 (1BvR 420/09) mittlerweile in einem „Gesetz zur Reform der elterlichen Sorge nicht miteinander verheirateter Eltern" vom 16.4.2013 (BGBl. I, S. 795) umgesetzt. Die bereits zitierte Entscheidung zum Adoptionsrecht gleichgeschlechtlicher Paare gibt dem Gesetzgeber auf, bis zum 30.6.2014 eine entsprechende verfassungskonforme Regelung zu schaffen. Für die familienrechtliche Entwicklung bedeutsam ist darüber hinaus auch die Entscheidung des OLG Hamm zum Recht auf Kenntnis der eigenen Abstammung bei Samenspende vom 6.2.2013 (I-14 U 7/12). Will man weitere Tendenzen der Familienrechtsentwicklung abschätzen, wird sich immer stärker auch ein Blick nach Brüssel zum europäischen Gesetzgeber, zum Europäischen Gerichtshof (EuGH) in Luxemburg oder auch zum Europäischen Gerichtshof für Menschenrechte (EGMR) inStraßburg als notwendig erweisen, wo viele Gesetzgebungsprojekte, wie bspw. ein aktuell bereits vom Bundestag verabschiedetes „Gesetz zu Stärkung der Rechte leiblicher, nichtrechtlicher Väter", ihren entscheidenden Anstoß erhielten.

Weiterführende Literatur

BMFSFJ 2013; BMFSFJ 2012; Peukert 2012

Schwab, Dieter / Laszlo A. Vaskovics (Hg.): Pluralisierung von Elternschaft und Kindschaft. Familienrecht, -soziologie und –psychologie im Dialog, Leverkusen 2011 (rez. in FamRZ 2013, 430 von Salzgeber)

II. Ehe, Familie, Kinder und Verfassung

Das **Grundgesetz** bezieht sich an verschiedenen Stellen auf familienrechtliche Sachverhalte. Besonders zu nennen sind hier der Schutz von Ehe, Familie und Kindern in **Art. 6 GG**, der Grundsatz der Gleichberechtigung von Frau und Mann in **Art. 3 Abs. 2 GG** sowie der Schutz der Menschenwürde in **Art. 1 Abs. 1 GG** und das für jeden Menschen- und damit auch für minderjährige Kinder- geltende allgemeine Persönlichkeitsrecht aus **Art. 2 Abs. 1 GG**. Von Bedeutung ist schließlich auch **Art. 7 Abs. 1 GG**. Aus ihm leitet sich ein für den schulischen Bereich eigenständiger staatlicher Erziehungsauftrag ab. Dies kann zu einer faktischen wechselseitigen Überlagerung des Erziehungsrechts der Eltern einerseits und der Schule andererseits führen. **11**

Wichtige, interessante Entscheidungen

- *Zu Eltern-Kinder-Staat:* BVerfG 29.7.1968–1 BvL 20/63, 1 BvL 31/66, BVerfGE 24, 119 ff., 144 ff.; BVerfG 9.2.1982–1 BvR 845/79, BVerfGE 59, 360 ff.; BVerfG 3.4.2001–1 BvR 1629/94, BVerfGE 103, 242–271; BVerfG 14.10.2004–2 BvR 1481/04; BVerfG 1.4.2008–1 BvR 1620/04; BVerfG 11.6.2010–1 BvR 170/06, BVerfGE 105, 313 ff.; BVerfG 21.7.2010–1 BvR 420/09; BVerfG 19.2.2013 – BvL 1/11/BvR 3247/09.
- *Zur Drittwirkung von Grundrechten:* BVerfG 6.2.2001–1 BvR 12/92, BVerfGE 103, 89
- *Zur Gleichstellung von ehelichen und nichtehelichen Kindern:* BVerfG 7.5.1991– 1 BvL 32/88, BVerfGE 84, 168 ff.
- *Zur Gleichberechtigung:* BVerfG 29.7.1959–1 BvR 205/58, BVerfGE 10, 59 ff.; BVerfG 28.01. 1987–1 BvR 455/82, BVerfGE 74, 163 ff.; BVerfG 17.7.2002–1 BvF 1/01, 1 BvF 2/01, BVerfGE 105, 313

1. Der Schutz von Ehe und Familie – Art. 6 Abs. 1 GG

12 Der Schutz von Ehe und Familie gem. Art. 6 Abs. 1 GG umfasst mehrere Dimensionen. Dabei sind Ehe und Familie jeweils für sich geschützt, denn auch in den Fällen, in denen die Lebensform der Familie aus der Ehe hervorgeht, ist ihr rechtlicher Anknüpfungspunkt ein anderer, nämlich die Abstammung und die Verwandtschaft. So umfasst der grundgesetzliche Schutz der Ehe das Recht, selbst entscheiden zu können, wann, mit wem bzw. ob überhaupt eine Ehe eingegangen werden soll (Verbot der „Zwangsehe", vgl. § 237 StGB), ob die Ehe ggf. wieder geschieden werden soll, ob die Ehepartner einen gemeinsamen Familiennamen tragen wollen und welcher Name der Partner dies sein soll (§ 1355 BGB), wie sie die eheliche Güterverteilung regeln wollen (§ 1408 BGB), wie sie Haushaltsführung und Erwerbstätigkeit regeln möchten (§ 1356 BGB) und ob sie an einem gemeinsamen Wohnort oder mit getrennten Lebensmittelpunkten leben möchten (im Einzelnen: Jarass/ Pieroth 2012 Art. 6 GG, Rn. 4; Manssen 2013, 127 m.w.N.; vgl. auch Trenczek et al. 2011, 111 ff.). Ähnlich reicht auch der Schutz der Familie „von der Familiengründung bis in alle Bereiche des familiären Zusammenlebens" (Jarass/ Pieroth 2012, Art. 6 GG, Rn. 8). Diese Betonung der privaten autonomen Gestaltung von Ehe und Familie verleiht Abs. 1 zugleich die Gestalt eines klassischen Grundrechts mit **Abwehrfunktion** gegen Eingriffe des Staates in diese Privatsphäre (vgl. auch BVerwG 29.10.1992–2 C 24.90, BVerwGE 91, 130, 134, wonach es sich bei Ehe und Familie um „einen geschlossenen, gegen den Staat abgeschirmten und die Vielfalt rechtsstaatlicher Freiheit schützenden Autonomie- und Lebensbereich" handele).

13 Die Norm muss auch im Kontext ihrer geschichtlichen Entstehung unter dem Eindruck der Erfahrungen des Nationalsozialismus verstanden werden. Gleichwohl erschöpft sich Art. 6 Abs. 1 GG nicht in dieser Abwehrfunktion. Er wirkt vielmehr darüber hi-

naus auch als eine „**verbindliche Wertentscheidung**" (BVerfG 15.1.1968–1 BvR 400/51, BVerfGE 7, 198), aus der sich, auch in Verbindung mit dem Sozialstaatsgebot aus Art. 20 Abs. 1 GG, eine **Förderungspflicht** des Staates in Bezug auf Ehe und Familie ableitet (BVerfG 17.7.2002–1 BvF 1/01, 1 BvF 2/01). Denn die rechtliche Autonomie ist zwar notwendige Voraussetzung für die eigenverantwortliche Gestaltung der familiären Lebensformen, sie ist aber für sich genommen nicht ausreichend, da insbesondere aus der Erziehung und Pflege von Kindern Mehraufwendungen materieller und finanzieller Art resultieren. In der Rechtsprechung des Bundesverfassungsgerichts reflektiert sich dies vor allem in Entscheidungen zum Abbau vornehmlich materieller Benachteiligung von Eltern mit Kindern z.b. bei Sozialleistungen und öffentlichen Förderungsleistungen (z.B. BVerfG 9.2.2010–1 BvL 1/09, 1 BvL 3/09, 1 BvL 4/09 zur Verfassungswidrigkeit der ALG II – Regelsätze gerade auch in Hinblick auf Minderjährige, BVerfG 29.5.1990–1 BvL 20/84, 1 BvL 26/84, 1 BvL 4/86, BVerfGE 82, 60 ff.: Notwendigkeit der Steuerfreiheit des Existenzminimums bei jedem Familienmitglied) und der Forderung an den Gesetzgeber, einen Familienlastenausgleich zu schaffen (vgl. § 9). Dass es allerdings in Details Streit gibt, zeigt sich z.B. bei der auch politisch geführten Kontroverse, inwiefern sich das Ehegattensplitting (§ 9 III. 3.) verfassungsrechtlich zwingend aus Art. 6 Abs. 1 ergibt (dazu BVerfG 3.11.1982–1 BvR 620/78, 1 BvR 1335/78, 1 BvR 1104/79, 1 BvR 363/80, BVerfGE 61, 347; jüngst: BVerfG 7.5.2013–2 BvR 909/06). Bei der Ausgestaltung der Förderung hat der Gesetzgeber freilich einen weiten Gestaltungsspielraum, so dass aus Art. 6 Abs. 1 GG kein Anspruch auf eine bestimmte Leistung erwächst (BVerfG 12.2.2003–1 BvR 624/01). Auch ist der Gesetzgeber nicht verpflichtet, sämtliche finanzielle Belastungen, die aus der jeweiligen familiären Situation erwachsen, auszugleichen (BVerfG 20.5.1987–1 BvR 762/85, BVerfGE 75, 348). Andererseits engt die demografische Entwicklung den Handlungsspielraum des Gesetzgebers ein. Je stärker nämlich der Anteil von Gemeinschaften zwischen Erwachsenen und Kindern als tragende Institutionen der gesellschaftlichen Ordnung abnimmt, umso mehr wird die Förderung der Familie zur staatlichen Pflicht, weil Art. 6 GG den Fortbestand der politischen Gemeinschaft in Deutschland zu sichern aufgibt (vgl. Di Fabio NJW 2003, 997).

In der Folge der Einführung des Lebenspartnerschaftsgesetzes zum 1.8.2002 hatte das **14** BVerfG schließlich zu entscheiden, inwiefern die in Art. 6 Abs. 1 GG enthaltene **Institutsgarantie** der Ehe (BVerfG 15.1.1968- 1 BvR 400/51, BVerfGE 10/59) hierdurch tangiert würde. In mehreren Entscheidungen hat das BVerfG jedoch klargestellt, dass der besondere Schutz und die singuläre Garantie der Ehe als Rechtsform den Gesetzgeber nicht daran hindern, andere Lebensformen ebenfalls rechtlich zu etablieren und entsprechend auszugestalten. Dies u.a. auch deshalb nicht, weil die eingetragene Lebenspartnerschaft mit Blick auf den Adressatenkreis nicht als Konkurrenz zur Ehe, die zwischen Frau und Mann geschlossen wird, auftritt und weil und insofern neue Rechtsinstitute nicht zu einem Verlust der rechtlichen Privilegierung und Förderung der Ehe führen (BVerfG 17.7.2002–1 BvF 1/01, 1 BvF 2/01 – BVerfGE 105, 313; BVerfG 11.6.2010–1 BvR 170/06).

15 Als Ausdruck einer Werteordnung wirken die Grundrechte aber nicht nur im Verhältnis vom Staat zu seinen Bürgern, sondern auch **zwischen den Bürgern**. Diese sog. **Drittwirkung von Grundrechten** im Verhältnis von Privaten untereinander entfalten die Grundrechte insoweit bei der Auslegung von Generalklauseln im Privatrecht wie z.b. der Sittenwidrigkeit nach § 138 BGB oder der Treuwidrigkeit gemäß § 242 BGB, bei der die staatlichen Gerichte die Grundentscheidungen des Art. 6 GG zu berücksichtigen haben (BVerfG 6.2.2001–1 BvR 12/92; BVerfG 29.3.2001–1 BvR 1766/92: Sittenwidrigkeit von Eheverträgen bei einseitiger Dominanz des einen Partners zulasten des anderen, vgl. § 3 I. 2.)

16 Zu beantworten wäre schließlich noch die Frage, inwiefern Art. 6 Abs. 1 GG seine Schutzwirkung auch auf Ehepartner bzw. Familienangehörige nichtdeutscher Staatsangehörigkeit erstreckt. Zunächst begründet Art. 6 Abs. 1 GG keinen Anspruch auf Aufenthalt oder Nachzug (BVerfG 12.6.1987–2 BvR 101/84, BVerfGE 76, 47; BVerfG 18.4.1989–2 BvR 1169/84, BVerfGE 80, 93). Sowohl nichtdeutsche Staatsangehörige als auch Deutsche, die mit Menschen ohne deutsche Staatsangehörigkeit eine Ehe eingehen, müssen daher damit rechnen, dass sich das eheliche bzw. familiäre Zusammenleben nicht notwendigerweise in der Bundesrepublik Deutschland herstellet (Jarass/Pieroth 2012 Art. 6 Rn. 11). Deshalb handelt es sich nach Auffassung des BVerfG bei verweigertem Familiennachzug, der Nichtverlängerung einer Aufenthaltserlaubnis oder der Ausweisung eines Ehepartners oder Familienangehörigen erst dann um einen Grundrechtseingriff, wenn es dem Ehepartner oder Familienangehörigen nicht zumutbar oder nicht möglich ist, dem Ausländer ins Ausland zu folgen (BVerfG 10.8.1994–2 BvR 1542/94). Ansonsten ist zwischen den Rechtsgütern der Ehe und der Familie sowie den durch das Zuwanderungsrecht zu schützenden Rechtsgütern eine sorgfältige Abwägung vorzunehmen (BVerfG 18.7.1979–1 BvR 650/70, BVerfGE 51, 386; BVerfG 25.6.1993–2 BvR 900/93; BVerfG 23.1.2006–2 BvR 1935/05; BVerwG 3.5.1973 – IC 33.72, BVerwGE 42, 133; BVerwG 27.9.1978–1 C 79.76, BVerwGE 56, 244).

2. Elternrechte, Kinderrechte und Kindeswohl – Art. 6 Abs. 2, 3; Art. 1 Abs. 1; Art. 2 Abs. 1 GG

17 Art. 6 GG befasst sich nicht nur mit dem Verhältnis des Staates zu Ehe und Familie, sondern in seinen Absätzen 2 und 3 auch mit dem **komplexen Verhältnis von Eltern-Kind-Staat**. Art. 6 Abs. 2 S. 1 ist insofern ein besonderes Grundrecht, als es bestimmte Einzigartigkeiten gegenüber anderen Grundrechten aufweist. Nirgendwo sonst wird Personen eine Bestimmungsmacht gegenüber anderen Personen eingeräumt wie hier den Eltern, für das Kind und gegenüber dem Kind zu handeln. Zugleich ist dieses **Recht mit einer Pflicht** verbunden, über deren Einhaltung durch die Eltern die staatliche Ge-

meinschaft wacht (**staatliche Wächteramt**, Art. 6 Abs. 2 S. 2 GG). Das Elternrecht aus Art. 6 Abs. 2 GG ist daher ein fremdnütziges Recht im Interesse des Kindswohls, das auch in einem Spannungsverhältnis zum Recht des Kindes auf Persönlichkeitsentfaltung und Menschenwürde steht (BVerfG 9.2.1982–1 BvR 845/79, BVerfGE 59, 360).

Im Verhältnis **Eltern-Staat** ist mit Art. 6 Abs. 2 GG auch das Elternrecht zunächst ein   18
Abwehrrecht gegen staatliche Eingriffe in die elterliche Erziehung. Begründet wird dies mit der Annahme, dass „in aller Regel den Eltern das Wohl des Kindes mehr am Herzen liegt als irgendeiner anderen Person oder Institution" (BVerfG 9.2.1982–1 BvR 845/79, BVerfGE 59, 360). Das Elternrecht umfasst die freie Entscheidung über die Pflege, d.h. die Sorge für das körperliche Wohl, und über die Erziehung, d.h. die Sorge für die seelische und geistige Entwicklung einschließlich der Bildung und Ausbildung des minderjährigen Kindes.

Eingeschränkt wird das Elternrecht, die Bildung und Ausbildung der Kinder zu be-   19
stimmen, durch Art. 7 Abs. 1 GG, der das Schulwesen in die Verantwortung des Staates stellt (BVerfG 21.4.1989–1 BvR 235/89). Deswegen ist weder die Nichtteilnahme an bestimmten Fächern (BVerfG 31.5.2006–2 BvR 1693/04: Sexualkunde; BVerfG 15.3.2007–1 BvR 2780/06: Ethikunterricht) noch die Ablehnung der Schulpflicht generell (hierzu: Hannemann/Münder 2006, 244 ff. mit einer Rechtsprechungsübersicht, sowie BGH 11.9.2007 – XII ZB 41/07) durch das elterliche Erziehungsrecht gedeckt. Allerdings hat das BVerfG klargestellt, dass die grundgesetzlich abgesicherten individualrechtlichen Elternpositionen auch in den Bereichen – wenn auch in spezifischer Ausprägung (im Einzelnen: Behlert 2011, 65 ff.)- bestehen bleiben, in denen Erziehung in der Schule stattfindet (BVerfG 6.12.1972–1 BvR 230/70, BVerfGE 34, 165). Daher sind „im Bereich der Schule Erziehungsrecht der Eltern und staatlicher Erziehungsauftrag einander gleichgestellt" (BVerfG 9.2.1820–1 BvR 845/79, BVerfGE 59, 360).

Der von Art. 6 Abs. 2 S. 1 GG geschützte Verantwortungsbereich der Eltern umfasst   20
auch deren Recht, die Rechte ihrer Kinder dem Staat oder Dritten gegenüber zu vertreten (weswegen z.B. Beschränkungen der Beteiligung der Eltern an Jugendstrafverfahren gegen ihre Kinder nur unter engen und klar gesetzlich geregelten Fällen zulässig sind: BVerfG 16.1.2003–2 BvR 716/01, BVerfGE 107, 104).

Über das Abwehrrecht hinaus enthält auch Art. 6 Abs. 2 GG die **Förderungsverpflich-**   21
tung des Staates, „positiv die Lebensbedingungen für ein gesundes Aufwachsen des Kindes zu schaffen" (BVerfG 29.7.1968–1 BvL 20/63, 1 BvL 31/66, BVerfGE 24, 145; BVerfG 24.3.1981–1 BvR 1516/78, 1 BvR 964/80, 1 BvR 1337/80, BVerfGE 56, 384). Hierbei konzentriert sich die Rechtsprechung des BVerfG vor allem auf den **Abbau vornehmlich materieller Benachteiligungen** von Eltern und Kindern und erhob die Forderung an den Gesetzgeber, einen Familienlastenausgleich zu schaffen (vgl. § 9). Hinsichtlich der **Kinderbetreuung** verlangte die Rechtsprechung zum einen, eine institutionelle Kinderbetreuung vorzuhalten, die es den Eltern ermöglicht, ihre Pläne bezüglich der Aufteilung von Erwerbsarbeit und Familientätigkeit zu realisieren. Zum

anderen sei zu berücksichtigen, dass die notwendigen Kosten der Kinderbetreuung das Familieneinkommen belasten und daher steuerlich abzugsfähig ausgestaltet werden müssen (BVerfG 10.11.1998–2 BvR 1057/91, 1226/9, 2 BvR 980/91). Die Forderung des BVerfG ist inzwischen mit dem zum 1.8.2013 wirksam gewordenen Rechtsanspruch auf frühkindliche Förderung in einer Tageseinrichtung oder in Tagespflege ab Vollendung des ersten Lebensjahres – unter bestimmten gesetzlichen Voraussetzungen auch schon davor (§ 24 SGB VIII) – von Seiten des Gesetzgebers umgesetzt; wie die gesellschaftliche Praxis die hiermit verbundenen Herausforderungen wohl bewältigen wird, ist freilich damit noch nicht entschieden.

22 Die Formulierung des Grundgesetzes, dass es sich bei dem Elternrecht um ein „natürliches Recht" handele, legt zuweilen eine überpositive Prägung des Elternrechts nahe (hierzu: Gernhuber/ Coester- Waltjen 2010, § 5 Rn. 38 f.). Ein elterliches Naturrecht aus der moralphilosophisch begründeten Unverfügbarkeit menschlicher Freiheit, denn dies ist nach Kant das „einzig angeborene" natürliche Menschenrecht (Kant 1797), 345), deduzieren zu wollen, geht jedoch fehl. Tatsächlich handelt es sich bei Art. 6 Abs. 2 S. 1 GG um positives Verfassungsrecht, das in der Rechtsprechung des BVerfG immer wieder auf die reale gesellschaftliche Verfassung, die faktischen sozialen Lebensverhältnissen bezogen wird. Das zeigte sich etwa bei der Forderung des BVerfG nach der rechtlichen Zulässigkeit gemeinsamer elterlicher Sorge nach Scheidung (vgl. § 13 I.), bezüglich der Möglichkeit der gemeinsamen Sorge für nichteheliche Kinder (vgl. § 10 II.), bei der Einräumung eines Rechtes auf Kenntnis der Abstammung (vgl. § 6.3) bei der Anerkennung der Pflegefamilie als Form der sozialen Elternschaft (vgl. § 15 IV.) oder bei der Ermöglichung der Sukzessivadoption für Partner einer eingetragenen gleichgeschlechtlichen Lebenspartnerschaft (§ 16 III.).

23 Eine verfassungsrechtlich wie praktisch gleichermaßen komplizierte Konstellation kann immer dann vorliegen, wenn Grundrechtspositionen Minderjähriger aus Art. 1 Abs. 1 GG und Art. 2 Abs. 1 GG mit dem Elterngrundrecht aus Art. 6 Abs. 2 S. 1 GG kollidieren. Die Annahme, dass von den Eltern, wie oben zitiert, am ehesten ein am Kindeswohl orientiertes Handeln zu erwarten ist, führte zunächst zu der Konzeption, durch Sicherung von Elternautonomie sei zugleich das Kindeswohl gesichert. Dies ist jedoch nur die eine Seite. Denn wie eingangs erwähnt, liegt der besondere Charakter des Elternrechts darin, dass das Elternrecht des Art. 6 Abs. 2 S. 1GG nicht wie andere Grundrechte ein Grundrecht ist, das eigennützig allein im Interesse des Grundrechtsinhabers besteht, sondern es sich um ein fremdnütziges Recht im Interesse der Kinder handelt: „Eine Verfassung, welche die Würde des Menschen in den Mittelpunkt ihres Wertsystems stellt, kann bei der Ordnung zwischenmenschlicher Beziehungen grundsätzlich niemandem Rechte an der Person eines anderen einräumen, die nicht zugleich pflichtgebunden sind und die Menschenwürde des anderen respektieren" (BVerfG 29.7.1968–1 BvL 20/63, 1 BvL 31/66, BVerfGE 24, 144; ebenso, diese Formulierung des BVerfG vom 29.7.1968 ausdrücklich wiederholend: BVerfG 1.4.2008–1 BvR

1620/04 in Rn. 71). Der Pflichtaspekt ist wesensbestimmender Bestandteil des Elternrechts (BVerfG 24.3.1981–1 BvR 1516/78, 1 BvR 964/80, 1 BvR 1337/80, BVerfGE 56, 363), weswegen auch vom treuhänderischen Charakter dieses Grundrechts (BVerfG 31.5.1983–1 BvL 11/80, BVerfGE 64, 180) sowie von der **Elternverantwortung** gesprochen wird (BVerfG 9.4.2003–1 BvR 1493/96 und 1724/01). Damit entspricht der den Eltern in Art. 6 Abs. 2 S. 1 GG auferlegten Pflicht, das Kind zu pflegen und zu erziehen, ein **Recht des Kindes auf Pflege und Erziehung durch seine Eltern** aus Art. 6 Abs. 2 S. 1 GG (BVerfG 1.4.2008–1 BvR 1620/04). Das BVerfG sieht also durchaus mögliche Interessengegensätze zwischen Minderjährigen und Eltern. Diese werden aber jedenfalls nicht ohne Weiteres so zu lösen sein, dass Elternrechte notwendigerweise Vorrang etwa vor dem allgemeinen Persönlichkeitsrecht des Minderjährigen haben müssten (vgl. m.w.N.: Münder et al. 2013, § 1 Rn. 20). Hinzu kommt, dass sich etwa das Grundrecht des Kindes auf Wahrung seiner Menschenwürde aus Art. 1 Abs. 1 GG „a priori jeder Überlagerung durch das Elternrecht" widersetzt (Zacher 2001, 300). Ausgehend hiervon und dem generellen verfassungsrechtlichen Bemühen, Abhängigkeiten jeglicher Art entgegen zu treten, hat das BVerfG die Grundrechtspositionen Minderjähriger in Verknüpfung von Art. 6 Abs. 2 S. 2 GG und Art. 1 Abs. 1, Art. 2 Abs. 1 GG entwickelt und so **Minderjährige als autonome Rechtssubjekte auch in Bezug auf die Eltern** anerkannt (ausführlich Jeand'Heur 1993; Reuter AcP 1992, 111 ff.; ausführlich BVerfG. 1.4.2008–1 BvR 1620/04 in Rn. 71). Das Spannungsverhältnis als solches lässt sich freilich nicht auflösen. Bei der Suche nach praktisch tragfähigen Regelungen verbieten sich daher einfache Lösungen. Weiter kommt man nur, wenn man zur Kenntnis nimmt, dass den Eltern das Elternrecht um des Kindes und seiner Persönlichkeitsentfaltung willen gewährleistet ist und damit in dem Maße zurücktritt, in dem das Kind in die Mündigkeit hineinwächst, bis es schließlich überflüssig wird. Wie dies im Einzelnen auszugestalten ist, ist in einer **Abwägung zwischen Erziehungsbedürftigkeit und Selbstbestimmungsfähigkeit** jeweils für einzelne Handlungsfelder zu konkretisieren. Dies ist primär Aufgabe des Gesetzgebers (Wiesner ZfS 1998, 173 ff.). Dabei hat dieser sich an der verfassungsrechtlichen Aussage zu orientieren, dass „für die Ausübung höchstpersönlicher Rechte der Grundsatz zu gelten (hat), dass der zwar noch Unmündige aber schon Urteilsfähige die ihm um seiner Persönlichkeit willen zustehenden Rechte soll eigenständig ausüben können" (BVerfG 9.2.1982–1 BvR 845/79, BVerfGE 59, 360, 366). Damit will das Bundesverfassungsgericht die selbstbestimmte Persönlichkeitsentfaltung der Kinder auch gegenüber den Eltern schützen. Elternautonomie soll beschränkt werden, wo Fremdbestimmung des Kindes wegen des Reifegrades des Kindes kein Mittel der Entfaltung der Persönlichkeit des Kindes mehr ist (dazu Reuter AcP 1992, 108 ff.).

Neben der Aufgabe des Staates, die Balance zwischen Elternrecht und Kinderrecht gesetzlich auszugestalten, obliegt ihm auch das in **Art. 6 Abs. 2 S. 2 GG** enthaltene **Wächteramt**. Zur Sicherung der Menschenwürde des Kindes verpflichtet es den Staat – bei allem gebotenen Respekt vor der Erziehungs- und Pflegeautonomie der Eltern –

24

dort einzugreifen, wo die Eltern bei der Wahrnehmung ihrer Elternverantwortung versagen und das Kindeswohl gefährdet ist. Dies bedeutet, dass Art. 6 Abs. 2 S. 2 GG den Staat jedenfalls noch nicht dazu berechtigt, irgendwie geartete Vorgaben zur Art und Weise der Erziehung zu treffen und deren Einhaltung zu kontrollieren (BVerfG 10.11.1998–2 BvR 1057/91, 2 BvR 1226/91, 2 BvR 980/91, BVerfGE 99, 216). Das Wächteramt des Staates kann vielmehr nur in einer „Unvertretbarkeitskontrolle" (Jestaedt 2008, 14) bestehen. Wegen der Vorrangigkeit der Elternrechte hat der Staat zunächst vor allem institutionelle Hilfemöglichkeiten anzubieten (vgl. Münder/ Trenczek 2011, Kap. 4.2.). Helfen auch diese nicht ab, so ermöglicht Art. 6 Abs. 3 GG die Trennung des Kindes von der elterlichen Familie. Als ultima ratio ist dabei auch der Entzug der gesamten elterlichen Sorge durch das Familiengericht (§ 1666 a Abs. 2 BGB i.V.m. § 1666 BGB) möglich. Unter Umständen kommt schließlich auch eine Adoption des Kindes in Betracht, die zur Auflösung des Rechtsverhältnisses zwischen Eltern und Kind insgesamt führen würde (vgl. § 16 IV. 2.), wobei unter bestimmten gesetzlichen Voraussetzungen (vgl. § 1748 BGB) die elterliche Einwilligung hierzu durch das Familiengericht ersetzt werden kann.

3. Die Gleichstellung von nichtehelichen und ehelichen Kindern – Art. 6 Abs. 5 GG

25 § 1707 S. 1 BGB i.d.F.v. 1900 lautet: „Der Mutter steht nicht die elterliche Gewalt über das Kind zu." Dies war die zentrale Aussage bezüglich der elterlichen Sorge der Mutter über ein nichteheliches Kind. Der Vaters eines nichtehelichen Kindes hingegen galt als mit dem Kind nicht verwandt, was bedeutete, dass keine gesetzlichen Unterhalts- und Erbansprüche bestanden. Diese Diskriminierung – sowohl der Mütter wie der nichtehelichen Kinder – wollte bereits der Verfassungsgeber der Weimarer Verfassung beseitigt wissen. Durch Art. 121 WRV wurde der Gesetzgeber aufgefordert, unehelichen Kindern gleiche Entwicklungsmöglichkeiten wie ehelichen Kindern einzuräumen. Änderungen im BGB bezüglich der Rechtslage der unehelichen Kinder erfolgten trotz dieses Auftrages allerdings nicht. Änderungen gab es nur insofern, als mit dem Inkrafttreten des RJWG am 1.4.1924 (vgl. Münder/ Trenczek 2011 Kap. 3.2.1) das Jugendamt von Gesetzes wegen zum Amtsvormund über das uneheliche Kind wurde, da ja der Mutter die elterliche Gewalt über das Kind nicht zustand. Das Grundgesetz übernahm die bereits in der WRV enthaltene Verpflichtung für den Gesetzgeber. Nach Art. 6 Abs. 5 GG sollte die Gesetzgebung den unehelichen Kindern die gleichen Bedingungen für ihre Entwicklung schaffen wie den ehelichen Kindern. Es bedurfte allerdings erst einer Entscheidung des Bundesverfassungsgerichtes, in welcher es dem Gesetzgeber eine Frist setzte, bis zu der er dem Auftrag des Art. 6 Abs. 5 GG nachzukommen hätte, da ansonsten die Rechtsprechung die Gleichstellung der unehelichen Kinder selbst unmittelbar zu regeln hätte (BVerfG 29.1.1969–1 BvR 26/66, BVerfGE 25, 167 ff.). Erst auf diesen Druck hin wurde am 19.8.1969 das „Gesetz über die rechtliche Gleichstellung der nichtehelichen Kinder" verabschiedet, das schließlich am

1.7.1970 in Kraft trat. Mit ihm erfolgte die Abschaffung der Amtsvormundschaft und die Zuordnung der elterlichen Sorge zur Mutter. Eingeschränkt war dies allerdings durch eine gesetzliche Amtspflegschaft, welche sich auf die Geltendmachung von Unterhaltsansprüchen und die Feststellung der Vaterschaft erstreckte und der sich die Mutter paradoxerweise nur dadurch entledigen konnte, dass sie ihr eigenes Kind adoptierte. Das Kind war nach dem Gleichstellungsgesetz nunmehr mit seinem Vater verwandt. Allerdings bestanden Sonderregelungen für den gesetzlichen Unterhaltsanspruch (insbes.: die Möglichkeit des Abschlusses eines Unterhaltsvertrages) und im Erbrecht (sogenannter Erbersatzanspruch). An der elterlichen Sorge konnte der Vater nach diesem Gesetz unter keinerlei Umständen beteiligt werden; er hatte auch keinen subjektiven Rechtsanspruch auf Umgang mit dem Kind, sondern lediglich ein Auskunftsrecht.

Im Laufe der Jahre wurde die Bundesrepublik Deutschland mit diesen Regelungen allmählich zum europäischen Schlusslicht, was die Rechtsstellung nichtehelicher Kinder betraf. Hinzu kam, dass im Rahmen der deutschen Wiedervereinigung die Sonderregelungen für nichteheliche Kinder bezüglich der elterlichen Sorge der Mutter nicht mehr für das Beitrittsgebiet übernommen wurden, da das dort geltende Recht insofern bereits über sie hinaus ging (vgl. Münder FuR 1992, 191 ff.). Jedoch dauerte es bis zum Inkrafttreten des Beistandschaftsgesetzes und des KindRG zum 1.7.1998, bis die Unterschiede zwischen Kindern, deren Eltern miteinander verheiratet sind, und jenen, deren Eltern nicht mit einander verheiratet sind (der Gesetzgeber verzichtete nunmehr begrifflich auf die Unterscheidung zwischen ehelichen und nichtehelichen Kindern) beseitigt wurden. Auch im Abstammungsrecht, im Unterhaltsrecht und bei der elterlichen Sorge wurde eine weitgehende Gleichstellung von ehelichen und nichtehelichen Kindern geschaffen, wenngleich im Abstammungsrecht nach wie vor – recht pragmatisch – daran angeknüpft wird, ob die Mutter zum Zeitpunkt der Geburt des Kindes verheiratet ist (§ 1592 BGB – vgl. § 6 II. 1.). Auch hinsichtlich der unterschiedlichen Dauer des Betreuungsunterhalts (§§ 1570, 1615 l BGB a.F.), der eine Schlechterstellung der Mütter von nichtehelichen Kindern gegenüber denen von ehelichen Kindern zur Folge hatte, hat der Gesetzgeber inzwischen entsprechende Vorgaben des BVerfG (BVerfG 28.2.2007–1 BvL 9/04) umgesetzt (vgl. § 5 II. 1.).

4. Gleichberechtigungsgrundsatz (Art. 3 Abs. 2 GG) und Diskriminierungsverbot (Art. 3 Abs. 3 GG)

Auch die rechtliche Realisierung des in Art. 3 Abs. 2 GG formulierten Gleichberechtigungsgrundsatzes war langwierig und mühsam (vgl. § 3 II.). Auch insoweit wurde letztlich erst 1998 mit dem KindRG auf rechtlicher Ebene im Familienrecht gleichberechtigungsrechtswidriges Recht beseitigt (vgl. § 6 II. 2.). Dennoch bedurfte es auch in der Folgezeit weiterer Entscheidungen des BVerfG, um den Gleichberechtigungsgrundsatz umfassend zu realisieren (vgl. BVerfG 2.5.2006–1 BvR 1275/97 zum Halbteilungsgrundsatz beim Versorgungsausgleich). Damit schien der Gleichberechtigungs-grundsatz die in einem libertären Staatsverständnis klassische Funktion von Grund-rechten als **Abwehrrechte** zur Unterbindung von Diskriminierungen erfüllt zu haben. In der Realität freilich war die Benachteiligung der Frauen in weiten Bereichen – nicht zuletzt auch im familialen Bereich – damit noch nicht beseitigt. Die verfassungsrecht-liche Diskussion befasste sich deswegen damit, ob auch aus Art. 3 Abs. 2 GG eine **Förderungsfunktion** folge, wonach der Gesetzgeber zur Förderung und Unterstützung der Grundrechtsverpflichtung verpflichtet sei (BVerfG 28.1.1987–1 BvR 455/82, BVerfGE 74, 163, 179). Das BVerfG verpflichtete (in seinen Entscheidungen zum Al-tersruhegeld, zur Nachtarbeit und zu den Erziehungszeiten) mit dem Hinweis auf die „aus Art. 3 II GG folgende Pflicht des Gesetzgebers..." den Gesetzgeber, auf eine An-gleichung der Lebensverhältnisse von Frauen und Männern hinzuwirken (BVerfG 7.7.1992–1 BvL 51/86, 1 BvL 50/87, 1 BvR 873/90, 1 BvR 761/91, BVerfGE 87, 1, 42). Die im Zusammenhang mit der Wiedervereinigung geführte Verfassungsdebatte führte schließlich zu einer Ergänzung von Art. 3 Abs. 2 GG durch einen 2. Satz, wo-nach der Staat die tatsächliche Durchsetzung der Gleichberechtigung von Männern und Frauen fördert und auf die Beseitigung bestehender Nachteile hinwirkt (zur Ent-stehung: Hofmann FamRZ 1995, 257 ff.). Freilich führt eine solche Formulierung zu unterschiedlichen Auslegungen und interessengeleiteten Interpretationen. Auf verfas-sungsrechtlicher Ebene betreffen sie insbesondere Fragen etwa nach der Reichweite staatlicher Verpflichtungen, Maßnahmen zur „tatsächlichen Durchsetzung der Gleich-berechtigung" zu ergreifen, oder zum normativen Charakter von Art. 3 Abs. 2 S. 2 GG (Staatszielbestimmung oder individuell einklagbares Grundrecht?). Rechtspolitisch sind die aktuellen Probleme, die sich aus Art. 3 Abs. 2 S. 2 GG ergeben, allerdings mittlerweile weniger den durch das Familienrecht zu regelnden gesellschaftlichen Be-reichen zuzuordnen als vielmehr vor allem denen des Sozial-, Arbeits- und auch Ge-sellschaftsrechts.

Weiterführende Literatur

VVDStRL Band 45 (1987); Reuter AcP 1992, 108 ff.; Jestaedt ZfS 2000, 281 ff.; Papier
   NJW 2002, 2129 f.; Di Fabio NJW 2003, 993 ff.

III. Familie und Politik

28   Die Familie ist der soziale Ort, an dem gesellschaftliches Zusammenleben seinen bio-logischen und auch sozialisatorischen Ausgangspunkt hat und ökonomisch realisiert wird. Die jeweilige konkrete Zuweisung dieses Ortes an die Mitglieder der Gesellschaft und seine soziale Absicherung sind selbst politische Funktionen der Familie. Familie kann daher nicht apolitisch gedacht werden, sie ist selbst ein Feld der Politik, ein ei-genständiges Politikgebiet (dazu: Kaufmann 1995, Gerlach 2009). Familienpolitik meint das bewusste, zielgerichtete, geplante Einwirken von Staat – Bund, Ländern und Kommunen – auf die soziale und die ökonomische Lage insbesondere von Eltern und deren Kindern und auf die für sie wichtigen Lebensbedingungen. Die politische Gestaltung dieser Lebensbedingungen erfolgt allerdings – instrumentell betrachtet – vornehmlich mittels des Rechts. Denn vor allem das Recht ermöglicht es, politischen Gestaltungswillen gut zu operationalisieren, allgemeinverbindlich zu gestalten und mit einem hohen Maß an Legitimität zu versehen. Dies beschränkt sich freilich nicht auf das Familienrecht, sondern betrifft regelmäßig auch das Arbeitsrecht (Vereinbarkeit von Familie und Beruf), das Sozialrecht (Familienlastenausgleich/ Familienleistungsausgleich), in diesem Zusammenhang auch das Steuerrecht (§ 30 EStG) und selbst das Strafrecht (StGB BT 12. Abschn.). Die notwendigen verfassungsrechtlichen Spielräume für derartiges politisches Handeln eröffnet Art. 6 GG, der dem Staat hinsichtlich seiner Verpflichtung, Familie, Eltern, Kinder, Ehe positiv zu fördern (§ 1 II.), einen weiten Gestaltungsspielraum lässt. Dies führt teilweise zu unterschiedlichen Orientierungen in der Familienpolitik in Abhängigkeit von den jeweils herrschenden politischen Kräftekonstellationen.

1. Orientierungen in der Familienpolitik

Politik, und damit Familienpolitik, ist mit orientierenden Wertentscheidungen verbunden. Durch die Geschichte der Bundesrepublik Deutschland hindurch lassen sich dabei bestimmte familienpolitische Linien verfolgen. 29

Familienpolitik etablierte sich in der Bundesrepublik Deutschland mit der Einrichtung eines Familienministeriums im Jahr 1953. Sie war zunächst geprägt von einer Wertentscheidung für **Familieninstitutionenpolitik**, und damit für klare Rollenzuweisungen von Mann und Frau und eine strikte geschlechterspezifische Arbeitsteilung innerhalb der sog. „Hausfrauenehe". Hierfür kennzeichnend war, dass der Ehemann zumindest bis zum Inkrafttreten des Gleichberechtigungsgesetzes im Jahr 1957 in allen das gemeinschaftliche eheliche Leben betreffenden Angelegenheiten das Letztentscheidungsrecht hatte und Persönlichkeitsrechte des einzelnen Familienmitgliedes – etwa der Ehefrau oder des Kindes bei der Anfechtung der Ehelichkeit eines Kindes – hinter den Schutz der Ehe zurück zu treten hatten. Inhaltlicher Schwerpunkt einer solchen Familieninstitutionenpolitik war die materielle Sicherung der Familien über Kinderfreibeträge und Kindergeld, das Ehegattensplitting (1958) und, für einkommensschwache Familien, das Wohngeld. 30

Erst gegen Ende der 1960er Jahre fand mit dem Wechsel zu einer sozial- liberalen Regierung auch in der Politik eine Öffnung des traditionellen Familienbildes und – damit verbunden – des rechtlichen Familienbegriffes statt. Veranlasst wurde dies vor allem durch gesellschaftliche Realverläufe in der Entwicklung familiären Zusammenlebens und durch die öffentliche Hinterfragung überholter Familienleitbilder und -rollen. Seitdem ist – mit mehrfachen Diskontinuitäts- Einschüben – eine Tendenz erkennbar, wonach sich Familie immer weniger über ihre klassische institutionelle Beschreibung und immer mehr über die persönlichkeitsrechtlich geprägten sozialen und recht- 31 lichen Verortungen ihrer jeweiligen Mitglieder definiert. Dies wird an der Reform des Ehe- und Scheidungsrecht ebenso deutlich wie etwa an Entwicklungen im Adoptionsrecht, im Unterhaltsrecht und vor allem im Kindschaftsrecht. In ihnen wurden der Abbau der Benachteiligung von Frauen, die Emanzipation von Frauen, die Beachtung des Kindeswohls und die Entwicklung partnerschaftlicher Strukturen zwischen Eltern und Kindern vorangetrieben. Das Erziehen der Kinder wurde zunehmend nicht mehr als eine nur private Angelegenheit der Eltern, sondern auch als eine gesamtgesellschaftliche Aufgabe verstanden. Begleitet wurden diese Entwicklungen einerseits von politischen Bemühungen zur Kompensation sozialer Nachteile, was sich in einem Ausbau der öffentlichen Einrichtungen zur Entlastung von Familien (z.B. Kindergärten) und in der Ausweitung der Angebote an sozialen Diensten, Beratungsstellen usw. zeigte. Andererseits wurde über die Jahre hinweg, gelegentlich angetrieben durch das BVerfG, ein System monetärer Transfers in Gestalt der Familienförderung und des Familienleistungsausgleichs etabliert. Das Ganze umfasst mittlerweile (2010) – von den Kinderfreibeträgen und der Steuerfreistellung des Existenzminimums für Kinder, dem Kindergeld, Elterngeld bis zur beitragsfreien Mitversicherung von Kindern- nicht weniger als 156 Einzelleistungen und Maßnahmen (Familienreport 2012, 47).

32 Nachdem auf diese Weise über die Jahre hinweg auch eine Modernisierung des Familienrechts und sein Anschluss an das internationale Niveau erreicht werden konnte, kam es seit 1998 zu keinen weiteren grundlegenden Änderungen. Jedoch steht eine Reihe von familienrechtlichen Entwicklungen für familienpolitische Wertentscheidungen, die erkennbar eine **individuelle Familienpolitik** weiter präferieren. Hierzu gehören, neben verschiedenen Verbesserungen bei Kinderrechten und beim Kinderschutz, vor allem das Gesetz über die eingetragene Lebenspartnerschaft von gleichgeschlechtlichen Lebenspartnern (vgl. § 4), aber auch die Novellierungen zum Unterhalts-, Abstammungs-, Vormundschafts-, und Betreuungsrecht sowie zum Recht der elterlichen Sorge. Familienpolitisch bleiben die Förderung der Kinder, und hierbei auch die Erhöhung der Chancengleichheit von Kindern aus benachteiligten Familien, die Vereinbarkeit von Beruf und Familie sowie die unter dem Stichwort „Kinderfreundliche Gesellschaft" zusammenzufassende Schaffung von Bedingungen dafür, dass wieder mehr Kinder geboren werden, die zentralen Themen. In diesem Kontext müssen auch die kontinuierlichen Anpassungen bzw. Anhebungen bei Kindergeld und Kinderfreibetrag betrachtet werden. Relativ neu im familienpolitischen Instrumentarium ist das sog. Bildungspaket, das Kinder, die Sozialgeld beziehen, seit 2009 erhalten. Die momentan größte familienpolitische Herausforderung dürfte in der tatsächlichen Umsetzung des Betreuungsanspruchs für Kinder unter drei Jahren bestehen. Auch nach seiner Verabschiedung familienpolitisch umstritten bleibt hingegen das sogenannte Betreuungsgeld, das seit August 2013 im Anschluss an das Elterngeld bezogen werden kann. Gegenwärtig jedenfalls, so bleibt zu konstatieren, fallen die familienpolitischen Bemühungen der Bundesregierung und die Wünsche und Erwartungen der Eltern bezüglich Vereinbarkeit von Beruf und Familie, Chancengleichheit und Kinderfreundlichkeit, wie eine

aktuelle Untersuchung ergibt, noch erkennbar auseinander (www.eltern.de/c/images/pdf/forsa_ergebnisbericht2013.pdf).

2. Felder von Familienpolitik

Merkmal der auf „Familie" bezogenen Politik ist, dass sie viele verschiedene Bereiche 33
betrifft. Von besonderer Bedeutung sind:

- Die **Ehepolitik.** Mit der rechtlichen Regulierung von Eheschließung und Ehescheidung, mit der Behandlung von anderen Formen des Zusammenlebens neben der Ehe (nichteheliche Lebensgemeinschaften, gleichgeschlechtliche Lebenspartnerschaften) beeinflusst Politik das Zusammenleben der Geschlechter und das Zusammenleben erwachsener Menschen allgemein. Wesentlich geschieht dies durch das Familienrecht selbst (vgl. §§ 3–5), flankiert durch (sozialpolitische) Vergünstigungen, die an den Status der Ehe anknüpfen (z.b. Splitting § 9 III. 3.).
- Die **Bevölkerungspolitik.** In Deutschland wurde sie aufgrund der Familienpolitik der Nationalsozialisten, die auf Rassentheorie und der Vernichtung sogenannten lebensunwerten Lebens beruhte, lange Zeit nicht thematisiert, z.t. tabuisiert. Dennoch ist klar, dass die Nachwuchszeugung und Nachwuchssicherung ein wichtiges Feld einer umfassenden Familienpolitik ist. Deutschland hat eine der geringsten Fertilitätsraten innerhalb der Europäischen Union. Hier sollen sozialpolitische monetäre Leistungen wirken. Entscheidend allerdings dürfte sein, wie es der Familienpolitik gelingt, Familie und Erwerbstätigkeit miteinander zu verbinden.
- **Monetäre Sozialpolitik.** Dieser traditionelle Schwerpunkt von Familienpolitik will durch sozialpolitische Kompensation materielle Nachteile, die durch das Aufziehen von Kindern entstehen, ausgleichen. Hier ist eine Vielzahl materieller Leistungen angesiedelt, die sich in den verschiedensten Gesetzen bis hinein in das Steuerrecht finden (ausführlich § 9).
- **Kinder- und Jugendpolitik.** Sozialisation, Erziehung und Ausbildung sind nicht nur eine Aufgabe der Familie, sondern werden im Rahmen der Kinder- und Jugendpolitik auch als gesamtgesellschaftliche Aufgabe verstanden. Am deutlichsten zeigt sich dies im Bereich der Schule, die keine private Angelegenheit mehr ist. Von besonderer Bedeutung sind die sozialpädagogischen Leistungen. Hierzu zählen entsprechende Einrichtungen zur Entlastung von Eltern (Krippe, Kindergarten, Hort), Angebote der Jugendarbeit, der Beratung und Unterstützung von Eltern und Kindern, entsprechende erzieherische Hilfe, soziale Dienste, individuelle Hilfen. Schwerpunktmäßig finden sich diese Leistungen im Kinder- und Jugendhilfegesetz, dem SGB VIII (dazu Münder/ Trenczek 2011).
- **Altenpolitik:** Immer klarer wird auch der enge Zusammenhang zwischen Familienpolitik und Altenpolitik erkennbar. Die Pflege und Betreuung alter Menschen wird aufgrund der gesellschaftlichen Entwicklung und des demografischen Wandels in immer geringerem Umfang durch „die Familie" geleistet, wie es noch dem

intergenerativen Unterhaltsrecht des BGB vorschwebte. Die soziale Pflegeversicherung des SGB XI reagiert hierauf in Teilen, eine umfassende Lösung der Problematik steht jedoch noch aus. Allerdings macht die Gesetzgebung mit dem Pflegezeitgesetz von 2008 einen Versuch, Erwerbsarbeit und die Pflege naher Angehöriger miteinander vereinbar zu machen.

Weiterführende Literatur
Dienel 2002; Huinink ZfS 2007, 391ff.; Gerlach 2009
Jarass FamRZ 2012, 1181 ff.

§ 2. Familienrecht

Zu bestimmen, was Familienrecht regelt, scheint nur auf den ersten Blick problemlos. Wie bereits zu sehen war, differenzieren sich zunehmend soziale Lebensformen aus und verändern sich gesellschaftliche und politische Werturteile. Dies verleiht auch dem Gegenstand des Familienrechts eine gewisse Unschärfe und Unbestimmtheit. Deswegen erfolgt zunächst ein ungefährer Überblick über die Rechtsmaterie des Familienrechts, darüber, wo es geregelt ist, für wen es gilt und wie es sich entwickelt und verändert hat. Abschließend wird der zum Nachdenken anregenden Fragestellung, ob denn heute überhaupt noch ohne Weiteres von einem Familienrecht gesprochen werden kann, nachgegangen.

I. Was und wo?

1. Das materielle Recht

1 Familienrecht ist zunächst im 4. Buch des Bürgerlichen Gesetzbuchs (BGB) geregelt. Es ist damit Teil des Privatrechts, genauer: des Zivilrechts oder auch bürgerlichen Rechts, also Teil jenes Rechts, das sich mit den Rechtsbeziehungen zwischen den einzelnen Bürgern befasst. Unter der Überschrift „Familienrecht" findet man drei Abschnitte: „Bürgerliche Ehe", „Verwandtschaft" und „Vormundschaft, rechtliche Betreuung, Pflegschaft". Die Regelungsbreite reicht also vom Verlöbnis und der Ehe über die Abstammung zum Verhältnis zwischen Eltern und Kindern schließlich bis zur Betreuung (alter) Menschen. Nimmt man allerdings eine Gesetzessammlung zum Familienrecht zur Hand, dann sieht man, dass in ihr weit mehr als nur das 4. Buch des BGB enthalten ist. Regelungen, die einen Bezug zu „Familie" haben, finden sich vielmehr an vielen anderen Stellen innerhalb der Rechtsordnung. Zunächst **im BGB** selbst, z.B.:

- §§ 1 ff. BGB, wo nicht nur geregelt ist, wann die Rechtsfähigkeit eines Menschen beginnt, sondern auch (§ 2 BGB), wann er volljährig wird, wie sich der Wohnsitz des Kindes bestimmt (§ 11 BGB);
- §§ 104 ff. BGB, wo es um die Geschäftsunfähigkeit, die beschränkte Geschäftsfähigkeit Minderjähriger, die Wirkung von Rechtshandlungen Minderjähriger usw. geht;

■ §§ 823 ff. BGB, wo unter der Überschrift „unerlaubte Handlungen" die Verantwortlichkeit von Minderjährigen, Schadensersatzansprüche gegen Minderjährige
sowie die Haftung von Aufsichtspflichtigen (§§ 828, 829, 832 BGB) behandelt
werden (vgl. § 10 III.).

Für die Einordnung und das Verständnis dieser Bestimmungen ist es notwendig, sich
über die Struktur des BGB zu informieren und sich zumindest mit den Grundzügen des
Zivilrechts zu befassen. Hierfür bietet bspw. Däubler (2008) einen guten Überblick.
Sinnvoll ist darüber hinaus aber auch die Hinzuziehung einer allgemeinen Einführung
in das Recht. Hingewiesen sei hier auf Wesel 2007, sowie speziell für den Bereich der
sozialen Arbeit auf Trenczek u.a. 2011.

Jedoch auch **außerhalb des BGB, in anderen Teilen des Zivilrechts**, finden sich Rege-   2
lungen von familienrechtlicher Relevanz. Hier ist insbesondere das Lebenspartnerschaftsgesetz zu nennen, das mit der eingetragenen Lebenspartnerschaft ein eigenes
Rechtsinstitut für gleichgeschlechtliche Lebensgemeinschaften vorsieht (vgl. § 4). Im
Gesetz über die religiöse Kindererziehung werden Regelungen getroffen, die das Recht
der elterlichen Sorge berühren. Der Versorgungsausgleich unter geschiedenen Ehegatten ist mittlerweile bis auf eine Verweisungsnorm aus dem BGB ausgegliedert und in
einem Versorgungsausgleichsgesetz geregelt worden. Von Interesse ist schließlich, dass
auch das Gewaltschutzgesetz schon wegen § 111 Nr. 6 FamFG dem Familienrecht zugerechnet werden muss, obgleich sich zumindest sein Adressatenkreis nach § 1
GewSchG nicht notwendigerweise auf Familienangehörige beschränkt.

Von besonderer Bedeutung ist das **Einführungsgesetz zum Bürgerlichen Gesetzbuch**   3
(EGBGB), das sich – anders als sein Name vermuten lässt – nicht nur mit der Einführung des BGB zum 1.1.1900 befasst, sondern mit seinem umfangreichen Kapitel „Internationales Privatrecht" (Art. 13 ff. EGBGB) regelt, für welchen Personenkreis das
deutsche Familienrecht gilt (ausführlich gleich unter § 2 II.). Zudem finden sich im
fünften Teil des EGBGB Übergangsvorschriften, die bestimmen, ab wann Rechtsänderungen anzuwenden sind. So befindet sich in Art. 224, § 2 Abs. 3 bis 5 EGBGB seit
dem 31.12.2003 eine Regelung zum Sorgerecht für nicht miteinander verheiratete Eltern, die sich bereits vor der Einführung der Möglichkeit einer Sorgeerklärung zum
1.7.1998 getrennt hatten (vgl. § 10 II.).

Schließlich gibt es auch im öffentlichen Recht, etwa im **Verwaltungsrecht**, im **Sozial-**   4
recht, im **Steuerrecht** und im **Verfahrensrecht** eine Vielzahl von Vorschriften, die in
einem weiten Sinn (s.u.) dem Familienrecht zugeordnet werden. Die Abgrenzung zwischen **öffentlichem Recht** und **Privatrecht** ist dabei zuweilen schwierig. Gleichwohl ist
sie schon allein wegen der Bestimmung des Rechtsweges notwendig. Als Regel kann
hier gelten, dass dem Privatrecht eine Norm dann zuzuordnen ist, wenn sie für jeder-
mann gilt; zum öffentlichen Recht gehört eine Norm dann, wenn aus ihr zwingend ein
Träger der öffentlichen Verwaltung berechtigt oder verpflichtet wird (sog. moderne
Subjekttheorie, vgl. im Einzelnen: Trenczek u.a. 2011, 54). Die bedeutsamsten **öffent-**
lich-rechtliche Bestimmungen in Bezug auf die Familie sind zunächst, wie bereits gesehen, im Grundgesetz zu finden. (§ 1 II.). Unter den sozialrechtlichen Kodifikationen

ist das **Achte Buch des Sozialgesetzbuches – Kinder- und Jugendhilfe – (SGB VIII)**, von besonderer Relevanz (vgl. hierzu ausführlich Münder/Trenczek 2011). Weitere sozialrechtliche Regelungen befassen sich insbesondere mit der materiellen Unterstützung von Eltern und Kindern. Hierzu gehören das Bundeselterngeld – und Elternzeitgesetz (BEEG), das Bundeskindergeldgesetz (BKGG), das Unterhaltsvorschussgesetz (UVG) und das Bundesausbildungsförderungsgesetz (BAföG). Steuerrechtlich ist auf das Einkommensteuergesetz (EStG) zu verweisen. Wichtige verwaltungsrechtliche Vorschriften sind u.a. das Adoptionsvermittlungsgesetz (AdVermiG), das Betreuungsbehördengesetz (BtBG), das Personenstandsgesetz (PStG) sowie das Namensänderungsgesetz (NamÄndG).

5   Im Ergebnis lässt sich von einem **Familienrecht im engeren Sinne**, das im 4. Buch des BGB geregelt ist, und einem **Familienrecht im weiteren Sinne** sprechen, das weit über das Zivilrecht hinaus reicht und insbesondere sozialrechtliche Regelungsgegenstände mit umfasst. In diesem Buch werden deswegen neben den zivilrechtlichen Materien auch die wichtigsten sozialrechtlichen familienbezogenen Regelungen behandelt.

2. Das Verfahrensrecht

6   Entsprechend dem Titel dieses Lehrbuchs bezog sich die bisherige Darstellung auf das materielle Familienrecht, also auf Normen, die die rechtliche Situation, die Rechtslage betreffen. Im Leben geht es aber nicht nur um das Erkennen der abstrakten Rechtslage, sondern auch um die Durchsetzung von Rechtspositionen. Deshalb werden auch immer wieder an den entsprechenden Stellen Hinweise zum Verfahrensrecht gegeben werden, das sich mit der Durchsetzung der Rechte befasst. Sofern es sich um sozialrechtliche Bestimmungen handelt, sind hierfür das Sozialgerichtsgesetz (SGG) bzw. die Verwaltungsgerichtsordnung (VwGO) einschlägig. Ansonsten finden sich die Verfahrensregelungen für das Familienrecht in dem zum 1.9.2009 in Kraft getretenen **Gesetz über das Verfahren in Familiensachen und in den Angelegenheiten der freiwilligen Gerichtsbarkeit (FamFG)**. Mit ihm sind alle aus Ehe und Familie resultierenden Rechtsfragen einem sogenannten „Großen Familiengericht" (§ 23 b GVG) zugewiesen. Die Reform des Verfahrensrechts kann jedoch nicht nur regelungstechnisch, sondern muss auch als Ausdruck und Folge der eingangs besprochenen veränderten Perspektiven auf Lebensformen und Familienbeziehungen verstanden werden. Denn in einer Vielzahl dieser Beziehungen geht es um unmittelbar grundrechtsgeschützte Bereiche. Sie können daher nicht ohne Weiteres der Dispositionsbefugnis der Beteiligten überlassen werden. Darüber hinaus ist bei Konflikten im familiären Bereich, die in rechtlichen Verfahren zu bearbeiten, beizulegen oder anderweitig zu lösen sind, häufig eine beträchtliche emotionale Aufgeladenheit zu beobachten (hierzu und zum Folgenden: Meysen et al. 2009; Trenczek 2009, 335 ff.). Daher ist für Verfahren in Familiensachen (§ 111 FamFG) eine starke Fokussierung auf gerichtliche und außergerichtliche Streit-

schlichtung bzw. das Hinwirken auf einvernehmliche, in Kindschaftssachen darüber hinaus auch möglichst zeitnahe Lösungen kennzeichnend.

Eine weitere bereits zu Beginn des Gesetzgebungsverfahrens aufgestellte Prämisse war, 7 das unübersichtliche Nebeneinander seiner beiden Vorgängergesetze aufzulösen (Kemper/Schreiber 2012, Einleitung, Rn. 6). Sie wurde zwar mit der Außerkraftsetzung des 6. Buches der Zivilprozessordnung (ZPO) und des Gesetzes über die Angelegenheiten der freiwilligen Gerichtsbarkeit (FGG) weitestgehend, allerdings nicht bis zur allerletzten Konsequenz umgesetzt, denn §§ 113, 270 Abs. 1 FamFG verfügen, dass in Ehesachen, Lebenspartnerschaftssachen und Familienstreitsachen (§ 112 FamFG; z.B.: Unterhaltssachen, Güterrechtssachen) der größte Teil der allgemeinen FamFG- Vorschriften nicht angewendet werden darf und an ihrer Stelle Regelungen der ZPO zum Zuge kommen. Diese Besonderheit erklärt sich daraus, dass sich die hier stärker kontradiktorische (d.h. im Gegensatz zueinander stehende) Interessenlage als nicht ohne Weiteres integrierbar in das ansonsten eher auf konsensuale Lösungsfindung ausgerichtete FamFG – Konzept erwies (vgl. Bäumel 2009, 48). Jedoch weisen besondere Sprachregelungen auch in diesen Fällen auf die affektive Spezifik hin: Statt vom negativ konnotierten Rechtsstreit oder Prozess ist hier neutral vom Verfahren die Rede (demzufolge auch nicht mehr von Prozesskostenhilfe, sondern von Verfahrenskostenhilfe). An Stelle der Klage steht ein Antrag; die Parteien tragen auch hier die für das gesamte FamFG übliche Bezeichnung Beteiligte, sie werden nicht mehr Kläger und Beklagte genannt, sondern Antragsteller und Antragsgegner.

In bestimmten Verfahrensarten, z.B. in Verfahren wegen Kindeswohlgefährdung oder 8 zur Anordnung einer Vormundschaft, wird das Verfahren nicht auf Antrag eines Beteiligten, sondern durch das Gericht von Amts wegen eingeleitet. Hierzu kann das Gericht aber, z.B. durch das Jugendamt, angeregt werden (§ 24 FamFG). Unabhängig davon, ob das Gericht von Amts wegen oder auf Antrag eines Beteiligten tätig wird, gilt der sog. Amtsermittlungsgrundsatz (§ 26 FamFG). Dies bedeutet, dass das Gericht darüber entscheidet, was in welcher Weise untersucht, insbesondere worüber in welcher Form Beweis erhoben wird. Ausnahmen bestehen wiederum für Ehe- und Lebenspartnerschaftssachen sowie Scheidungsfolgesachen. Insgesamt, also auch wiederum unabhängig davon, ob das Gericht auf Antrag eines Beteiligten oder von Amts wegen tätig wird, liegt der Schwerpunkt des familiengerichtlichen Verfahrens nunmehr auf dem Aspekt der Fürsorge des Gerichts für die Beteiligten und der erhöhten Verantwortung für die materielle Richtigkeit der gerichtlichen Entscheidung (Bäumel 2009, 10).

II. Für wen? Hinweise zum internationalen Familienrecht

In der Bundesrepublik Deutschland lebten Ende 2011 80,2 Millionen Menschen. 9 7,7 % von ihnen, etwa 6,2 Millionen, waren Ausländer (Zensus 2011), davon 1,6 Mio.

aus der Türkei und 2,6 Mio. aus den EU-Staaten einschl. Bulgarien und Rumänien (Migrationsbericht 2011)).

10 Da es kein „übernational vereinheitlichtes" Familienrecht gibt, ergeben sich hieraus Probleme hinsichtlich der Zuständigkeiten der Gerichte und der Anwendbarkeit von Recht. Konkret stellen sich vorrangig zwei Fragen:

- Sind überhaupt die deutschen Gerichte zuständig?
- Und falls sie zuständig sind, welches Recht ist anzuwenden?

11 Auf diese Fragen gibt es abstrakt drei Antwortmöglichkeiten:

- Über die jeweilige Frage wird ausschließlich nach deutschem Recht entschieden;
- über die jeweilige Frage wird nach europäischem Recht entschieden;
- die Antwort ergibt sich jeweils aus staatsvertraglichen Regelungen zwischen den betroffenen Staaten.

12 In diesem Zusammenhang ist dann noch zu klären – falls es unterschiedliche Regelungen gibt –, wie das Verhältnis zwischen diesen differierenden Regelungen ist. Zwischenstaatliche vertragliche Regelungen sind zwar zunächst als Folge von Art. 59 Abs. 2 GG regelmäßig einfachem deutschen Bundesrecht in der Gesetzeshierarchie gleichgestellt. Jedoch darf ihre spätere Erfüllung schon aus dem Grundsatz pacta sunt servanda (Verträge sind einzuhalten) heraus nicht mit Hinweis auf etwaiges entgegenstehendes innerstaatliches Recht verweigert werden. De facto haben sie daher Vorrang. (vgl. Kimmenich/ Hobe 2008, 235 ff.). Für das hier interessierende Familienrecht ist darüber hinaus in § 97 Abs. 1 FamFG noch einmal klargestellt, dass völkerrechtliche Vereinbarungen, soweit sie **unmittelbar anwendbares innerstaatliches Recht** geworden sind, vorgehen. Noch klarer ist die Situation in Bezug auf das Europäische Gemeinschaftsrecht. Bei ihm handelt es sich um eine eigenständige, originäre Rechtsordnung, um sog. supranationales Recht, das demzufolge innerstaatlichem Recht vorgeht (vgl. Borchardt 2010). Für die Lösung unseres Problems sind in diesem Zusammenhang die sog. Brüssel- und Rom- Verordnungen von besonderem Interesse. Diese grundsätzlichen Orientierungen reichen jedoch noch nicht aus, um alle Facetten in den jeweiligen konkreten Situationen erfassen zu können. Das soll an einem Beispiel verdeutlicht werden.

13 Die Eheleute M und F sind italienische Staatsangehörige, sie haben 1998 in Italien die Ehe geschlossen und haben zwei 1999 und 2000 geborene Kinder. Seit 1999 betreiben sie in Berlin ein Eiscafé und wohnen dort. Im Winter, wenn im Eiscafé nicht so viel los ist, sind sie anfangs für etwa 3 Monate nach Italien zurückgekehrt; sie haben dort ein Haus und sind dort behördlich gemeldet. Seit der Einschulung der Kinder sind die Aufenthalte seltener geworden, seit dem Jahr 2005 hat sich nur noch M in dem Heimatort aufgehalten. Da sich M in Italien seit 2009 einer anderen Frau zugewandt hat, stellt F im Frühjahr 2013 beim Familiengericht in Berlin einen Antrag auf Scheidung.

Sie will ferner Unterhalt für sich und für die Kinder, außerdem die alleinige Sorge für beide Kinder.

Bezüglich der implizierten Fragen zeigt sich an diesem Beispiel, dass zu differenzieren   **14**
ist:

- Sind deutsche Gerichte zuständig für
  - die Scheidungsklage?
  - den nachehelichen Unterhalt für die Frau?
  - den Unterhalt für die Kinder?
  - die Regelung der elterlichen Sorge?
- Welches Recht ist anzuwenden
  - bei der Scheidung?
  - beim nachehelichen Unterhalt?
  - beim Kindesunterhalt?
  - bei der elterlichen Sorge?

Dies ist jeweils gesondert und einzeln zu untersuchen, denn es ist durchaus möglich,   **15**
dass die Antworten auf die jeweiligen Detailfragen unterschiedlich ausfallen, dass z.b. zwar die deutschen Gerichte zuständig sind, aber für die Scheidung italienisches, für die Frage der elterlichen Sorge hingegen deutsches Recht anzuwenden ist. Denkbar ist aber auch noch, dass je nach Fallgestaltung nicht in allen Fällen deutsche Gerichte zuständig sind. Somit können die eingangs gestellten Fragen nicht pauschal beantwortet werden. Die Antworten fallen vielmehr abhängig von dem jeweiligen Gegenstand aus. Deshalb finden sich die entsprechenden Ausführungen im Folgenden bei den einzelnen Kapiteln. Hier soll nur ein genereller Überblick über das internationale Familienrecht hinsichtlich der Zuständigkeit und über die Regelungen hinsichtlich des anzuwendenden Rechts gegeben werden (ausführlich dazu die einschlägigen Lehrbücher zum internationalen Privatrecht Andrae 2006; Kropholler 2006; Henrich 2000; Rauscher 2012).

Zunächst jedoch ein allgemeiner Überblick über internationale Abkommen und das   **16**
Gemeinschaftsrecht der Europäischen Union sowie über wichtige Begriffe des internationalen Privatrechts (IPR).

1. Internationale Abkommen, Gemeinschaftsrecht der EU

a) Internationale Abkommen

Soweit nicht Gemeinschaftsrecht der EU zur Anwendung kommt, ergibt sich die Be-   **17**
antwortung der Frage nach der Zuständigkeit deutscher Gerichte und der Anwendbarkeit deutschen Rechts aus entsprechenden völkerrechtlichen Vereinbarungen, sofern solche vorhanden sind. Solche völkerrechtlichen Vereinbarungen können Vereinbarungen zwischen mehreren Staaten (**multilaterale Abkommen**) bzw. zwischen zwei Staaten (**bilaterale Abkommen**, z.B.: deutsch – französisches Abkommen über den

Wahl – Güterstand der Zugewinngemeinschaft vom 4.2.2012, in Kraft getreten zum 1.5.2013) sein. Zu ersteren zählen insbesondere die sogenannten **Haager Übereinkommen**. Diese Konventionen werden von der ständig tagenden Haager Konferenz für Internationales Privatrecht (HCCH) erarbeitet und verabschiedet. Ihre Regelungen zu Zuständigkeiten betreffen neben den gerichtlichen Verfahren auch behördliche Maßnahmen, etwa von Jugendämtern oder Betreuungsbehörden.

18 Für den Regelungsbereich des Familienrechts von besonderer Wichtigkeit sind die Übereinkommen über:

- die Zuständigkeit, das anzuwendende Recht, die Anerkennung, Vollstreckung und Zusammenarbeit auf dem Gebiet der elterlichen Verantwortung und der Maßnahmen zum Schutz von Kindern vom 19.10.1996 – **Haager Kinderschutzübereinkommen (KSÜ)**. Es verpflichtet die Vertragsstaaten zum Schutz aller Personen unter 18 Jahren. Schutzmaßnahmen umfassen hierbei nicht nur familienrechtliche Instrumentarien, sondern auch Leistungen und andere Aufgaben der Jugendhilfe (vgl. deshalb Münder u.a. 2013, § 6 Rn. 14 ff.);
- die Anerkennung und Vollstreckung von Entscheidungen bezüglich der Unterhaltspflicht gegenüber Kindern vom 15.4.1958. Dieses Übereinkommen ist nur noch von marginaler Bedeutung (vgl. Jayme/ Hausmann 2012, Nr. 41 und 180), denn es ist weitgehend abgelöst durch das Übereinkommen über
- die **Anerkennung und Vollstreckung von Unterhaltsentscheidungen** vom 2.10.1973. Diese Konvention ist der auf dem Gebiet des Unterhaltsrechts wichtigste Vertrag, denn durch sie werden Unterhaltsansprüche aus familienrechtlichen Beziehungen aller Art erfasst;
- die Geltendmachung der Unterhaltsansprüche von Kindern und anderen Familienangehörigen und zur Änderung von Vorschriften auf dem Gebiet des internationalen Verfahrensrechts vom 23.10.2007. Über sie wird vor allem die Geltendmachung von Unterhaltsansprüchen außerhalb der EU erleichtert;
- die **zivilrechtlichen Aspekte internationaler Kindesentführung (KiEntfÜ)** vom 25.10.1980, das die Vertragsstaaten zur Rückführung eines Kindes bei Verletzung des Sorgerechts verpflichtet;
- **den internationalen Schutz von Erwachsenen (ErwSÜ)**vom 13.1.2000. Das Übereinkommen regelt insbesondere das Recht von Personen über 18 Jahren, die beeinträchtigt sind oder an einer psychischen Störung leiden und deshalb einen gesetzlichen Vertreter benötigen, also eine Materie, die im nationalen deutschen Recht im Betreuungsrecht geregelt ist;
- **den Schutz von Kindern und die Zusammenarbeit auf dem Gebiet der internationalen Adoption (AsÜ)** vom 29.5.1993, in dem die zwischenstaatliche Zusammenarbeit bei internationalen Adoptionen geregelt wird.

19 Für die Bundesrepublik Deutschland sind die genannten Übereinkommen aufgrund entsprechender innerstaatlicher Übernahmegesetze in Kraft getreten. In den Vertrags-

staaten der Europäischen Gemeinschaft, und so auch in der Bundesrepublik Deutschland, gelten sie jedoch lediglich ergänzend zum Europäischen Gemeinschaftsrecht.

Auch die **Konvention zum Schutze der Menschenrechte und Grundfreiheiten – Europäische Menschenrechtskonvention (EMRK)** vom 4.11.1950 ist, da sie durch bundesdeutsches Gesetz in nationales Recht umgesetzt wurde (1952), gleichrangig mit innerstaatlichem Recht. Bedeutsam sind dort die Art. 12, Art. 8 und Art. 14 EMRK. Ausgehend von Art. 12 EMRK, der das Recht einräumt, eine Familie zu gründen, werden von Art. 8 EMRK in erster Linie Familien (Ehepartner und Kinder), aber auch andere Beziehungen, die etwa auf engen persönlichen Bindungen, Blutsverwandtschaft o.ä. beruhen, geschützt. Art. 14 EMRK legt fest, dass die eingeräumten Rechte ohne jegliche Diskriminierung in allen Staaten zu gewähren sind. Praktische Bedeutung haben Art. 8 und Art. 14 EMRK insbesondere im Bereich des Sorge- (§§ 12, 13) bzw. des Umgangsrechts (§ 14). Gesichert wird die Umsetzung der EMRK durch den Europäischen Gerichtshof für Menschenrechte (EGMR). Dessen Entscheidungen haben für die deutschen Gerichte zwar keine unmittelbare Bindungswirkung. Das BVerfG hat jedoch in seiner Entscheidung vom 14.10.2004 mit Nachdruck darauf hingewiesen, dass die deutschen Behörden und Gerichte sie bei der Gesetzesanwendung zu berücksichtigen haben (2 BvR 1481/04)

UN – Menschenrechtskonventionen verlangen von den Staaten, die diesen Konventionen beigetreten sind, oft die Änderung ihres geltenden nationalen Rechts, sofern dieses nicht mit den in ihnen festgelegten Standards übereinstimmt. Insofern besteht bisweilen Streit, inwiefern nationale Regelungen diesen völkerrechtlichen Menschenrechtskonventionen entsprechen. Bedeutsam sind diesbezüglich zwei Konventionen der Vereinten Nationen:

> Das **Übereinkommen** über die **Beseitigung aller Formen der Diskriminierung der Frau** (1979) wurde von der Bundesrepublik in nationalstaatliches Recht übernommen. In diesem Rahmen hat die Bundesrepublik erklärt, dass das deutsche Recht dieser völkerrechtlichen Konvention entspricht und deswegen kein Anlass bestünde, das deutsche Recht zu ändern.

> Beim **Übereinkommen über die Rechte des Kindes** (UN-Kinderrechtskonvention von 1989) hatte die Bundesrepublik erklärt, dass die sich aus diesem völkerrechtlichen Übereinkommen ergebenden Verpflichtungen bereits erfüllt seien. Durch die zum 1.7.1998 in Kraft getretenen Veränderungen (vgl. § 2 III.) hat sich die Debatte weitgehend erledigt.

b) EU-Verordnungen

Verordnung (EG) Nr. 2201/2003 des Rates über die Zuständigkeit und die Anerkennung und Vollstreckung von Entscheidungen in Ehesachen und in Verfahren betreffend die elterliche Verantwortung und zur Aufhebung der Verordnung (EG) Nr. 1347/2000 (EuEheVO – sogenannte Brüssel IIa-VO) vom 27.11.2003. Der voluminöse Titel der Brüssel IIa-VO entspricht durchaus ihrer Bedeutung (ausführlich

Coester-Waltjen FamRZ 2005, 241 ff.; Schlauß 2005; Schulte-Bunert FamRZ 2007, 1608 ff.). Anwendbar ist die Brüssel IIa-VO gem. Art. 1 auf die Ehescheidung (inklusive Trennung, Ungültigerklärung einer Ehe) und den gesamten Bereich der „elterlichen Verantwortung", der entsprechend Art. 1 Abs. 2 faktisch dem deutschen Kindschaftsrecht entspricht, mit Ausnahme der in Art. 1 Abs. 3 genannten Bereiche (insbesondere Abstammungsrecht, Adoptionsrecht). Danach ergibt sich die Zuständigkeit der (deutschen) Gerichte für den Bereich Ehescheidung nach Art. 3 regelmäßig aus dem gewöhnlichen Aufenthalt der Ehegatten (im Einzelnen siehe aber Art. 3). Für den Bereich der elterlichen Verantwortung ergibt sich die Zuständigkeit gem. Art. 8 aus dem gewöhnlichen Aufenthalt des Kindes zum Zeitpunkt der Antragstellung (vgl. aber die Ausnahmen in Art. 9 ff.). Zu beachten ist, dass hinsichtlich der Sondermaterien des KiEntfÜ wie auch des KSÜ die Brüssel IIa-VO dort ergänzend hinzutritt. Sie gilt nicht nur für die Mitgliedsstaaten der EU untereinander (mit Ausnahme von Dänemark), sondern auch für Menschen, die nicht die Staatsangehörigkeit der Mitgliedsstaaten haben, sofern sie ihren gewöhnlichen Aufenthalt in der EU haben und nicht an andere nationale Rechtsordnungen angeknüpft wird. Durch das Gesetz zum Internationalen Familienrecht (Internationales Familienrechtsverfahrensgesetz – IntFamRVG) wurde die EG-Verordnung am 1.3.2005 innerstaatlich in der Bundesrepublik Deutschland umgesetzt.

23 Verordnung (EU) zur Durchführung einer verstärkten Zusammenarbeit im Bereich des auf die Ehescheidung und Trennung ohne Auflösung des Ehebandes anzuwendenden Rechts (sog. Rom III- Verordnung) vom 20.12.2010. Mit ihr ist ein weiterer Schritt auf dem Weg zur „Vergemeinschaftung" des Familienrechts dort, wo es grenzüberschreitende Bezüge hat, gegangen. Sie gilt ab dem 21.6.2012 in zunächst 14 teilnehmenden Mitgliedsstaaten der EU, unter denen sich auch die Bundesrepublik Deutschland befindet (im Einzelnen: Coester-Waltjen FamRZ 2013, 171 ff; Hau FamRZ 2013, 249 ff). Während die Brüssel IIa-VO vornehmlich Fragen der Zuständigkeit sowie der Anerkennung und Vollstreckung gerichtlicher Entscheidungen regelt, geht es in der Rom III- Verordnung um das anzuwendende Recht, also um Internationales Privatrecht (IPR) Diese Tendenz der Vereinheitlichung des europäischen Familienrechts wird sich – dies lässt sich mit Blick auf den nunmehr vorliegenden Kommissionsentwurf einer europäischen VO zum Güterrecht ohne Weiteres voraussagen – fortsetzen.

2. Überblick über die wichtigsten Begriffe des IPR

24 Der Begriff der Anknüpfung ist für das internationale Privatrecht generell zentral; deshalb wird er im Folgenden Ausgangspunkt für einen Kurzüberblick über die wichtigsten Begriffe und die damit verbundenen Verfahren und Methoden des IPR.

Anknüpfung – von welchen Merkmalen ist die Anwendung des konkreten Rechts abhängig?
Das internationale Familienrecht knüpft grundsätzlich am Staatsangehörigkeitsrecht der betroffenen Person an, d.h. es gilt das Recht des Heimatstaates. Unproblematisch

ist das, wenn z.B. Mann und Frau Angehörige desselben ausländischen Staates sind. Die Anknüpfung an die Staatsangehörigkeit versagt aber, wenn z.B. Personen verschiedener Staatsangehörigkeit betroffen sind. Dann stellt das IPR nachrangig auf den gewöhnlichen Aufenthaltsort ab. Aus der ggf. möglichen Anknüpfung sowohl am Staatsangehörigkeitsrecht wie am gewöhnlichen Aufenthaltsort kann sich eine sogenannte Anknüpfungsleiter ergeben (wie wir sie z.B. in Art. 14 EGBGB finden, auch Kegelsche Leiter genannt): vom Recht des Staates der gemeinsamen Staatsangehörigkeit zum gewöhnlichen Aufenthalt und schließlich zur Anknüpfung aufgrund gemeinsamer engster Verbindungen. Vom Grundsatz der Anknüpfung an die Staatsangehörigkeit gibt es aber gewichtige Ausnahmen, insbesondere dort, wo es um längerfristige Wirkungen familienrechtlicher Verhältnisse geht. Hier gilt vorrangig das Recht des gewöhnlichen Aufenthaltsortes des Hauptbeteiligten, z.B. bei den allgemeinen Ehewirkungen (Art. 14 EGBGB), bei der Abstammung (Art. 19 EGBGB) sowie bei dem Rechtsverhältnis zwischen Eltern und Kindern (Art. 21 EGBGB). Hinzu kommt, dass gerade im internationalen Kindschaftsrecht häufig das Günstigkeitsprinzip gilt: Es gilt die Rechtsordnung, die im konkreten Fall für das Kind am günstigsten ist. Das kann dazu führen, dass alternativ an verschiedene Rechtsordnungen angeknüpft werden kann (z.B. bei der Anfechtung der Abstammung nach Art. 20 EGBGB). Allerdings bestimmt nunmehr, wie bereits im vorangegangenen Abschnitt angedeutet, für die teilnehmenden EU- Mitgliedsstaaten die sog. Rom III – Verordnung, welches materielle Scheidungs- bzw. Trennungsrecht anzuwenden ist. Sie eröffnet in Art. 5 den Parteien zunächst eine Rechtswahl, verweist aber in Art. 8 auch auf das in Ermangelung einer Rechtswahl anzuwendende Recht nach der „Anknüpfungsleiter". Beides stellt vorrangig auf den gewöhnlichen Aufenthalt der Beteiligten, und erst nachrangig auf die Staatsbürgerschaft, ab (im Einzelnen: Becker NJW 2011, 1543).

Kollisionsnormen – Welche Rechtsordnung gilt?
Kollisionsnormen regeln, welche Rechtsordnung für den konkreten Sachverhalt gilt, ob also z.B. das Recht des Aufenthaltsortes oder das Recht der Staatsangehörigkeit usw.

Qualifikation – Wo liegt der Schwerpunkt des Lebenssachverhalts?
Hier wird geklärt, welchen rechtlichen Schwerpunkt der konkrete Lebenssachverhalt hat. Handelt es sich z.B. bei der Morgengabe nach islamisch-religiösem Recht um eine güterrechtliche Frage (dann würde Art. 15 EGBGB greifen) oder um eine allgemeine Ehewirkung (dann würde Art. 14 EGBGB in Frage kommen)?

Anknüpfung der Vorfragen
Enthält eine Rechtsnorm einen Rechtsbegriff, gilt für die Auslegung dieses Rechtsbegriffs der Grundsatz der selbständigen Anknüpfung: Die Scheidung setzt z.B. das Bestehen einer Ehe voraus. Für die Auslegung des Rechtsbegriffes „Ehe" wird an Art. 13 EGBGB (die Kollisionsnorm für die Eheschließung) angeknüpft, und nicht an Art. 17 EGBGB (die Kollisionsnorm für die Scheidung).

Praktische Anwendung ausländischen Rechts
Falls ausländisches Recht anzuwenden ist, so ist dieses wie in dem entsprechenden Land anzuwenden. Dazu muss das Gericht dieses Recht von Amts wegen ermitteln. Die Parteien müssen es dabei nach Kräften unterstützen. Kann der Inhalt des anzuwendenden ausländischen Rechts nicht zweifelsfrei ermittelt werden, so ist zunächst eine größtmögliche Annäherung zu suchen (etwa unter Bezugnahme auf Regelungen verwandter Rechtsordnungen aus dem gleichen Rechtskreis). Sollte auch dies misslingen, gilt ersatzweise deutsches Recht.

ordre public – Art. 6 EGBGB

Grundsätzlich ist das ausländische Recht so anzuwenden, wie es in dem betreffenden Land ausgelegt wird. Würde also beispielsweise ein Mann aus Saudi-Arabien in Deutschland heiraten wollen, obgleich er bereits zwei Ehefrauen hat, so wäre das nach saudi-arabischem Recht möglich. In Deutschland hingegen wäre dies ein Verstoß gegen § 1306 BGB (Verbot der Doppelehe – vgl. § 3.I). Hier ist der sogenannte ordre public von Bedeutung: Wenn die Anwendung einer Rechtsnorm eines anderen Staates zu einem Ergebnis führen würde, das dem hiesigen Rechtsverständnis elementar widerspricht und mit wesentlichen Grundsätzen des deutschen Rechtes offensichtlich nicht vereinbar ist, so ist diese entsprechend Art. 6 EGBGB nicht anzuwenden. Die Regelung des Art. 6 EGBGB hat Ausnahmecharakter; sie ist mit Zurückhaltung anzuwenden.

3. Welches Gericht ist zuständig, welches Recht ist maßgebend?

25 Nach diesem Überblick nun zu den Eingangsfragen. Allerdings lassen sich im Rahmen der grundsätzlichen Ausführungen nur orientierende Aussagen zu ihnen machen. Die konkrete Beantwortung muss den einzelnen Teilgebieten (Ehe-, Scheidungs-, Unterhalts-, Sorge-, Umgangsrecht usw.) vorbehalten bleiben.

a) Zuständigkeit

26 Zunächst stellt sich die Frage nach der „internationalen Zuständigkeit" **deutscher Gerichte bei Auslandsbezügen**. Die Antwort darauf kann jeder Staat durch eigenes Recht zunächst selbst geben. Er kann aber auch zu einer mit anderen Staaten (auf der Basis von internationalen Abkommen) abgestimmten Regelung kommen. Oder die Antwort wird auf Grundlage eines für einen Staatenverbund (wie die Europäische Union) gemeinsamen Rechtsaktes gegeben. Im deutschen Recht kennen wir alle drei Varianten:

- §§ 98 f. FamFG ist eine deutsche gesetzliche Regelung für die „internationale Zuständigkeit" deutscher Gerichte;
- Art. 5 KSÜ knüpft die Zuständigkeit eines Staates für Schutzmaßnahmen (z.B. bei der Ausübung der elterlichen Sorge) an den gewöhnlichen Aufenthalt des Kindes in dem jeweiligen Staat;
- Art. 3 Brüssel IIa-VO regelt, die Zuständigkeit für Ehescheidungen in der EU für alle der EU angehörigen Staaten (mit Ausnahme von Dänemark) und damit gemeinschaftsrechtlich.

27 Im Einzelnen bleibt es dabei, dass es auf die jeweilige Frage **keine generelle Antwort** gibt, sondern die Lösung ganz konkret für den in der Sache angesprochenen jeweiligen Teilbereich zu finden ist, also im Ausgangsfall jeweils getrennte Prüfungen hinsichtlich der Scheidungsklage, des Ehegattenunterhalts, des Kindesunterhalts und der elterlichen Sorge vorzunehmen sind.

b) Anwendung des materiellen Rechts

28 In Fällen mit Auslandsbezug (wie dem eingangs geschilderten Fall) stellt sich dann, wenn deutsche Gerichte zuständig sind, als nächstes die Frage, **welches Recht** sie an-

zuwenden haben (z.B. italienisches Recht oder deutsches Recht). Diese Frage wird im IPR durch **Kollisionsnormen** beantwortet. Maßgeblich sind hier wiederum (wie bei den Verfahrensvorschriften) möglicherweise:

- die allgemeinen Regelungen des IPR in Art. 13 bis Art. 24 EGBGB für das Internationale Familienrecht;
- die Regelungen der Rom III-Verordnung hinsichtlich des anzuwendenden materiellen Scheidungsrechts (Italien nimmt, ebenso wie die Bundesrepublik Deutschland, an der verstärkten Zusammenarbeit nach dieser VO teil);
- als vorrangig anzuwendende Kollisionsnormen in staatsvertraglichen Regelungen (mit einem oder mehreren Staaten).

Die Kollisionsnormen selbst enthalten keine materiellrechtliche Regelung. Sie beschränken sich darauf, in den Fällen mit Auslandsbezug eine Entscheidung zu treffen, **welche** von den in Frage kommenden **Rechtsordnungen** (im Beispiel Italien oder Deutschland) im konkreten Fall **zur Anwendung** kommt. Steht dann aufgrund dieser Kollisionsnorm fest, welche Rechtsordnung maßgeblich ist, wird das materielle Recht der jeweiligen Rechtsordnung angewandt (was dann, wenn z.B. deutsche Gerichte italienisches Recht anwenden müssen, durchaus zu Komplikationen führen kann). Nach diesem Muster funktioniert das gesamte IPR in materieller Hinsicht: Es besteht aus „Kollisionsnormen", die an Sachverhalte „anknüpfen" und von diesem Anknüpfungspunkt aus auf eine bestimmte Rechtsordnung „verweisen", aus der sich das „anwendbare Recht" ergibt. **29**

III. Das Familienrecht – eine Geschichte der Veränderungen

Ein historischer Rückblick macht deutlich, dass das Familienrecht einem erheblichen Wandel unterworfen ist. Das, was unter dem Begriff „Familienrecht" im 4. Buch des BGB zusammengefasst ist, lässt sich zunächst nur als Ausdruck einer ursprünglichen geschichtlichen Lebensform verstehen, in der Ehe, Verwandtschaft und Vormundschaft mit einer verbindenden Klammer versehen waren (Gernhuber/Coester-Waltjen 2010, 8). So ist es vielleicht nicht verwunderlich, dass der Begriff „Familie" im Gesetzestext des Familienrechts nicht definiert wird. Dass der Gesetzgeber des ausgehenden 19. Jahrhunderts dennoch ein Buch des BGB mit „Familienrecht" überschrieb, hat damit zu tun, dass er über relativ gefestigte Vorstellungen über das Zusammenleben von Ehegatten und über das Verhältnis von Eltern und Kindern verfügte. Diese **gefestigten Vorstellungen** waren in den ökonomischen Verhältnissen ihrer Zeit verwurzelt und nahmen ihren gedanklichen Ausgangspunkt an teilweise ethisch überhöhten weltanschaulich – religiösen und ideologischen Positionen. Prägend für das Familienrecht und seine spezifische weltanschauliche Durchdringung ist auch die Tatsache, dass es Jahrhunderte lang eine Domäne des Kirchenrechts war. Sozialer Hauptbezugspunkt dieses Familienrechts war der Vater als Inhaber von Vermögen; hierauf waren im Wesentlichen alle rechtlichen Bestimmungen des Familienrechts ausgerichtet: **30**

- Das Eherecht mit dem deutlichen Übergewicht güterrechtlicher Regelungen (§§ 1363–1563 BGB) diente der preisgünstigen Kapitalbeschaffung für das Vermögen des Mannes. Ihm stand das Recht der Nutznießung und Verwaltung des Vermögens der Ehefrau zu. Als „Ausgleich" hatte er seiner Frau Unterhalt zu leisten. Durch das Verschuldensprinzip im Scheidungsrecht war sichergestellt, dass die Ehefrau, sofern sie sich nichts „zuschulden" kommen ließ, wirtschaftlich und ökonomisch abgesichert war. Zugleich wurde sie dadurch auf die Hausfrauen- und Mutterrolle festgelegt.

- Das Unterhaltsrecht entsprach einem privaten, innerfamiliären „Tauschverhältnis": Unterhaltsgewährung durch die Eltern für ihre Kinder während der Zeit des Heranwachsens und der Erziehung gegen Unterhaltsgewährung durch die Kinder im Falle der Berufsunfähigkeit (insbesondere im Alter) der Eltern. Dies entsprach gedanklich dem auch ansonsten im bürgerlichen Recht üblichen „Äquivalenzprinzip".

- Die Tatsache, dass uneheliche Kinder keinen gesetzlichen Unterhaltsanspruch gegen den Erzeuger (Vater) hatten, schützte und sicherte die umfassende vermögensrechtliche Disposition eines vermögenden Vaters eines nichtehelichen Kindes.

- Auch das Adoptionsrecht war vor einem ökonomischen Hintergrund entstanden: Es diente der Verschaffung eines zukünftigen Erben, der die materielle Existenz der Eltern im Alter sichern sollte (vgl. § 14 I.).

- Vor dem Hintergrund der Privatheit erklärt sich auch die Struktur des Erziehungsrechts. Da von einer geglückten Erziehung (und das hieß z.B. von einer gelungenen Einführung in das väterliche Unternehmen) die materielle Existenzsicherung der Eltern im Alter abhing, waren sie „natürlich" daran interessiert, die bestmögliche Erziehung ihrer Kinder sicherzustellen. Denn sie trugen ja das Risiko einer gescheiterten Erziehung: Wenn die Erziehung der Kinder nicht glückte, war die Altersexistenz der Eltern gefährdet. In der Logik dieser Konzeption konnte dem Vater eine weitgehend unbeschränkte elterliche Gewalt zugestanden werden. Deshalb war es auch nicht sinnvoll, dem Staat Rechte einzuräumen, auf die Erziehung der Kinder Einfluss zu nehmen.

- Massiv gesichert wurde die umfassende Rechtsstellung des Vaters gegenüber Ehefrau und Kindern mittels des Erbrechts: Da durch das Testament über die Verteilung des Vermögens entschieden werden konnte, hatte der Vater ein machtvolles Druckmittel, Frau und Kinder zu dem von ihm gewünschten und ökonomisch geforderten Verhalten zu veranlassen.

31 Der Gesetzgeber am Ende des 19. Jahrhunderts konnte eine solche Konzeption nur verfolgen, indem er Teile der Realität ausblendete (Hohmann-Dennhardt ZKJ 2007, 382 f.). So war im Familienrecht des BGB kaum etwas über die Situation und die Lage der unehelichen Kinder ausgesagt; auf die Probleme von getrennt Lebenden und der Kinder von getrennt lebenden/geschiedenen Ehegatten wurde kaum eingegangen. Im Gegensatz zur Adoption gab es keinerlei Regelungen zur Lage der Pflegekinder (die es in weit größerem Umfang als adoptierte Kinder gab und gibt), sie wurden im BGB in keiner Weise erwähnt. Die Situation von Kindern und Jugendlichen, die der öffentlichen Unterstützung und Hilfe bedurften, wurde nur randständig behandelt (z.B. § 1666 BGB); erst 1922/23 wurde mit dem RJWG und dem RJGG ansatzweise hierauf reagiert (Münder/Trenczek 2011, 22 ff.).

So war das Familienrecht des BGB bereits von Anfang an zumindest aus der Perspek- 32
tive sozialistisch inspirierter rechtstheoretischer Positionen einer fundamentalen Kritik
ausgesetzt. Anton Menger, einer der großen Juristen der damaligen Zeit, hat dies 1890
bezüglich des Entwurfs des BGB so formuliert:

> „Auch jener Teil des Privatrechts, durch welchen die Fortpflanzung des Menschen und
> der Wechsel der Generationen geordnet wird, leidet an demselben Gebrechen wie das
> Vermögensrecht, indem auch die Rechtsregeln und Rechtsinstitute des Familienrechts
> vom Standpunkt der Besitzenden ausgedacht und ausgebildet sind" (Menger 1974, 41).

Die gefestigte Konzeption des Gesetzgebers des letzten Jahrhunderts existierte aber 33
nicht nur hinsichtlich der ökonomischen Ausgangslage, sondern auch hinsichtlich mo-
ralischer Prinzipien und weltanschaulicher Wertentscheidungen. So hatte er relativ
feste Vorstellungen über das Wesen der Ehe und über das „natürliche Verhältnis"
zwischen Eltern und Kindern. Es wurden fast durchgängig „mithilfe der familienrechtlichen Normen … Attitüden auf die juristische Ebene überspielt, die für einen
bestimmten Teil der Gesellschaft, die obere Mittelschicht, bezeichnend sind" (Simitis
1975 a, 34; vgl. auch Sachsse/Tennstedt 1982, 91 ff.). Die massive Benachteiligung des
unehelichen Kindes beispielsweise, die für einen vermögenden Erzeuger eines solchen
Kindes ökonomisch durchaus Sinn machte, wäre ohne eine starke moralische Ächtung
illegitimer Verhältnisse nicht ohne Weiteres rechtlich aufrecht zu erhalten gewesen.

Die Weimarer Zeit und der Nationalsozialismus haben die grundlegende Konzeption 34
des Familienrechts von 1900 nicht in Frage gestellt. Die wesentlichen Veränderungen
traten erst nach 1945 ein. Hier entwickelte sich in den beiden deutschen Staaten auch
unterschiedliches Familienrecht.

Die **Familienrechtsentwicklung in der DDR** verfolgte als zentrale Anliegen die konse- 35
quente Beseitigung der gleichberechtigungs-rechtswidrigen Vorschriften, die Beseitigung der rechtlichen Benachteiligung des nichtehelichen Kindes und die rechtliche
Aufwertung von Kindespositionen und des Kindesschutzes. Damit erfolgte in der DDR
ein radikaler Bruch mit dem Ehe- und Familienmodell des BGB von 1900. Die institutionellen Auffassungen über das Wesen der Ehe bzw. das Wesen der Familie allerdings wurden in verändertem Gewande konzeptionell beibehalten und nunmehr mit
sozialistischen Wert- und Moralvorstellungen aufgefüllt. Ehe und Familie waren in die
Konzeption einer sozialistischen Wertegemeinschaft eingebunden, die sich allerdings
mit der Realität des Ehe- und Familienlebens in der DDR keinesfalls problemlos in
Übereinstimmung bringen ließ.

Zu Beginn der Geschichte der **Bundesrepublik Deutschland** war das Familienrecht 36
noch in seinen durch das BGB von 1900 geprägten institutionellen und patriarchali-
schen Grundstrukturen vorhanden: Der Mann war das Haupt der Familie. Er traf alle
wesentlichen Entscheidungen und vertrat die Familie nach außen; minderjährige Kinder standen unter seiner elterlichen Gewalt. Das uneheliche Kind galt (kraft gesetzlicher Fiktion) als mit seinem Vater nicht verwandt. Aber auch der Mutter stand kein

Sorgerecht zu; vielmehr bedurfte das nichteheliche Kind eines Vormundes. Daher bildeten das **Gleichberechtigungsrecht** (ausführlich § 3 II.) und die **Gleichstellung von unehelichen und ehelichen Kindern** (ausführlich § 1 II. 3.) zunächst die Schwerpunkte der familienrechtlichen Entwicklung, die zu ihrem weitgehenden Abschluss allerdings erst im Jahr 1998 kam.

37   In den Bereichen, in denen es keine ausdrücklichen Verfassungsaufträge des Grundgesetzes gab, dauerte es bis Ende der sechziger/ Anfang der siebziger Jahre, bevor grundlegendere Veränderungen allmählich in Gang kamen und die Restaurationsphase der Nachkriegszeit auch im Familienrecht überwunden wurde (Limbach FuR 1995, 200 ff.). Zu nennen ist hier zunächst die **Eherechtsreform** von 1976. Mit ihr kam es zu einem Übergang vom bisherigen Verschuldensprinzip zum Zerrüttungsprinzip im Scheidungsrecht, einer Neuregelung des Unterhaltsrechts bei Scheidung sowie der Einführung des Versorgungsausgleichs. An diesem damals heftig umkämpften Gesetzgebungsprojekt wurden zwar immer wieder nachträgliche Veränderungen und Korrekturen vorgenommen. Es brachte aber die Angleichung an die internationale Scheidungsrechtsentwicklung und entsprach zugleich, insbesondere mit der Abwendung vom Leitbild der Hausfrauenehe, dem, was in diesem Bereich inzwischen gesellschaftliche Realität geworden war (vgl. § 3 II. und IV.). 1979 erfolgte eine erste **Reform des Kindschaftsrechts** in der Weise, dass die elterliche Gewalt zur elterlichen Sorge wurde und – zaghaft und vorsichtig – der Wunsch, der Wille und die Position der Kinder erste Berücksichtigung fand. Auch hier kamen weitere wesentliche Änderungen erst durch das **Kindschaftsrechtsreformgesetz** von 1998 hinzu.

38   1992 trat das 1990 verabschiedete **Betreuungsgesetz** in Kraft, das die Entmündigung Volljähriger und die Vormundschaft über sie abschaffte und stattdessen die Möglichkeit der rechtlichen Betreuung (§§ 1896 ff. BGB) brachte. Ebenso wie an anderen Teilgebieten des Familienrechts ist auch am Betreuungsrecht eine verstärkte persönlichkeitsrechtliche Ausprägung festzustellen. In diese Entwicklung sind auch das am 1.9.2009 in Kraft getretene 3. BtÄndG und dessen Regelungen etwa zur Rechtsverbindlichkeit von Patientenverfügungen sowie das Gesetz zur Änderung des Betreuungs- und Vormundschaftrechts vom 6.7.2011 einzuordnen, das vom Betreuer, ähnlich übrigens wie beim Vormund zum Mündel, ausdrücklich einen persönlichen Kontakt zum Betreuten verlangt.

39   Der stärkste Reform- und Anpassungsdruck bestand in den neunziger Jahren im Bereich des **Nichtehelichenrechts**. Hier war die Bundesrepublik Deutschland im Vergleich zur Rechtsentwicklung in anderen europäischen Ländern zum Schlusslicht geworden. Hinzu kam, dass die Reformbedürftigkeit des bundesrepublikanischen Nichtehelichenrechts bei der Wiedervereinigung dazu führte, dass zentrale Bestimmungen (§§ 1706 ff. BGB a.F.) für das Gebiet der ehemaligen DDR nicht mehr übernommen wurden, so dass eine gespaltene Rechtslage in Deutschland bestand. Mit der Reform des **Kindschafts- und Beistandschaftsrechts** zum 1.7.1998 hat der Gesetzgeber diesen

Bereich grundlegend neu gestaltet. Durch die Neuregelungen wurde die jahrhundertelange rechtliche Unterscheidung zwischen ehelichen und nichtehelichen Kindern aufgegeben und die Regelungen für Kinder, deren Eltern miteinander verheiratet sind und solche, deren Eltern nicht miteinander verheiratet sind, im Grundsatz gleich gestaltet. Zugleich gab es Veränderungen bei der nunmehr möglichen gemeinsamen elterlichen Sorge von nicht miteinander verheirateten Eltern, bei der elterlichen Sorge im Falle der Trennung bzw. Scheidung und beim Umgangsrecht des Kindes (Wagenitz/Barth FamRZ 1996, 577 ff.). Schließlich brachte das Kindesunterhaltsgesetz (1998) eine weitgehende Gleichstellung der Unterhaltsansprüche und ihrer Durchsetzung aller Kinder. Das ebenfalls 1998 verabschiedete 2. **Eherechtsreformgesetz**, das das Verlöbnis sowie das Eheschließungs- und Ehenichtigkeitsrecht neu regelte, kann zwar ebenfalls als ein Ausdruck der Modernisierung des in Duktus wie Terminologie mittlerweile antiquierten Eherechts gelten. Es schuf jedoch auch die rechtliche Grundlage für eine staatliche Überprüfungspraxis bei Eheschließungen, an denen ein nichtdeutscher Partner beteiligt ist, bei der es sich bei näherer Betrachtung durchaus um eine Form mittelbarer Diskriminierung handeln könnte.

In der Familienrechtsentwicklung nach 1998 sind zunächst einige (kleine) Verbesserungen von Kinderrechten eingeleitet worden, etwa mit dem Gesetz zur **Ächtung der Gewalt in der Erziehung** und zur **Änderung des Kindesunterhalts** (2002) sowie dem Gesetz zur weiteren **Verbesserung von Kinderrechten** (2002). Das **Gewaltschutzgesetz** (2001) ermöglichte die Verweisung von Gewalttätern aus dem häuslichen Bereich einer auf Dauer angelegten Haushaltsgemeinschaft (also auch einer nichtehelichen Lebensgemeinschaft). Eine deutliche Zäsur in der Geschichte des Familienrechts stellt schließlich das **Gesetz über die eingetragenen Lebenspartnerschaften (LPartG)** vom 16.2.2001 dar, durch das ein eigenständiges, eheähnliches Rechtsinstitut für gleichgeschlechtliche Paare geschaffen wurde (vgl. § 4). **40**

Auch weitere Änderungen zeigen die Anpassung des Familienrechts an die sich kontinuierlich ändernden und weiterentwickelnden Lebensverhältnisse. Zu ihnen gehört etwa das Unterhaltsrecht, dessen Neuregelung zum 1.1.2008 einerseits beim nachehelichen Unterhalt das Prinzip der Eigenverantwortung für die Zeit nach der Scheidung betont, andererseits eine unterhaltsrechtliche Gleichstellung von Elternteilen, die in der Ehe geborene Kinder betreuen, mit denen, die zum Zeitpunkt der Geburt ihres Kindes nicht verheiratet waren und auch später nicht geheiratet haben, herstellt (§ 7). Es nimmt somit auf seine Weise auch Abschied von den tradierten Annahmen, dass die Ehe notwendigerweise auf Lebenszeit geschlossen werde und dass sie der vorgegebene soziale Ort sei, an dem Kinder auf die Welt kommen. Dass dies freilich noch nicht mit letzter Konsequenz geschieht und wohl auch bei einem realistischen Blick auf die soziale Wirklichkeit noch nicht geschehen kann, zeigt der Rekurs auf die Hausfrauenehe im neugefassten § 1578 b Abs. 1 S. 2 BGB und zuvor schon in der Entscheidung des BGH vom 06.10. 2010 (XII ZR 202/08, FamRZ 2010, 1971). Das Jahr 2009 brachte **41** mit den zum Jahresbeginn wirksam gewordenen Reformen des Zugewinns- und des Versorgungsausgleichs, der Wohnungszuweisung und der Hausratsteilung und vor allem des Verfahrensrechts weitere familienrechtliche Weichenstellungen. Auch das zum 1.4.2008 in Kraft getretene **Gesetz zur Klärung der Vaterschaft unabhängig vom Anfechtungsverfahren** (vgl. § 6) und die bereits benannten Neuregelungen zum Sorgerecht nicht miteinander verheirateter Eltern (vgl. § 11) sowie zum Umgangs- und Auskunftsrecht nicht rechtlicher Väter (vgl. § 14) können als gesetzgeberische Reflexe sozial gewandelter Familien- und Lebensformen gelesen werden.

IV. Lässt sich überhaupt noch von einem Familienrecht reden?

42 Nach all dem stellt sich die Frage, ob sich von einem Familienrecht in dem Sinne, dass sich aus dem Gesetz eine klare, deutliche Struktur und inhaltliche Vorgaben für das Zusammenleben als Mann und Frau oder in anderen Partnerschaftskonstellationen bzw. für das Zusammenleben von Eltern oder anderen Erwachsenen und Kindern ergeben, überhaupt noch reden lässt. Das Leitbild der Ehe als auf Lebenszeit eingegangene Verbindung zum Zweck der Gründung einer Familie ist in dieser Form nicht mehr valide. Das BGB – Ideal der Einheit von genetischer, rechtlicher und sozialer Elternschaft (Schwab 2011, 41 ff.) erweist sich auch in den Regelungen selbst zunehmend als brüchig. Ist an die Stelle der normativen Vorgaben des Gesetzgebers für die Beziehungen zwischen Mann und Frau, Eltern und Kinder die frei auszuhandelnde Vereinbarung zwischen den Beteiligten getreten? Hat das Familienrecht nur noch die Aufgabe, in Funktionsdefizite derartiger Vereinbarungen einzugreifen? Wird sich also das Familienrecht in eine Richtung weg von einem institutionell geprägten Verständnis hin zur immer weitgehenden rechtlichen Gestaltung durch die Betroffenen entwickeln? Oder geht es gar nicht um eine solche Alternative, sondern vielmehr darum, wie offen die rechtlichen Regelungen für den Wandel der familiären Realitäten sind (vgl. hierzu; Oster/ Schumann 2011, 289 ff.)? Auch hiermit werden sich die folgenden Ausführungen zu befassen haben.

Weiterführende Literatur

Grundsätzlich, zur Entwicklung: Heinsohn/Knieper 1974; Hohmann-Dennhardt ZKJ 2007, 382 ff.; Simitis/Zenz 1975; Sachsse/Tennstedt 1982; Schwenzer 1987;

Zur Reform des Verfahrensrechts: Borth FamRZ 2007, 1925 ff.; Willutzki ZKJ 2006, 224 ff., Kemper/ Schreiber 2012

Zum Internationalen Familienrecht: Andrae 2006; Kropholler 2006

Teil 2
Partnerschaftsbeziehungen – Von der vorgegebenen Institution zur freien Assoziation

Dass Ehe, gleichgeschlechtliche Lebenspartnerschaft und nichteheliche Lebensgemeinschaft hier gemeinsam behandelt werden, liegt unter Gesichtspunkten der sozialen Realität nahe – rechtlich nicht unbedingt: Das Familienrecht des BGB kennt bezogen auf Partnerschaft nur das Eherecht (§§ 1297–1588 BGB) einschließlich des Verlöbnisses (§§ 1297–1302 BGB). In der sozialen Realität sind die Bestimmungen des Verlöbnisrechts so gut wie ohne Bedeutung. Andererseits enthält das Buch 4 des BGB „Familienrecht" weder Bestimmungen über die eingetragene Lebenspartnerschaft noch über nichtehelichen Lebensgemeinschaften. Eine gemeinsame Betrachtung erleichtert das Verständnis des „Rechts der Partnerschaftsbeziehungen". Und es zeigt, wie sich Institutionalisierung, Pluralisierung, Individualisierung (vgl. § 1 I.) rechtlich umsetzen. Während die Ehe einst stringent geregelt war, mit ihr bestimmte Wirkungen institutionell verbunden waren, die Beendigung erheblich erschwert und sie die einzige rechtlich akzeptierte Form des Zusammenlebens von Erwachsenen war, ist dies heute anders. Die rechtliche Akzeptanz nichtehelicher Lebensgemeinschaften und die Schaffung des Lebenspartnerschaftsgesetzes haben rechtliche Varianten zur Ehe etabliert. Mehr denn je kommt es darauf an, worauf sich die betreffenden Personen konkret-individuell verständigt haben. Von der Institution zur Vereinbarung? Man wird sehen…

§ 3. Die Ehe

Die Ehe wird in über 200 Paragrafen (§§ 1297–1563 BGB) behandelt, was auf eine 1 große Regelungsdichte hinzuweisen scheint. Viele Bestimmungen aber – etwa das gesamte Ehegüterrecht (§§ 1363– 1563 BGB) – gelten (und galten schon immer) nur dann, wenn die Partner nichts anderes vereinbart haben. Auch ehedem strikte gesetzliche Vorgaben wurden zunehmend aufgehoben, die Gleichberechtigungsrechtsentwicklung ist ein klassisches Beispiel hierfür.

Ausführlich behandelte Bestimmungen

- Das Eheschließungsrecht: §§ 1303–1312
- Die Wirkungen der Ehe: §§ 1353–1362
- Aus dem internationalen Eherecht: Art. 13, 14 EGBGB, Rom III-VO

Wichtige, interessante Entscheidungen

- Zum Verhältnis von Ehe zur eingetragenen Lebenspartnerschaft und zur nichtehelichen Lebensgemeinschaft: BVerfG 17.7.2002–1BvF 1/01, 1 BvF 2/01, BVerfGE 105, 313
- Zum Verständnis der 1950er und 1960er Jahre über die Rollen von Mann und Frau: BGHZ 11, Anhang 34 ff.

I. Ehe zwischen Gesetz und Partnerschaftsvereinbarung

1. Eheschließung

2 Die Ehe beginnt mit der **Eheschließung**, einem familienrechtlichen Vertrag (**Konsensprinzip**), für den – wie im Zivilrecht üblich – grundsätzlich **Abschlussfreiheit** besteht: Niemand muss eine Ehe eingehen, und wer will, darf grundsätzlich eine Ehe eingehen. Dieser heute banal klingende Satz ist historisch noch gar nicht so lange durchgesetzt. Bis weit in das 19. Jahrhundert hinein gab es für große Teile der Bevölkerung Eheverbote (vgl. Heinsohn/Knieper, 17 ff.; zum heute aktuellen Problem der Zwangsverheiratung junger Frauen: Kaiser FamRZ 2013, 77 ff. und Yerlikaya [2012]). Auch heute existieren Vorschriften für die Eheschließung, seit dem 1.7.1998 in den §§ 1303–1312 BGB. Von 1938 bis 1998 befanden sich entsprechende Bestimmungen im EheG, und schon die quantitative Reduktion der Paragrafen (von vierzig auf zehn) zeigt die Zurücknahme der Regelungsdichte. Die verbleibenden **Eheschließungsregelungen** sind gering, meist formaler Natur. So die Bestimmungen über die Ehefähigkeit, wonach grundsätzlich nur Volljährige heiraten können, ausnahmsweise kann ein Minderjähriger heiraten, wenn der andere Partner volljährig ist (im Einzelnen § 1303 BGB; anschaulicher Fall mit Auslandsberührung: KG 21.11.2011–1 W 79/11, StAZ 2012, 142). Ebenso eine eher formale Vorschrift ist die Bestimmung des § 1309 BGB, wonach Personen, die ausländischem Recht unterliegen, eine Bescheinigung beibringen sollen, dass nach dem Recht ihres Staates der Eheschließung keine Hindernisse entgegenstehen. Auch die §§ 1310–1312 BGB über die Eheschließung selbst sind formale Verfahrensvorschriften. An inhaltlichen Regelungen bleiben daher nur die §§ 1306–1308 BGB, die sogenannten Eheverbote:

- Verbot der Doppelehe bzw. gleichzeitiger Ehe und Lebenspartnerschaft, § 1306 BGB;
- Verbot der **Verwandtenehe**, § 1307 BGB;
- Verbot der Ehe von **Adoptivverwandten**, § 1308 BGB.

3 Anders als bei der Doppel- und der Verwandtenehe ist das Verbot der Ehe von Adoptivverwandten allerdings nicht absolut, weswegen sie auch nicht in § 1314 Abs. 1 BGB als ein Aufhebungsgrund genannt ist. Ehen zwischen Adoptiveltern und -kindern bleiben gültig, führen aber gemäß § 1766 BGB zur Aufhebung des Adoptionsverhältnisses. Adoptivgeschwister können sich hingegen gemäß § 1308 Abs. 2 BGB von diesem Ehe-

verbot befreien lassen, so dass sie auch nach einer Eheschließung Geschwister bleiben (Palandt/Brudermüller § 1308 Rn. 3). Beim Verbot der Doppelehe zeigt sich, dass Wertungen im Ehe- und Familienrecht eine Rolle spielen: In anderen Kulturkreisen gibt es die Doppelehe, die monogame Ehe entspricht abendländischen Wertvorstellungen (zum Eheverständnis im Islam und in ausgewählten islamischen Ländern: Yassari FamRZ 2011, 1). Die zum Zeitpunkt der Verabschiedung des BGB gefestigten Wertvorstellungen waren wohl auch der Grund dafür, dass der Gesetzgeber auf eine **Definition der Ehe** verzichtete, da für ihn klar war, dass sie die Lebensgemeinschaft geschlechtsverschiedener Personen sei – woraus sich ergibt, dass eine Eheschließung zwischen gleichgeschlechtlichen Partnern rechtlich nicht möglich ist (so jedenfalls noch BVerfG 4.10.1993–1 BvR 640/93, NJW 1993, 3058). Das Bundesverfassungsgericht hat dies damit begründet, „daß die Ehe vor allem deshalb verfassungsrechtlich geschützt wird, weil sie eine rechtliche Absicherung der Partner bei der Gründung einer Familie mit gemeinsamen Kindern ermöglichen soll". Damit wird ein zentraler Zusammenhang hergestellt: Die Ehe ist in diesem Verständnis „Vorform" einer zu gründenden Familie. Um jedoch der Realität gleichgeschlechtlicher Partnerschaften Rechung zu tragen, hat der Gesetzgeber mit dem **Lebenspartnerschaftsgesetz (LPartG)** vom 16.2.2001 das Rechtsinstitut der „eingetragenen Lebenspartnerschaft" für Personen gleichen Geschlechts geschaffen, dessen Rechte und Pflichten denen von Eheleuten (inzwischen) weitgehend entsprechen (im Einzelnen vgl. § 4). Eine inzwischen stattliche Zahl anderer Länder haben diese enge Definition der Ehe als Beziehung geschlechtsverschiedener Partner aufgegeben. Argentinien, Belgien, Kanada, Island, die Niederlande, Norwegen, Portugal, Südafrika, Spanien, Schweden und Dänemark sowie einige mexikanische und US-Teilrechtsordnungen haben die Ehe für gleichgeschlechtliche Paare geöffnet (Scherpe FamRZ 2012, 1434, Fn. 4; dies befürwortet für das deutsche Recht etwa Sanders NJW 2013, 2236, 2239). Die Rechtstatsächlichkeit in Deutschland zeigt unter Heterosexuellen einen kontinuierlichen Bedeutungsverlust der Eheschließung. Wie die Tabelle zeigt, ist die Heiratsziffer je 1.000 Einwohner bis zum Jahr 2007 kontinuierlich gesunken und hat sich seither stabilisiert: betrug sie 1920 noch 14,5 und 1960 9,4 bzw. 9,7 (DDR), so lag sie im Jahr 2011 bei 4,7.

Tabelle 1: Eheschließungen

Jahr	Eheschließungen			Eheschließungen je 1.000 Einwohner	
1900	476.491			8,5	
1920	894.977			14,5	
	gesamt	BRD	DDR	BRD	DDR
1960	689.028	521.445	167.583	9,4	9,7
1980	496.603	362.408	134.195	5,9	8,0
1990	516.388	414.475	101.913	6,5	6,3
	Deutschland	ABL[*1]	NBL[*2]	ABL[*1]	NBL[*2]
1995	430.534	376.350	54.184	5,7	3,5
2000	418.550	359.837	58.713	5,4	3,9
2005	388.451	317.174	59.219	4,8	4,4
2006	373.681	305.111	56.936	4,6	4,3
2007	368.922	299.698	57.713	4,6	4,4
2008	377.055	305.350	59.943	4,6	4,6
2009	378.439	305.637	60.245	4,7	4,6
2010	382.047	307.399	62.254	4,7	4,8
2011	377.816	305.163	60.109	4,7	4,7

[*1] seit 2001 ohne Berlin-West
[*2] seit 2001 ohne Berlin-Ost
Zur umfassenden Autonomie der Vertragspartner gehört – juristisch – auch das Recht, Vereinbarungen (übereinstimmend, ggf. aber auch einseitig) aufzuheben. Diese vertragliche **Aufhebungsfreiheit** gilt auch für das Eherecht, hier mit dem Stichwort des Scheidungsrechts (vgl. § 3 IV.).
Quelle: Statistisches Bundesamt.

2. Während der Ehe

4 Verbleibt die **Vertragsinhalts- oder Gestaltungsfreiheit**, d.h. können Partner ihre ehelichen Beziehungen frei gestalten oder macht das Gesetz bindende Vorgaben? Angesprochen sind hier die allgemeinen Ehewirkungen, das Güterrecht, das eheliche Unterhaltsrecht und sonstige Folgen der Ehe. Was die **allgemeinen rechtlichen Auswirkungen** der Ehe anbelangt, so scheint die Überschrift „Wirkung der Ehe im Allgemeinen" (§§ 1353–1362 BGB) darauf hinzuweisen, dass die Ehe unabhängig davon, ob

die beteiligten Partner es wollen, bestimmte Wirkungen entfaltet. Aber auch hier ist eine genaue Betrachtung notwendig. Von der bedeutungsschweren Aussage des § 1353 **Abs. 1 S. 1 BGB**, dass die **Ehe auf Lebenszeit** geschlossen wird, bleibt in der Realität angesichts der Tatsache, dass Scheidungen möglich und die Scheidungszahlen nicht unerheblich (vgl. § 3 IV. 2.) sind, wenig. Bedeutungsschwer ist auch § 1353 Abs. 1 S. 2 BGB, wonach die Ehegatten einander zur **ehelichen Lebensgemeinschaft** verpflichtet sind. Solche unbestimmten Rechtsbegriffe sind immer schwierig auszulegen (grundsätzlich zu den methodischen Problemen vgl. Kessler 1994). Bei unbestimmten Rechtsbegriffen im Familienrecht kommt oft hinzu, dass „mithilfe der familienrechtlichen Normen Attitüden auf die juristische Ebene überspielt werden, die für einen bestimmten Teil der Gesellschaft, die obere Mittelschicht, bezeichnend sind" (Simitis 1975 a, 34). So werden bezüglich des Begriffes der ehelichen Lebensgemeinschaft zum Teil mehrere – aber folgenlose – Aussagen getroffen.

> Die Benennung solcher allgemeinen Aussagen war jedoch bis zum 1.7.1977 nicht folgenlos: Bis dahin galt im Scheidungsrecht formal das **Verschuldensprinzip** (§ 43 EheG a.F.): Es war also notwendig, das Verschulden eines Partners nachzuweisen, damit der andere Partner sich von der Ehe lösen konnte. Und wenn es gelang, über den Begriff der „ehelichen Lebensgemeinschaft" bestimmte Pflichten zu konstatieren und nachzuweisen, dass diese Pflichten nicht erfüllt wurden, hatte man ein „Verschulden". Vor diesem Hintergrund erklären sich heute kaum noch verständliche Ausführungen wie Pflicht zur ehelichen Treue, oder die, dass sich aus der ehelichen Lebensgemeinschaft die Pflicht zur Beseitigung von Schwierigkeiten beim ehelichen Verkehr ergibt, dass der eheliche Verkehr nicht teilnahmslos oder gar widerwillig vor sich gehen solle; der BGH forderte die empfindungslose Ehefrau auf, den ehelichen Verkehr in Zuneigung und Opferbereitschaft zu erdulden (so BGH 2.11.1966 – IV ZR 239/65, NJW 1967, 1078, 1079; zustimmend noch in der 56. Aufl. 1997 Palandt/Diederichsen § 1353 Rn. 5).

Nunmehr ergeben sich aus der Generalklausel des § 1353 BGB nur noch sehr allgemeine Aussagen (zu „aus der Ehe herrührenden Ansprüchen" i.S.d. § 266 Abs. 1 Nr. 2 FamFG: Stein FPR 2011, 85): Da die Partner ihre Individualität nicht völlig aufgeben, ist auch in der ehelichen Lebensgemeinschaft die Privatsphäre des Einzelnen zu achten, was **Rücksichtnahme und Solidarität** gegenüber dem Partner einschließt. Das bedeutet, dass die Ehepartner sich gemeinsam um eine **einvernehmliche**, konsensfähige **Lösung** ihrer Probleme kümmern sollen. Damit unterliegt die Ausfüllung der Generalklausel des § 1353 BGB der gemeinschaftlichen partnerschaftlichen Entscheidung. Bei der Ehe handelt es sich somit um ein besonderes, familienrechtlich geprägtes Rechtsverhältnis, aus dem sich Pflichten zur Rücksichtnahme und Berücksichtigung der wechselseitigen Interessen ergeben. So sind die Ehegatten etwa verpflichtet, einander zumindest in groben Zügen über die Verwendung des Familieneinkommens zu informieren (BGH 5.7.2000 – XII ZR 26/98, NJW 2000, 3199).

> Verletzt ein Partner die in § 1353 Abs. 1 S. 2 BGB statuierte Pflicht zur ehelichen Lebensgemeinschaft, ist hinsichtlich der – rechtlichen – Folgen zu unterscheiden: Sofern es sich um eine Pflicht handelt, die dem eigentlichen, **höchstpersönlichen Bereich** der Ehe angehört, begründet eine Pflichtverletzung keine Schadensersatzpflicht. Dies gilt

z.b. für Vereinbarungen über die Familienplanung: der Gebrauch oder eben das Weglassen empfängnisverhütender Mittel wird als zum höchstpersönlichen, rechtsfreien Raum gehörend angesehen, der weder unmittelbar noch mittelbar zum Gegenstand gerichtlicher Überprüfung gemacht werden kann (BGH 21.2.2001 – XII ZR 34/99, NJW 2001, 1789, zu Vereinbarungen bezüglich der ehelichen Geschlechtsgemeinschaft). Geht es dagegen um **rein geschäftsmäßige Handlungen**, wie etwa die Mitwirkung zur steuerlichen Zusammenveranlagung – auch bei getrennt lebenden Ehegatten –, so führt eine schuldhafte Pflichtverletzung, etwa eine unberechtigte Verweigerung der Mitwirkung, zur Schadensersatzpflicht (Palandt/Brudermüller § 1353 Rn. 15).

6 In diesem Zusammenhang hat die **Missbrauchsregelung** des § 1353 Abs. 2 BGB dann die Aufgabe – falls von einem Partner die Ebene des gemeinsamen Überlegens, Entscheidens und Handelns in ernsthafter Weise verlassen wird –, dem anderen Partner die Möglichkeit zu geben, sich von den gemeinsamen Vereinbarungen zu lösen. Solche Missbrauchsfälle sind z.b. grobe Rücksichtslosigkeit oder körperliche Gewalt: In solchen Situationen ist es z.b. der Frau möglich, sich von der Vereinbarung bezüglich der gemeinsamen Ehewohnung zu lösen und den Mann aus der Wohnung zu weisen. Durch das Gewaltschutzgesetz (seit 1.1.2002 in Kraft) ist dieser Anspruch leichter gerichtlich durchzusetzen – für Ehegatten gleichermaßen wie für andere, in auf Dauer angelegten Haushaltsgemeinschaften Lebende (§ 2 Abs. 1 GewSG), eine spezielle Regelung ist in § 1361 b Abs. 2 BGB für Eheleute in Trennung getroffen (ausführlich § 3 IV. 1.). In einigen Bundesländern besteht zudem seit kurzem eine besondere polizeiliche Eingriffsmaßnahme der **Wohnungsverweisung** und des Rückkehrverbots zur Vermeidung häuslicher Gewalt (z.b. § 14 a BremPolG, § 34 a NWPolG, § 29 a BlnASOG). Danach kann die **Polizei** eine Person zur Abwehr einer von ihr ausgehenden gegenwärtigen Gefahr für Leib, Leben oder Freiheit einer anderen Person aus einer Wohnung, in der die gefährdete Person wohnt, sowie aus deren unmittelbaren Umgebung verweisen und ihr – zeitlich befristet – die Rückkehr in diesen Bereich untersagen. Andere allgemeine Wirkungen der Ehe stehen zur Disposition der Eheleute: Die gesetzlich vorgesehene **Ehenamensbestimmung** (§ 1355 BGB; einen Überblick gibt Spiegelhalder FPR 2010,1) und die **Aufgabenverteilung in der Ehe** (§§ 1356, 1357 BGB) wurden durch die Gleichberechtigungsrechtsentwicklung zugunsten von Vereinbarungen zwischen den Ehegatten weitgehend zurückgenommen (vgl. § 3 II.). Eine zentrale, durch die Partner nicht abdingbare Folge bleibt: die **Verpflichtung zum Unterhalt** (§ 1360 i.V.m. den §§ 1360 a Abs. 3 und 1614 BGB). Bei bestehenden Ehen wird diese Bestimmung zwischen den Ehepartnern faktisch kaum relevant. Wenn es um Unterhaltsansprüche zwischen den Ehepartnern geht, handelt es sich regelmäßig um Fälle von Trennung oder Scheidung. Für den Scheidungsfall können die Ehegatten (schon vor der Ehe oder während des Scheidungsverfahrens) Vereinbarungen über den Unterhalt treffen – § 1585 c BGB – und haben damit in dem unterhaltsrechtlichen Bereich dort, wo er real von Bedeutung ist, Gestaltungsmöglichkeiten (ausführlich § 3 V.). Der umfangreichste Teil des Eherechts, das **Güterrecht** (§§ 1363–1563 BGB), war schon immer die **Domäne der Gestaltungsfreiheit**. Zwar ist in den §§ 1363 ff. BGB der ge-

setzliche Güterstand der Zugewinngemeinschaft vorgesehen. Die Ehegatten können aber „durch Ehevertrag etwas anderes vereinbaren" (§ 1363 Abs. 1 BGB). Für die Regelung durch **Ehevertrag** (§§ **1408 ff.** BGB) gelten Formvorschriften, und im allgemeinen Rechtsverkehr können sich die Ehegatten auf ihre vertragliche Vereinbarung nur berufen, wenn sie im Güterregister (§§ 1558–1563 BGB) eingetragen ist (§ 1412 BGB). Ein kurzer Überblick (ausführlich Schröder/Bergschneider 2007): Der vertraglich vereinbarte Güterstand der **Gütertrennung** (§ 1414 BGB) bedeutet, dass das Vermögen von Mann und Frau völlig getrennt bleibt, dass jeder Ehegatte sein getrenntes Vermögen selbst verwaltet und hierüber unbeschränkt verfügungsbefugt ist. Dieser Güterstand benachteiligt insbesondere den nichterwerbstätigen Ehegatten.

Der vertraglich vereinbarte **Güterstand der Gütergemeinschaft** (§§ 1415–1518 BGB) gliedert das Vermögen in verschiedene Vermögensmassen auf: Das beiderseitige Vermögen (bei der Heirat eingebrachtes und während der Ehe hinzuerworbenes) wird gemeinschaftliches Vermögen (**Gesamtgut**; § 1416 BGB), das grundsätzlich gemeinschaftlich verwaltet wird. Das **Sondergut** des Mannes und das der Frau umfasst jeweils Gegenstände, die nicht durch Rechtsgeschäfte übertragen werden können (z.B. Schmerzensgeldansprüche, unpfändbare Lohn- und Gehaltsansprüche usw.), es verbleibt bei dem betreffenden Ehegatten, der es selbstständig verwaltet (§ 1417 BGB). Zum Vorbehaltsgut von Mann und Frau gehören die Gegenstände, die durch Ehevertrag zum **Vorbehaltsgut** erklärt worden sind, die ein Ehegatte durch Erbschaft/Testament oder durch eine unentgeltliche Zuwendung Dritter mit dem Hinweis, dass dies Vorbehaltsgut werden solle, erhalten hat. Auch dies verwaltet jeder Ehegatte selbstständig (§ 1418 BGB). Der heute übliche Güterstand ist der **gesetzliche Güterstand der Zugewinngemeinschaft** (§§ 1363–1390 BGB), der von der Gleichwertigkeit von Erwerbstätigkeit und Haushaltsführung ausgeht. Korrekter könnte man ihn als den Güterstand der Gütertrennung mit Zugewinnausgleich bezeichnen, was sich aus den Grundprinzipien dieses Güterstandes ergibt. **Grundsätzliche Gütertrennung:** Sowohl das Vermögen des Mannes als auch das der Frau bleiben getrennt, es entsteht kraft Gesetzes kein gemeinschaftliches Vermögen – § 1363 Abs. 2 BGB (natürlich ist die Entstehung gemeinschaftlichen Vermögens nach rechtsgeschäftlichen Regeln grundsätzlich möglich, z.B. im Rahmen einer Gesellschaft oder bei einem gemeinsamen Hauskauf).

Grundsatz der selbstständigen Verwaltung und Verfügung über das Vermögen: Jeder Ehegatte verwaltet sein Vermögen selbstständig (§ 1364 BGB) und kann über sein Vermögen selbstständig verfügen; es besteht keine gesetzliche Haftung für Schulden des anderen Ehegatten (Palandt/Brudermüller Vorbem. § 1363 Rn. 2). Dieser Grundsatz kann jedoch zu einer Gefahr für die wirtschaftliche Grundlage der ehelichen Familie werden. Deswegen sind in den §§ 1365–1369 BGB gewisse Verfügungsbeschränkungen vorgesehen. Da eine strikte Gütertrennung den verdienenden Ehegatten begünstigen würde, sieht das Gesetz in § 1363 Abs. 2 S. 2 BGB den **Zugewinnausgleich** für den Fall vor, dass die Zugewinngemeinschaft endet (durch Scheidung, Tod, Eheaufhebung, Ehevertrag usw.); bei Ende der Zugewinngemeinschaft durch Scheidung wird das von Mann und Frau in der Ehe jeweils erworbene Vermögen miteinander verglichen, ist der Zugewinn eines Ehegatten höher als der des anderen, so wird der Unterschied ausgeglichen (ausführlich §§ 1373–1390 BGB; zu Einzelheiten: Brudermüller NJW 2010, 401; Koch, FamRZ 2011, 1261; FamRZ 2102, 1521; FamRZ 2013, 831). Der Zugewinnausgleich im Todesfall ist aus Erleichterungsgründen z.T. anders geregelt; es gibt 3 Möglichkeiten:

(1) Ist der überlebende Ehegatte Erbe oder Vermächtnisnehmer, so kommt die **erbrechtliche Regelung** des § 1371 Abs. 1 BGB zur Anwendung: der Zugewinnausgleich wird dadurch erreicht, dass der gesetzliche Erbteil (vgl. §§ 1931 Abs. 1–3, 1371 BGB) pauschal um ein Viertel der Erbschaft erhöht wird – sogenannter **großer Pflichtteil**.

(2) Schlägt der überlebende Ehegatte die Erbschaft aus oder wird er enterbt, kommt gemäß § 1371 Abs. 2, 3 BGB der allgemeine güterrechtliche Ausgleichsanspruch zur Anwendung. Zusätzlich erhält der überlebende Ehegatte nur noch den Pflichtteil, der nach § 1931 BGB berechnet wird – sogenannter **kleiner Pflichtteil**.

(3) Hat der überlebende Ehegatte auf sein gesetzliches Erbrecht verzichtet (§ 2346 BGB), ist er durch Urteil für erbunwürdig erklärt worden (§§ 2339 ff., 2345 BGB) oder ist ihm zu Recht der Pflichtteilsanspruch entzogen worden (§ 2335 BGB), so hat er nur den güterrechtlichen Ausgleichsanspruch nach § 1371 Abs. 2 BGB.

7 Die Wahlmöglichkeiten hinsichtlich des Güterstandes werden neuerdings erweitert durch das deutsch-französische Abkommen vom 4.2.2010 über den Güterstand der Wahl-Zugewinngemeinschaft (siehe auch das deutsche Umsetzungsgesetz vom 15.3.2012, BGBl. II, S. 178). Von Interesse ist diese Option insbesondere für in Frankreich lebende deutsche oder in Deutschland lebende französische Ehegatten oder für deutsch-französische Ehegatten. Der Wahlgüterstand orientiert sich an der Zugewinngemeinschaft deutschen Rechts, trägt aber auch französischen Besonderheiten Rechnung. Rechtstechnisch handelt es sich um Einheitsrecht (ein Beispiel optionaler bilateraler Familienrechtsvereinheitlichung, Martiny ZEuP 2011, 577). Der deutsch-französische Wahlgüterstand könnte als Modell für eine inhaltliche Angleichung des nach wie vor unterschiedlich ausgestalteten Eherechts in den EU-Mitgliedstaaten dienen. Einzelheiten bei Meyer FamRZ 2010, 612; Dethloff RabelsZ 76, 509; Heinemann FamRB 2012, 129.

8 Wie sich bei den Regelungen für den Zugewinnausgleich im Todesfall gezeigt hat, hat die Ehe auch **außerhalb des Familienrechts**, vor allem im **Erbrecht** (nach den §§ 1931, 2303 Abs. 2 BGB sind die Ehegatten gegenseitig erb- und pflichtteilsberechtigt) Wirkungen. Bedeutung hat die Ehe auch im **Prozessrecht** (hier haben die Ehegatten ein Zeugnis- und Eidesverweigerungsrecht: z.B. § 55 StPO; § 384 ZPO). Von Bedeutung ist die Ehegatteneigenschaft darüber hinaus im **Sozialrecht** und im **öffentlichen Recht**, immer dort, wo der Begriff Angehörige verwendet wird. Eine Außenwirkung im allgemeinen Rechtsverkehr stellt im Familienrecht selbst schließlich § 1362 BGB dar: Zugunsten der Gläubiger eines Ehegatten wird vermutet, dass die im Besitze eines oder beider Ehegatten befindlichen beweglichen Sachen dem jeweiligen Schuldner gehören, um die Vereitelung der Zwangspfändung durch Verschleierung der Vermögensverhältnisse zu verhindern. Die ehemals erhebliche Bedeutung der Ehe im Familienrecht für die Unterscheidung zwischen ehelich und nichtehelich bei den Kindern ist durch die Gesetzesreform von 1998 beendet (vgl. § 6). Damit – um auf die Überschrift dieses Teilkapitels zurückzukommen – zeigt sich eine deutliche Tendenz weg vom Gesetz hin zur Vereinbarung, anstelle ehemaliger institutioneller Vorgaben durch den

Gesetzgeber ist in erheblichem Umfang die private Gestaltung durch die Ehepartner getreten, die allerdings (wie im Vertragsrecht grundsätzlich möglich) dort ihre Grenzen findet, wo sie nicht „Ausdruck und Ergebnis gleichberechtigter Lebenspartnerschaft (ist), sondern eine auf ungleichen Verhandlungspositionen basierende einseitige Dominanz eines Ehepartners widerspiegelt" (BVerfG 6.2.2001–1 BvR 12/ 92, BVerfGE 103, 89 – ausführlicher § 3 V.).

II. Von der gesetzlichen Rollenzuweisung zur Gleichberechtigung

Der Weg von vorgegebenen gesetzlichen, institutionellen Regelungen hin zur Vereinbarung zwischen den Partnern wird unter dem Stichwort der Gleichberechtigungsrechtsentwicklung besonders deutlich (Coester-Waltjen StAZ 1992, 34 ff.). Das **BGB von 1900** war eindeutig patriarchalisch (Gerhard 1997; Sachsse/Tennstedt 1982, 89 ff.; Schwab in Gerhard (1997), 790 ff.). 9

> Der Mann war das Haupt der Familie, in allen das eheliche Leben betreffenden Angelegenheiten hatte er zu entscheiden, er bestimmte den Wohnort, sein Name war der Ehename. Im Güterrecht gab es den gesetzlichen Güterstand der Verwaltung und Nutznießung des Mannes am Vermögen der Frau (§ 1362 BGB a.F.). Im Kindschaftsrecht stand ihm die väterliche Gewalt allein zu. Der Frau wurde der Platz im Hause zugewiesen, sie war verpflichtet, „das gemeinschaftliche Hauswesen zu leiten" (§ 1356 Abs. 1 BGB a.F.). Die Festlegung auf die Hausfrauenrolle wurde auch dadurch abgesichert, dass der Mann (mit Ermächtigung des Vormundschaftsgerichtes) einen Dienstvertrag, den die Ehefrau abgeschlossen hatte, kündigen konnte, wenn „die Tätigkeit der Frau die ehelichen Interessen beeinträchtigt" (§ 1358 Abs. 1 BGB a.F.).

Dass dies schon vor Verabschiedung des BGB auf den Protest der Frauenbewegung stieß, verwundert nicht (Zahn-Harnack, 46). Auch nach dem Inkrafttreten wurde die Forderung nach Gleichstellung im Ehe- und Elternrecht nachdrücklich vertreten (vgl. Greven-Aschoff, 287). Die **Weimarer Verfassung** enthielt in Art. 109 den allgemeinen Gleichheitsgrundsatz und in Art. 119 Abs. 1 S. 2 die ausdrückliche Formulierung, dass die Ehe auf der Gleichberechtigung der beiden Geschlechter beruht. Erfüllt wurde dieser Verfassungsauftrag in der Weimarer Republik nicht. Der Grund: Die h.M. fasste die Formulierung nur als einen Programmsatz auf, der erst durch konkrete Gesetze umgesetzt werden müsse. Zu solchen kam es nicht. Dass in der Zeit des Nationalsozialismus die Gleichberechtigung nicht voran kam, überrascht nicht. Das Grundgesetz nahm in Art. 3 Abs. 2 GG für die **Bundesrepublik Deutschland** den Gleichheitsgrundsatz auf (dazu Münder/Slupik, 17 ff.; für die DDR vgl. Coester-Waltjen StAZ 1992, 37). Gewarnt durch die Erfahrungen der Weimarer Verfassung wurde in Art. 117 Abs. 1 GG dem Gesetzgeber eine Frist bis zum 31.3.1953 gesetzt, um entgegenstehendes Recht dem Gleichberechtigungsgrundsatz anzupassen. 10

> Aber noch 1953 formulierte der BGH in einer gutachterlichen Äußerung: die Familie ist „nach der Schöpfungsordnung eine streng ihrer eigenen Ordnung folgende Einheit … an diesen Urtatbestand Rechtsformen gesellschaftlicher Art herantragen zu wollen ist widersinnig … Der Mann sichert, vorwiegend nach außen gewandt, Bestand, Ent-

wicklung und Zukunft der Familie; er vertritt sie nach außen; in diesem Sinne ist er ihr ›Haupt‹. Die Frau widmet sich, vorwiegend nach innen gewandt, der inneren Ordnung und dem inneren Aufbau der Familie. An dieser fundamentalen Verschiedenheit kann das Recht nicht doktrinär vorübergehen, wenn es nach der Gleichberechtigung der Geschlechter in der Ordnung der Familie fragt" (BGHZ 11, Anhang 34, 65).

11 Der Gesetzgeber kam dieser Verpflichtung nicht nach – und war erstaunt, dass die Gerichte nach dem 31.3.1953 in immer größerem Umfang das gleichberechtigungs-rechtswidrige Recht nicht mehr anwandten (zum Streit in den 50er Jahren vgl. Ruhl – Aus Politik und Zeitgeschichte Karlsruhe B 45/1992, 31 ff. [vom 30.10.1992]; aus-führlicher Vaupel 1999). Am 1.7.1958 trat das Gleichberechtigungsgesetz in Kraft: Es war fast alles – leicht modifiziert – beim Alten geblieben: Der Mannesname war der Ehename, die ehelichen Pflichten waren nach Geschlecht verteilt – die Frau hatte den Haushalt zu führen, zur Aufnahme einer eigenen Erwerbstätigkeit war sie nur berech-tigt, soweit dies mit ihren Pflichten in Ehe und Familie vereinbar war. Zwar erhielten die Eltern ein gemeinsames Sorgerecht, die gesetzliche Vertretung oblag jedoch dem Vater, und im Streit hatte er den sogenannten Stichentscheid – alles in allem eine un-zulängliche „Gleichberechtigung", so dass das Bundesverfassungsgericht das Letztent-scheidungs- und Vertretungsrecht des Vaters für verfassungswidrig erklärte (BVerfG 29.7.1959–1 BvR 205, 332, 333, 367/58, 1 BvL 27, 100/58, BVerfGE 10, 59). Erst das 1. EheRG (1.7.1977) brachte die gesetzliche Ablösung der Hausfrauenehe: Nun-mehr regeln die Ehepartner die Haushaltsführung in gegenseitigem Einvernehmen (§ 1356 BGB), Geschäfte zur Deckung des Lebensbedarfs können beide Ehegatten vornehmen (§ 1357 BGB), wie die Ehegatten zum Familienunterhalt beitragen, obliegt ihnen allein (§ 1360 BGB), und die Ehegatten haben die Möglichkeit, einen Namen zu vereinbaren. In letzter Konsequenz kamen aber noch alte Auffassungen zum Tragen: Kam keine Einigung über den Ehenamen zustande, so war nach § 1352 BGB a.F. der Geburtsname des Mannes der Ehename. Diese Bestimmung hat das Bundesverfas-sungsgericht 1991 aufgehoben (BVerfG 5.3.1991–1 BvL 83/86 und 24/88, BVerfGE 84, 9 ff.). Damit ist für die Regelung der Partnerbeziehungen rechtlich nunmehr allein die Vereinbarung der Partner maßgebend. Sie können ihren Geburtsnamen behalten oder einen der beiden Namen als Ehenamen vereinbaren. Falls sie sich nicht einigen, behält jeder den Namen, den er vor der Eheschließung hatte (§ 1355 BGB). Im Ab-stammungsrecht schließlich kam es erst 1998 zur Beseitigung der letzten Ungleichhei-ten (vgl. § 6 II.). Ist so rechtlich die Gleichberechtigung zwischen Mann und Frau her-gestellt, das gesetzlich fixierte Leitbild aufgegeben, das Recht auf partnerschaftliche Strukturen ausgerichtet, so sagt dies freilich noch nichts über die Realitäten aus. Hier zeigt sich, dass in vielen Fällen noch traditionelle Aufgaben- und Rollenverteilungen existieren, (Gerhard/Limbach 1988), sei es aufgrund fortwährender Traditionen, in-dividueller Rollenverständnisse, aber auch aufgrund gesellschaftlicher Rahmenbedin-gungen (z.B. fehlende Kinderbetreuungsmöglichkeiten, unterschiedliche Gehaltshöhen bei Männern und Frauen).

III. Internationales Eherecht

1. Eheschließung

Bezüglich der **Form** der Eheschließung kommen nach **Art. 13 Abs. 3 EGBGB** für in   **12**
Deutschland zu schließende Ehen die deutschen Vorschriften zur Anwendung, d.h.
vornehmlich § 1311 BGB: Die Ehe ist vor dem zuständigen Standesbeamten zu schließen (obligatorische Zivilehe). Hierbei ist auch das sogenannte Ehefähigkeitszeugnis
(§ 1309 BGB – vgl. § 3 I.) beizubringen. Eine Ausnahme ist in Art. 13 Abs. 3 S. 2
EGBGB geregelt: Wenn keiner der beiden die deutsche Staatsangehörigkeit hat, kann
die Ehe vor entsprechend ermächtigten Personen geschlossen werden (z.b. diplomati-
sche oder konsularische Vertretung des jeweiligen Heimatstaates). Bezüglich der
inhaltlichen Voraussetzungen gilt gemäß **Art. 13 Abs. 1 EGBGB** grundsätzlich das jeweilige Heimatrecht.

> Heiratet beispielsweise eine 17-jährige Türkin einen 19-jährigen Deutschen (in
> Deutschland), so ist bezüglich des türkischen Mädchens türkisches Recht zu beachten:
> Nach Art. 124 türkisches ZGB können Männer und Frauen ab Vollendung des 17.
> Lebensjahres eine Ehe eingehen.

> Freilich ist auch in diesem Zusammenhang der ordre public (Art. 6 EGBGB; siehe § 2
> II. 2.) zu beachten. Eine Ehemündigkeitsvorschrift einer ausländischen Rechtsordnung
> ist danach dann nicht anzuwenden, wenn ihre Anwendung zu einem Ergebnis führen
> würde, das mit wesentlichen Grundsätzen des deutschen Rechts offensichtlich unver-
> einbar ist. Dies ist bei einer im Libanon geschlossenen Ehe zwischen einer (nach § 6
> des Ottomanischen Familiengesetzes ehefähigen) 14-jährigen libanesischer Staatsan-
> gehörigkeit und einem 17-jährigen deutscher Staatsangehörigkeit dann der Fall, wenn
> eine intensive Inlandsberührung besteht, weil der Ehemann deutscher Staatsangehöri-
> ger ist, die Ehe in einem deutschen Register geführt werden soll und die Ehegatten
> vorhaben, ihren Wohnsitz in Deutschland zu nehmen bzw. zu behalten (KG
> 21.11.2011 – 1 W 79/11, StAZ 2012, 142).

Eine Ausnahme von der Anwendung des Heimatrechts sieht **Art. 13 Abs. 2 EGBGB**   **13**
vor: Um die Eheschließungsfreiheit zu garantieren, regelt diese Bestimmung als Ausdruck des ordre public (vgl. § 2 II.), dass unter den dort genannten Voraussetzungen
nicht das Heimatrecht der Verlobten, sondern deutsches Recht anzuwenden ist. Ein
solcher Fall ist z.B. gegeben, wenn das Heimatrecht eines der beiden Verlobten das
Scheidungsurteil einer früher geschlossenen Ehe nicht anerkennt.

2. Ehewirkungen

Zur Klärung, nach welchem Recht sich die allgemeinen Ehewirkungen richten, sieht   **14**
Art. 14 EGBGB eine sogenannte **Anknüpfungsleiter** (vgl. § 2 II.) vor: nach Art. 14
Abs. 1 Nr. 1 EGBGB zunächst die gemeinsame Staatsangehörigkeit der Ehegatten,
nach
Nr. 2 den gemeinsamen gewöhnlichen Aufenthalt und – falls Nr. 1 und Nr. 2 nicht
greifen – nach Nr. 3 die sonstige engste Verbindung der Ehegatten (z.B. Heiratsort).

15 Beispiel: Ein Deutscher und eine Französin leben miteinander verheiratet in Uganda. Da eine gemeinsame Staatsangehörigkeit nicht besteht, können sie gemäß Art. 14 Abs. 3 EGBGB französisches Recht wählen. Erlangt die Ehefrau später die deutsche Staatsangehörigkeit, gilt ab diesem Zeitpunkt deutsches Recht für die allgemeinen Ehewirkungen.

16 Die nach Art. 14 EGBGB anzuwendende Rechtsordnung gilt für die **allgemeinen Wirkungen der Ehe**. Dazu zählen z.b. die Herstellung der ehelichen Lebensgemeinschaft, Entscheidungs- und Auskunftsrechte, Eigentumsvermutungen usw. (ausführlicher Palandt/Thorn Art. 14 EGBGB Rn. 18). **Nicht** zu den **allgemeinen Ehewirkungen** in diesem Sinne zählen das Güterrecht (hier: Art. 15 EGBGB) und der Unterhalt (hier: HUntProt und EuUntVO – vgl. § 3 VIII.). Der Ehename bestimmt sich nach Art. 10 EGBGB, d.h. maßgeblich ist das Heimatrecht der Ehegatten. Auch hier bestehen **Wahlmöglichkeiten** (Art. 10 Abs. 2 EGBGB).

Weiterführende Literatur
Rauscher (2012)

IV. Trennung und Scheidung

17 Das dem BGB ursprünglich zugrunde liegende institutionelle Eheverständnis wollte die Scheidung nicht; das Recht stellte vor die Scheidung hohe Hürden. Mit dem 1. EheRG (1.7.1977) wurde die Scheidung rechtlich deutlich erleichtert. Heute steht nicht nur die Scheidung als solche, sondern stehen auch die Scheidungsfolgen (§ 3 V., 3 VI. – Unterhalt, Zugewinnausgleich, Versorgungsausgleich) rechtlich weitgehend zur Disposition der Ehegatten, wobei jüngst die Vertragsfreiheit hinsichtlich der Scheidungsfolgen von der Rechtsprechung wiederum eingeschränkt worden ist.

Ausführlich behandelte Bestimmungen

■ Trennung, Trennungsfolgen: §§ 1567, 1361–1361 b BGB
■ Scheidung, Unterhalt des geschiedenen Ehegatten: §§ 1564–1586 b BGB
■ Internationales Scheidungsrecht: Rom III-VO, Brüssel IIa-VO

Wichtige, interessante Entscheidungen

■ *Zur Inhaltskontrolle von Eheverträgen:* BVerfG 6.2.2001–1 BvR 12/92, BVerfGE 103, 89; BGH 11.2.2004 – XII ZR 265/02, BGHZ 158, 81 ff.
■ *Zum Betreuungsunterhalt:* BGH 1.6.2011 – XII ZR 45/09, FamRZ 2011, 1209 ff.
■ *Zum Aufstockungsunterhalt:* BGH 13.6.2001 – XII ZR 343/99, BGHZ 148, 05
■ *Zum Ausschluss des Unterhaltsanspruchs:* BGH 25.5.1994 – XII ZR 17/93, FamRZ 1995, 540 ff.

Vor der Erläuterung der wichtigsten rechtlichen Regelungen zunächst ein Blick auf die 18 langfristige Entwicklung der Scheidungszahlen. Dieser zeigt die reale Deinstitutionalisierung von Ehe. Das Risiko, eine geschlossene Ehe vor dem Familiengericht durch Scheidung zu beenden, ist seit Beginn des 20. Jahrhunderts in allen westlichen Industriestaaten mehr oder minder kontinuierlich gestiegen. Für aktuelle Heiratsjahrgänge wird in Deutschland mittlerweile von einer mehr als 40-prozentigen Scheidungsrate ausgegangen. Das höchste Scheidungsrisiko besteht dabei für Ehen mit einer Dauer zwischen fünf und neun Jahren, aber auch bei länger Verheirateten wächst die Scheidungsneigung (dazu und zu den Risikofaktoren und Ursachen für Scheidungen aus soziologischer und psychologischer Perspektive: Bröning/ Walper FPR 2007, 261).

Tabelle 2: Ehescheidungen

Jahr	Scheidungen			Ehescheidungen je 1.000				Entwicklung	
	Deutschland			Ehen		Einwohner		(1960 = 100)	
1900						0,16			
1920	36.542			0,32		0,59			
	gesamt	BRD	DDR	BRD	DDR	BRD	DDR	BRD	DDR
1960	73.418	48.878	24.540	3,57	6,09 (1965)	0,88	1,42	100	100
1980	141.016	96.222	44.794	6,13	10,66	1,56	2,68	197	183
1990	154.786	122.869	31.917	8,10	7,90	1,94	1,98	251	130
	Deutschland	ABL[*1]	NBL[*2]	ABL[*1]	NBL[*2]	ABL[*1]	NBL[*2]	ABL[*1]	NBL[*2]
1995	169.425	147.945	21.480	9,23	6,15	2,19	1,51	303	88
2000	194.408	164.971	29.437	10,40	8,86	2,42	2,12	338	120
2005	201.693	173.553	28.140	11,24	9,11	2,51	2,10	355	115
2006	190.928	164.717	26.211	10,74	8,59	2,38	1,97	337	107
2007	187.072	161.854	25.218	10,64	8,37	2,34	1,91		
2008	191 948	166.566	25.382	11,04	8,54	2,41	1,94		
2009	185.817[*]	160.513	25.304	10,74	8,63	2,33	1,95		
2010	187.027	162.701	24.326	10,97	8,74	2,36	1,96		
2011	187.640	162.738	24.902	11,05	8,71	2,36	1,94		

[*1] ab 1995 einschließlich Berlin-Ost
[*2] ab 1995 ohne Berlin-Ost
Quelle: Statistisches Bundesamt.

---

[*] Im Zusammenhang mit der vollständigen Neufassung der Anordnung über die Erhebung von statistischen Daten in Familiensachen zum 01. September 2009 im Zuge des FGG-Reformgesetzes und der Umstellung des Geschäftsstellenautomationssystems bei den meldenden Berichtsstellen ist in der Ehelösungsstatistik für das Jahr 2009 in Bayern von einer Untererfassung von schätzungsweise 1 900 Fällen auszugehen.

19 Aus der Tabelle ergeben sich auch unterschiedliche Entwicklungen in unterschiedlichen Systemen (BRD/DDR). Zudem zeigt sich deutlich, wie Krisensituationen (Nachkriegszeit, in den neuen Bundesländern die Zeit nach der Wiedervereinigung) Auswirkungen auf das Scheidungsverhalten haben. Der Scheidung geht – rechtlich – die Trennung voraus. Zunächst dazu:

1. Trennung und Trennungsfolgen

20 Das Familienrecht befasst sich mit der Trennung und den Trennungsfolgen nicht in einem gesonderten Abschnitt. **Trennung** ist in § 1567 BGB – also im Scheidungsrecht – definiert. Danach liegt eine Trennung vor, wenn objektiv keine häusliche Gemeinschaft zwischen den Ehegatten mehr besteht, was nach außen erkennbar werden muss, und wenn subjektiv ein Ehegatte die häusliche Gemeinschaft auch nicht mehr herstellen will, weil er die eheliche Lebensgemeinschaft ablehnt. Deswegen ist Getrenntleben auch in der gemeinsamen Wohnung möglich (§ 1567 Abs. 1 S. 2 BGB). Dabei ist getrenntes Haushalten und Schlafen erforderlich. Gegen die Annahme des **Getrenntlebens** im Rechtssinne spricht in solchen Situationen nicht die Tatsache, dass Gemeinsamkeiten der Kinder wegen (zum Beispiel gemeinsame Mahlzeiten, Gespräche, gemeinsames Beisammensein mit den Kindern: OLG Köln 19.10.2001–25 WF 185/01, FamRZ 2002, 1341) weiter bestehen. Die wichtigsten **Trennungsfolgen** sind im Eherecht aufgeführt. Zunächst der **Unterhalt bei Getrenntleben** in § 1361 BGB: Hier gelten die allgemeinen unterhaltsrechtlichen **Voraussetzungen** (vgl. § 7), insbesondere **Bedürftigkeit** des Ehegatten, der Unterhalt begehrt, **Leistungsfähigkeit** des Ehegatten, der Unterhalt zahlen soll (zu den Details § 7 I. 1.). Für den Fall, dass ein Ehegatte während der Ehe nicht erwerbstätig war, sieht § 1361 Abs. 2 BGB ausdrücklich vor, dass er auch nach der Trennung nicht berufstätig werden muss, sondern erst dann, wenn dies von ihm „erwartet werden kann". Die Trennung wird vom Gesetzgeber als eine Art Schwebezustand angesehen, weil noch nicht klar ist, ob es endgültig zur Scheidung kommt. Für den Trennungsunterhalt bedeutet dies, dass sich die Rechtsprechung darauf eingependelt hat, dass ein längere Zeit nicht erwerbstätiger Ehegatten jedenfalls bei nicht kurzer Ehe grundsätzlich keine Erwerbstätigkeit aufnehmen (bzw. ausweiten) muss (OLG Koblenz 18.12.2002–9 UF 785/01, NJW 2003, 1816). Mit zunehmender Trennungsdauer, insbesondere wenn die Scheidung sicher ist, gelten die Grundsätze für den nachehelichen Unterhalt (vgl. § 3 V.). Infolge der Verstärkung des Grundsatzes der Eigenverantwortung durch das am 1.1.2008 in Kraft getretene UÄndG kann seither auch die Erwerbsobliegenheit nach Ablauf des Trennungsjahres ähnlich wie beim nachehelichen Unterhalt zu beurteilen sein; ist die Scheidung nur noch eine Frage der Zeit, was nach Ablauf des Trennungsjahres in der Regel der Fall ist, wird der Maßstab zunehmend strenger (Palandt/Brudermüller § 1361 Rn. 13). § 1361 Abs. 3 BGB verweist auf die Härteklausel des § 1579 Nr. 2 bis 8 BGB (Scheidungsunterhalt). Falls die Voraussetzungen dieser Bestimmung vorliegen, kann der eigentlich bestehende Unterhaltsanspruch des getrennt lebenden Ehegatten bei

„grober Unbilligkeit" gekürzt, zeitlich begrenzt oder ganz gestrichen werden (vgl. § 3 V. 3.). Praktisch wichtig ist die konkrete Festlegung und Berechnung des Unterhalts, dies wird im Zusammenhang mit dem Scheidungsunterhalt (§ 3 V.) und der Berechnung von Unterhalt generell (vgl. § 8) dargestellt. § 1361 a BGB regelt die **Verteilung der Haushaltsgegenstände während des Getrenntlebens.** Grundsätzlich kann jeder Ehegatte die Gegenstände, die in seinem Eigentum stehen, vom anderen Ehegatten herausverlangen. Haushaltsgegenstände, die den Ehegatten gemeinsam gehören, müssen zwischen ihnen nach den Grundsätzen der Billigkeit verteilt werden (§ 1361 a Abs. 2 BGB). Wenn sich die Eheleute nicht einigen können, entscheidet auf Antrag das Familiengericht. Bei der Entscheidung handelt es sich um eine vorläufige Entscheidung für die Trennungszeit, es ist keine Entscheidung darüber, wer nach der Ehescheidung endgültig die Gegenstände bekommt bzw. – wenn Streit besteht – in wessen Eigentum die Gegenstände stehen. Im Zusammenhang mit der Trennung ist oft von Bedeutung, wer die bisherige **Ehewohnung** weiter benutzen kann. Hier sieht § 1361 b Abs. 1 BGB vor, dass ein Ehegatte verlangen kann, dass ihm die Wohnung ganz oder teilweise zur alleinigen Nutzung überlassen wird, wenn dies notwendig ist, um eine unbillige Härte zu vermeiden. Härtefälle sind vor allem durch häusliche Gewalt indiziert. Hierzu zählen z.B. schwere körperliche Misshandlung von Familienmitgliedern, aber auch latente Angst um Leben, körperliche Unversehrtheit und Fortbewegungsfreiheit, fortgesetzte Demütigung und Verachtung sowie erhebliche Störungen des Familienlebens z.B. durch Alkohol. Die unbillige Härte ist auch dann gegeben, wenn das Wohl von im Haushalt lebenden Kindern beeinträchtigt ist (§ 1361 b Abs. 1 S. 2 BGB). Für den Fall der vorsätzlichen Körper-, Gesundheits- oder Freiheitsverletzung ordnet § 1361 b Abs. 2 S. 1 BGB an, dass dem Opfer in der Regel die gesamte Wohnung zur alleinigen Benutzung zu überlassen ist. Gleiches gilt bei widerrechtlicher Drohung mit derartigen Übergriffen. Bei Gewaltfällen kommen neben § 1361 b BGB Maßnahmen nach dem **Gewaltschutzgesetz** in Betracht (vgl. auch § 3 I. 2.). Nach diesem Gesetz können die Gerichte befristete Schutzmaßnahmen zugunsten des Opfers anordnen, wenn eine andere Person ihr gegenüber eine vorsätzliche Körper-, Gesundheits- oder Freiheitsverletzung begangen hat oder damit droht (zu Einzelheiten: van Els, Theorie der Sozialen Arbeit 2006, 55 ff.; Motzer in: FS-Schwab 2005, 375 ff.).

2. Scheidung

Vor dem 1.7.1977 (1. EheRG) war rechtlich wichtigste Voraussetzung für die Scheidung die Tatsache, dass der andere Ehegatte entweder die Ehe gebrochen oder in anderer Weise schuldhaft die Ehe zerrüttet hatte (§§ 42, 43 EheG a.F.). Das **Verschuldensprinzip** war im Kontext ökonomischer Zusammenhänge „stimmig": Wegen der Festlegung der Frau auf ihre Hausfrauen- und Mutterrolle war sie zu ihrer materiellen Existenzsicherung auf den Unterhaltsanspruch gegen den Ehemann angewiesen; ließ sie sich nichts „zuschulden" kommen, konnte sie gegen ihren Willen nicht geschieden werden – und selbst im Scheidungsfall hing der Unterhaltsanspruch von der Frage der

21

Schuld ab. In der Rechtsrealität konnte die Rigidität des Verschuldensprinzips nicht auf Dauer aufrechterhalten werden. Als „Vorform" einer einvernehmlichen Scheidung wurde unter Geltung des alten Schuldprinzips zu 80 bis 90 % (Zeidler 1984, 156 ff.) die sogenannte **Konventionalscheidung** praktiziert: Die Ehepartner klärten vor Erhebung der Scheidungsklage die „Schuldfrage" in der Weise, dass einer der beiden oder beide in gleicher Weise die Schuld an der Zerrüttung auf sich nahmen. Dass das 1. EheRG das Verschuldensprinzip aufgab, war damit auch eine Reaktion auf eine in der Praxis bereits veränderte Situation. Unter Geltung des **Zerrüttungsprinzips** ist nunmehr auch auf rechtlicher Ebene der Weg offen für die **einverständliche Scheidung.** Für die Scheidung ist allein das Scheitern der Ehe (§ 1565 Abs. 1 BGB) maßgeblich. Die Ehe ist gescheitert, wenn die Lebensgemeinschaft der Ehegatten nicht mehr besteht und nicht erwartet werden kann, dass die Ehegatten sie wieder herstellen. Für das Scheitern stellt das Gesetz unwiderlegbare Vermutungen auf, die von bestimmten Fristen des Getrenntlebens (zur Definition vgl. § 3 IV. 1.) abhängen: Gemäß § 1566 Abs. 1 BGB gilt eine Ehe als gescheitert – und ist damit zu scheiden –, wenn die Ehegatten seit einem Jahr getrennt leben und beide Ehegatten gemeinsam die Scheidung beantragen oder der Antragsgegner der Scheidung zustimmt. Darüber hinaus ist der Weg offen für **eine einseitige Lösung eines Partners von der Ehe:** Nach § 1566 Abs. 2 BGB genügt nach dreijähriger Trennungszeit der Antrag eines Ehegatten. Aber auch bei nur einjähriger Trennung reicht für die Scheidung die einseitige Zerrüttung auf Seiten eines Ehegatten aus; es genügt, wenn aus dem Verhalten und den glaubhaften Bekundungen des die Scheidung beantragenden Ehegatten zu entnehmen ist, dass er unter keinen Umständen bereit ist, zu dem anderen Ehegatten zurückzufinden und die Ehe fortzusetzen (Palandt/Brudermüller § 1565 Rn. 3). Bei weniger als einjähriger Trennung ist eine Scheidung nur möglich, wenn die Voraussetzungen des § 1565 Abs. 1 BGB vorliegen, die Ehe also gescheitert ist, und die Fortsetzung der Ehe (also die Aufrechterhaltung des formellen Ehebandes, OLG Köln 7.12.2012–4 UF 182/12, FamFR 2013, 90) für den Antragsteller aus Gründen, die in der Person des Antragstellers liegen, eine unzumutbare Härte darstellen würde, § 1565 Abs. 2 BGB. An das Vorliegen einer unzumutbaren Härte stellt die Rechtsprechung strenge Anforderungen (Bsp: OLG Nürnberg 28.12.2006–10 WF 1526/06, FamRZ 2007, 1885: Die nach langjähriger Ehe offenbarte Homosexualität rechtfertigt ohne Hinzutreten besonderer Umstände nicht die Annahme einer schweren Härte i.S. des § 1565 Abs. 2 BGB.).

22 Diese Möglichkeiten sind durch die Härteklausel des § 1568 BGB eingeschränkt, da bei Vorliegen von Härtegründen eine Ehe nicht geschieden wird; eine Scheidung zur „Unzeit" soll vermieden werden. In der Rechtspraxis ist die Härteklausel allerdings kaum von Bedeutung. So gibt es nur eine veröffentlichte Entscheidung, bei der wegen der Interessen des aus der Ehe hervorgegangenen minderjährigen Kindes die Härteklausel zur Anwendung kam (OLG Hamburg 17.12.1985–2 UF 209/83, FamRZ 1986, 469, bei ernsthafter Gefahr der Selbsttötung des minderjährigen Kindes). Bei „Härte für den Ehegatten" ist darauf abzustellen, dass die Auswirkungen der Scheidung „auf außergewöhnlichen, von den normalen Gegebenheiten abweichenden Umständen beruhen und für den betroffenen Ehegatten die Intensität einer schweren, ihm ausnahmsweise nicht zumutbaren Härte erreichen" (BGH 31.1.1979 – IV ZR 72/78, FamRZ 1979, 422). Zur Anwendung kam deswegen die Härteklausel hier nur bei ungewöhnlichen, ja bisweilen tragischen Lebensschicksalen (Nachweise bei Palandt/Brudermüller § 1568 Rn. 5).

Die Möglichkeit der einvernehmlichen Scheidung nach einem Jahr oder der „einseitigen Kündigung" nach drei Jahren stellt klar: Auch bei der Auflösung der Ehe gibt es keine gesetzlichen Vorgaben mehr, sondern die **Vereinbarung der Betroffen hat Vorrang**, ja sogar das einseitige Wollen eines der Ehepartner. 23

V. Scheidungsfolgen: Der nacheheliche Unterhalt

Bei den Scheidungsfolgen ist von wichtigster Bedeutung der Unterhaltsanspruch des geschiedenen Ehegatten. Mit Wirkung zum 1.1.2008 ist das Unterhaltsrecht insgesamt, besonders einschneidend aber das Recht des nachehelichen Unterhalts geändert worden: UÄndG vom 21.12.2007 (BGBl. I, S. 3189 vom 28.12.2007; BT-Drucks. 16/1830 und 16/6980). Die rechtspolitisch stark umstrittene **Unterhaltsrechtsreform** reagierte auf gesellschaftliche Verhältnisse: steigende Scheidungszahlen, vermehrte Gründung von „Zweitfamilien" mit Kindern nach Scheidung einer ersten Ehe, zunehmende Zahl von Kindern, deren Eltern in einer nichtehelichen Lebensgemeinschaft leben oder von einem Elternteil allein erzogen werden. Der Gesetzgeber verfolgte damit erklärtermaßen drei Ziele: die Förderung des Kindeswohls, die Stärkung der nachehelichen Eigenverantwortung und die Vereinfachung des Unterhaltsrechts. Ob die Reform geeignet ist, diese Ziele zu erreichen, wird die Praxis der Rechtsprechung zeigen (Darstellungen des neuen Unterhaltsrechts finden sich bei: Willutzki ZRP 2007, 5 ff.; Menne/Grundmann ZKJ 2008, 21 ff.; Born NJW 2008, 1 ff.; Gerhardt FuR 2008, 9 ff., 62 ff.; Borth 2011; zu den auch rechtsphilosophischen Grundlagen: Brudermüller 2008). Dem Grundsatz der Vertragsfreiheit entsprechend können die Ehegatten für die Zeit nach der Scheidung wie schon bisher **Vereinbarungen** treffen: § 1585 c BGB ermöglicht **Unterhaltsverträge** (schon vor oder auch während der Ehe – vor einer rechtskräftigen Scheidung getroffene Vereinbarungen bedürfen allerdings der notariellen Beurkundung; Bergschneider FamRZ 2008, 17 ff.; Billhardt FamRZ 2008, 748; Langenfeld FPR 2008, 38 ff.) für die Zeit nach der Scheidung. Meistens werden im Rahmen solcher Unterhaltsverträge gesetzliche Unterhaltsansprüche modifiziert, es ist aber auch der vollständige Verzicht auf Unterhaltsansprüche möglich (vgl. Hess FamRZ 1996, 981 ff.). Der Unterhaltsverzicht vor der Ehe, etwa im Zusammenhang mit **Eheverträgen**, ist selten, im Zusammenhang mit der Ehescheidung wird allerdings häufig Verzicht hinsichtlich des Unterhalts erklärt. Grundsätzlich kann so auf nachehelichen Unterhalt vollständig verzichtet werden. Umstritten ist jedoch, inwiefern es Einschränkungen gibt (zu der langen Kontroverse vgl. 4. Auflage Kap. 4.3). Die Auseinander- 24 setzungen gingen bis zum Bundesverfassungsgericht. Durch das Urteil des Bundesverfassungsgerichts (BVerfG 6.2.2001–1 BvR 12/92, BVerfGE 103, 89 ff.) und die nachfolgenden Entscheidungen des BGH (BGH 11.2.2004 – XII ZR 265/02, BGHZ 158, 81 ff.; BGH 6.10.2004 – XII ZB 110/99, FamRZ 2005, 26 ff. m. Anm. Bergschneider NJW 2005, 137 ff.; BGH 12.1.2005 – XII ZR 238/03, FamRZ 2005, 691; BGH 25.5.2005 – XII ZR 296/01, FamRZ 2005, 1444 und 25.5.2005 – XII ZR 221/02, FamRZ 2005, 1449) ist nunmehr eine gewisse Klärung eingetreten: **Eheverträge** werden, obwohl sie individuell vereinbart sind, einer **allgemeinen Inhaltskontrolle** dahin gehend unterzogen, ob sie den verzichtenden Ehegatten evident einseitig benachteiligen und dadurch dessen Grundrechte aus Art. 2 Abs. 1, Art. 6 Abs. 1 und Abs. 4 GG verletzen. Damit hat das Bundesverfassungsgericht der privatautonomen Gestaltung der Ehegatten bei Unterhaltsverzicht und Verzicht auf Zugewinn- (dazu: BGH 17.10.2007 – XII ZR 96/05, FamRZ 2008, 386) und Versorgungsausgleich Grenzen gesetzt. Es hält die Zivilgerichte für verpflichtet, Eheverträge einer Inhaltskontrolle zu unterziehen, insbesondere dann, wenn Belange gemeinsamer Kinder betroffen sind. Nach der richtungsweisenden Entscheidung des Bundesverfassungsgerichts stellte der BGH (BGH a.a.O. mit Anmerkung Borth FamRZ 2004, 609 ff.) eine neue Struktur der Inhaltskontrolle auf: Zunächst erfolgt eine **Wirksamkeitskontrolle nach § 138 BGB**. Im Rahmen dieser Wirksamkeitskontrolle ist zu prüfen, ob die Vereinbarung schon im Zeitpunkt ihres Zustandekommens offenkundig zu einer einseitigen Lastenverteilung im Scheidungsfall führt, dass ihr – und zwar losgelöst von der künftigen Entwicklung der Ehegatten und ihrer Lebensverhältnisse – wegen Verstoßes gegen die guten Sitten die Anerkennung der Rechtsordnung ganz oder zum Teil zu versagen ist. Das ist dann der Fall, wenn in den sogenannten **Kernbereich des Scheidungsfolgenrechts** eingegriffen wird, ohne dass die dadurch für den anderen Ehegatten entstehenden Nachteile kompensiert werden. Zu diesen Kernbereichen des Scheidungsfolgenrechts zählt der BGH Betreuungsunterhalt (§ 1570 BGB), Krankheitsunterhalt (§ 1571 BGB), Altersunterhalt (§ 1572 BGB) und den Versorgungsausgleich, da er dem Altersunterhalt entspricht. Soweit der Vertrag danach Bestand hat, findet in einem zweiten Schritt die **Ausübungskontrolle** anhand des Maßstabes des **§ 242 BGB** statt, bei der zu prüfen ist, ob und inwieweit die Berufung auf einen Verzicht missbräuchlich ist. Hierfür ist entscheidend, ob sich im Zeitpunkt des Scheiterns der Lebensgemeinschaft aus dem vereinbarten Ausschluss der Scheidungsfolge eine evident einseitige Lastenverteilung ergibt, die für den belasteten Ehegatten auch bei Berücksichtigung der Belange des anderen Ehegatten unzumutbar ist (zur gebotenen richterlichen Anpassung des Ehevertrages: BGH, 28.11.2007 – XII ZR 132/05, FamRZ 2008, 582; BGH 27.2.2013 – XII ZB 90/11; vgl. auch Petzold/Bergschneider FamRZ 2004, 1757 ff.). Ein anschaulicher „klassischer" Sachverhalt liegt dem Urteil des BGH vom 22.11.2006 (22.11.1996 – XII ZR 119/04, FamRZ 2007, 450) zugrunde.

1. Der Grundsatz: Jeder sorgt für sich selbst

§ 1569 BGB normiert den **Grundsatz der wirtschaftlichen Eigenverantwortung** (Ei- 25
genverantwortungsprinzip) der geschiedenen Ehegatten. Jeder Ehegatte hat nach der
Scheidung regelmäßig selbst für sein wirtschaftliches Fortkommen zu sorgen. Unterhalt ist von der Struktur her eine „Ausnahme"; dies hat das UÄndG deutlich klargestellt. Dem liegt das Modell einer Erwerbstätigenehe zu Grunde. Oft ist es in Ehen mit
Kindern jedoch umgekehrt: In vielen Fällen existieren Unterhaltsansprüche, weil während der Ehezeit ein Ehegatte (meist die Frau) seine außerhäusliche, entgeltliche Erwerbstätigkeit ganz aufgegeben oder teilweise reduziert hat. Aus dieser „Logik" ergibt
sich, dass Unterhaltsansprüche davon abhängen, ob der unterhaltsberechtigte Ehegatte
eine angemessene Erwerbstätigkeit hat bzw. ob die Aufnahme einer solchen von ihm
verlangt werden kann. Wann eine **Erwerbstätigkeit angemessen** ist, bestimmt § 1574
Abs. 2 BGB. Es sind seit dem UÄndG folgende, aus der Sicht des Unterhalt beanspru-
chenden Ehegatten gegenüber bisher verschärften Kriterien zu berücksichtigen: die
Ausbildung desjenigen geschiedenen Ehegatten, der Unterhalt beansprucht, seine Fä-
higkeiten, eine frühere Erwerbstätigkeit, das Lebensalter sowie der Gesundheitszustand. Eine nach diesen Kriterien angemessene Erwerbstätigkeit darf außerdem ge-
messen an den Lebensverhältnissen während der Ehe nicht unbillig sein.

Bei den ehelichen Lebensverhältnissen sind insbesondere die Dauer der Ehe und die 26
Dauer der Pflege oder Erziehung eines gemeinschaftlichen Kindes zu berücksichtigen.
Der vor der Ehe erreichte Lebensstandard ist somit (nicht mehr) allein maßgeblich,
sondern nur ein Aspekt für die Wiederaufnahme der Erwerbstätigkeit nach der Scheidung.

2. Die einzelnen Unterhaltstatbestände – ein geschlossener Katalog

Die §§ 1570 ff. BGB normieren enumerativ und abschließend Unterhaltstatbestände, 27
nach denen ein geschiedener Ehegatte Unterhalt verlangen kann. Ein Überblick:

a) Unterhalt wegen Betreuung eines gemeinsamen Kindes – § 1570 BGB

Dies war bis zum 31.12.2007 der praktisch wichtigste und häufigste Fall des nach- 28
ehelichen Unterhalts. Deswegen ist die Auseinandersetzung um den Aufenthalt des
Kindes bzw. der Kinder häufig vorentscheidend für einen Unterhaltsanspruch. An-
spruchsberechtigt ist nicht nur der Ehegatte, der das alleinige Sorgerecht oder das
Aufenthaltsbestimmungsrecht übertragen erhält, sondern § 1570 BGB kommt auch
bei gemeinsamem Sorgerecht zugunsten desjenigen Elternteils zum Zuge, bei dem sich
das Kind dauernd aufhält und der die Last der täglichen Pflege und Erziehung hauptsächlich trägt. Das bisherige, von der Rechtsprechung entwickelte sog. **Altersphasenmodell** verneinte eine Erwerbsobliegenheit desjenigen Elternteils, bei dem das oder die
gemeinsamen Kinder lebten, wenn das (einzige) zu betreuende Kind noch nicht acht
Jahre alt war oder die 3. Grundschulklasse noch nicht erreicht hatte bzw. wenn von

mehreren zu betreuenden Kindern das jüngste noch nicht 14 Jahre alt war. Eine teilweise Erwerbsobliegenheit wurde angenommen bei nur einem zu betreuenden Kind ab Beginn seines 3. Schuljahres bzw. im Alter von 9–15 Jahren. Bei nur einem zu betreuenden Kind wurde dem betreuenden Elternteil eine vollschichtige Erwerbstätigkeit zugemutet, sobald das Kind 15 oder 16 Jahre alt war. Bei alledem waren jedoch stets die Besonderheiten des Einzelfalles zu berücksichtigen, die insbesondere in der Person des Kindes (etwa Gesundheitszustand, Schulschwierigkeiten, Entwicklungsdefizite), aber auch in der Person des Betreuenden (etwa Alter, Gesundheit, Beschäftigungschancen, anderweitige Betreuungsmöglichkeiten) liegen konnten (Nachweise siehe 5. Auflage). Die seit dem 1.1.2008 geltende Neuregelung weicht davon erheblich ab, indem sie bei jüngeren Kindern deutlich strengere Anforderungen an einen Unterhaltsanspruch des betreuenden Elternteils stellt. § 1570 BGB enthält jetzt drei unterschiedliche Unterhaltstatbestände: in den ersten drei Lebensjahren des Kindes steht dem betreuenden Elternteil ein Unterhaltsanspruch zu (§ 1570 Abs. 1 S. 1 BGB; **Basisunterhalt**); der Elternteil kann frei entscheiden, ob er das Kind selbst betreuen oder durch Dritte (z.B. in einer Kita oder bei einer Tagesmutter) betreuen lassen möchte. Eine Erwerbsobliegenheit des betreuenden Elternteils besteht in dieser Zeit generell nicht. Anschließend kann ein **kindbezogener Billigkeitsanspruch** (§ 1570 Abs. 1 S. 3 BGB) oder ein **elternbezogener Billigkeitsanspruch** bestehen (§ 1570 Abs. 2 BGB). Für den **kindbezogenen Billigkeitsanspruch** sind die Belange des Kindes und die bestehenden Möglichkeiten der Kinderbetreuung zu berücksichtigen; hier ist der Unterhaltsanspruch die Ausnahme und die Erwerbsobliegenheit die Regel. Dieses Regel-Ausnahme-Verhältnis gilt auch für den **elternbezogenen Billigkeitsunterhalt.** Zu berücksichtigen sind dabei die Gestaltung der Kinderbetreuung und Erwerbstätigkeit in der Ehe sowie die Dauer der Ehe: entscheidend dürfte sein, ob die während der Ehe von den Eheleuten gewählte Aufgabenteilung hinsichtlich Kindesbetreuung und Erwerbstätigkeit ein besonderes Vertrauen begründet hat, das auch für die Zeit nach der Scheidung geschützt werden soll. Der Basisunterhalt und der kindbezogene Billigkeitsanspruch sind zwar als Anspruch des Ehegatten ausgestaltet; es handelt sich aber gleichwohl um einen allein aus Gründen des Kindeswohls gewährten Anspruch, um dessen persönliche Erziehung und Pflege in den ersten Jahren sicher zu stellen. Die Vorschrift hat ihren Grund nicht in der Ehe, sondern ist Ausdruck der gemeinsamen Elternverantwortung und sichert wie § 1615l BGB mittelbar den Anspruch des Kindes auf Betreuung trotz Trennung der Eltern (Palandt/Brudermüller § 1570 Rn. 2). Die Änderung ist vor dem Hintergrund des gesellschaftlichen Wandels zu sehen. Die Möglichkeiten der Fremdbetreuung von Kindern haben – ungeachtet regionaler Unterschiede und bestehender Angebotslücken – ebenso wie deren Akzeptanz insgesamt stark zugenommen; die Ausübung einer Teilzeiterwerbstätigkeit neben der Kindererziehung ist heute vielfach Realität. Dem trägt die Reform nun normativ Rechnung (Hauß FamRB 2006, 180; Palandt/Brudermüller § 1570 Rn. 9). Seit der Reform ist deshalb anstelle der schematisierenden Betrachtungsweise des tradierten Altersphasenmodells stärker auf den konkreten Einzelfall und tatsächlich bestehende, verlässliche Möglichkeiten der Kinderbetreuung abzustellen. Nach dem neuen Recht wird kraft Gesetzes die Betreuungsbedürftigkeit eines Kindes für die ersten 3 Jahre vermutet. Ob im Anschluss daran eine Verlängerung aus kindbezogenen Gründen in Betracht kommt, ist immer anhand der individuellen Umstände zu prüfen. Entscheidend ist dabei, ob und in welchem Umfang die Kindesbetreuung auf andere Weise gesichert ist oder in kindgerechten Betreuungseinrichtungen gesichert werden könnte. Soweit in Rechtsprechung und Literatur auch zu der seit dem 1.1.2008 geltenden Fassung des § 1570 BGB abweichende Auffassungen vertreten wurden, die an das frühere Altersphasenmodell anknüpften und eine Verlängerung des Betreuungsunterhalts allein vom Kindesalter abhängig machten, hat der BGH dies für nicht haltbar erklärt (BGH 18.3.2009 – XII ZR 74/08, BGHZ 180, 170). Die Betreuungsbedürftigkeit ist vielmehr nach den individuellen Verhältnissen zu ermitteln. Nur wenn das betroffene Kind einen Entwicklungsstand erreicht hat, in dem es unter Berücksichtigung aller Umstände des Einzelfalles zeitweise sich selbst überlassen bleiben kann, kommt es aus kindbezogenen Gründen insoweit nicht mehr auf eine vorrangig zu prüfende Betreuungsmöglichkeit in einer kindgerechten Einrichtung an; in dem Umfang, in dem das Kind nach Vollendung des dritten Lebensjahres eine kindgerechte Einrichtung besucht oder unter Berücksichtigung der individuellen Verhältnisse besuchen könnte, kann sich der betreuende Elternteil also nicht mehr auf die Notwendigkeit einer persönlichen Betreuung des Kindes und somit nicht mehr auf kindbezogene Verlängerungsgründe im Sinne von § 1570 Abs. 1 S. 3 BGB berufen (BGH 30.3.2011 – XII ZR 3/09, FamRZ 2011, 791). Neben den institutionellen Betreuungseinrichtungen sind auch andere mit dem Kindeswohl vereinbare Möglichkeiten einer Drittbetreuung zu berücksichtigen; dazu zählt insbesondere die Betreuung durch den anderen Elternteil, wenn dieser eine Unterstützung bei der Kinderbetreuung anbietet. Der unterhaltsberechtigte Elternteil muss sich auf ein solches Angebot einlassen, sofern dem keine Gründe des Kindeswohls entgegenstehen (BGH 1.6.2011 – XII ZR 45/09, FamRZ 2011, 1209)..Legt der Unterhaltsberechtigte keine konkreten kind- oder elternbezogenen Gründe dar, entfällt ein Anspruch auf Betreuungsunterhalt mit Vollendung des dritten Lebensjahres des Kindes (OLG Koblenz 6.7.2011–7 UF 248/10).

Weiterführende Literatur
Schürmann FamRZ 2012, 913 ff.;
Dormann/Spangenberg FamRZ 2012, 931 ff.;
Hartung MDR 2008, 249 ff.;
Peschel-Gutzeit FPR 2008, 24 ff.;
Meier FamRZ 2008, 101–105;
Borth FamRZ 2008, 105 ff.;
Ehinger/Griesche/Rasch 2008;

Borth FamRZ 2008, 2 ff.;
Viefhues/Mleczko 2008;
Graba FamRZ 2008, 1217 ff.

b) Unterhalt wegen Alters – § 1571 BGB

29 Hier wird davon ausgegangen, dass wegen Alters eine Erwerbstätigkeit nicht mehr erwartet werden kann. Maßgeblich ist der Zeitpunkt der Scheidung oder der Beendigung der Betreuung eines gemeinschaftlichen Kindes, Ausbildung, Umschulung usw. Zwar ist auch hier grundsätzlich auf den Einzelfall abzustellen, als objektive Grenze gilt jedoch immer die sozialversicherungsrechtliche Altersgrenze (BGH 23.9.1992 – XII ZR 157/91, FamRZ 1993, 43). Wer sie erreicht hat, ist nicht mehr verpflichtet – auch dem ehemaligen Ehegatten gegenüber nicht –, eine Erwerbstätigkeit aufzunehmen (ausführlich Münder 1998, 133 f.). Auch eine („erst") 60-jährige Unterhaltsgläubigerin hat daher darzulegen und nachzuweisen, dass sie trotz ernstlicher und nachhaltiger Erwerbsbemühungen keine angemessene Erwerbstätigkeit erhalten kann (OLG Zweibrücken 19.10.2011–2 UF 77/11, FamRZ 2012, 643). Beim ab Vollendung des 62. Lebensjahres zulässigen (vorzeitigen) Bezug einer Altersrente für schwerbehinderte Menschen (§ 37 SGB VI) ist die Aufnahme einer Erwerbstätigkeit nicht mehr zu erwarten (OLG Koblenz 15.9.2011–7 UF 60/11, FamRZ 2012, 790). Zu den Fällen von Altersteilzeit und Vorruhestandsregelungen: BGH 11.7.2012 – XII ZR 72/10, NJW 2012, 3434).

c) Unterhalt wegen Krankheit, Gebrechen oder Schwächen – § 1572 BGB

30 Die Nichterwerbstätigkeit muss ursächlich auf die Krankheit oder das Gebrechen zurückzuführen sein. Dagegen muss die Krankheit oder das Gebrechen nach ständiger Rechtsprechung des BGH nicht ehebedingt sein (BGH 4.3.2004 – IX ZR 180/02, FamRZ 2004, 779).

d) Unterhalt bis zur Erlangung angemessener Erwerbstätigkeit – § 1573 BGB

31 Nochmals wird deutlich: Der Gesetzgeber geht grundsätzlich von der Berufstätigkeit der Ehegatten aus und davon, dass jeder einen Arbeitsplatz erlangen kann. Aber der andere Ehegatte muss das Risiko, dass der unterhaltsberechtigte Ehegatte keinen Arbeitsplatz findet, mittragen. Durch § 1573 Abs. 1 BGB wird dem Bedürftigen ein Anspruch auf Unterhalt eingeräumt, solange und soweit er keine angemessene Erwerbstätigkeit „zu finden vermag". Vorausgesetzt ist das Unvermögen, mit zumutbarer Anstrengung die Gelegenheit zur Ausübung einer angemessenen Erwerbstätigkeit zu finden. Bei der Angemessenheit sind die Kriterien des § 1574 Abs. 2 BGB anzuwenden (§ 3 V. 1.). Unterhaltsberechtigt ist auch der Ehegatte, der zwar eine angemessene Erwerbstätigkeit ausübt, dessen daraus erzielte Einkünfte aber nicht zum vollen Unterhalt im Sinne des § 1578 BGB ausreichen. In diesem Fall muss der Unterhaltsver-

pflichtete einen **Aufstockungsunterhalt** (§ 1573 Abs. 2 BGB) erbringen. Der Anspruch richtet sich auf den Unterschiedsbetrag zwischen den Einkünften des Berechtigten und dem vollen Unterhalt.

Für die Berechnung zum Aufstockungsunterhalt kam nach der früheren Rechtsprechung des BGH bei einer sogenannten Haushaltsführungsehe (in der ein Ehegatte während der bestehenden Ehe nicht gearbeitet hat) die Anrechnungsmethode und bei einer Doppelverdienerehe (in der beide Ehegatten während der bestehenden Ehe gearbeitet haben) die Differenzmethode zur Anwendung. Dadurch wurde der Anspruch des haushaltsführenden Ehegatten, der erst nach der Trennung erwerbstätig wurde, um den eigenen Zuverdienst voll geschmälert. Mit einem Grundsatzurteil (BGH 13.6.2001 – XII ZR 343/99, BGHZ 148, 105) hat der BGH seine Rechtsprechung zur Anrechnungsmethode wegen der krassen Benachteiligung des haushaltsführenden Ehegatten aufgegeben. Seither kommt auch bei einer **Haushaltsführungsehe** die **Differenzmethode** zur Anwendung. Maßgeblicher Gedanke ist, dass nicht nur das Erwerbseinkommen des einen Ehegatten, sondern auch die Haushalts- und Betreuungstätigkeit des anderen Ehegatten den sozialen Standard während der Ehe mitgeprägt hat. Das erstmals nach der Scheidung erzielte Einkommen wird als Surrogat des wirtschaftlichen Werts der bisherigen Familienarbeit angesehen. Das Bundesverfassungsgericht hat diese Rechtsprechungsänderung für verfassungsrechtlich geboten erachtet (BVerfG 5.2.2002 – 1 BvR 105, 559/95, 457/96, BVerfGE 105, 1). Die Anrechnungsmethode ist nur noch dann anzuwenden, wenn eigenes Einkommen vorhanden ist, das nicht die ehelichen Lebensverhältnisse geprägt hat (Einkommen aus unzumutbarer Erwerbstätigkeit, Mehreinkommen infolge einer ungewöhnlichen Entwicklung z.B. Karrieresprung, Erbschaften, Schenkungen, Lottogewinne). Das Einkommen des schon immer erwerbstätigen Ehegatten wird nach dem allgemeinen Teilungsschlüssel aufgeteilt (vgl. dazu § 8; allgemeine Teilungsschlüssel $4/_7 : 3/_7$); von der Summe, die auf den unterhaltsberechtigten Ehegatten entfällt, werden dann die eigenen Einkünfte abgezogen. Waren die ehelichen Lebensverhältnisse von Einkünften beider Ehegatten geprägt oder sind nach der Scheidung tatsächliche oder fiktiv erzielte Einkünfte als Surrogate den ehelichen Lebensverhältnissen als prägend hinzuzurechnen, dann ist nach Differenzmethode die Unterhaltsquote die Differenz der bereinigten Nettoeinkommen beider Parteien. Bei der Differenzmethode partizipiert der früher Haushaltsführende also grundsätzlich mit $3/_7$ der Differenz der beiden Einkommen. Beispiel: Die Ehefrau F. hat während der Ehe nicht gearbeitet. Nach der Ehescheidung nimmt sie eine Tätigkeit auf und erzielt daraus netto 700 € Einkommen, der Ehemann M. hat ein Nettoeinkommen von 2.100 €.

■ Differenzmethode: von der Differenz (2.100 € – 700 €) 1.400 € erhält die Ehefrau $3/_7$ Auf-stockungsunterhalt, d.h. 600 €. Das bedeutet im Ergebnis, dass der Ehemann 1.500 €, die Ehefrau 1.300 € hat.

■ Anrechungsmethode: in diesem Fall wird nur vom Einkommen des Ehemanns (2.100 €) ausgegangen, $3/_7$ davon d.h. 900 E stehen der Frau rechnerisch zu, von diesen 900 € wird ihr eigenes Einkommen abgezogen, so dass sie nur noch 200 € Aufstockungsunterhalt bekommt. Im Ergebnis bedeutet dies, dass dem M. 1.900 € verbleiben, die F. insgesamt 900 € hat.

§ 1573 Abs. 4 BGB bezieht sich darauf, dass zwar eine Erwerbstätigkeit aufgenommen **32** wurde, es aber anschließend zum **Verlust der angemessenen Erwerbstätigkeit** gekommen ist. Entscheidend ist hier, ob der Unterhalt durch die Erwerbstätigkeit nachhaltig gesichert war; trifft dies zu, so lebt der Anspruch gegen den früheren Ehegatten nicht mehr auf.

e) Unterhalt bei Ausbildung, Fortbildung, Umschulung – § 1575 BGB

33 Der zentrale Grundsatz ist die Sicherung des Unterhalts durch eigene angemessene Erwerbstätigkeit; so ist es folgerichtig, dass für eine Ausbildung Unterhalt zu zahlen ist, wenn diese ehebedingt nicht aufgenommen oder abgebrochen wurde. Ziel der Ausbildung soll die Erlangung einer angemessenen Erwerbstätigkeit sein, die den Unterhalt nachhaltig sichert. Dies gilt nach § 1575 Abs. 2 BGB auch für Fortbildung und Umschulung. Der Ehegatte, der wegen der Ehe bezüglich seiner Ausbildung oder seiner beruflichen Karriere Opfer gebracht hat, kann nunmehr in Weiterverfolgung seiner Ausbildungs- und Karriereabsichten für diese Zeit Unterhalt verlangen.

f) Unterhalt aus Billigkeitsgründen – § 1576 BGB

34 Um in Fällen, die mit denen in §§ 1570–1575 BGB vergleichbar sind und in denen es grob unbillig wäre, dem geschiedenen Ehegatten keinen Unterhalt zu zahlen, eine gerechte Lösung zu schaffen, sieht § 1576 BGB vor, dass aus Billigkeitsgründen Unterhalt verlangt werden kann. In der Praxis findet diese Vorschrift nur selten Anwendung.

> Beispiel: Die Ehegatten haben gemeinsam ein Pflegekind aufgenommen. Nach der Scheidung betreut die Frau das Kind. Hier besteht kein Unterhaltsanspruch nach § 1570 BGB, da es sich nicht um ein „gemeinschaftliches" Kind handelt, sondern es kommt Unterhalt aus Billigkeitsgründen in Frage (BGH 25.1.1984 – IVb ZR 28/82, NJW 1984, 1538).

3. Begrenzung und Ausschluss des Unterhaltsanspruchs

35 **Der Umfang des Unterhalts** bestimmt sich nach den ehelichen Lebensverhältnissen, **§ 1578 Abs. 1 S. 1 BGB.** Die ehelichen Lebensverhältnisse werden unterhaltsrechtlich durch die Einkommensverhältnisse, aber auch durch den – aufgrund häuslicher Mitarbeit des nicht erwerbstätigen Ehegatten – erreichten sozialen Standard geprägt (zu der zwischen BGH und BVerfG stark umstrittenen Auslegung des § 1578 Abs. 1 S. 1 BGB [„wandelbare eheliche Lebensverhältnisse" und Dreiteilungsmethode]: BVerfG 25.1.2011–1 BvR 918/10, FamRZ 2011, 437 m. Anm. Borth). Seit dem 1.1.2008 sind die Bestimmungen über Begrenzung und Befristung des Unterhalts neu gefasst worden. Sie gelten nach § 1578 b BGB für alle Unterhaltstatbestände; Befristung und Begrenzung von Unterhaltsansprüchen sind erleichtert worden (Triebs FPR 2008, 31 ff.). Die Neuregelung führt in Fällen, in denen eine auf Dauer angelegte unbeschränkte Unterhaltpflicht unbillig wäre, zu einer Begrenzung der Anspruchshöhe sowie ggf. nach einer Übergangsfrist zum völligen Wegfall des Anspruchs. Dies betrifft insbesondere Fälle mit nicht ehebedingter Bedürftigkeit. Ein in der Ehe erreichter Lebensstandard ist keine unveränderliche Größe; mit der Zeit verringert sich der Bezug zu den gemeinsamen Leistungen der Ehegatten (Braeuer FamRZ 2006, 1489 ff.). Die erweiterte

Möglichkeit zeitlicher und höhenmäßiger Beschränkungen entspricht der Tendenz zu einem Unterhaltsrecht, dem anstelle der Funktion eines erweiterten Sozialrechts die Aufgabe zufallen soll, dem wirtschaftlich abhängigen Ehegatten für einen begrenzten Zeitraum den Schritt in die Eigenständigkeit zu erleichtern (Palandt/Brudermüller § 1578 b Rn. 1). Als Reaktion auf eine oft rigide Rechtsprechung der Instanzgerichte zur Befristung und Begrenzung nachehelicher Unterhaltsansprüche hat der Gesetzgeber zum 1.3.2013 die Bestimmung des § 1578 b BGB erneut geändert und bei dieser Nachjustierung klargestellt, dass eine Beschränkung des Anspruchs auch bei Fehlen ehebedingter Nachteile nicht „automatisch" erfolgen dürfe (dazu: Borth FamRZ 2013, 165; Hütter FamRZ 2013, 413). Einen gänzlichen **Ausschluss** bzw. eine umfangmäßig oder zeitliche **Verkürzung** des Unterhaltsanspruchs sieht **§ 1579 BGB** vor, wenn die Unterhaltspflicht (auch unter Wahrung der Belange eines dem Berechtigten zur Pflege oder Erziehung anvertrauten gemeinschaftlichen Kindes) grob unbillig wäre. Diese negative Härteklausel (im Gegensatz zur positiven des § 1576) ist problematisch, weil die Gefahr besteht, dass Gründe, die zum Scheitern der Ehe geführt haben – und die seit der Abschaffung des Verschuldensprinzips im Scheidungsrecht keine Rolle mehr spielen sollen – hier einfließen. Der Gesetzgeber will jedoch auch in einem verschuldensunabhängigen Scheidungsrecht nicht völlig auf Billigkeitserwägungen verzichten, um dem Gerechtigkeitsempfinden grob widersprechende Ergebnisse im Unterhaltsrecht zu vermeiden, wenn der Berechtigte vom Unterhaltsverpflichteten nacheheliche Solidarität fordert, die er selbst vermissen lässt. Bei einigen Härtegründen des § 1579 BGB haben sich gewisse „Standards" herausgebildet.

Bei der in **Nummer 1** genannten kurzen Ehedauer lässt sich für die Bemessung der Ehedauer keine feste Grenze ziehen. Gleichwohl hat der BGH im Interesse der praktischen Handhabung des § 1579 Nr. 1 BGB die zeitlichen Bereiche, innerhalb derer eine Ehe in der Regel von kurzer oder nicht mehr von kurzer Dauer ist, dahin konkretisiert, dass eine nicht mehr als zwei Jahre betragende Ehedauer in der Regel als kurz, eine solche von mehr als drei Jahren hingegen nicht mehr als kurz zu bezeichnen ist, wobei es auf die Zeit von der Heirat bis zur Zustellung des Scheidungsantrags ankommt. Dabei gilt dies nur für den Regelfall; Ausnahmen sind nicht ausgeschlossen, sofern sie wegen besonderer Umstände eines Einzelfalles eine andere Beurteilung der kurzen Ehedauer geboten erscheinen lassen (BGH 30.3.2011 – XII ZR 3/09, NJW 2011, 1582). 36

Die durch das UÄndG neu eingeführte **Nummer 2** benennt den in der Praxis bedeutsamsten Härtegrund, die verfestigte Lebensgemeinschaft mit einem neuen Partner, als eigenständigen Ausschlusstatbestand (Grohmann FamRZ 2013, 670; Schnitzler FPR 2008, 41 ff.); bislang wurden diese Fälle durch die bisherige Nummer 7 (jetzt: Nummer 8) gelöst (im Folgenden). Problematisch ist die **Nummer 7**. Hier werden „Ehewidrigkeiten" ausführlich ausgeleuchtet: Verstöße gegen die eheliche Treupflicht, Abkehr von der Ehe gegen den Willen eines Partners und Aufnahme einer nichtehelichen Le- 37 bensgemeinschaft mit einem Dritten, nachhaltiges, auf Dauer angelegtes intimes Verhältnis, sogenannte Abwendung von der Ehe, das Ausbrechen aus einer durchschnittlich verlaufenen Ehe, Unterschieben eines Kindes (BGH 15.2.2012 – XII ZR 137/09, FamRZ 2012, 779), Vereitelung des Umgangsrechts OLG Brandenburg 12.1.2011–9 WF 383/09 – FamRB 2011, 168) – die Schlagworte machen deutlich, dass es hier (im Gegensatz zu den Fällen der Nummer 1) um moralische, normative Wertungen geht.

4. Einige allgemeine Grundsätze und ihre Modifizierung

38 Auch im nachehelichen Unterhalt gelten grundsätzlich die allgemeinen unterhaltsrechtlichen Voraussetzungen (vgl. § 7 I.), also insbesondere: Bedürftigkeit des Unterhaltsberechtigten und Leistungsfähigkeit des Unterhaltsverpflichteten. Die Bedürftigkeit des Unterhaltsberechtigten ist detailliert in § 1577 BGB geregelt. Modifikationen gegenüber den allgemeinen Grundsätzen (§ 7 I.) finden sich bei der Anrechnung eigener Einkünfte (Abs. 2) und der Verwertung eigenen Vermögens (Abs. 3). Bei der Anrechnung von Einkünften gilt der Grundsatz, dass Einkünfte aus einer angemessenen Erwerbstätigkeit voll anzurechnen sind. § 1577 Abs. 2 BGB macht eine Ausnahme: Einkünfte des Berechtigten aus unangemessener Erwerbstätigkeit sind entweder überhaupt nicht oder nur nach Billigkeit auf den Unterhaltsbedarf anzurechnen, denn eine unangemessene Erwerbstätigkeit darf unterhaltsrechtlich jederzeit beendet werden (§ 3 V. 1.).

Der Hintergrund: Die Erwerbstätigkeit, die notwendig war, weil der unterhaltspflichtige Ehegatte den Unterhalt nicht rechtzeitig gezahlt hat, soll dem säumigen Zahler nicht noch zum Vorteil gereichen. Eine Anrechnung nach Billigkeit findet nur dann statt, wenn die Einkünfte aus unzumutbarer Erwerbstätigkeit zusammen mit den Unterhaltseinkünften den vollen Unterhalt übersteigen; meistens erfolgt eine Anrechnung der übersteigenden Einkünfte zur Hälfte. Das gilt auch für aus unzumutbarer Erwerbstätigkeit erzieltes Einkommen trotz Kinderbetreuung: auch hier findet eine Anrechung nur nach Billigkeit gemäß § 1577 Abs. 2 S. 2 BGB statt (BGH 22.1.2003 – XII ZR 186/01, FamRZ 2003, 518); die mit der Neuregelung zum 1.1.2008 geschaffenen Kriterien und Wertungen (§§ 1570 ff., 1574 Abs. 2) sind auch hier heranzuziehen.

39 § 1577 Abs. 3 BGB begrenzt die Vermögensverwertung bei Unwirtschaftlichkeit und Unbilligkeit. Unwirtschaftlich ist eine Verwertung, wenn die Auflösung des Vermögens zum konkreten Zeitpunkt mit wirtschaftlichen Nachteilen verbunden wäre (und damit langfristig die Bedürftigkeit des Unterhaltsberechtigten erhöhen würde). Unter dem Gesichtspunkt der Billigkeit ist ein Ausgleich zwischen den beiden Ehegatten nötig: Zu berücksichtigen ist hier etwa, welches Vermögen der unterhaltsverpflichtete Ehegatte besitzt und woher das Vermögen stammt (zum Beispiel Schenkung, Erbschaft). **Die Leistungsfähigkeit des Unterhaltsverpflichteten** ist in § 1581 BGB angesprochen. Daraus ergibt sich, dass ihm grundsätzlich der **angemessene Eigenbedarf** als Selbstbehalt zu verbleiben hat. Falls ein Mangelfall vorliegt (vgl. § 8 I.), ist Unterhalt unter Billigkeitsgesichtspunkten zu gewähren. Im Ergebnis bedeutet dies, dass dem unterhaltsverpflichteten Ehegatten letztlich nur der **notwendige Eigenbedarf (Selbstbehalt)** ver-

bleibt. Die Folge ist, dass der unterhaltsberechtigte Ehegatte (meist die Ehefrau) oft Sozialleistungen (z.B. Arbeitslosengeld II, Sozialgeld, Sozialhilfe) in Anspruch nehmen muss (vgl. § 9 IV.). Die **konkrete Berechnung und Festsetzung** (zu den Einzelheiten vgl. § 8) des Ehegattenunterhalts geschieht in der Regel in der Weise, dass von dem zur Verfügung stehenden bereinigten Nettoeinkommen dem unterhaltsverpflichteten Ehegatten $^4/_7$ verbleiben, der unterhaltsberechtigte Ehegatte dementsprechend einen Anspruch auf $^3/_7$ hat (zum Aufstockungsunterhalt vgl. § 3 V. 2.). Begründet wird dies mit einem sogenannten **Erwerbstätigenbonus** für den erwerbstätigen Ehegatten (so auch BGH 7.5.1991 – XII ZR 69/90, FamRZ 1991, 1414). Nach ständiger Rechtsprechung des BGH trägt der Erwerbstätigenbonus – neben den pauschalierbaren berufsbedingten Aufwendungen – im Wesentlichen dazu bei, den Anreiz für eine Erwerbstätigkeit zu erhalten (BGH 19.11.2008 – XII ZR 129/06, FamRZ 2009, 307). Es ist fraglich, ob diese Methode mit der Gleichwertigkeit von Erwerbs- und Hausarbeit der Ehegatten vereinbar ist. Wegen der Kritik ist auch die Aufteilung in $^4/_7$ und $^3/_7$ ins Schwanken gekommen. So wird zum Teil ein geringerer Erwerbstätigenbonus berücksichtigt (für eine Aufteilung im Verhältnis von $^5/_9$ zu $^4/_9$ im Hinblick auf die Höhe der bereits berücksichtigten, also vorweg abgezogenen berufsbedingten Aufwendungen BGH 16.4.1997 – XII ZR 233/95, NJW 1997, 1919). Konsequent im Sinne des Halbteilungsgrundsatzes zieht das OLG Karlsruhe vom anrechenbaren Nettoeinkommen nur die berufsbedingten Aufwendungen ab (pauschal bis zu 10 Prozent des Nettoeinkommens möglich), der verbleibende Betrag wird gleichmäßig zwischen den Ehegatten verteilt (OLG Karlsruhe 3.8.1998–2 UF 28/98, NJW 1999, 1722).

> In den meisten Scheidungsfällen geht es jedoch nicht nur um den Unterhalt für den geschiedenen Ehegatten, sondern zugleich um den Unterhalt für die Kinder. Nach entsprechenden Tabellen und Leitlinien, insbesondere der Düsseldorfer Tabelle, werden die Unterhaltsquoten und die Selbstbehaltsätze in einem der Vereinheitlichung und der Rechtsgleichheit dienenden Verfahren festgelegt. Ausführlich wird dies in § 8 behandelt.

Weiterführende Literatur:

Gerhardt FamRZ 2013, 834 ff.; Spangenberg FamRZ 2011, 701; Wendl/Dose (2011); Eschenbruch/Schürmann/Menne (2013)

VI. Weitere Scheidungsfolgen

Neben der in der Praxis bedeutsamsten Scheidungsfolge, dem Unterhaltsrecht, können 40 weitere Scheidungsfolgen eine Rolle spielen, und zwar der Ehename, das Ehevermögen, die elterliche Sorge für die gemeinsamen Kinder, der Umgang mit den gemeinsamen Kindern, Ehewohnung und Haushaltsgegenstände sowie der Versorgungsausgleich:

- Grundsätzlich behält der geschiedene Ehegatte gemäß § 1355 **Abs. 5 BGB** den **Ehenamen**. Er kann jedoch wieder seinen ursprünglichen Geburtsnamen annehmen oder seinen Geburtsnamen zum Begleitnamen des Ehenamens bestimmen; diese Option ist nach § 1355 Abs. 5 BGB nicht zeitlich beschränkt.

■ Bezüglich des **Vermögens** findet – bei gesetzlichem Güterstand der Zugewinngemeinschaft – auf Antrag eines Ehegatten der **Zugewinnausgleich** statt (vgl. § 3 I.). Da das gesamte eheliche Güterrecht zur **vertraglichen Disposition** der Ehegatten steht (§ 1408 BGB), haben sie die Möglichkeit, jederzeit vor und während der Ehe oder im Zusammenhang mit der Scheidung Vereinbarungen über den Zugewinnausgleich bis hin zum völligen Ausschluss zu treffen (im Einzelnen vgl. § 3 I.; zur Kontrolle von Verträgen vgl. § 3 V.).

■ Hinsichtlich der **elterlichen Sorge** bei gemeinsamen Kindern gilt § 1671 BGB. Auch hier besteht eine durch das Kindeswohl begrenzte Vereinbarungsmöglichkeit für die Ehegatten (im Einzelnen vgl. § 13).

41 Es verbleibt der **Versorgungsausgleich**. Die Bedeutung des Versorgungsausgleichs liegt darin, dass in vielen Ehen die Versorgungsanwartschaften (also v.a. Anrechte aus der gesetzlichen Rentenversicherung, aus der Beamtenversorgung, aus berufsständischen Versorgungen, aus der betrieblichen Altersversorgung oder aus der privaten Alters oder Invaliditätsvorsorge; vgl. § 1587 BGB) die einzigen vermögenswerten Rechte sind, die während der Ehezeit entstanden sind. Mit dem Versorgungsausgleich sollen weitreichende Nachteile einer nur abgeleiteten Altersversorgung eines geschiedenen Ehegatten gemildert werden (Dethloff § 6 Rn. 137). Von dem Grundgedanken her entspricht der Ausgleich der Versorgungsanwartschaften dem des Zugewinnausgleichs (zu den Prinzipien des Versorgungsausgleichs: Eichenhofer FamRZ 2011, 1630). Durch den Versorgungsausgleich soll eine gleichmäßige Beteiligung der Ehegatten an den während der Ehe erworbenen Versorgungspositionen erreicht werden. Der Versorgungsausgleich wurde 1977 eingeführt und 2009 reformiert. Durch die Reform 2009 hat sich der Standort der Normen geändert (ehemals §§ 1587 ff. BGB, jetzt VersAusglG). Hier gilt in Bezug auf die **Privatautonomie** der Ehegatten zunächst § 1408 Abs. 2 BGB i.V.m. den §§ 6 und 8 VersAusglG: Danach kann durch notariellen Ehevertrag (§ 7 VersAusglG i.V.m. § 1410 BGB) vor oder während der Ehe die Modifikation oder der völlige Ausschluss des **Versorgungsausgleichs** vorgenommen werden. Da der Versorgungsausgleich jedoch zum **Kernbereich des Scheidungsfolgenrechts** gehört, ist ein solcher Ausschluss nach der neueren Rechtsprechung des Bundesverfassungsgerichts und des BGH einer Wirksamkeitskontrolle und einer Ausübungskontrolle zu unterwerfen (ausführlich § 3 V.). Ist der Versorgungsausgleich nicht wirksam ausgeschlossen, muss das Familiengericht ihn auch ohne entsprechenden Antrag eines Ehegatten von Amts wegen durchführen (§ 137 Abs. 2 S. 2 FamFG). Die Durchführung des Versorgungsausgleichs ist hoch kompliziert und darf als eine Spezialmaterie gelten (jedenfalls vor der Reform wurde es nur noch von Hochspezialisierten beherrscht, Palandt/Brudermüller Einl VersAusglG Rn. 3). Hier ein orientierender Überblick:

(1) Die **rechtlichen Grundlagen** für den Versorgungsausgleich finden sich seit dem 1.9.2009 im VersAusglG, auf das § 1587 BGB verweist. Vor der Strukturreform des Versorgungsausgleichs (also bis zum 31.8.2009 galt nach den §§ 1587 ff. BGB a.F. das Prinzip des Einmalausgleichs. Zum Zweck dieser Gesamtbilanzierung mussten im familiengerichtlichen Verfahren zunächst die verschiedenen Anrechte der Eheleute (mithilfe der sogenannten Barwert-Verordnung) vergleichbar gemacht werden; dies konnte, weil häufig auf Prognosen beruhend, nicht befriedigend erreicht werden. Deshalb werden seit der Reform die Anrechte grundsätzlich systemintern ausgeglichen.

(2) **Wertausgleich bei der Scheidung:** Im Versorgungsausgleich sind die Ehezeitanteile der einzelnen Anrechte jeweils zur Hälfte zwischen den geschiedenen Ehegatten (zu eingetragenen Lebenspartnern siehe § 20 LPartG) zu teilen (§ 1 Abs. 1 VersAusglG). Welche Anrechte überhaupt dem Versorgungsausgleich unterfallen, bestimmt § 2 VersAusglG: alle im In- oder Ausland bestehenden Anwartschaften auf Versorgungen und Ansprüche auf laufende Versorgungen, insbesondere aus der gesetzlichen Rentenversicherung, aus anderen Regelsicherungssystemen wie der Beamtenversorgung oder der berufsständischen Versorgung, aus der betrieblichen Altersversorgung oder aus der privaten Alters- oder Invaliditätsvorsorge. Dabei ist ein Anrecht nur auszugleichen, sofern es durch Arbeit oder Vermögen geschaffen oder aufrechterhalten worden ist, der Absicherung im Alter oder bei Invalidität (insbesondere wegen verminderter Erwerbsfähigkeit, Berufsunfähigkeit oder Dienstunfähigkeit) dient und auf eine Rente gerichtet ist. In den Versorgungsausgleich einzubeziehen sind alle Anrechte, die in der Ehezeit erworben wurden (§ 3 Abs. 2 VersAusglG). Bei Ehen von bis zu drei Jahren findet ein Versorgungsausgleich nur statt, wenn ein Ehegatte dies beantragt (§ 3 Abs. 3 VersAusglG). Im familiengerichtlichen Verfahren haben die Versorgungsträger den Ehezeitanteil des jeweiligen Anrechts zu berechnen und dem Familiengericht einen Vorschlag für die Bestimmung des Ausgleichswerts zu unterbreiten (§ 5 VersAusglG). Die Regelausgleichsform ist die interne Teilung (§ 10 VersAusglG). Dies bedeutet, dass das Familiengericht für den ausgleichsberechtigten Ehegatten und zulasten des Anrechts des ausgleichspflichtigen Ehegatten ein Anrecht in Höhe des Ausgleichswerts bei dem Versorgungsträger des ausgleichspflichtigen Ehegatten überträgt. Haben beide Ehegatten bei demselben Versorgungsträger auszugleichende Anrechte, vollzieht der Versorgungsträger den Ausgleich nur in Höhe des Wertunterschieds nach Verrechnung. Ausnahmsweise findet eine externe Teilung statt (zu den Einzelheiten § 14 VersAusglG). Eine Bagatellklausel enthält § 18 VersAusglG.

(3) Wenn ein Wertausgleich bei der Scheidung nicht möglich ist, findet der sogenannte **schuldrechtliche Versorgungsausgleich** (§§ 20 ff. VersAusglG) statt. Dies gilt z.B. bei allen Anrechten, die im Zeitpunkt der Scheidung nicht ausgleichsreif sind (§ 19 VersAusglG). Dazu gehören alle Anrechte bei ausländischen, zwischen- oder überstaatlichen Versorgungsträgern, die bei zunehmender Mobilität der Arbeitnehmer wirtschaftlich eine immer wichtigere Rolle bei der Versorgung spielen (Grandel/Stockmann/Hoenes, SWK FamR 2012 Schuldrechtlicher Versorgungsausgleich Rn. 1). Beim schuldrechtlichen Versorgungsausgleich findet nicht eine Übertragung von Anrechten beim Versorgungsträger statt; vielmehr begründet das Gesetz einen unmittelbaren Zahlungsanspruch des ausgleichsberechtigten gegen den ausgleichsverpflichteten Ehegatten. Über diese Ausgleichsansprüche nach der Scheidung entscheidet das Familiengericht nur auf Antrag (§ 223 FamFG). Voraussetzung für eine schuldrechtliche Rente ist, dass der Ausgleichspflichtige bereits eine laufende

Rente oder eine Kapitalzahlung aus einem noch nicht ausgeglichenen Anrecht erhält (§§ 20, 22 VersAusglG). Der Anspruch ist erst fällig, wenn der ausgleichsberechtigte ehemalige Ehegatte entweder selbst bereits eine Rente bezieht oder die Regelaltersgrenze der gesetzlichen Rentenversicherung erreicht hat oder die gesundheitlichen Voraussetzungen für eine laufende Versorgung wegen Invalidität erfüllt (§ 20 Abs. 2 VersAusglG).

Weiterführende Literatur:

Götsche/Rehbein/Breuers (2012)

42 **Zusammenfassend** zeigt sich bezüglich der **Scheidungsfolgen,** dass die Möglichkeit besteht, nachehelichen Unterhalt, Zugewinnausgleich und Versorgungsausgleich auszuschließen. Damit wäre auch eine Vereinbarung, die einen Partner weitgehend rechtlos stellt, rechtlich zulässig. Eine Schranke wird dort gezogen, wo der Schutzzweck der gesetzlichen Regelung unterlaufen wird. Dies ist der Fall, wenn die vertragliche Regelung nicht „Ausdruck und Ergebnis" gleichberechtigter Lebenspartnerschaft ist, sondern eine auf ungleiche Verhandlungsposition basierende einseitige Dominanz eines Ehepartners widerspiegelt (BVerfG 6.2.2001, 1 BvR 12/92, BVerfGE 103, 89 ff.) und so zu einer einseitigen und durch die individuelle Gestaltung der ehelichen Lebensverhältnisse nicht gerechtfertigten Lastenverteilung führt. Je tiefer die Kernbereiche des Scheidungsfolgenrechts durch den Vertrag betroffen sind, umso stärker ist die Vertragsfreiheit eingeschränkt (vgl. § 3 V.). Insgesamt kann festgestellt werden, dass die drei Ausgleichssysteme für den Fall der Scheidung – nachehelicher Unterhalt, Zugewinn- und Versorgungsausgleich – in den letzten Jahrzehnten trotz einzelner, teilweise wesentlicher Reformen grundsätzlich beibehalten und lediglich fortentwickelt wurde. Angesichts der zunehmenden Erwerbstätigkeit von Frauen, der steigenden Instabilität von Partnerschaften sowie der Zunahme anderer Paar- und Lebensformen wird von manchen die Frage aufgeworfen, ob das geltende Recht noch den Anforderungen an zeitgemäße Ausgleichsregelungen gerecht wird und – ganz grundlegend – was heute Ausgleichszahlungen nach Beendigung der Partnerschaft rechtfertigt (zum Ganzen: Dethloff Beilage NJW Heft 21/2008, 5 ff.).

VII. Hinweise zum Scheidungsverfahren

43 Das Scheidungsverfahren (Überblick über die neue Rechtslage: Roßmann ZFE 2009, 244) richtet sich nach den speziellen Vorschriften des FamFG für Ehesachen (§§ 121 ff. FamFG), zu denen die Scheidungssachen gehören (§ 121 Nr. 1 FamFG). Sachlich zuständig sind gemäß § 23 a Abs. 1 Nr. 1 GVG die Amtsgerichte. Beim Amtsgericht sind gemäß § 23 b Abs. 1 GVG die **Familiengerichte** – die besondere Abteilungen der Amtsgerichte sind – zuständig. Für die Verhandlung und Entscheidung über das Rechtsmittel der Beschwerde gegen Entscheidungen der Amtsgerichte in den von den Familiengerichten entschiedenen Sachen sind die Oberlandesgerichte – **Senat(e) für Familiensachen** – zuständig (§ 119 GVG).

§ 122 FamFG regelt die **örtliche ausschließliche Zuständigkeit.** Maßgeblich ist – in dieser Reihenfolge – der Gerichtsbezirk, 1) in dem ein Ehegatte mit allen gemeinschaftlichen minderjährigen Kindern seinen gewöhnlichen Aufenthalt hat, 2) in dem einer der Ehegatten mit einem Teil der gemeinschaftlichen minderjährigen Kinder seinen gewöhnlichen Aufenthalt hat, sofern bei dem anderen Ehegatten keine gemeinschaftlichen minderjährigen Kinder ihren gewöhnlichen Aufenthalt haben, 3) in dem die Ehegatten ihren gemeinsamen gewöhnlichen Aufenthalt zuletzt gehabt haben, wenn einer der Ehegatten bei Eintritt der Rechtshängigkeit dort seinen gewöhnlichen Aufenthalt hat, 4) in dem der Antragsgegner seinen gewöhnlichen Aufenthalt hat, 5) in dem der Antragsteller seinen gewöhnlichen Aufenthalt hat, und 5) das Amtsgericht Schöneberg in Berlin.

Das Scheidungsverfahren wird durch Einreichung einer **Antragsschrift** (§ 124 FamFG), die bestimmte Angaben und Erklärungen enthalten muss (§ 133 FamFG), eingeleitet. In Scheidungssachen – wie in allen Ehesachen und wie auch in den Familienstreitsachen – sind zahlreiche Vorschriften des Allgemeinen Teils (1. Buchs) des FamFG nicht anzuwenden, sondern statt ihrer die entsprechenden Vorschriften der ZPO (§ 113 Abs. 1 FamFG). Allerdings sind in diesen Fällen nicht die Streit und Konfrontation suggerierenden Begrifflichkeiten der ZPO (Prozess, Rechtsstreit, Klage, Kläger, Beklagter, Partei) zu übernehmen, sondern durch „friedlichere" Termini zu ersetzen (§ 113 Abs. 5 FamFG).

Der Scheidungsantrag kann nur von einem Rechtsanwalt eingereicht werden; das heißt, derjenige, der die Scheidung beantragt oder zu einer Scheidungsfolgesache einen Antrag stellen möchte, muss sich immer durch einen Rechtsanwalt vertreten lassen – **Anwaltszwang** (§ 114 Abs. 1, Abs. 4 Nrn. 3-5, 7 FamFG). Ist in einer Scheidungssache der Antragsgegner nicht anwaltlich vertreten, hat das Gericht ihm für die Scheidungssache und eine Kindschaftssache als Folgesache von Amts wegen zur Wahrnehmung seiner Rechte (nur erstinstanzlich) einen Rechtsanwalt beizuordnen, wenn diese Maßnahme nach der freien Überzeugung des Gerichts zum Schutz des Beteiligten unabweisbar erscheint (§ 138 FamFG). Ein besonders weitreichendes Reformvorhaben, nämlich die Einführung eines vereinfachten Scheidungsverfahrens (Meyer-Seitz/Kröger/Heiter FamRZ 2005, 1430), bei dem keiner der Ehegatten durch einen Rechtsanwalt vertreten sein muss, falls sie keine gemeinsamen Kinder haben und sich über den Unterhalt, die Ehewohnung und den Hausrat in einer bestimmten Form geeinigt haben, hat der Gesetzgeber allerdings nicht umgesetzt (Schnitzler FF 2007, 307).

Im allgemeinen Zivilprozess gilt der sogenannte Beibringungsgrundsatz: Die Parteien sind selbst dafür verantwortlich, die rechtlich relevanten Tatsachen in das Verfahren einzubringen. Das Gericht ermittelt von sich aus im Zivilprozess nicht. Anders hier: Nach § 127 Fam,FG hat das Gericht von Amts wegen die zur Feststellung der entscheidungserheblichen Tatsachen erforderlichen Ermittlungen durchzuführen, allerdings mit gewissen Einschränkungen (**eingeschränkte Amtsermittlung**): In Scheidungsverfahren dürfen von den Beteiligten nicht vorgebrachte Tatsachen nur berücksichtigt werden, wenn sie geeignet sind, der Aufrechterhaltung der Ehe zu dienen oder wenn der Antragsteller einer Berücksichtigung nicht widerspricht (§ 127 Abs. 2 FamFG). Das Gericht soll das **persönliche** Erscheinen der Ehegatten anordnen und sie anhören; die **Anhörung** eines Ehegatten hat in Abwesenheit des anderen Ehegatten stattzufinden, falls dies zum Schutz des anzuhörenden Ehegatten erforderlich ist (§ 128 Abs. 1 FamFG). Nach § 135 FamFG kann das Familiengericht anordnen, dass die Ehegatten einzeln oder gemeinsam an einem kostenfreien Informationsgespräch über **Mediation** oder eine sonstige Möglichkeit außergerichtlicher Streitbeilegung anhängiger Folgesachen bei einer von dem Gericht benannten Person oder Stelle teilnehmen; diese Regelung ist allerdings nicht mit Zwangsmitteln durchsetzbar (zu Einzelheiten: Grabow FPR 2011, 33; Brandt/Rüll ZFE 2011, 217). Auch in Ehescheidungsverfahren haben Konzepte der einvernehmlichen Beilegung von Streitfragen, insbesondere die Mediation – gerichtlich oder außergerichtlich – in den letzten Jahren an Bedeutung gewonnen (zu den für Familiensachen beachtlichen Änderungen nach Inkrafttreten des Mediationsgesetzes am 26.7.2012: Zorn FamRZ 2012, 1265).

Über die Scheidung ist zusammen mit den **Folgesachen** im **Verbund** zu verhandeln und zu entscheiden (§ 137 FamFG). Folgesachen sind Versorgungsausgleichssachen, Unterhaltssachen – sofern sie die Unterhaltspflicht gegenüber einem gemeinschaftlichen Kind oder die durch Ehe begründete gesetzliche Unterhaltspflicht betreffen –, Wohnungszuweisungs- und Hausratssachen sowie Güterrechtssachen, wenn eine Entscheidung für den Fall der Scheidung zu treffen ist (§ 137 Abs. 2 FamFG). Kindschaftssachen, die die Übertragung oder Entziehung der elterlichen Sorge, das Umgangsrecht usw. betreffen, werden nur dann Folgesachen, wenn ein Ehegatte die Einbeziehung in den Verbund beantragt, es sei denn, das Gericht hält die Einbeziehung aus Gründen des Kindeswohls nicht für sachgerecht (§ 137 Abs. 3 FamFG). Die Abtrennungsmöglichkeiten sind in § 140 FamFG vorgesehen. Im Fall der Scheidung ist über sämtliche im Verbund stehenden Familiensachen durch einheitlichen **Beschluss** zu entscheiden (§ 142 FamFG). Dagegen ist das **Rechtsmittel** der **Beschwerde** gegeben (§§ 58, 117 FamFG). Über die Beschwerde entscheidet ein Familiensenat des Oberlandesgerichts (s.o.).

VIII. Internationales Trennungs- und Scheidungsrecht

1. Zuständigkeit

44 Die internationale **Zuständigkeit deutscher Gerichte** für eine Scheidung (wozu auch die gerichtliche Trennung, die Aufhebung der Ehe usw. gehören) ergibt sich heute primär aus der **Brüssel IIa-VO** (ausführlich vgl. § 2 II.), die schon in ihrem Titel Bezug nimmt auf die Zuständigkeit für Entscheidungen in Ehesachen. Die Regelung betrifft nicht nur Unionsbürger – mit Ausnahme Dänemarks –, sondern alle in den Mitgliedstaaten mit gewöhnlichem Aufenthalt lebenden Personen, also auch Staatsangehörige von Drittstaaten (die nicht zur EU gehören) und Staatenlose. In Art. 1 Abs. 1 a Brüssel IIa-VO wird auch nochmals ausdrücklich ausgeführt, dass diese Verordnung für Ehescheidung gilt. Die Zuständigkeit ist in Art. 3 ff. geregelt. Nach Art. 3 Abs. 1 ergibt sich die Zuständigkeit primär nach dem **gewöhnlichen Aufenthalt der Eheleute**. Hiernach kann es durchaus so sein, dass ggf. verschiedene Gerichte zuständig sein können. Dann ergibt sich aus Art. 19 die Zuständigkeit des zuerst angerufenen Gerichtes. Für die wenigen Fälle, in denen sich danach eine Zuständigkeit deutscher Gerichte nicht ergibt, besteht ggf. nach Art. 7 eine sogenannte Restzuständigkeit nach deutschem Recht.

2. Anwendbares Recht

Mit Geltung der sogenannten **Rom III-VO** ab dem 21.6.2012 hat sich das Scheidungs- 45
kollisionsrecht grundlegend geändert. Die bisherige Fassung des Art. 17 EGBGB hat
ihre Funktion weitgehend eingebüßt. Abs. 1 wurde obsolet, wodurch auch die An-
knüpfungsregel zum Versorgungsausgleich in Abs. 3 überarbeitet, d.h. in ihrem Wortlaut angepasst werden musste. Absatz 1 n.F. erklärt – um Regelungslücken zu vermeiden – die Rom III-VO (die mit Ausnahme ihrer unmittelbaren Wirkungen für das Ehe-
band die Scheidungsfolgen nicht erfasst) auf solche vermögensrechtlichen Scheidungsfolgen für anwendbar, für die keine besonderen Anknüpfungsregeln bestehen. Der
Anwendungsbereich des Art. 17 Abs. 1 EGBGB n.F. gilt als denkbar schmal. Das auf
die Scheidung anwendbare Recht bestimmt sich nunmehr nach Art. 5, 8 und 9 Rom
III-VO. In erster Linie ist danach ein von den Ehegatten gewähltes Recht anzuwenden;
zum Formerfordernis der notariellen Beurkundung einer solchen Rechtswahl: Art. 7
Rom III-VO i.V.m. Art. 46 d Abs. 2 EGBGB n.F. Haben die Ehegatten keine oder keine
wirksame Rechtswahl getroffen, ist 1) das Recht des Staates anzuwenden, indem die
Ehegatten zum Zeitpunkt der Anrufung des Gerichts ihren gewöhnlichen Aufenthalt
haben, andernfalls 2) das Recht des Staates, in dem die Ehegatten zuletzt ihren gewöhnlichen Aufenthalt hatten, sofern dieser nicht vor mehr als einem Jahr vor Anrufung des Gerichts endete und einer der Ehegatten zum Zeitpunkt der Anrufung des
Gerichts dort noch seinen gewöhnlichen Aufenthalt hat, oder andernfalls 3) das Recht
des Staates, dessen Staatsangehörigkeit beiden Ehegatten zum Zeitpunkt der Anrufung
des Gerichts besitzen, oder andernfalls 4) das Recht des Staates des angerufenen Gerichts. Art. 17 Abs. 2 EGBGB, der unverändert geblieben ist, stellt klar, dass im Inland
eine Ehe auch nach ausländischem Recht nur durch ein Gericht geschieden werden
kann. Damit sind sogenannte inländische Privatscheidungen nicht möglich. Dies ist
vor allem bei Scheidungen von Bedeutung, die vor ausländischen Konsulaten (das sind
nur Behörden) oder vor religiösen Institutionen, wie z.B. die talaq-Scheidung nach
islamischem Recht oder die Rabbinatsscheidungen nach mosaischem Recht, vorgenommen werden. Für die **Scheidungsfolgen** gilt Folgendes: Das auf den Unterhaltsanspruch anwendbare Recht ergibt sich seit Aufhebung des Art. 18 EGBGB aus dem
HUntProt i.V.m. der EuUntVO. Für den Versorgungsausgleich gilt der (sprachlich
neugefasste, aber inhaltlich gleichgebliebene) Art. 17 Abs. 3 EGBGB. Damit unterliegt
der Versorgungsausgleich dem nach der Rom III-VO anzuwendenden Recht. Er ist
allerdings nur durchzuführen, wenn danach deutsches Recht anzuwenden ist, und ihn
das Recht eines der Staaten kennt, denen die Ehegatten im Zeitpunkt des Eintritts der
Rechtshängigkeit des Scheidungsantrags angehören. In allen anderen Fällen ist der
Versorgungsausgleich auf Antrag eines Ehegatten nach deutschem Recht durchzuführen, wenn einer der Ehegatten in der Ehezeit ein Anrecht bei einem inländischen Versorgungsträger erworben hat, soweit die Durchführung des Versorgungsausgleichs
insbesondere im Hinblick auf die beiderseitigen wirtschaftlichen Verhältnisse während
der gesamten Ehezeit der Billigkeit nicht widerspricht. Die güterrechtlichen Schei-

dungsfolgen sind nach Art. 15 EGBGB zu beurteilen. Für die im Inland belegene Ehewohnung und hier befindliche Haushaltsgegenstände gilt Art. 17 a EGBGB. Die namensrechtlichen Scheidungsfolgen sind nach Art. 10 EGBGB anzuknüpfen. Von dieser Frage, wie inländische scheidungsrechtliche (und allgemein familienrechtliche) Sachverhalte mit Auslandsberührung zu behandeln sind, ist die andere Frage zu unterscheiden, ob scheidungsrechtliche (und allgemein familienrechtliche) Akte aus dem Ausland aus deutscher Sicht wirksam sind. Die Bandbreite dieser Rechtsakte reicht von der beispielsweise in Marokko und im Libanon zulässigen privat vollzogenen Scheidung und einer Adoption durch einen privatrechtlichen Vertrag bis hin zu ausländischen gerichtlichen Entscheidungen (zur Frage der Anerkennung und Vollstreckbarkeit ausländischer Enscheidungen in Familiensachen: Schulte-Bunert/Weinreich/Baetge, Vorbem. Zu §§ 107–110 FamFG).

Weiterführende Literatur

Gruber IPRax 2012, 381; Hau FamRZ 2013, 249; Heidel/Hüßtege/Mansel/Noack (2012)

§ 4. Die eingetragene Lebenspartnerschaft – (Kein) Ende der Diskriminierung?

1   Das „Gesetz über die Eingetragene Lebenspartnerschaft" (Lebenspartnerschaftsgesetz – LPartG) sieht für gleichgeschlechtliche Partnerschaften die eingetragene Lebenspartnerschaft vor. Damit steht gleichgeschlechtlichen Paaren die gesetzliche Möglichkeit offen, ihrer Beziehung ein rechtliches Fundament zu geben und wechselseitige, überwiegend eheähnliche Rechte und Pflichten zu begründen. Im Jahr 2011 bestanden in Deutschland rund 27.000 eingetragene Lebenspartnerschaften. Die Zahl hat sich innerhalb von vier Jahren nahezu verdoppelt; im Jahr 2006 gab es nur rund 12.000 eingetragene Partnerschaften.

Ausführlich behandelte Bestimmungen

- Begründung einer Lebenspartnerschaft: § 1 LPartG
- Allgemeine Wirkungen der Lebenspartnerschaft: §§ 2–11 LPartG
- Trennung der Lebenspartner: §§ 12–14 LPartG
- Aufhebung einer Lebenspartnerschaft: §§ 15–19 LPartG
- Versorgungsausgleich nach Aufhebung der Lebenspartnerschaft: § 20 LPartG

Wichtige, interessante Entscheidungen

- *Zur Verfassungsmäßigkeit des LPartG:* BVerfG 17.7.2002–1 BvF 1/01, 1 BvF 2/01, BVerfGE 105, 313

■ *Zum Familienzuschlag beamteter Lebenspartner:* BVerfG 19.6.2012–2 BvR 1397/09, FamRZ 2012, 1472

■ *Zur Hinterbliebenenversorgung:* EuGH 1.4.2008 – Rs. C-267/06, FamRZ 2008, 957

I. Die Entstehungsgeschichte

In einer Entschließung vom Jahre 1994 forderte das Europäische Parlament die da- 2
maligen Mitgliedstaaten der EU auf, sich für eine Gleichberechtigung von Lesben und
Schwulen einzusetzen – u.a. auch im Familienrecht (BT-Ds. 12/7069 S. 3 f.). Noch in
der 12. und auch in der 13. Wahlperiode brachten Bündnis 90/Die Grünen je einen
Gesetzentwurf für die Einführung des Rechts auf Eheschließung für Personen gleichen
Geschlechts in den Bundestag ein (BT-Ds. 12/7885 und BT-Ds. 13/2728), die jedoch
keine Mehrheit fanden. Im Jahr 1998 forderte der Bundesrat die Bundesregierung auf,
ein Rechtsinstitut der eingetragenen Partnerschaft für gleichgeschlechtliche Partner
einzuführen (BR-Ds. 544/98). In der 14. Wahlperiode legte dann die FDP einen eigenen
Gesetzentwurf für eine eingetragene Partnerschaft mit eheähnlichen Rechten vor (BT-
Ds. 14/1259). Dem setzte die rot-grüne Regierungskoalition am 4.7.2000 ihren Ent-
wurf des LPartG entgegen (BT-Ds. 14/3751). Außer den darin vorgesehenen Änderungen im Familienrecht, Mietrecht, Erbrecht, Unterhaltsrecht u.a. sah das Gesetz
auch Verfahrensvorschriften (etwa die Bestimmung der für die Eintragung der Lebenspartnerschaft zuständigen Stelle) und andere öffentlich-rechtliche (etwa das Beamtenbesoldungsrecht betreffende) Regelungen vor. Diese Regelungen hätten der Zustimmung des Bundesrates bedurft, in welchem die Regierungskoalition nicht die
Mehrheit hatte. Aus taktischen Gründen wurde daher das Gesetz in ein zustimmungs-
freies Gesetz, das LPartG, und ein zustimmungsbedürftiges Gesetz, das Lebenspart-
nerschaftsgesetzergänzungsgesetz (LPartGErgG; BR-Ds. 739/00), aufgeteilt. Das
LPartGErgG fand – erwartungsgemäß – nicht die Zustimmung des Bundesrates (BT-
Ds. 14/4875), so dass einige der darin geregelten Fragen nach wie vor ungeklärt sind
(vgl. § 4 V.). Das LPartG, verkündet als Art. 1 des „Gesetzes zur Beendigung der Diskriminierung gleichgeschlechtlicher Gemeinschaften: Lebenspartnerschaften" vom
16.2.2001, trat am 1.8.2001 in Kraft. Gegen das Gesetz wurden vornehmlich auf
Art. 6 Abs. 1 GG gestützte verfassungsrechtliche Bedenken vorgebracht (Scholz/Uhle
NJW 2001, 393). Das **Bundesverfassungsgericht** hat auf die gegen das **LPartG** erho-
benen Normenkontrollanträge dreier Landesregierungen das Gesetz **für verfassungsgemäß** erklärt (BVerfG 17.7.2002–1 BvF 1/01, 1 BvF 2/01, BVerfGE 105, 313). Zentrale Argumentation des Bundesverfassungsgerichts war die Aussage, dass durch das
LPartG einerseits das Institut der Ehe keine Einschränkung erfahre, andererseits aus
dem Schutz der Ehe kein Benachteiligungsgebot zulasten anderer Lebensformen folge,
die „mit der Ehe als Gemeinschaft verschiedengeschlechtlicher Partner nicht in Konkurrenz treten können". Bei der Einführung des Lebenspartnerschaftsgesetzes hat sich

der Gesetzgeber gescheut, die eingetragene Lebenspartnerschaft der Ehe rechtlich völlig gleich zu stellen (dazu Schwab FamRZ 2001, 386). So waren weder ein Versorgungsausgleich (vgl. § 3 VI.), noch eine Regelung zur Hinterbliebenenversorgung im Todesfall eines Lebenspartners vorgesehen. Ein Adoptionsrecht war ebenso wenig enthalten wie eine generelle Anpassung des Status eines Lebenspartners an denjenigen eines Ehegatten (wie etwa im öffentlichen Dienstrecht). Nachdem das Bundesverfassungsgericht die Gleichstellung der Lebenspartnerschaft mit der Ehe für verfassungsrechtlich unbedenklich erklärt hatte, nahm der Gesetzgeber mit dem Gesetz zur Überarbeitung des Lebenspartnerschaftsrechts vom 15.12.2004 (LPartÜG – BR-Ds. 849/04; BGBl. I, S. 3396) weitere Angleichungen zwischen Ehe und Lebenspartnerschaft in verschiedenen Rechtsbereichen mit Wirkung vom 1.1.2005 vor (Stüber FamRZ 2005, 574 ff.). Mit dem Gesetz zur Übertragung ehebezogener Regelungen im öffentlichen Dienstrecht auf Lebenspartnerschaften vom 14.11.2011 (BGBl. I, S. 2219) wurden Ehe und Lebenspartnerschaft im öffentlichen Dienstrecht des Bundes rückwirkend zum 1.1.2009 in den Bereichen Familienzuschlag und Auslandsbesoldung, Beihilfeberechtigung sowie Hinterbliebenenversorgung gleichgestellt. Insgesamt hat die Rechtsprechung des BVerfG (jüngst etwa BVerfG 19.6.2012–2 BvR 1397/09, FamRZ 2012, 1472 „Familienzuschlag"; BVerfG 18.7.2012–1 BvL 16/11, FamRZ 2012, 1477 „Grunderwerbsteuer") sowie des EGMR und des EuGH die bisherige Entwicklung der Gesetzgebung maßgeblich vorangebracht und wird dies wohl auch noch weiter tun. Eine vollständige Gleichstellung von Lebenspartnern mit Eheleuten ist allerdings immer noch nicht erreicht (Leutheusser-Schnarrenberger DRiZ 2013, 14). Zwar hat der Gesetzgeber jüngst – vom BVerfG (7.5.2013 – 2 BvR 909/06, FamRZ 2013, 1103) dazu verpflichtet – mit Gesetz vom 15.7.2013 (BGBl. I, S. 2397) Lebenspartner im Einkommensteuerrecht mit Eheleuten gleichgestellt (und zwar rückwirkend zum Inkrafttreten des LPartG, soweit im Einzelfall die Einkommensteuer noch nicht bestandskräftig festgesetzt ist); damit gelten insbesondere die Vorschriften über das Ehegattensplitting auch für Lebenspartner. Eine Ungleichbehandlung besteht aber nach wie vor hinsichtlich der (nicht möglichen) gemeinsamen Adoption von Kindern; auch insoweit hat das BVerfG – und zwar in Bezug auf die Sukzessivadoption – einen Verstoß gegen Art. 3 Abs. 1 GG festgestellt, eine sofortige Übergangsregelung geschaffen und dem Gesetzgeber eine Frist zum Tätigwerden bis 30.6.2014 gesetzt (BVerfG 19.2.2013 – 1 BvL 1/11 und 1 BvR 3247/09, FamRZ 2013, 521; siehe § 4 III.). Immer noch aktuell ist deshalb die Anregung Muschelers (FamRZ 2007, 440) , die in Deutschland vorgetragenen Argumente für oder gegen die Lebenspartnerschaft oder die gemeinschaftliche Adoption durch Homosexuelle auf ihren konservativen oder liberalen Ursprung zu untersuchen, und nicht davor zurückzuscheuen, auch seit Jahrhunderten bestehende Leitbilder oder Moralvorstellungen kritisch zu hinterfragen und auf ihre Rationalität zu überprüfen. Kreß (ZPR 2012, 234, 237) hält es aus sozialethischer Sicht für unabweisbar, die verbleibenden Desiderate der Lebenspartnerschaftsgesetzgebung zu beheben.

II. Grundsätzliches, Begründung der Lebenspartnerschaft

Das Institut der eingetragenen Lebenspartnerschaft ist ausschließlich für **zwei Personen** 3 **gleichen Geschlechts** gedacht (§ 1 Abs. 1 LPartG). Auch wenn (anders als in der Ehe) keine Geschlechtsgemeinschaft dieser Personen vorausgesetzt wird, so sind – den Eheverboten vergleichbar (vgl. § 3 I.1 1.) – Lebenspartnerschaften zwischen in gerader Linie Verwandten sowie (Stief-) Geschwistern unzulässig (§ 1 Abs. 3 Nr. 2 und 3 LPartG). Überdies darf keiner der beiden minderjährig oder verheiratet sein oder bereits eine eingetragene Lebenspartnerschaft führen (§ 1 Abs. 3 Nr. 1 LPartG); besteht zwischen zwei Personen eine Lebenspartnerschaft, kann keine von ihnen eine Ehe mit einer dritten Person schließen (§ 1306). Beide müssen sich einig sein, füreinander Verantwortung tragen, sich wechselseitig unterstützten und ihr Leben gemeinsam gestalten zu wollen (§§ 1 Abs. 3 Nr. 4, 2 LPartG). Die **Lebenspartnerschaft kommt** dadurch **zustande**, dass beide Partner gegenseitig persönlich und bei gleichzeitiger Anwesenheit vor der zuständigen Behörde erklären, miteinander unbedingt und unbefristet eine Partnerschaft auf Lebenszeit führen zu wollen (§ 1 Abs. 1 LPartG). **Welche Behörde zuständig ist**, ist eine Verfahrensfrage, die zu regeln der Bundesgesetzgeber den Ländern überlassen hat, um das Gesetz nicht seitens des Bundesrates zustimmungspflichtig zu machen (vgl. § 4 I.). In den Ausführungsgesetzen der Länder fanden sich daher verschiedene Lösungen: zuständige Behörde in Baden-Württemberg, Brandenburg und Rheinland-Pfalz war die Kreisverwaltungsbehörde, in Hessen und im Saarland die Gemeinde, in Bayern waren es die Notare und in allen übrigen Bundesländern die Standesämter. Seit dem 1.1.2009 sind zwar bundeseinheitlich die Standesämter zuständig; allerdings steht diese Vereinheitlichung unter dem Vorbehalt der Länderöffnungsklausel des § 23 LPartG, der den Ländern nicht nur gestattet, bestehende landesrechtliche Regelungen, die vom Standesamtsmodell abweichen, zu erhalten, sondern auch nach dem 31.12.2008 solche Regelungen zu schaffen. Es bleibt der Eindruck, dass in der Länderöffnungsklausel noch alte Vorbehalte gegenüber der gleichgeschlechtlichen Lebenspartnerschaft fortbestehen, die den Beteiligten die symbolträchtige Zeremonie vor dem Standesbeamten vorenthalten wollen (Gaaz FamRZ 2007, 1057 ff.). In der Zwischenzeit ist in allen Ländern (Stand 31.5.2010) bis auf Baden-Württemberg und Thüringen der Standesbeamte für die Entgegennahme der Erklärung zuständig – in Bayern auch die Notare (juris-PK/Schausten § 1 LPartG Rn. 17).

Durch das LPartÜG wurden auch die Vorschriften über das Verlöbnis ins LPartG 4 übernommen (§ 1 Abs. 4 LPartG), so dass u.a. einerseits klargestellt ist, dass auch bei gleichgeschlechtlichen Partnern ein Versprechen zur Begründung einer Lebenspartnerschaft nicht einklagbar ist, andererseits aber bereits in diesem Stadium der Partnerschaft z.B. bereits ein Zeugnisverweigerungsrecht im Straf- oder Zivilprozess (und damit auch im Prozessrecht der Arbeits-, Verwaltungs-, Sozial- und freiwilligen Gerichtsbarkeit; nicht jedoch in der Finanzgerichtsbarkeit) besteht. Die eingetragene Lebenspartnerschaft wird aber trotz der rechtlichen Gleichstellung mit der Ehe nicht von Art. 6 Abs. 1 GG geschützt, da sie – mangels Geschlechtsverschiedenheit der Partner – **keine Ehe im Sinne des Grundgesetzes** ist. Die Beteiligten einer solchen Partnerschaft können sich daher nur auf die allgemeine Handlungsfreiheit nach Art. 2 Abs. 1 GG und den Gleichheitssatz aus Art. 3 Abs. 1 bzw. das Diskriminierungsverbot des Abs. 3 GG berufen (BVerfG 17.7.2002–1 BvF 1/01, 1 BvF 2/01, BVerfGE 105, 313). Das hat zur Folge, dass die eingetragene Lebenspartnerschaft weder vor einer späteren Aufhebung durch einen anderen Gesetzgeber geschützt ist, noch sich auf die Schutz- und Förderungsfunktion des Art. 6 Abs. 1 GG berufen kann (vgl. § 1 II. 1.).

III. Wirkungen der Lebenspartnerschaft

5   Wie mit der Eheschließung kommt auch durch die Eintragung der Lebenspartnerschaft ein besonderes, familienrechtlich geprägtes Rechtsverhältnis mit wechselseitigen Rechten und Pflichten zustande, eine „Einstehens- und Verantwortungsgemeinschaft" (BT-Ds. 14/3751 S. 36; BVerfG 7.5.2013 a.a.O.: „umfassende institutionalisierte Verantwortungsgemeinschaft"). Bestimmt wird diese in der Generalklausel des § 2 LPartG durch ein **solidarisches Miteinander.** Dieses umfasst zum einen die grundsätzlich einklagbare wirtschaftliche Fürsorge- und Unterstützungspflicht, zum anderen die nicht einklagbaren höchstpersönlichen Pflichten (Schwab FamRZ 2001, 391). Diese sind in § 2 LPartG allerdings weniger weitreichend ausgestaltet als die Pflicht zur ehelichen Lebensgemeinschaft nach § 1353 Abs. 1 BGB, die nach herrschendem Verständnis nach wie vor u.a. sowohl die häusliche als auch die Geschlechtsgemeinschaft umfasst. Demgegenüber sind die Lebenspartner nur zur gemeinsamen Lebensgestaltung verpflichtet, d.h. sie sollen sich einigen, wie sie ihre Lebensgemeinschaft ausgestalten wollen. Gleichwohl lässt der Gesetzgeber in den Regelungen zu den Trennungsfolgen (§ 4 IV.) erkennen, dass er von einem gemeinsamen Haushalt der Lebenspartner ausgeht. Die Generalklausel des § 2 LPartG ist ähnlich wie die des § 1353 BGB für die Ehe zur Auslegung der wechselseitigen Pflichten der Lebenspartner heranzuziehen (vgl. § 3 I. 2.). Das **Güterrecht** des LPartG in seiner ursprünglichen Fassung war an das eheliche Güterrecht angelehnt und sah aber mit der sogenannten Ausgleichsgemeinschaft einen eigenen, der Zugewinngemeinschaft entsprechenden Güterstand vor. Anders als im Eherecht waren die Lebenspartner jedoch gesetzlich verpflichtet, einen Güterstand zu wählen. Nur für den Fall, dass diese Wahl unwirksam war – z.B. weil nicht gleichzeitig und persönlich vor einem Notar getroffen – ordnete das Gesetz den Vermögensstand der Vermögenstrennung an (§ 6 Abs. 3 LPartG a.F.) Mit dem LPartÜG ist diese Unterscheidung entfallen. Nunmehr gilt wie im Eherecht (§ 3 I. 2.) auch für eingetragene Lebenspartner der gesetzliche **Güterstand der Zugewinngemeinschaft** (§ 6 LPartG), sofern sie nicht etwas anderes durch Lebenspartnerschaftsvertrag regeln (§ 7 LPartG). Auch andere im LPartG geregelte wechselseitige **Rechte und Pflichten** entsprechen **weitgehend dem Eherecht,** so z.B.:

- die Möglichkeit eines gemeinsamen Namens (§ 3 LPartG), die durch das LPartÜG ergänzt und an das eheliche Namensrecht angeglichen worden ist, so dass jetzt z.b. auch Doppelnamen möglich sind (§ 3 Abs. 2 LPartG),
- die Beschränkung der Haftung gegenüber dem anderen Partner auf grobe Fahrlässigkeit (§ 4 LPartG),
- die Verpflichtung, einander angemessenen Unterhalt während der bestehenden eingetragenen Lebenspartnerschaft zu gewähren (§ 5 LPartG), wobei auch hier mit dem LPartÜG eine Angleichung an das eheliche Unterhaltsrecht stattgefunden hat,
- auch hinsichtlich der Eigentumsvermutung und der Geschäfte zur Deckung des Lebensbedarfs während der bestehenden eingetragenen Partnerschaft besteht nunmehr Identität (§ 8 LPartG – vgl. § 3 I. 2.),
- nach § 9 LPartG besteht ein sogenanntes „kleines Sorgerecht" für die Kinder eines allein sorgeberechtigten Partners, d.h. Mitentscheidungsbefugnis in Alltagsdingen, Entscheidungsrecht in Notsituationen, Umgangsrecht nach längerer häuslicher Gemeinschaft mit dem Kind (im Einzelnen vgl. § 15 II.),
- ergänzt wurde das kleine Sorgerecht mit dem LPartÜG um ein sogenanntes „kleines Adoptionsrecht" (§ 9 Abs. 7 LPartG), d.h. Lebenspartner haben zwar nach wie vor nicht die Möglichkeit, gemeinsam ein fremdes Kind zu adoptieren (dazu: BVerfG-Vorlagebeschluss des AG Schöneberg in Berlin vom 11.3.2013 – 24 F 172/12, NJW 2013, 1840), aber ein Lebenspartner kann wenigstens das leibliche Kind seines Lebenspartners, also sein Stiefkind, an Kindes statt annehmen (vgl. § 16 III. sowie zur Sukzessivadoption eines nicht leiblichen Kindes BVerfG 19.2.2013–1 BvL 1/11 und 1 BvR 3247/09, FamRZ 2013, 521; dazu: Kroppenberg NJW 2013, 2161 ff.),
- ein gesetzliches – dem der Ehegatten entsprechendes – Erbrecht und die Möglichkeit eines gemeinschaftlichen Testaments (§ 10 LPartG),
- die Festlegung der Familienangehörigen- und Verschwägerteneigenschaft (§ 11 LPartG) verbunden u.a. mit Auskunftsrechten im Krankheitsfall, Zeugnisverweigerungsrechten und Haftungserleichterungen im Versicherungsvertragsrecht,
- durch das LPartÜG wurde mit Einführung eines Versorgungsausgleiches (§ 20 LPartG) und der Hinterbliebenenrente zudem die Alterssicherung des wirtschaftlich schwächeren Partners einer Lebenspartnerschaft eingeführt (im Einzelnen unten § 4 V.)

Damit hat insbesondere auch hinsichtlich der Regelung während einer bestehenden eingetragenen Lebenspartnerschaft eine weitgehende Angleichung des Lebenspartnerschaftsrechts an das Eherecht stattgefunden. Für die unter der Geltung des Lebenspartnerschaftsgesetzes in seiner ursprünglichen Fassung eingegangenen Lebenspartnerschaften waren in (dem mit Wirkung zum 1.1.2011 aufgehobenen) § 21 LPartG Übergangsregelungen eingeführt worden. Danach konnte ein Lebenspartner hinsichtlich der finanziell bedeutsamen Änderungen (Güterstand, Unterhaltspflichten und Versorgungsausgleich) bis zum 31.12.2005 gegenüber dem Amtsgericht erklären, dass auf seine Lebenspartnerschaft die alten Regelungen anwendbar sein sollen bzw. im Fall des Versorgungsausgleichs dieser ausdrücklich Anwendung finden soll.

IV. Trennung, Aufhebung der Lebenspartnerschaft

6 Auch eingetragene Lebenspartnerschaften können scheitern; ob sie eine geringere, gleich hohe oder sogar größere „Bestandskraft" haben als Ehen, werden erst statistische Erhebungen der nächsten Jahre zeigen. Das Gesetz sieht Regelungen für das **Getrenntleben** (§§ 12 bis 14 LPartG) und die **Aufhebung** (§§ 15 bis 17 und 20 LPartG) vor. Auch hier besteht seit dem LPartÜG Parallelität zur Ehe. So sind beim **Getrenntleben** der Unterhalt, die Verteilung der Haushaltsgegenstände und die Wohnungszuweisung entsprechend den Getrennt lebendbestimmungen im Eherecht (§§ 1361, 1361 a, 1361 b BGB) geregelt (vgl. § 3 IV. 1.). An die Stelle der Scheidung tritt bei der Lebenspartnerschaft deren **Aufhebung.** So endet auf Antrag eines oder beider Lebenspartner die eingetragene Lebenspartnerschaft durch richterliche Entscheidung (§ 15 LPartG), die nicht nur von der Form her, sondern auch hinsichtlich der Gründe der Scheidung (vgl. § 3 IV. 2.) nachgebildet ist: Danach kann eine Lebenspartnerschaft bei Einvernehmlichkeit nach einer Trennungszeit von einem Jahr und bei nur einseitigem Aufhebungsbegehren nach einer Trennungszeit von drei Jahren aufgehoben werden; in Härtefällen ist eine Unterschreitung dieser Frist möglich. Auch die Aufhebungsfolgen entsprechen weitgehend denen der Scheidungsfolgen (vgl. § 3 V., 3 VI.). So verweist bezüglich des nachpartnerschaftlichen Unterhalts § 16 LPartG ausdrücklich auf die entsprechende Anwendung der §§ 1570–1586 b und § 1609 BGB. Ebenso findet nach Aufhebung der Lebenspartnerschaft ein Versorgungsausgleich statt (§ 20 LPartG). Auch die Aufhebungsfolgen hinsichtlich der gemeinsamen Wohnung und der Haushaltsgegenstände wird auf das Scheidungsfolgenrecht verwiesen (§ 17 LPartG; vgl. § 3 VI.).

V. Verfahren

7 Für **rechtliche Streitigkeiten** eingetragener Lebenspartner etwa wegen der Aufhebung der Lebenspartnerschaft oder wegen der Verpflichtung zur Fürsorge und Unterstützung (Lebenspartnerschaftssachen, § 269 FamFG) ist das **Familiengericht** gemäß § 111 Nr. 11 FamFG i.V.m. § 23 b GVG zuständig.

VI. Internationales Lebenspartnerschaftsrecht

8 Bei eingetragenen Lebenspartnerschaften mit Auslandsbezug ist zu beachten, dass die rechtliche Ausgestaltung des Zusammenlebens gleichgeschlechtlicher Paare in den verschiedenen Rechtsordnungen starke Unterschiede aufweist. Dies betrifft vor allem die Annäherung an das Rechtsinstitut der Ehe. Teilweise ist die registrierte Partnerschaft auch verschiedengeschlechtlichen Paaren zugänglich; in zunehmend mehr Rechtsordnungen kann eine Ehe auch von einem gleichgeschlechtlichen Paar eingegangen werden (Nachweise bei Kreß ZRP 2012, 234). Gemäß § 103 FamFG sind die deutschen Gerichte in Lebenspartnerschaftssachen zuständig, wenn 1. ein Lebenspartner Deutscher

ist oder bei Begründung der Lebenspartnerschaft war, 2. einer der Lebenspartner seinen gewöhnlichen Aufenthalt im Inland hat oder 3. die Lebenspartnerschaft vor einer zuständigen deutschen Stelle begründet worden ist. Nach deutschem Kollisionsrecht (die Rom III-VO gilt ausdrücklich nur für verschiedengeschlechtliche Ehen) kommen hinsichtlich der Begründung, den allgemeinen und den güterrechtlichen Wirkungen sowie der Aufhebung gemäß Art. 17 b EGBGB die Bestimmungen desjenigen Staates zur Anwendung, in welchem die Lebenspartnerschaft registriert wurde; bei mehreren Eintragungen ist insoweit die zeitlich letzte entscheidend. Die Sonderregelung zu den Unterhaltspflichten in Art. 17 b Abs. 1 S. 2 Halbsatz 1 a.f. wurde jedoch infolge des HUP und der EuUntVO aufgehoben. Allerdings begrenzt Art. 17 b Abs. 4 EGBGB die Wirkungen einer im Ausland eingetragenen Lebenspartnerschaft auf die im BGB und im LPartG vorgesehenen, d.h. dass Lebenspartner in Deutschland ihre Rechte nicht durch eine Eintragung in einem Land mit progressiveren Bestimmungen erweitern können. Die nur als Vorschlag vorliegende Verordnung (EU) über die Zuständigkeit, das anzuwendende Recht, die Anerkennung und die Vollstreckung von Entscheidungen im Bereich des Güterrechts eingetragener Partnerschaften vom 16.3.2011 (EuPartVO) soll sachlich nach ihrem Art. 1 Abs. 1 auf die vermögensrechtlichen Aspekte eingetragener Partnerschaften Anwendung finden. Die Definition schließt sowohl die gleichgeschlechtliche als auch die verschieden-geschlechtliche Partnerschaft ein und nimmt Rücksicht auf Rechtssysteme wie das französische oder belgische, welche die registrierte Partnerschaft geschlechtsneutral definieren (Kohler/Pintens FamRZ 2011, 1433, 1437).

VII. Wichtige Fragen außerhalb des LPartG

Mitunter noch wichtiger als viele der im LPartG selbst geregelten Themen sind im Lebensalltag der Partner über das Familienrecht hinausgehende, insbesondere steuerrechtliche und sozialrechtliche Fragen. Zahlreiche dieser Fragen sind inzwischen entweder durch Gerichte oder – teilweise in Umsetzung verfassungsgerichtlicher oder europarechtlicher Vorgaben – durch den Gesetzgeber geklärt. Hier einige Beispiele: 9

- Der Lebenspartner ist im **Mietrecht** nicht „Dritter" im Sinne des § 540 Abs. 1 S. 1 BGB (BGH 5.11.2003 – VIII ZR 371/02, BGHZ 157, 1), weswegen er ohne Erlaubnis des Vermieters in die Mietwohnung aufgenommen werden kann. Beim Tod des Lebenspartners, der den Mietvertrag allein abgeschlossen hatte, tritt der überlebende Lebenspartner in das Mietverhältnis ein (§ 563 Abs. 1 BGB).
- Mit dem Gesetz zur Übertragung ehebezogener Regelungen im öffentlichen Dienstrecht auf Lebenspartnerschaften vom 14.11.2011 (BGBl. I, S. 2219) ist die Gleichstellung von Ehe und Lebenspartnerschaft im öffentlichen Dienstrecht des Bundes rückwirkend zum 1.1.2009 in den Bereichen **Familienzuschlag** und Auslandsbesoldung, **Beihilfeberechtigung** sowie **Hinterbliebenenversorgung** hergestellt worden. Zuvor hatte bereits der EuGH (1.4.2008 – Rs. C-267/06 (Maruko), NJW

2008, 1649) in Bezug auf ein berufsständisches Versorgungssystem (Versorgungsanstalt der deutschen Bühnen) entschieden, dass es mit Art. 1 und 2 der Richtlinie 2000/78/EG des Rates vom 27.11.2000 zur Festlegung eine allgemeinen Rahmens für die Verwirklichung der Gleichbehandlung in Beschäftigung und Beruf nicht vereinbar ist, wenn der überlebende Lebenspartner keine Hinterbliebenenversorgung entsprechend einem überlebenden Ehegatten erhält. Das BVerfG hatte die Ungleichbehandlung von Ehe und eingetragener Lebenspartnerschaft im Bereich der betrieblichen Hinterbliebenenversorgung in der VBL als Verstoß gegen Art. 3 Abs. 1 GG angesehen (BVerfG 7.7.2009–1 BvR 1164/07, BVerfGE 124, 199).

■ Im **Ausländerrecht** ist die entsprechende Anwendung der für die Ehe geltenden Familiennachzugsregelungen auf gleichgeschlechtliche Lebenspartnerschaften (§ 9 Abs. 1 StAG) geregelt. Zu weiteren Fragen der praktisch wichtigen aufenthalts- und staatsbürgerschaftsrechtlichen Bedeutung der Lebenspartnerschaft siehe Siegfried, in: Bruns/Kemper, S. 471 ff.

■ In anderen Bereichen außerhalb des Zivilrechts dagegen, insbesondere im **Sozialrecht**, findet eine Gleichbehandlung von Ehe und eingetragener Lebenspartnerschaft statt, insbesondere auch deswegen, um die Ehe gegenüber der Lebenspartnerschaft nicht zu benachteiligen. Besonders bedeutsam ist hier die Einbeziehung der Lebenspartnerschaft in die sogenannten Bedarfsgemeinschaften bei der Grundsicherung für Arbeitsuchende (§ 7 Abs. 3 Nr. 3 c SGB II) und in der Sozialhilfe (§ 19 Abs. 1 bis 3 SGB XII). Eingetragene Lebenspartner haben ferner in der gesetzlichen Rentenversicherung ebenso wie Ehegatten einen Anspruch auf Witwenrente bzw. Witwerrente (§ 46 Abs. 4 S. 1 SGB VI). In der gesetzlichen Kranken- und Pflegeversicherung (§§ 10 Abs. 1 SGB V, 25 Abs. 1 und 3 SGB XI) haben eingetragene Lebenspartner die Möglichkeit der Familienversicherung.

■ Die **einkommensteuerrechtliche** Gleichstellung der Partner einer eingetragenen Lebenspartnerschaft zu Eheleuten hat der Gesetzgeber – vom BVerfG (7.5.2013 – 2 BvR 909/06, FamRZ 2013, 1103; dazu: Sanders NJW 2013, 2236) dazu verpflichtet – mit Gesetz vom 15.7.2013 (BGBl. I 2013, S. 2397) vorgenommen.. **Erbschaftsteuerrechtlich** ist in Bezug auf die Steuerklassen und Freibeträge ebenfalls eine Gleichstellung mit Ehegatten erfolgt. Nach der bis zum 13.12.2010 geltenden Fassung des § 15 ErbStG waren Lebenspartner noch der Steuerklasse III zugeordnet. Seit dem 14.12.2010 unterfallen sie nun wie Ehegatten der Steuerklasse I. Zuvor hatte das BVerfG eine gegen Art. 3 Abs. 1 GG verstoßende Schlechterstellung von Lebenspartnern gegenüber Ehegatten festgestellt (BVerfG 21.7.2010–1 BvR 611/07 und 2464/07 – BVerfGE 126, 400; im gleichen Sinne zur **Grunderwerbsteuer** BVerfG 18.7.2012–1 BvL 16/11, FamRZ 2012, 1477). Zum Ganzen: Grandel/Stockmann/Gurk, SWK FamR 2012 Eingetragene Lebenspartnerschaft, Rn. 40 f.

Weiterführende Literatur
von der Tann, FamFR 2012, 195
Grziwotz FamRZ 2012, 261
Bömelburg NJW 2012, 2753
Grandel/Stockmann/Gurk, SWK FamR 2012 Eingetragene Lebenspartnerschaft

§ 5. Die nichtformalen Lebensgemeinschaften – gesetzliche Vorgaben oder frei gestaltbar?

Außerhalb der rechtlichen Vorgaben für die Ehe und die eingetragene Lebenspartner- 1
schaft stehen die nichtehelichen bzw. nichteingetragenen Lebensgemeinschaften. Für
diese gibt es keine ausdrücklichen familienrechtlichen Regelungen: Gilt deswegen ausschließlich das, was sie untereinander vereinbart haben? Und gibt es vielleicht Bestimmungen außerhalb des Familienrechts, die für die nichteingetragenen bzw. nichtehelichen Lebensgemeinschaften von Bedeutung sind?

Wichtige, interessante Entscheidungen

- Zur Rechtsstellung der nichtehelichen Lebensgemeinschaft im allgemeinen Rechtsleben: BGH 13.1.1993 – VIII ARZ 6/92, BGHZ 121, 116 ff.
- Zum Ausgleich von Leistungen nach Beendigung der nichtehelichen Lebensgemeinschaft: BGH 9.7.2008 – XII ZR 179/05 und XII ZR 39/06, BGHZ 177, 193
  und FamRZ 2008, 1828 ff. („Trendwende")
- Unterhaltsanspruch wegen Betreuung eines nichtehelichen Kindes: BVerfG
  28.2.2007–1 BvL 9/04, BVerfGE 118, 45 ff.
- Zur Angehörigeneigenschaft bei nichtehelichen Lebensgemeinschaften: BGH
  23.1.1997 – IX ZR 55/96, FamRZ 1997, 481 ff.
- Zum rechtlichen „Abstandsgebot" der Ehe gegenüber der nichtehelichen Lebensgemeinschaft: BVerfG 17.7.2002–1 BvF 1/01 und 1 BvF 2/01, BVerfGE 105, 313

Das Bundesverfassungsgericht hat die **eheähnliche Gemeinschaft** wie folgt definiert: 2
„Eine Lebensgemeinschaft zwischen einem Mann und einer Frau, die auf Dauer an-
gelegt ist, daneben keine weiteren Lebensgemeinschaften gleicher Art zulässt, und sich
durch innere Bindungen auszeichnet, die ein gegenseitiges Einstehen der Partner füreinander begründet, also über die Beziehungen in einer reinen Haushalts- und Wirtschaftsgemeinschaft hinausgehen" (BVerfG 17.11.1992–1 BvL 8/87, BVerfGE 87,
234, 264 f.; BVerfG 2.9.2004–1 BvR 1962/04, NVwZ 2005, 1178). Diese rechtliche
Definition stimmt weitgehend mit der soziologischen Definition der nichtehelichen
Lebensgemeinschaften überein: „Haushaltsformen …, in der zwei nicht miteinander
verheiratete Personen verschiedenen Geschlechts für mittlere oder längere Dauer zusammenleben" (Glatzer 1997, 10). Sozialwissenschaftliche Untersuchungen (Schwarz
Zeitschrift für Bevölkerungswissenschaft 1995; Vaskovics/Rupp 1995; Glatzer 1997)
geben nähere Auskünfte über die nichtehelichen Lebensgemeinschaften. Diese sind in

der Regel kein Gegensatz zu Ehen, sondern die nichteheliche Lebensgemeinschaft ist eine **Ausdifferenzierung traditioneller Lebensformen**. Zu einem großen Teil sind nichteheliche Lebensgemeinschaften eine vorübergehende Form des vorehelichen Zusammenlebens oder nach einer Scheidung bzw. Verwitwung eine nacheheliche Lebensform. Nur ein kleiner Teil der nichtehelichen Lebensgemeinschaften versteht sich bewusst als Alternative zur konventionellen Ehe. Die nichtehelichen Lebensgemeinschaften sind heutzutage allenthalben anzutreffen. Zunehmend werden in nichtehelichen Lebensgemeinschaften (gemeinsame und nicht gemeinsame) Kinder erzogen. Auch wenn das Zusammenleben eines jungen heterosexuellen Paares ohne Trauschein die gesellschaftliche Wahrnehmung der nichtehelichen Lebensgemeinschaft prägt, darf dies noch nicht darüber hinwegtäuschen, dass es **die** nichteheliche Lebensgemeinschaft nicht gibt, sondern die **Formen des Zusammenlebens** vielgestaltiger sind. Auch eine Geschlechtsgemeinschaft ist nicht notwendige Voraussetzung, so dass auch eine entsprechende enge Beziehung einer Frau zu einem homosexuellen Mann als nichteheliche Lebensgemeinschaft angesehen werden kann (BGH 20.3.2002 – XII ZR 159/00, BGHZ 150, 209). Gleiches gilt für die zunehmenden Lebensgemeinschaften alter Menschen. Der Bundesgerichtshof hat – im Zusammenhang mit der Frage, ob und wann Leistungen der Partner untereinander nach Beendigung der Lebensgemeinschaft auszugleichen sind – betont, dass für nichteheliche Lebensgemeinschaften insoweit nichts anderes gilt als für andere Formen des gemeinschaftlichen Lebens und Wirtschaftens, wie sie etwa unter verwitweten Geschwistern, sonstigen Verwandten und Freunden vorstellbar sind; auf einen sexuellen Bezug komme es insoweit nicht an (BGH 9.7.2008 – XII ZR 179/05, FamRZ 2008, 1822, 1826).

3   Entscheidende Elemente sind enge emotionale Bindungen, der erkennbare Wille zur wechselseitigen Unterstützung und Fürsorge und die gemeinsame Lebens- bzw. Zukunftsplanung, die die nichtehelichen Lebensgemeinschaften gegenüber bloßen Haushalts- und Wirtschaftsgemeinschaften abheben. Während man früher bei den nichtehelichen Lebensgemeinschaften stark auf Schätzungen angewiesen war, wissen wir heute empirisch etwas genauer Bescheid.

Tabelle 3: Nichteheliche Lebensgemeinschaften

Jahr	Gesamt			ohne Kinder	mit Kindern
		BRD			
1972	-	137.000	-	111.000	25.000
1982	-	516.000	-	445.000	71.000
1990	-	963.000	-	856.000	107.000
	Deutschland	ABL*1	NBL*2		
2000	2.083.000	1.499.000	584.000	1.462.000	621.000
2005	2.417.000	1.755.000	642.000	1.647.000	770.000
2006	2.367.000	1.740.000	627.000	1.619.000	748.000
2007	2.411.000	1.783.000	628.000	1.645.000	766.000
2008	2.508.000	1.851.000	657.000	1.718.000	790.000
2009	2.618.000	1.930.000	687.000	1.814.000	804.000
2010	2.585.000	1.896.000	690.000	1.786.000	799.000
2011	2.732.000	1.993.000	739.000	1.883.000	849.000
2012	2.693.000	1.959.000	739.000	1.838.000	855.000

*1 alte Bundesländer ohne Berlin
*2 neue Bundesländer einschließlich Berlin
Quelle: Statistisches Bundesamt.

Mit der rechtlichen Etablierung der gleichgeschlechtlichen Lebenspartnerschaft durch **4** das LPartG zum 1.8.2001 (vgl. § 4) haben wir nun bei den gleichgeschlechtlichen Lebensgemeinschaften ebenso die Unterscheidung zwischen formaler und nichtformaler (hier: nicht eingetragener) Lebensgemeinschaft. Entsprechend der vom Bundesverfassungsgericht vorgenommenen Definition der nichtehelichen Lebensgemeinschaft (vgl. oben) zeichnet sich eine nichteingetragene Lebensgemeinschaft ebenfalls durch die enge emotionale Bindung, den erkennbaren Willen zur wechselseitigen Unterstützung, das gegenseitige Einstehen der Partner und durch eine gemeinsame Lebens- und Zukunftsplanung aus, die eben über eine bloße Haushalts- und Wirtschaftsgemeinschaft hinausgehen. Es gibt heute keinen Grund mehr, gleichgeschlechtliche Partnerschaften rechtlich anders als verschiedengeschlechtliche Zweierbeziehungen zu behandeln, wenn sie die Voraussetzungen einer Verantwortungs- und Einstehensgemeinschaft erfüllen (Grandel/Stockmann/Gurk, SWK FamR 2012 Nichteheliche Lebensgemeinschaft, Rn. 4). Unsere Kenntnisse über die nichteingetragenen Lebensgemeinschaften sind allerdings noch deutlich rudimentärer als bei den nichtehelichen Lebensgemeinschaften. Die Angaben über nichteingetragene Lebensgemeinschaften schwanken zwischen 58.000 (aufgrund freiwilliger Umfragen) und 159.000 (Schätzung) im Jahr 2003, wobei die eingetragenen Lebenspartnerschaften – im Jahr 2011 rund 27.000 (vgl. § 4) – mit erfasst sind. Jedenfalls lässt sich aber auch insoweit ein deutlicher Anstieg der Lebensgemeinschaften feststellen, je nach Zahlengrundlage zwischen etwa 25 % bis 50 % (Statistisches Bundesamt 2004 b, 21 f.).

I. Ehemals diskriminiert, heute rechtlich akzeptiert

5 Heute lässt sich die Frage danach, ob das Recht die nichteheliche bzw. nichteingetragene Lebensgemeinschaft rechtlich diskriminiert, klar beantworten: nein. Dies war nicht immer so. Wenn man nämlich die Ehe als Institution sichern will, dann ist es „folgerichtig", dass rechtlich versucht wird, Lebensgemeinschaften außerhalb der Ehe zu verhindern und rechtlich zu diskriminieren. Dies zeigte sich lange Zeit bei den nichtehelichen Lebensgemeinschaften sowohl was die Vereinbarungen der Partner untereinander als auch was die Rechtsstellung der nichtehelichen Lebensgemeinschaft im allgemeinen Rechtsverkehr anbelangt.

> Dass die **Vereinbarungen** der Partner der nichtehelichen Lebensgemeinschaft **untereinander** rechtlich nicht akzeptiert wurden, zeigt die frühere Rechtsprechung zum so genannten „Mätressen"-Testament: In ständiger Rechtsprechung ging der Bundesgerichtshof davon aus, dass eine letztwillige Verfügung des in nichtehelicher Lebensgemeinschaft lebenden Erblassers zugunsten des anderen Partners grundsätzlich sittenwidrig und damit nichtig sei (§ 138 BGB). Die Sittenwidrigkeit sah der Bundesgerichtshof darin, dass er annahm, die Motivation für eine derartige letztwillige Verfügung sei die „Entlohnung" für die „geschlechtliche Hingabe" (so noch BGH NJW 1968, 932). Erst 1970 gab der BGH diese Rechtsprechung auf und akzeptierte letztwillige Verfügungen zugunsten eines Partners der nichtehelichen Lebensgemeinschaft (BGH 31.3.1970 – III ZB 23/68, BGHZ 53, 369 ff.).

6 Was die **Rechtsstellung im allgemeinen Rechtsverkehr** anbelangt, so zeigt sich die Entwicklung besonders klar im Mietrecht. Gab es in den 70er Jahren des letzten Jahrhunderts z.T. noch heftige Kontroversen, ob der Vermieter wegen Aufnahme eines Lebensgefährten der Mieterin die Wohnung kündigen könne (so LG Mannheim 17.4.1975–4 S 49/75, NJW 1975, 1663 f.; OLG Hamm 14.12.1976–9 U 216/76, FamRZ 1977, 318 ff. – abgelehnt von: LG Frankfurt 26.4.1966–2/11587/65, MDR 1967, 216; LG Bonn 22.3.1976–6 S 16/76, NJW 1976, 1690 f.), ist dieses Thema heute weitgehend erledigt. Mittlerweile hat auch der Gesetzgeber die nichteheliche Lebensgemeinschaft insoweit anerkannt, als er u.a. Personen, die mit dem Mieter einen auf Dauer angelegten gemeinsamen Haushalt führen, nach dem Tode des Mieters ein **Eintrittsrecht in den Mietvertrag** und ein Vorkaufsrecht eingeräumt hat (§§ 563 Abs. 2 S. 4, 577 Abs. 4 BGB). Gleichwohl wird, was die Aufnahme weiterer Personen in eine Mietwohnung angeht, immer noch nach legitimierten und nach nichtlegitimierten Verhältnissen differenziert: Während die Aufnahme von Ehegatten, eingetragenen Lebenspartnern und Familienangehörigen in die Wohnung als regulärer

Gebrauch der Mietsache angesehen wird, der lediglich dem Vermieter anzuzeigen ist (Palandt/Weidenkaff § 540 Rn. 5), bedarf es für die Aufnahme eines Lebensgefährten nach wie vor der Einwilligung des Vermieters (§ 553 Abs. 1 S. 1 BGB). Allerdings gilt die Aufnahme eines nichtehelichen oder nicht eingetragenen Partners mittlerweile als ein „berechtigtes Interesse", so dass der Vermieter seine Zustimmung erteilen muss, wenn er nicht berechtigte Einwände geltend machen kann (Grundsatzentscheidung des BGH 5.11.2003 – VIII ZR 371/02, BGHZ 157, 1).

> **Ausdrückliche rechtliche Bestimmungen** für die nichteheliche und nichteingetragene Lebensgemeinschaft finden sich im **Sozialrecht**. Die von der Bedürftigkeit des Antragstellers (aber z.b. auch des Ehegatten) abhängigen Fürsorgeleistungen der Grundsicherung für Arbeitsuchende (SGB II) und der Sozialhilfe (SGB XII) beziehen sich in § 7 Abs. 3 Nr. 3 c, Abs. 3 a SGB II bzw. in § 20 SGB XII hierauf. Sie formulieren zwar unterschiedlich: § 7 Abs. 3 c SGB II spricht von Personen, die in einem gemeinsamen Haushalt so zusammenleben, dass nach verständiger Würdigung der wechselseitige Wille anzunehmen ist, Verantwortung füreinander zu tragen und füreinander einzustehen (und nennt hierfür in § 7 Abs. 3 a SGB II Kriterien). § 20 SGB XII spricht direkt von „Personen, die in eheähnlicher oder lebenspartnerschaftsähnlicher Gemeinschaft leben". Der Sinn beider Regelungen ist derselbe: solche Personen dürfen hinsichtlich der Voraussetzungen und des Umfangs der Leistungen nach dem SGB II bzw. SGB XII nicht besser gestellt werden als Ehegatten (vgl. Thie/Schoch in Münder LPK-SGB II § 7 Rn. 78 ff.).

Während im Sozialrecht auch eine intensive Befassung damit stattfindet, wann eine **7** nichteheliche bzw. nichteingetragene Lebensgemeinschaft vorliegt, spielt dies im Familienrecht bisher eher eine geringere Rolle: abgesehen von einer – im Rahmen des § 1579 Nr. 2 BGB („verfestigte Lebensgemeinschaft") relevanten – gewissen Mindestdauer der Verbindung, die im Allgemeinen kaum unter zwei bis drei Jahren liegen dürfte (BGH 20.3.2002 – XII ZR 159/00, BGHZ 150, 209), gibt es keine weiteren verbindlichen Kriterien, aus denen auf ein eheähnliches bzw. lebenspartnerschaftsähnliches Zusammenleben geschlossen werden kann. Vielmehr kommt es auf den jeweiligen Einzelfall an (BGH 24.10.2001 – XII ZR 284/99, FamRZ 2002, 23 ff.; BGH 18.4.2012 – XII ZR 73/10, NJW 2012, 2190 Tz. 34).

Im Familienrecht stellt sich die **Grundsatzfrage**, ob für die nichteheliche bzw. nicht- **8** eingetragene Lebensgemeinschaft die für die Ehe geltenden familienrechtlichen Bestimmungen entsprechend anzuwenden sind, oder ob die familienrechtlichen Regelungen (ausgenommen dort, wo sie spezifisch für die nichteheliche Situation geschaffen sind) keine Anwendung finden und es somit stattdessen – wie nach dem im Zivilrecht allgemein geltenden Grundsatz der Privatautonomie – auf die Vereinbarungen zwischen den Partnern ankommt. Inzwischen ist klar, dass grundsätzlich die Vereinbarungen der Partner maßgebend sind – rechtliche Regelungen in formalisierter Form (etwa schriftlich oder gar notariell) liegen jedoch in der Regel nicht vor, so dass deren (oft auch stillschweigende) Vereinbarungen entsprechend auszulegen sind.

Dabei ist, wie im Folgenden dargestellt, im Einzelnen zu differenzieren. **9**

II. Rechtsbeziehungen während der nichtehelichen oder nichteingetragenen Lebensgemeinschaft

10 Systematisch sind zwei Ebenen zu unterscheiden: Welche Rechtsbeziehungen bestehen zwischen den Partnern? Wie sind die Rechtsbeziehungen der Lebensgemeinschaft zu Dritten?

1. Die Partner untereinander: Vorrang von Vereinbarungen

11 Da für Partner einer nichtformalen Lebensgemeinschaft keine speziellen Rechtsregelungen bestehen, kommt es vorrangig darauf an, ob zwischen ihnen vertragsrechtliche Beziehungen bestehen. Deswegen kann es keine allgemeine Aussage darüber geben, was zwischen den Partnern einer nichtehelichen oder nicht eingetragenen Lebensgemeinschaft gilt. Der vertragliche Konsens ist sorgfältig mithilfe der anerkannten Auslegungsmethoden zu ermitteln. Meist liegen keine schriftlichen oder sonst fixierten, oft nur mündliche oder gar nur stillschweigende (konkludente) Erklärungen vor. Wegen der Schwierigkeit der Beweislage in solchen Situationen haben Vorschläge, Fragen der nichtehelichen oder nicht eingetragenen Lebensgemeinschaft bewusst und ausdrücklich vertraglich zu regeln, ihren Sinn (vgl. § 5 IV.), wenngleich dies häufig nicht den vorrangigen Intentionen der Partner entsprechen wird. Oft wird es sich bei den Vereinbarungen nicht um eine detaillierte, umfassende Vereinbarung handeln, sondern es sind regelmäßig (verschiedene) Einzelabreden anzunehmen (KG 26.5.1983–12 W 734/83, FamRZ 1983, 1117), so dass oft ein Bündel von Einzelabreden vorliegt.

12 Da meist stillschweigende Vereinbarungen auszulegen sind, ist jeweils auf die konkrete Situation des Einzelfalles abzustellen. Dies weist darauf hin, dass es den allgemeinen Typus der nichtehelichen oder nicht eingetragenen Lebensgemeinschaft nicht gibt, sondern **verschiedene Typen**, bei denen dann auch **unterschiedliche Vereinbarungen** vorliegen können, z.B.:

- beiderseits berufstätige Partner, bei denen keiner vom anderen wirtschaftlich abhängig ist;
- die sogenannte „Onkelehe", bei der die Heirat aus ökonomischen Gründen unterbleibt;
- aus ideellen Gründen wird die Form der Ehe abgelehnt, die Partner haben gemeinsame Kinder, ein Partner versorgt diese und den Haushalt;
- ein Partner arbeitet, um die Ausbildung des anderen zu finanzieren, wobei nach Abschluss der Ausbildung ein entsprechender Rollentausch beabsichtigt ist.

13 Dies alles fällt unter den Begriff der nichtehelichen oder nicht eingetragenen Lebensgemeinschaft; die unterschiedlichen sozialen Situationen und die darauf aufbauenden (stillschweigenden) Vereinbarungen zwischen den Partnern werden oft zu unterschiedlichen Lösungen führen.

Bei alldem ist **keine allgemeine Analogie** zu den **eherechtlichen** bzw. **lebenspartner-** **14** **schaftsrechtlichen Bestimmungen** möglich. In manchen Fällen dürfte eine solche Analogie dem Willen der Partner (Ehe wird aus ideellen Gründen abgelehnt) diametral widersprechen. Andererseits ist zu beachten, dass etwa das Scheidungsfolgenrecht gewisse typisierte Regelungen für typisierte Situationen vorsieht. Deswegen kann der Konsens der Partner auch in eine Richtung gehen, die inhaltlich den Scheidungsfolgenregelungen entspricht.

Spezielle gesetzliche Regelungen existieren auch dann nicht, wenn in der nichtformalen **15** Lebensgemeinschaft Kinder vorhanden sind. Durch die Kindschaftsrechtsreform von 1998 sind die an den Status der Ehe anknüpfenden Unterschiede zwischen nichtehelichen und ehelichen Kindern im Abstammungsrecht (vgl. § 6 II.), Unterhaltsrecht (vgl. § 7 III.) und bei der elterlichen Sorge (vgl. § 10 II.) eliminiert worden. Die Kinder einer nichtehelichen oder nicht eingetragenen Lebensgemeinschaft sind rechtlich gesehen Kinder, die außerhalb einer bestehenden Ehe geboren werden. Im Vorfeld der jüngsten Reform der elterlichen Sorge nicht miteinander verheirateter Eltern war als eines von mehreren Modellen diskutiert worden, dem Vater bei bestehender nichtehelicher Lebensgemeinschaft mit der Mutter kraft Gesetzes das gemeinsame Sorgerecht zu gewähren (Luthin FamRZ 2010, 1411; Löhnig FamRZ 2010, 338). Dieses Modell ist jedoch v.a. wegen der Ungewissheit hinsichtlich der Definition einer „Lebensgemeinschaft" (Abgrenzung in Bezug auf die notwendige Intensität und zeitliche Dauer, fehlende rechtssichere Feststellbarkeit) verworfen worden (Coester FamRZ 2012, 1337 f.). Im Gesetz zur Reform der elterlichen Sorge nicht miteinander verheirateter Eltern vom 16.4.2013 (BGBl. I, S. 795) spielt die nichteheliche Lebensgemeinschaft der Eltern als Anknüpfungsmerkmal deshalb keine Rolle (vgl. § 11).

Bezüglich der **Ansprüche der Mutter** eines Kindes ist § 1615 l BGB von Bedeutung. **16** Dieser Anspruch ist jedoch grundsätzlich unabhängig davon, ob Mutter und Vater in einer nichtehelichen Gemeinschaft leben oder nicht; es handelt sich also nicht etwa um eine Rechtsfolge der nichtehelichen Lebensgemeinschaft. Nach § 1615 l Abs. 1 S. 2 BGB ist der Vater eines außerhalb einer bestehenden Ehe geborenen Kindes verpflichtet, der Mutter die Kosten der Entbindung und ggf. weitere Aufwendungen zu erstatten. Bedeutungsvoller ist im Übrigen § 1615 l Abs. 2 BGB. Hiernach hat die Mutter eines außerhalb einer bestehenden Ehe geborenen Kindes gegen den Vater des Kindes einen Unterhaltsanspruch. Da es sich um einen **Unterhaltsanspruch** handelt, sind die bei Unterhaltsansprüchen notwendigen Voraussetzungen (z.B. Leistungsfähigkeit, Bedürftigkeit – vgl. §§ 3 V., 7 I. 1.) von Bedeutung. Deswegen muss u.a. Bedürftigkeit gegeben sein, weswegen der Unterhaltsanspruch nach § 1615 l Abs. 1 S. 2 BGB (6 Wochen vor und 8 Wochen nach der Geburt) wegen möglicher Lohnfortzahlungsansprüche nicht stets zum Tragen kommt. Der generelle Unterhaltsanspruch der Mutter eines außerhalb einer Ehe geborenen Kindes ist nach § 1615 l Abs. 2 BGB auf regelmäßig **3 Jahre nach der Geburt begrenzt.** Der Anspruch verlängert sich aus Billigkeitsgründen, wobei insbesondere die Belange des Kindes und die Möglichkeiten der Kinderbetreuung zu berücksichtigen sind. Mit dieser seit dem 1.1.2008 geltenden Fassung (vgl. § 7 II.) ist der Gesetzgeber der Entscheidung des Bundesverfassungsgerichts nachgekommen, das in des § 1615 l BGB a.f. zu Recht eine verfassungsrechtlich nicht haltbare (vgl. 5. Aufl. Kap. 5.2.1) Schlechterstellung der Mutter eines nichtehelichen Kindes sah (BVerfG 28.2.2007–1 BvL 9/04, BVerfGE 118, 45 ff.). Somit entsprechen sich nun die Bestimmungen des § 1570 BGB (Unterhalt für einen geschiedenen Ehegatten wegen Betreuung eines ehelichen Kindes) und § 1615 l BGB (Unterhalt wegen Betreuung eines nichtehelichen Kindes).

2. Die Partner im Verhältnis zu Dritten

17 Mit dem Mietrechtsfall (§ 5 I.) wurde das Verhältnis der nichtehelichen bzw. nicht eingetragenen Lebensgemeinschaft zu Dritten angesprochen. Ausgangspunkt ist hier, dass die nichtformale Lebensgemeinschaft rechtlich akzeptiert ist, so dass allein wegen der Tatsache der nichtehelichen oder nichteingetragenen Lebensgemeinschaft eine rechtliche Benachteiligung nicht erfolgen kann. **Rechtliche Beziehungen zwischen** den **nichtehelichen oder nichteingetragenen Lebensgemeinschaften und Dritten** sind in dem Umfang möglich, in dem auch sonst rechtliche Beziehungen zwischen Einzelpersonen, Personengemeinschaften usw. rechtlich zulässig sind. Dies gilt etwa im zivilrechtlichen Bereich bei Mietverträgen, Versicherungsverträgen, Darlehensverträgen usw. Auch der weitere Orientierungspunkt, dass keine Gleichstellung mit der Ehe vorgenommen werden kann (BVerfG 17.7.2002–1 BvF 1/01, 2/01, BVerfGE 105, 313), ist hier zu beachten: Wo – insbesondere im öffentlich-rechtlichen und sozialrechtlichen Bereich – klar und bewusst etwa der **Begriff Ehe** oder **eingetragene Lebenspartnerschaft** verwandt wird, können daran geknüpfte Rechtsfolgen nicht auf die nichtformale Lebensgemeinschaft übertragen werden. Dies gilt z.B. im Prozessrecht (Zeugnisverweigerungsrechte), im Erbrecht (Formerleichterung des § 2267 BGB), im Erbschaft- und Schenkungsteuerrecht, im öffentlichen Besoldungsrecht oder bei Witwenrenten (vgl. auch § 4 V.).

18 Noch in der Entwicklung befindlich ist die Rechtsdogmatik dort, wo **offene Begriffe** wie „Familienangehörige", „sittliche Verpflichtung zum Unterhalt" o.Ä. verwendet werden. Während sich die frühere Diskussion, ob ein nichtehelicher oder nicht eingetragener Lebenspartner als Familienangehöriger den Mietvertrag nach dem Tod des Partners übernehmen kann, durch die Reform des Mietrechts erledigt hat (vgl. § 5 I.), gibt es in anderen Bereichen nach wie vor Auseinandersetzungen: So hat etwa der BGH seine Auffassung (BGH 1.12.1987 – VI ZR 50/87, BGHZ 102, 257), dass das Privileg, das Familienangehörige im **Privat- bzw. im Sozialversicherungsrecht** haben (§ 67 Abs. 2 VVG a.F. [jetzt § 86 Abs. 3 VVG] bzw. § 116 Abs. 6 SGB X – Ausschluss des Übergangs von Schadensersatzansprüchen der geschädigten Person gegen den Schädiger auf die Versicherung, wenn es sich um Familienangehörige handelt), für Partner

nichtehelicher oder nichteingetragener Lebensgemeinschaften nicht gelte, erst in jüngster Zeit aufgegeben (BGH 22.4.2009 – IV ZR 160/07, BGHZ 180, 272; BGH 5.2.2013 – VI ZR 274/12, VersR 2013, 520). Umstritten ist auch die Stellung des nichtehelichen bzw. nicht eingetragenen Lebensgefährten im Hinblick auf die Mitsprache und das Auskunftsrecht bzw. die Regelung der Verhältnisse des Lebensgefährten im Fall von Krankheit, Betreuungsbedürftigkeit und Tod; hier ist die Rechtsprechung nach wie vor uneinheitlich, es ist noch kein genereller Trend zur Anerkennung des Lebensgefährten als quasi Familienangehörigen feststellbar (bejahend: OLG Köln 11.12.1998–16 Wx 180/98, FamRZ 2000, 116; OLG München 30.5.2001–21 U 1997/00, NJW 2002, 305; verneinend: OLG Schleswig 30.1.2002–2 W 5/02, FamRZ 2002, 987).

Wie die Rechtsprechung auf der Suche ist, zeigt sich auch bei dem Begriff der **sittlichen** **19** **Verpflichtung zur Unterhaltsgewährung:** zum Beispiel ist im Beamtenbesoldungsrecht ein erhöhter Ortszuschlag zu zahlen (§ 40 Abs. 2 BBesG), wenn der Beamte eine sittliche Verpflichtung zur Unterhaltsgewährung hat; im Einkommensteuerrecht (§ 33 a Abs. 1 EStG) kann vom zu versteuernden Einkommen ein Betrag abgezogen werden, wenn sich der Steuerpflichtige aus sittlichen Gründen Aufwendungen für dritte Personen nicht entziehen kann. Grundsätzlich hat die Rechtsprechung Aufwendungen, die ein Partner für einen anderen Partner einer nichtehelichen Lebensgemeinschaft tätigt, nicht anerkannt (BVerwG 28.10.1993–2 C 39/91, BVerwGE 94, 253 ff.; BFH 27.10.1989 – III R 205/82, BFHE 158, 434 f.). Allerdings sind Ausnahmen zugebilligt etwa für die Fälle, wo es um pflegerische Betreuung des Partners oder die Betreuung gemeinsamer Kinder geht (BVerwG a.a.O.; BFH a.a.O.; ausführlich Plate FuR 1995, 212 ff., 273 ff.).

III. Rechtsbeziehungen nach dem Ende nichtehelicher oder nichteingetragener Lebensgemeinschaften

Wie bei einer Ehe treten bei der nichtformalen Lebensgemeinschaft Rechtsprobleme **20** zwischen den Partnern oft erst im Zusammenhang mit der Beendigung auf. Grundsätzlich können auch die Partner einer nichtehelichen bzw. nichteingetragenen Lebensgemeinschaft für den Beendigungsfall Vereinbarungen treffen. Wenn dies nicht der Fall ist, dann gibt es keine speziellen gesetzlichen Regelungen. Was bedeutet das im Einzelnen?

Keine nachträgliche Ökonomisierung: Nach Beendigung der nichtformalen Lebensge- **21** meinschaft findet grundsätzlich kein Ausgleich der während der bestehenden Lebensgemeinschaft erbrachten und verbrauchten Leistungen, die zur Durchführung und im Interesse der Lebensgemeinschaft aufgewandt wurden, statt (BGH 31.10.2007 – XII ZR 261/04, FamRZ 2008, 247). Dies bezieht sich insbesondere auf die Güter des kurz- und mittelfristigen Konsums (Lebensunterhalt, Wohnung, ggf. Kfz o.ä.; h.M. vgl. BGH 25.9.1997 – II ZR 269/96, NJW 1997, 3371 f.; OLG Dresden 17.5.2002–20 W 631/02, FamRZ 2003, 158). Dies gilt auch hinsichtlich möglicherweise bestehender

Schulden durch Darlehensaufnahme: Wurde ein Darlehen für einen Konsumentenkredit aufgenommen und bestehen bei der Beendigung der nichtformalen Lebensgemeinschaft noch Schulden für einen oder für beide Partner, so findet grundsätzlich kein Ausgleich zwischen den Partnern statt.

22 **Ausgleich von Vermögenszuwächsen:** Anders ist es, wenn gemeinschaftliche Werte geschaffen wurden, die nicht dem Verbrauch durch die nichteheliche bzw. nichteingetragene Lebensgemeinschaft dienten, die beim Ende der Lebensgemeinschaft noch vorhanden sind (Grundstücke, Häuser, Betriebe, größere wirtschaftliche Gegenstände) und formal einem Partner zugeordnet sind. Das Eherecht sieht hierfür – im Regelfall – den Zugewinnausgleich vor (vgl. § 3 I. 2.). Auch bei der nichtehelichen Lebensgemeinschaft besteht Einigkeit darüber, dass ein Ausgleich erfolgen soll. Gleiches muss auch bei Vermögenszuwächsen innerhalb einer nichteingetragenen Lebensgemeinschaft gelten. Rechtsdogmatisch umstritten ist, wie der Ausgleich geschehen soll.

Die Rechtsprechung hat hier meist den Weg über das Gesellschaftsrecht gewählt (BGH 4.3.1996 – II ZB 8/95, BGHZ 132, 141; BGH 31.10.2007 – XII ZR 261/04, FamRZ 2008, 247 ff.; a.A. OLG Karlsruhe 13.10.1993 – 6 U 57/93, NJW 1994, 948: Bereicherungsrecht). Dies gilt auch für in diesem Zusammenhang aufgenommene Darlehen: Lag die Kreditaufnahme im Interesse eines Partners, oder ist der mit der Kreditaufnahme finanzierte Vermögenszuwachs bei einem Partner eingetreten (z.B. mit dem von der Frau aufgenommenen Darlehen wurde ein Grundstückskauf finanziert, das Grundstück wurde auf den Mann eingetragen) und bestehen noch Darlehensverpflichtungen nach Ende der nichtformalen Lebensgemeinschaft, so hat der eine Partner gegen den anderen Partner, bei dem der wirtschaftliche Vorteil existiert, einen entsprechenden Freistellungsanspruch hinsichtlich des aufgenommenen Darlehens (BGH 25.9.1997 – II ZR 269/96, NJW 1997, 3371; OLG Saarbrücken 4.3.1997 – 9 W 66/97-6, FamRZ 1998, 738). Erforderlich für eine Abwicklung über das Gesellschaftsrecht ist (so BGH 28.9.2005 – XII ZR 189/02, BGHZ 165, 1 ff.) – wie bei Ehegatten – ein schlüssig zustande gekommener Vertrag (eine rein faktische Willenübereinstimmung reicht nicht aus). Mit seinen beiden Entscheidungen vom 9.7.2008 hat der **BGH** (XII ZR 179/05 und XII ZR 39/06, FamRZ 2008, 1822 und 1828 m.Anm. Grziwotz) eine **Trendwende** vollzogen und dem Bedürfnis Rechnung getragen, Ausgleichsansprüche zuzulassen, die nicht auf gesellschaftsrechtlichen Normen beruhen, und seine bisherige Rechtsprechung grundlegend neu geregelt (zum Ganzen: Grandel/Stockmann/Gurk SWK FamR 2012 Nichteheliche Lebensgemeinschaft Rn. 31 ff.). Demnach kommen nach Beendigung einer nichtehelichen Lebensgemeinschaft wegen wesentlicher Beiträge eines Partners, mit denen ein Vermögenswert von erheblicher wirtschaftlicher Bedeutung (im entschiedenen Fall ein Wohnhaus, ebenso im Fall BGH 8.5.2013 XII ZR 132/12, NJW 2013, 2187) geschaffen wurde, dessen Alleineigentümer der andere Partner ist, nicht nur gesellschaftsrechtliche Ausgleichsansprüche, sondern auch Ansprüche aus ungerechtfertigter Bereicherung (§ 812 Abs. 1 S. 2, 2. Alt. BGB) sowie nach den Grundsätzen über den Wegfall der Geschäftsgrundlage in Betracht. Es bestehe ein schutzwürdiges Ausgleichsbedürfnis für Leistungen, die über dasjenige hinausgehen, was der Erfüllung der laufenden Unterhaltsbedürfnisse dient und das tägliche Zusammenleben erst ermöglicht, Zwar bedeute die Entscheidung für eine nichteheliche Lebensgemeinschaft eine Entscheidung gegen die Rechtsform der Ehe, enthalte aber keinen Verzicht darauf, Konflikte nach festen Rechtsregeln auszutragen. Das Argument, der leistende

Partner einer nichtehelichen Lebensgemeinschaft habe deren Scheitern bewusst in Kauf genommen, mithin nicht auf deren Bestand vertrauen dürfen, könne nicht länger überzeugen. Dass nur das Vertrauen der Ehegatten in die lebenslange Dauer ihrer Verbindung rechtlich geschützt ist (§ 1353 Abs. 1 S. 1 BGB), könne mit Blick auf die hohe Scheidungsquote eine unterschiedliche Behandlung von Ehen und nichtehelichen Lebensgemeinschaften nicht überzeugend begründen. Es sei daher jeweils im Einzelfall zu prüfen, ob ein Ausgleichsverlangen und den Gesichtspunkten der ungerechtfertigten Bereicherung und des Wegfalls der Geschäftsgrundlage begründet ist.

Kein allgemeiner Unterhaltsanspruch: Im Gegensatz zu den – allerdings durch Vereinbarungen abdingbaren – Bestimmungen der §§ 1570 ff. BGB, die gem. § 16 LPartG auch nach Beendigung einer eingetragenen Lebenspartnerschaft gelten, besteht bei Auflösung nichtehelicher oder nichteingetragener Lebensgemeinschaften kein Unterhaltsanspruch. Das ist nicht unproblematisch in den Fällen, in denen etwa die Frau wegen der Betreuung gemeinsamer Kinder nicht erwerbstätig sein kann; die Bestimmung des § 1615l BGB sorgt hier nur für einen geringen Ausgleich (vgl. § 5 I.). Desgleichen besteht weder ein Anspruch auf Versorgungsausgleich, d.h. auf die Aufteilung rentenrechtlicher Ansprüche, noch auf eine Hinterbliebenenversorgung im Todesfall, so dass eine entsprechende Absicherung nur im Wege privater Vorsorge möglich ist. **23**

Vorrang der Vereinbarungen: Dies alles gilt aber nicht, wenn zwischen den Partnern anderweitige Vereinbarungen vorliegen. Diese können alle die vorgenannten Grundsätze – die nur von Bedeutung sind, wenn keine Vereinbarungen vorliegen – verändern und das glatte Gegenteil festlegen. Es ist also möglich, einen nachträglichen Ausgleich auch für die im Interesse der nichtformalen Lebensgemeinschaft erbrachten und verbrauchten Leistungen vorzusehen, es ist möglich, auf einen nachträglichen Ausgleich von Vermögenszuwächsen zu verzichten. Dieser Vorrang der Vereinbarungen hat besondere Bedeutung bei möglichen Unterhaltsansprüchen. Hier ist inzwischen geklärt, dass Vereinbarungen, die während der bestehenden nichtehelichen Lebensgemeinschaft getroffen wurden, nicht nur für die Dauer der nichtehelichen bzw. nichteingetragenen Lebensgemeinschaft gelten, sondern – nach dem Inhalt der entsprechenden Vereinbarung – auch über die Beendigung der Lebensgemeinschaft hinaus (BGH 16.9.1985 – II ZR 283/84, NJW 1986, 374). Auf diese Weise kann es zu Unterhaltsansprüchen auch nach Beendigung einer nichtehelichen Lebensgemeinschaft kommen. **24**

IV. Verfahren

Für Rechtsstreitigkeiten zwischen Partnern einer (beendeten) nichtehelichen oder nichtpartnerschaftlichen Lebensgemeinschaft sind nicht die Familiengerichte (§ 23 b Abs. 1 GVG) zuständig; es handelt sich nicht um Familiensachen im Sinne der §§ 111 FamFG, 23 a Abs. 1 Nr. 1 GVG. Der Gesetzgeber behandelt solche Prozesse als (gewöhnliche) bürgerliche Rechtsstreitigkeiten, für die erstinstanzlich je nach Streitwert das Amtsgericht (bei einem Streitwert bis 5.000 €) bzw. das Landgericht (bei höheren **25**

Streitwerten) zuständig ist (§§ 23 Nr. 1, 71 Abs. 1 GVG). Als Verfahrensgesetz gilt die ZPO.

V. Zukünftiger Gestaltungsbedarf?

26 Angesichts der Tatsache, dass bei Partnern nichtehelicher oder nicht eingetragener Lebensgemeinschaften die Bereitschaft, ihre privaten Beziehungen durch Vereinbarungen in rechtliche Form zu gießen, nur gering ausgeprägt ist, gibt es immer wieder Überlegungen, den Komplex, zumindest in einem gewissen allgemeinen Rahmen, gesetzlich zu regeln (Schumacher FamRZ 1994, 857). Allerdings ist hier durch Reformen eine gewisse Entspannung eingetreten. Ein besonders hoher Regelungsbedarf bestand bei **nichtehelichen Lebensgemeinschaften mit Kindern.** Dieser hat sich durch die Kindschaftsrechtsreform von 1998 und die Reform der elterlichen Sorge nicht miteinander verheirateter Eltern (G. vom 16.4.2013) weitgehend erledigt, denn damit besteht die Möglichkeit zur gemeinsamen Sorge (im Einzelnen vgl. § 10 II.). Regelungsbedarf bestand auch bei **gleichgeschlechtlichen Partnern,** die eigentlich eine rechtlich verbindlich Form wünschten: durch das am 1.8.2001 in Kraft getretene LPartG besteht für gleichgeschlechtliche Partner die Möglichkeit, durch die eingetragene Lebenspartnerschaft einen rechtlich sicheren Rahmen zu gewinnen, der durch das LPartÜG seit 1.1.2005 nunmehr fast weitgehend dem Ehe- und Scheidungsrecht angepasst ist.

27 Damit konzentriert sich ein möglicher Gestaltungsbedarf zunächst auf **Rechtsklarheit und Rechtssicherheit,** da es wegen der noch nicht hinreichend entwickelten Rechtsprechung eine Vielzahl offener rechtlicher Probleme gibt. Am bedeutsamsten ist aber wohl die Tatsache, dass bei einem fehlenden rechtlichen Rahmen auf die vertraglichen Absprachen zwischen den Partnern abzustellen ist. Da diese im Streitfall in der Regel nicht nur schwer nachweisbar sind, sondern oft auch gar nicht vorhanden sein werden, wird eine Beendigung der nichtformalen Lebensgemeinschaft nicht selten zulasten der sozial Schwächeren gehen. Von besonderer Bedeutung ist dies bei Unterhaltsansprüchen und Versorgungsansprüchen. Ob entsprechende gesetzliche Regelungen in nächster Zeit zustande kommen, lässt sich nicht absehen. So stehen zurzeit als rechtlich mögliche und Sicherheit schaffende Basis die **Partnerschaftsverträge** für die nichteheliche und nicht eingetragene Lebensgemeinschaft zur Verfügung (Tzschaschel 2005; Grziwotz 2006). Ob aber der Abschluss rechtlicher Beziehungen bei vornehmlich emotional geprägten Verhältnissen für eine beachtenswerte Zahl von nichtehelichen Lebensgemeinschaften realistisch ist, erscheint zweifelhaft.

Weiterführende Literatur

Stockmann/Grandel/Gurk SWK FamR 2012 Nichteheliche Lebensgemeinschaft; M. Schwab FamRZ 2011, 1701 ff.

Teil 3
Rechtliche Verknüpfung der Generationen – Verwandtschaft und Abstammung

Wurden im 2. Teil Ehe, eingetragene Partnerschaft und nichtformale Lebensgemeinschaften behandelt, geht es in diesem 3. Teil um die rechtliche Verknüpfung der Generationen, im Kern um die rechtliche Begründung des Eltern-Kind-Verhältnisses. Die rechtliche Verknüpfung von Eltern und Kindern erfolgt über die Abstammungsregelungen. Sie definieren rechtlich, wer Vater, Mutter, Kind im Rechtssinne ist.

§ 6. Die Abstammung

Den – nach der Bürgerlichen Ehe – zweiten großen Abschnitt im Familienrecht widmet   1
das BGB der Verwandtschaft. Und so wie dort am Anfang die Eingehung der Ehe
geregelt wird, steht hier am Anfang die Festlegung der Verwandtschaft. Die rechtliche
Zuordnung der Kinder zu den Eltern, der Generationen zueinander überhaupt, geschieht über die Begriffe der Abstammung und der Verwandtschaft

Ausführlich behandelte Bestimmungen

- Verwandtschaft/Schwägerschaft: §§ 1589, 1590 BGB
- Abstammung, Festlegung der Vaterschaft: §§ 1592 bis 1597, 1600 d, 1600 e BGB
- anfechtungsunabhängige Abstammungsklärung: § 1598 a BGB
- Anfechtung der Vaterschaft: §§ 1599 bis 1600 c, 1600 e
- Internationales Abstammungsrecht: Art. 19, 20 EGBGB

Wichtige, interessante Entscheidungen

- *Zur Abstammung und zur Anfechtung:* BVerfG 9.4.2003–1 BvR 1493/96; 1724/01 u.a., BVerfGE 108, 82; EGMR 22.3.2012–23338/09 (Kautzor/Deutschland) und 45071/09 (Ahrens/Deutschland), FamRZ 2012, 691 m. Anm. Wellenhofer FamRZ 2012, 828
- *Zum Recht auf Kenntnis der Abstammung:* BVerfG 31.1.1989–1 BvL 17/87, BVerfGE 79, 256 ff.; BVerfG 13.2.2007–1 BvR 421/05, BVerfGE 117, 202
- *Zu Leihmutterschaft und Internationalem Abstammungsrecht:* VG Berlin 5.9.2012–23 L 283.12, StAZ 2012, 382

Traditionell standen „Ehe und Familie" in engem Zusammenhang. So bestimmt   2
Art. 6 Abs. 1 GG „in einem Atemzug", dass Ehe und Familie unter dem besonderen
Schutz der staatlichen Ordnung stehen. Freilich ist es inzwischen gefestigte Verfassungsrechtsprechung, dass Familie nicht (mehr) Ehe voraussetzt. Der Familienbegriff
des Art. 6 Abs. 1 GG ist nicht auf „zumindest prinzipiell ehefähige Partnerschaften"
ausgerichtet (BVerfG 19.2.2013–1 BvL 1/11 u.a., FamRZ 2013, 521, 525).

3   Sind Kinder vorhanden, so sieht die Rechtsordnung Regelungen dafür vor, dass und wie das Aufwachsen des Nachwuchses gesichert wird. Im BGB kommt dies durch die Vorschriften über die Unterhaltspflichten und die Vorschriften über die Erziehung (Sorgerechte und -pflichten) zum Ausdruck. Verantwortlich für beides sind in erster Linie die Eltern. Die **rechtliche Zuordnung** der Kinder zu den **Eltern** geschieht über die Begriffe der **Abstammung** und der **Verwandtschaft**. Deswegen sind die Abstammungsvorschriften der §§ 1591 bis 1600 e BGB von zentraler Bedeutung. An die Abstammung knüpft die Verwandtschaft, an diese wiederum die Schwägerschaft an – insgesamt: eine in sich stimmige Regelung. Schaut man genauer hin, entstehen aber auch hier Fragen: Wie passen etwa die Vorschriften auf die Situation von Kindern, die während der Trennung oder des Scheidungsverfahrens der Eltern bzw. außerhalb einer bestehenden Ehe geboren werden? Und wie passen die Vorschriften mit den Möglichkeiten künstlicher Befruchtung und Erzeugung, mit homologer und heterologer Insemination, zusammen?

I. Verwandtschaft, Schwägerschaft: eindeutige Begriffe

4   Bei „Verwandtschaft" und „Schwägerschaft" haben wir es zunächst mit eindeutigen Begriffen zu tun. Dies deswegen, weil beide Begriffe auf der Abstammung beruhen und die Probleme der Definition somit auf die Abstammung verschoben werden. Nach § 1589 BGB sind

- **verwandt in gerader Linie:** Personen, die unmittelbar voneinander abstammen (z.B. Großeltern, Mutter, Vater, Kinder) und
- **verwandt in der Seitenlinie:** Personen, die einen gemeinsamen Vorfahren haben, also von derselben dritten Person abstammen (z.B. Geschwister, Onkel, Nichte).

5   Für den Grad der Verwandtschaft ist die Zahl der die Verwandtschaft vermittelnden Geburten maßgebend (zur Adoption vgl. § 16 III. 3.). **Schwägerschaft** (§ 1590 BGB) ist die Beziehung zwischen einem Ehegatten und dem Verwandten des anderen Ehegatten; Linie und Grad der Schwägerschaft bestimmen sich nach Linie und Grad von Verwandtschaftslinie/-grad des Ehegatten. Die Schwägerschaft besteht auch nach Auflösung einer Ehe fort (§ 1590 Abs. 2 BGB). Um **Linie und Grad** der Verwandtschaft einer Person festzustellen, geht man von dieser aus und verfolgt die Abstammungslinie bis zu der anderen Person. Um Linie und Grad der Schwägerschaft einer Person zu ermitteln, geht man vom Ehegatten dieser Person aus und folgt den Abstammungslinien dieses Ehegatten zur anderen Person.

Schaubild 1: Verwandtschaftslinie und -grad

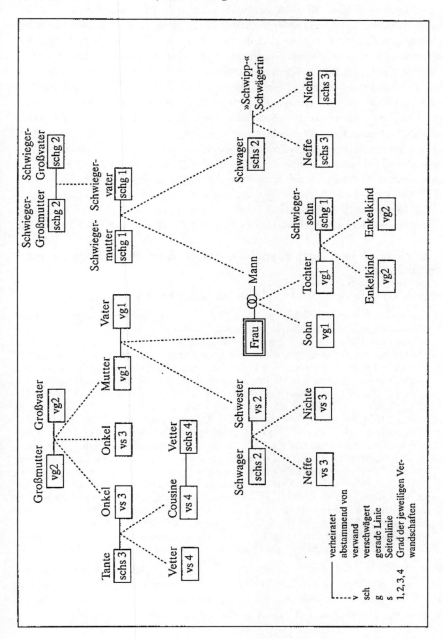

6 Die Rechtsordnung knüpft an die Verwandtschaft, insbesondere an das Mutter-Kind-Verhältnis und das Vater-Kind-Verhältnis, vielfältige Rechte und Pflichten. Die Verwandtschaft (bzw. der Grad der Verwandtschaft) ist zunächst von **familienrechtlicher Bedeutung,** weil hiervon insbesondere die personenrechtlichen (elterliche Sorge, Umgang) und unterhaltsrechtlichen Folgen abhängen. Von erheblicher Bedeutung ist sie außerdem für das an das Familienrecht anschließende **Erbrecht:** Die gesetzliche Erbfolge, die Vorschriften über den Pflichtteil usw. (§§ 1922 ff., §§ 2303 ff. BGB) knüpfen an die Verwandtschaft an. Auch außerfamilienrechtliche Folgen knüpfen an die Verwandtschaft an, insbesondere bei **Sozialleistungen** (vgl. § 9). Ebenso wird die **Staatsangehörigkeit** durch Geburt erworben (im Einzelnen § 4 StAG). Das Eltern-Kind-Verhältnis kann ein Recht auf Familiennachzug begründen (§ 28 Abs. 1 AufenthG). Verwandtschaftsbeziehungen können ein Eheverbot (§ 1307 BGB – vgl. § 3 I. 1.), Verwandtschaft und Schwägerschaft können Zeugnisverweigerungsrechte im Zivilprozess (§ 383 Abs. 1 Nr. 3 ZPO), in familiengerichtlichen Verfahren und Verfahren der freiwilligen Gerichtsbarkeit (§ 29 Abs. 2 FamFG), im Strafprozess (§§ 52 Abs. 1 Nr. 3, 55 StPO) sowie in anderen Gerichtsverfahren (etwa § 98 VwGO, § 118 SGG) begründen.

II. Die Abstammungsregelungen des Gesetzes: Weitgehend plausibel und praktikabel

7 Einzige Voraussetzung für die Verwandtschaft ist die **Abstammung.**

Hier unterschied das BGB bis zum 30.6.1998 zwischen ehelicher und nichtehelicher Abstammung. Als nichtehelich galten die Kinder, die nicht innerhalb einer bestehenden Ehe oder innerhalb von 302 Tagen nach Auflösung der Ehe geboren wurden oder deren Ehelichkeit mit Erfolg gerichtlich angefochten wurde. Außerhalb von Ehen wurden über die Jahrhunderte hinweg eine große Zahl von Kindern geboren, dies schon deswegen, weil es bis Mitte des 19. Jahrhunderts umfangreiche Heiratsverbote gab (vgl. § 3 I. 1.). Mit der außerehelichen Geburt war der Makel der Illegitimität verbunden (dazu eingehend: von Buske 2004). Deswegen war die (bevorstehende) Geburt eines Kindes häufig Anlass, die Ehe zu schließen. Die Akzeptanz nichtehelicher Lebensgemeinschaften (vgl. § 5 I.) und von Geburten außerhalb bestehender Ehen hat in den letzten Jahren dazu geführt, dass es hier zu einem kontinuierlichen Anstieg gekommen ist. Das ergibt sich auch aus einer Veränderung des Geburtenmusters unverheirateter Frauen: Nicht mehr vornehmlich die ganz jungen Frauen bekommen ein nichteheliches Kind, sondern zunehmend Mitt- und Endzwanzigerinnen, was ein Indiz für die bewusste Planung der außerehelichen Geburt ist. Seit dem 1.7.1998 spricht das Gesetz nicht mehr von „ehelichen" und „nichtehelichen" Kindern, auch nicht mehr von Anfechtung der „Ehelichkeit". An den wenigen Stellen des Gesetzes, an denen der Unterschied noch eine Rolle spielt, spricht das BGB von dem „Kind und seinen nicht miteinander verheirateten Eltern" (siehe z.B. die Überschrift vor § 1615 a BGB).

8 Damit war der formale Status (Ehe oder nicht Ehe) und nicht die konkrete soziale Beziehung maßgeblich. Seit dem 1.7.1998 sehen die Abstammungsbestimmungen formal keinen Unterschied mehr zwischen ehelich und nichtehelich vor, wenngleich, wie wir sehen werden, pragmatisch doch in vielen Fällen an die Ehe angeknüpft wird.

1. Wer ist Mutter, wer ist Vater?

Wenn die Rechtsordnung an das Mutter-Kind-Verhältnis und an das Vater-Kind-Ver- 9
hältnis Rechte und Pflichten knüpft, dann muss sie gleichzeitig auch festlegen, wer
Mutter und Vater eines Kindes sind. § 1591 BGB bestimmt, wer **Mutter eines Kindes** ist, nämlich die Frau, die es geboren hat. Damit hat der Gesetzgeber eine (Teil-)
Antwort auf die sich durch die künstlichen Befruchtungen und Zeugungen ergebenden
Rechtsprobleme gegeben (vgl. ausführlicher unter § 6 III.). Auch die Anonymität einer
Geburt (etwa wenn das Kind in eine „Babyklappe" gelegt wird; dazu unten § 6 III.)
ändert nichts daran, dass die Gebärende Mutter im Rechtssinne ist. Praktisch weitaus
bedeutsamer ist jedoch die rechtliche Definition der Vaterschaft. Anders als im natur-
wissenschaftlichen Sinn ist die „Vaterschaft" als Rechtsbegriff keine feststehende, un-
abänderliche Größe. Bei der Vater-Kind-Zuordnung geht es nicht um die bloße Ab-
bildung biologisch-genetischer Verhältnisse; die biologische „Wahrheit" ist lediglich
einer unter mehreren determinierenden Faktoren. Hinzu kommen das Kindesinteresse
an der Stabilität gelebter sozialer Bindungen, der Familienfrieden, gegenseitige ge-
fühlsmäßige Bindungen und andere mehr (zum Ganzen historisch und rechtsvergleichend: Ernst 1993). Die Rede ist vom „Abstammungsrecht zwischen Solidarität und
genetischer Wahrheit" (Heiderhoff FamRZ 2010, 8, 11). Die Gewichtung der einzelnen Faktoren zueinander hat sich in den letzten Jahren auch unter dem Einfluss des
BVerfG und des EGMR deutlich verschoben. Die Regelung des BGB zur Verwandtschaft (§§ 1589 ff.) ist durch das sogenannte Statusprinzip geprägt. Dieses zeichnet sich
u.a. dadurch aus, dass der einmal begründete rechtliche Status der Verwandtschaft mit
vielfältigen und weitreichenden Rechtsfolgen verknüpft ist. Eine sogenannte Inzidentfeststellung ist grundsätzlich ausgeschlossen (zu Ausnahmen siehe § 7 I.1.a), vielmehr
setzen die Rechtswirkungen den rechtlich etablierten Status der Verwandtschaft voraus. In diesen gesetzlichen Regelungen kommen die Prinzipien der Statusklarheit und
Statussicherheit zum Ausdruck (BGH 27.3.2013 – XII ZB 71/12, MDR 2013, 656).

a) Ehemann der Mutter

Nach § 1592 Nr. 1 BGB ist **Vater des Kindes** der Mann, der zum Zeitpunkt der Geburt 10
mit der Mutter verheiratet ist. Dies schließt andere Männer aus, d.h. weder durch
Anerkennung (vgl. § 1594 Abs. 2 BGB) noch durch gerichtliche Feststellung der Vaterschaft eines anderen Mannes (vgl. § 1600 d Abs. 1 BGB) kann die Vaterschaft des
mit der Mutter verheirateten Mannes ausgehebelt werden. Wenn ein Kind in einer
bestehenden Ehe geboren wird, muss erst die rechtliche Vaterschaft des Ehemannes
beseitigt werden, regelmäßig durch Anfechtung (vgl. § 6 II. 2.), ausnahmsweise durch
die Sonderregelung des § 1599 Abs. 2 BGB (gleich im Folgenden), bevor ein anderer
Mann rechtlich als Vater festgestellt werden kann. § 1593 BGB dehnt den „Zeitraum
der Ehe" etwas aus und befasst sich mit dem Sonderfall, dass aufgrund einer neuen
Eheschließung der Mutter das Kind theoretisch aus „zwei Ehen" stammen könnte.

Ansonsten wird mit der Regelung des § 1592 Nr. 1 BGB für alle die Fälle, in denen die Frau verheiratet ist, zunächst der Ehemann der Frau als rechtlicher Vater des Kindes formal bestimmt.

b) Freiwillige Anerkennung

11 Für den Fall, dass die Mutter bei der Geburt des Kindes nicht verheiratet ist, sieht § 1592 Nr. 2 BGB für die Festlegung der Vaterschaft vor, dass die **Vaterschaft (freiwillig) anerkannt** werden kann. Diese Möglichkeit besteht auch dann, wenn die Vaterschaft des Ehemannes (der zunächst nach § 1592 Nr. 1 BGB als Vater gilt) durch die Anfechtung (§ 6 II. 2.) rechtlich beseitigt wurde. Die Anerkennung bedarf der **Zustimmung** der Mutter (§ 1595 Abs. 1 BGB): Gegen den Willen der Mutter kann ihr für ihr Kind über den Weg der Anerkennung die Vaterschaft nicht aufgenötigt werden. Grundsätzlich bedarf die Anerkennung auch der Zustimmung des Kindes, wenn der Mutter jedoch die elterliche Sorge für das Kind zusteht, ist in der Zustimmung der Mutter sozusagen die Zustimmung des Kindes enthalten (§ 1595 Abs. 2 BGB). Wie bei der Festlegung der Vaterschaft nach § 1591 Nr. 1 BGB kommt es auch bei dem Anerkenntnis nicht darauf an, ob der anerkennende Mann der biologische Vater ist. Sowohl durch § 1591 Nr. 1 BGB, als auch durch § 1591 Nr. 2 BGB wird die **rechtliche Vaterschaft** festgelegt. Es ist also durchaus möglich, dass – etwa im Zusammenwirken zwischen der Mutter und einem beliebigen Mann – ein bewusst unrichtiges Vaterschaftsanerkenntnis abgegeben wird. Die beurkundende Stelle prüfte deshalb bis vor kurzem lediglich, ob die formellen Voraussetzungen der Anerkennung vorliegen; ob der anerkennende Mann tatsächlich auch der biologische Vater ist, wurde nicht geprüft und durfte nicht geprüft werden. Es wird allerdings berichtet, dass in großem Stil versucht werde, in einschlägigen Kreisen deutsche Männer, die im Hinblick auf ihre Vermögenslosigkeit und ihre voraussichtlich dauerhafte unterhaltsrechtliche Leistungsunfähigkeit die aus einer Vaterschaft resultierenden Verpflichtungen nicht fürchten müssen, durch Geldzahlungen zur Anerkennung von Kindern ausländischer – meist osteuropäischer Frauen – zu veranlassen (Grün FuR 2006, 497). „Osteuropäische Kriminelle lassen Helfer in Berliner Säuferkneipen nach Sozialhilfeempfängern Ausschau halten, die dann überredet werden, für Beträge zwischen 1.000 Euro und 2.000 Euro die Vaterschaft zu einem Kind aus Bukarest, Sofia oder Kiew anzuerkennen" (Henrich FamRZ 2006, 977 f.). Der Gesetzgeber hat deshalb im Jahr 2008 zu dem Zweck, missbräuchliche Vaterschaftsanerkenntnisse (mit denen das Ziel verfolgt wird, einem Beteiligten, der nicht die deutsche Staatsangehörigkeit hat, die Einreise nach Deutschland oder den Verbleib in Deutschland zu ermöglichen) zu unterbinden, ein **Ablehnungsrecht des die Anerkennung der Vaterschaft beurkundenden Standesbeamten** (§ 44 Abs. 1 S. 3 PStG) sowie ein behördliches Anfechtungsrecht (§ 1600 Abs. 1 Nr. 5 BGB) eingeführt (Grün FPR 2011, 382). Eine von der jeweiligen Landesregierung zu bestimmende Behörde (§ 1600 Abs. 6 BGB) hat ein eigenes Vaterschaftsanfechtungsrecht; dieser Behörde hat die be-

urkundende Stelle (ebenso wie die Ausländerbehörde) entsprechende Verdachtsfälle mitzuteilen (§ 87 Abs. 2 S. 1 Nr. 4 AufenthaltsG). Eine Verweigerung der Beurkundung der Vaterschaft durch das Jugendamt oder den Notar ist nicht eingeführt worden. Der BGH hält die behördliche Vaterschaftsanfechtung nach § 1600 Abs. 1 Nr. 5 BGB in ihrer derzeitigen gesetzlichen Ausgestaltung wegen Verletzung von Art. 6 Abs. 5 GG für verfassungswidrig und hat die Sache – wegen dessen ausschließlicher Verwerfungskompetenz gemäß Art. 100 Abs. 1 GG – dem BVerfG vorgelegt (BGH 27.6.2012 – XII ZR 89/10, FamRZ 2012, 1489).

Die §§ 1594 bis 1597 BGB enthalten weitere Vorschriften für die Anerkennung der Vaterschaft. Grundsätzlich sind Anerkennung und Zustimmung höchstpersönliche Erklärungen, die durch die jeweiligen Personen selbst vorzunehmen sind. Das gilt auch dann, wenn z.b. der anerkennende Mann oder die Mutter noch minderjährig (in ihrer Geschäftsfähigkeit beschränkt) sind, dann allerdings ist die Zustimmung des gesetzlichen Vertreters erforderlich (§ 1596 Abs. 1 BGB). Nur wenn sie geschäftsunfähig sind (§ 104 Nr. 1 BGB), werden sie durch den gesetzlichen Vertreter vertreten. Falls das Kind zustimmen muss (nach § 1595 Abs. 2 BGB nur dann, wenn es nicht unter der elterlichen Sorge der Mutter steht), kommt es auf das Alter des Kindes an: Über 14 kann es nur selbst zustimmen (mit Zustimmung des gesetzlichen Vertreters), darunter (oder bei Geschäftsunfähigkeit) stimmt der gesetzliche Vertreter zu (§ 1596 Abs. 2 BGB). Außerdem sind die Formerfordernisse des § 1597 BGB einzuhalten, wonach die öffentliche Beurkundung erforderlich ist. Diese Beurkundung können Notare (§ 20 BNotO), Standesämter (§ 44 PStG), Amtsgerichte (§ 62 Abs. 1 Nr. 1 BeurkG), in einem Erörterungstermin Familiengerichte (§ 180 FamFG) oder Jugendämter (§ 59 Abs. 1 S. 1 Nr. 1 SGB VIII) sowie Konsularbeamte (§§ 2, 10 KonsG) vornehmen.

Eine gewisse Entschärfung der Problematik hinsichtlich der **während des Scheidungs-** 12 **verfahrens geborenen Kinder** bringt § 1599 Abs. 2 BGB. Wenn Ehemann und Ehefrau getrennt leben und die Ehefrau von einem anderen Mann ein Kind bekommt, so gilt nach § 1592 Nr. 1 BGB ja zunächst der Ehemann als Vater. Um hier die in aller Regel unzutreffende und nur durch ein gerichtliches Vaterschaftsanfechtungsverfahren zu beseitigende rechtliche Zuordnung zum bisherigen Ehemann der Mutter zu verhindern, bestimmt § 1599 Abs. 2 BGB: Wird ein Kind nach Anhängigkeit eines Scheidungsantrags geboren, erkennt spätestens bis zum Ablauf eines Jahr nach Rechtskraft des Scheidungsurteils ein anderer Mann die Vaterschaft an und stimmen die Mutter und ihr bisheriger Ehemann diesem Anerkenntnis zu, wird das Kind (nach Rechtskraft der Ehescheidung) automatisch dem anerkennenden Mann statt dem bisherigen Ehemann zugeordnet, obwohl es noch während der Ehe geboren wurde (scheidungsakzessorischer Statuswechsel; BGH 27.3.2013 – XII ZB 71/12, MDR 2013, 656). Liegen diese speziellen Voraussetzungen des § 1599 Abs. 2 BGB allerdings nicht vor, so bleibt es bei der Notwendigkeit eines Verfahrens der Anfechtung der rechtlichen Vaterschaft des Ehemanns und der dann anschließenden Anerkennung durch den anderen Mann (den mutmaßlichen biologischen Vater des Kindes und häufig neuen Partner der Mutter).

Die freiwillige Anerkennung (ebenso wie die gerichtliche Feststellung der Vaterschaft – § 1600 d BGB) hat ihre Hauptbedeutung bei Kindern, die außerhalb einer bestehenden Ehe geboren werden. Da es hier bisweilen komplizierte tatsächliche und rechtliche Fragen gibt, hat der Gesetzgeber (nach Streichung der Amtspflegschaft in den alten Bundesländern – vgl. § 1 II.) die Unterstützungsmöglichkeit durch die Beistandschaft geschaffen (ausführlich unter § 16 I.).

c) Gerichtliche Feststellung der Vaterschaft

13 Nach wie vor von Bedeutung, wenn auch in quantitativ deutlich geringerem Umfang als die Anerkennung, ist die **gerichtliche Feststellung** der Vaterschaft – **§ 1592 Nr. 3 BGB**. Sie ist in § 1600 d BGB näher geregelt. Das Familiengericht stellt die Vaterschaft **auf Antrag** fest. Damit ist es bei einem außerhalb einer Ehe geborenen Kind möglich, dass z.B. dann, wenn die Mutter gar nicht will, dass der Erzeuger als Vater festgestellt wird, dieser durch entsprechende Klage gegen das Kind zu einer Feststellung der Vaterschaft kommen kann.

14 Bei der gerichtlichen Feststellung der Vaterschaft arbeitet § 1600 d Abs. 2 BGB mit einer Beweisvermutung: Als Vater wird der Mann vermutet, der der Mutter während der Empfängniszeit „beigewohnt", d.h. mit ihr geschlechtlich verkehrt hat. Angesichts der medizinischen Fortschritte in der Vaterschaftsbegutachtung spielt diese Beweisvermutung nur noch eine untergeordnete Rolle, in der gerichtlichen Praxis erfolgt die Feststellung der Vaterschaft durch Einholung eines medizinischen Abstammungsgutachtens. Von fast ausschließlicher Bedeutung sind inzwischen die DNA-Gutachten.

Die **DNA-Analyse** ist ein genomisches Analyseverfahren, das genetische Aussagen auf statistischer Basis trifft und von hoher Genauigkeit ist (vgl. die Richtlinien für die Erstattung von Abstammungsgutachten, erarbeitet von der Bundesärztekammer Köln und dem Robert-Koch-Institut Berlin FamRZ 2002, 1159; zur Anpassung der Richtlinien an den wissenschaftlichen Fortschritt: Geserick FPR 2011, 369), sich aber nur allmählich bei der Vaterschaftsfeststellung (bzw. bei der Vaterschaftsanfechtung – vgl. § 6 II. 2.) durchsetzte (dazu BGH 24.10.1990 – XII ZR 92/89, NJW 1991, 751; BGH 12.1.1994 – XI ZR 155/92, NJW 1994, 749, 1348 f.), so dass es zunächst nur in Kombination mit anderen Gutachtenverfahren verwendet wurde. Wegen der hohen Genauigkeit und nicht zuletzt wegen der wesentlich geringeren Kosten ist die DNA-Analyse inzwischen das zentrale Analyseverfahren bei Vaterschaftsfeststellungen (zum Umfang der Erhebung weiterer Beweise, wenn ein biostatistisches Vaterschaftsgutachten zwar eine sehr hohe Wahrscheinlichkeit der Vaterschaft des Beklagten ergibt, dieser aber bestreitet, der Kindesmutter beigewohnt zu haben, sowie zur Methode biostatistischer Gutachten: BGH 3.5.2006 – XII ZR 195/03, FamRZ 2006, 1745 m. Anm. Wellenhofer 1749; zum „whole genome sequencing"-Verfahren: BVerfG 18.8.2010 – 1 BvR 811/09, FamRZ 2010, 1879 und Rittner FPR 2011, 372).

15 In der Praxis wird bei außerhalb einer Ehe geborenen Kindern die Vaterschaft zum ganz überwiegenden Teil durch die freiwillige Anerkennung festgestellt, nur zu einem deutlich geringeren Teil wird sie durch gerichtliche Entscheidung festgestellt. Genaue Zahlen darüber haben wir allerdings nicht (mehr), da mit der Abschaffung des gesetzlichen Eintritts der Amtspflegschaft bei nichtehelich geborenen Kindern in den alten

Bundesländern durch die Kindschaftsrechtsreform von 1998 auch die diesbezügliche Statistik eingestellt wurde.

Tabelle 4: Abstammung

Mutter verheiratet	Mutter nicht verheiratet
■ Ehemann ist grundsätzlich rechtlicher Vater: § 1592 Nr. 1 BGB	■ oder erfolgreiche Anfechtung der Vaterschaft bei miteinander verheirateten Eltern: §§ 1599 ff. BGB
■ es sei denn erfolgreiche Anfechtung der Vaterschaft: §§ 1599 ff. BGB ■ Sonderfall: Trennungs-/Scheidungskinder: § 1599 Abs. 2 BGB	Feststellung der Vaterschaft durch: ■ Anerkennung: §§ 1594 ff. BGB ■ gerichtliche Feststellung: §§ 1600 d ff. BGB

2. Anfechtung der Vaterschaft

Die **Anfechtung der Vaterschaft** ist in den §§ 1600–1600 c BGB geregelt. Dass nach 16 § 1600 Abs. 1 Nr. 1, 3, 4 BGB der Mann, der (nach § 1592 Nr. 1 und 2, § 1593 BGB) als **rechtlicher Vater** gilt, die **Mutter** und das **Kind** anfechten können, ist nicht verwunderlich, obwohl dies auch nicht immer so war (vgl. § 6 III.). Vergleichweise jungen Datums ist die Regelung des § 1600 **Abs. 1 Nr. 2 BGB**, wonach ein Mann, der an Eides statt versichert, der Mutter während der Empfängniszeit beigewohnt zu haben – und damit möglicherweise der **biologische Vater** zu sein – anfechten kann.

Diese zum 1.4.2004 in Kraft getretene Bestimmung geht auf eine Entscheidung des 17 Bundesverfassungsgerichts zurück (BVerfG 9.4.2003–1 BvR 1493/96, 1724/01 u.a., BVerfGE 108, 82; in diese Richtung bereits EGMR 27.10.1994–29/1993/424/503, FamRZ 2003, 813), in der das Gericht ausgeführt hatte, dass § 1600 a.F. BGB mit Art. 6 Abs. 2 S. 2 GG insoweit unvereinbar ist, als dem (möglichen) biologischen Vater (Vaterschaftsprätendenten) selbst dann das Recht auf Anfechtung der rechtlichen Vaterschaft vorenthalten wird, wenn zwischen rechtlichem Vater und Kind gar keine soziale Familie besteht. Daraufhin hat der Gesetzgeber die jetzige Nr. 2 in § 1600 Abs. 1 BGB aufgenommen. Dieses Anfechtungsrecht ist jedoch gemäß Abs. 2 nur gegeben, wenn zwischen dem rechtlichen Vater und dem Kind keine **sozial-familiäre Beziehung** besteht (die in Abs. 3 definiert ist), und nur erfolgreich, wenn der anfechtende Mann tatsächlich leiblicher Vater des Kindes ist. Damit wird erreicht, dass das Kind auf jeden Fall einen (rechtlichen) Vater hat: Sei es, dass der bisherige rechtliche Vater Vater bleibt, sei es, dass der anfechtende Mann zum neuen (in diesem Fall dann zugleich rechtlichen und biologischen) Vater wird. Es verstößt nicht gegen Art. 8 EMRK, die Klagen leiblicher oder mutmaßlicher leiblicher Väter auf Anfechtung der Vaterschaft abzuweisen, insbesondere wenn zwischen dem Kind und dem rechtlichen Vater eine enge sozial-familiäre Bindung besteht (EGMR 22.3.2012, FamRZ 2012, 691). Um auf die unklare Rechtslage zu reagieren, ob bei einer **künstlichen Befruchtung**, die mit Einwilligung des Ehemanns der Mutter durchgeführt wurde, dieser Ehemann später seine Vaterschaft (im Falle einer heterologen Insemination) anfechten kann, hat der Gesetzgeber (mit Wirkung vom 12.4.2004) § **1600 Abs. 5 BGB** geschaffen: Damit ist klargestellt, dass die Anfechtung der Vaterschaft dann, wenn mit Einwilligung des Mannes eine künstliche Befruchtung mittels Samenspende eines Dritten durchgeführt wurde, ausgeschlossen ist (vgl. auch § 6 IV.).

> Die Anfechtung ist eine höchstpersönliche Rechtshandlung, so dass grundsätzlich die Vertretung durch andere Personen ausgeschlossen ist (§ 1600 a BGB), das gilt auch für den Fall der beschränkten Geschäftsfähigkeit des Vaters oder der Mutter, nur wenn sie geschäftsunfähig sind, kann ihr gesetzlicher Vertreter anfechten (im Einzelnen § 1600 a Abs. 2 BGB). Für das geschäftsunfähige oder in der Geschäftsfähigkeit beschränkte Kind kann nach § 1600 a Abs. 2 BGB nur der gesetzliche Vertreter anfechten. In allen Fällen, in denen die gesetzlichen Vertreter tätig sind, haben sie das Wohl des Vertretenen bei der Anfechtung zu beachten (§ 1600 a Abs. 4 BGB). Nach § 1600 Abs. 1 Nr. 5, Abs. 3 BGB hat die zuständige Behörde ein Anfechtungsrecht, wenn zwischen dem Kind und dem Anerkennenden keine sozial-familiäre Beziehung besteht oder im Zeitpunkt der Anerkennung oder seines Todes bestanden hat und durch die Anerkennung rechtliche Voraussetzungen für die erlaubte Einreise oder den erlaubten Aufenthalt des Kindes oder eines Elternteils geschaffen werden.

18 Die Anfechtung muss **innerhalb von zwei Jahren**, nachdem der Anfechtungsberechtigte von den Umständen erfahren hat, die gegen die Vaterschaft sprechen, erfolgen (dazu anschaulich: BGH 29.3.2006 – XII ZR 207/03, FamRZ 2006, 771). Wenn der gesetzliche Vertreter eines minderjährigen Kindes die Vaterschaft nicht rechtzeitig angefochten hat, so besteht für das **Kind nach Eintritt der Volljährigkeit** nochmals die Möglichkeit der Anfechtung, wiederum mit einer zweijährigen Frist ab dem Zeitpunkt, ab dem das dann volljährige Kind von den Umständen erfährt, die gegen die Vaterschaft seines bisherigen rechtlichen Vaters sprechen (§ 1600 b Abs. 3 BGB). Die Anfechtungsfrist dient der Rechtssicherheit, dem Rechtsfrieden und der Bestandskraft des Kindschaftsstatus (OLG Karlsruhe 30.10.2012–2 UF 222/12, FamRZ 2013, 555). Die Fristen sind Ausschlussfristen, so dass selbst dann, wenn die biologische Vaterschaft eines anfechtenden Vaters ausgeschlossen ist, er als Vater gilt, wenn er die maßgeblichen Fristen versäumt hat (OLG Brandenburg 10.5.2001–15 UF 95/00, FamRZ 2001, 1630 f.).

3. Verfahrensrecht

19 Das Abstammungsverfahren ist in den §§ 169–185 FamFG geregelt. Abstammungssachen sind nicht nur Verfahren auf Feststellung oder Anfechtung der Vaterschaft, sondern insbesondere auch Verfahren zur Klärung der Abstammung unabhängig vom Statusverfahren gemäß § 1598 a BGB. Das Verfahren wird durch einen Antrag eingeleitet; in diesem sollen das Verfahrensziel und die betroffenen Personen benannt wer-

den. Außerdem sollen rechtlicher Vater, potenzieller biologischer Vater (Vaterschaftsprätendent), Mutter und Kind – wenn sie einen Vaterschaftsanfechtungsantrag stellen – die Umstände, die gegen die Vaterschaft sprechen, sowie den Zeitpunkt, in dem ihnen diese Umstände bekannt wurden, angeben. An dem Verfahren zu beteiligen sind Kind, Mutter und rechtlicher Vater. Das Familiengericht hat dem minderjährigen Beteiligten einen Verfahrensbeistand zu bestellen, soweit dies zur Wahrnehmung von dessen Interessen erforderlich ist. Das Jugendamt soll im Verfahren in Abstammungssachen angehört werden, wenn der Vaterschaftsprätendent (§ 1600 Abs. 1 Nr. 2 BGB), die zuständige Behörde (§ 1600 Abs. 1 Nr. 5 BGB) oder der gesetzliche Vertreter des Kindes (gemäß § 1600 Abs. 1 Nr. 4 BGB) die Vaterschaft anficht; in diesen Fällen ist das Jugendamt auf seinen Antrag förmlich am Verfahren zu beteiligen. Im Übrigen kann das Jugendamt angehört werden, wenn ein Beteiligter minderjährig ist. Mit dem Antrag auf Vaterschaftsanfechtung (§ 171 Abs. 2 S. 2 FamFG) ist nach der Rechtsprechung des BGH für die Schlüssigkeit des Anfechtungsantrags ein begründeter **Anfangsverdacht** dafür vorzutragen, dass die rechtliche Vaterschaft mit der biologischen Vaterschaft nicht übereinstimmt (BGH 1.3.2006 – XII ZR 210/04, FamRZ 2006, 686; ausführlich Heiderhoff/Schekahn FPR 2011, 360, 363ff.). Wenn ein hinreichender Anfangsverdacht vorliegt, kommt es zum gerichtlichen Verfahren, und in diesem selbst wird die Vaterschaft durch Abstammungsgutachten festgestellt, die inzwischen mit der DNA-Analyse zu sehr genauen und rechtlich anerkannten Ergebnissen kommen (vgl. § 6 II. 1.). Ein heimlich eingeholter DNA-Vaterschaftsnachweis reicht für den Anfangsverdacht nicht aus. weil es sich dabei um ein in rechtswidriger Weise erlangtes Mittel, das aus dem verfassungsrechtlich geschützten allgemeinen Persönlichkeitsrecht heraus einem Beweisverwertungsverbot unterliegt, handelt (BGH 12.1.2005 – XII ZR 227/03, BGHZ 162, 1; inhaltsgleich mit BGH 12.1.2005 – XII ZR 60/03; a.A. Knoche FuR 2005, 348). Diese Rechtsprechung des BGH ist mit dem GG vereinbar (BVerfG 13.2.2007–1 BvR 421/05, FamRZ 2007, 441 m. Anm. Balthasar 448). Eine Verletzung von Art. 2 Abs. 1 i.V.m. Art. 1 Abs. 1 GG stellt es nach dieser Entscheidung des BVerfG dagegen dar, dass das Gesetz bislang kein rechtsförmiges Verfahren bereitstellte, in dem die Verwirklichung des Grundrechts auf Kenntnis der Abstammung eines Kindes von seinem rechtlichen Vater statusunabhängig ermöglicht wird.

Weiterführende Literatur
Helms/Kieninger/Rittner, Abstammungsrecht in der Praxis, 2010

III. Recht auf Kenntnis der Abstammung

Unter dem bis zum 30.6.1998 geltenden Recht konnten eheliche Kinder die Vaterschaft des Ehemannes der Mutter regelmäßig nur dann anfechten, wenn die Ehe der Eltern gescheitert war; bestand die Ehe weiter, konnte das eheliche Kind deshalb grundsätzlich keine Kenntnis seiner biologischen Abstammung erlangen. Die Tatsache, dass das

20

Kind deswegen außerhalb der gesetzlichen Anfechtungstatbestände die gerichtliche Klärung seiner Abstammung nicht erreichen konnte, hat das Bundesverfassungsgericht als nicht mit Art. 1 und Art. 2 GG vereinbar und daher verfassungswidrig angesehen (BVerfG 31.1.1989–1 BvL 17/87, BVerfGE 79, 256 ff.; BVerfG 26.4.1994–1 BvR 1299/89, 1 BvL 6/90, BVerfGE 90, 263) und den Gesetzgeber aufgefordert, eine Regelung zu treffen, die das Recht auf Kenntnis der Abstammung (vgl. Ernst 1993; Helms 1999) realisiert.

21 Mit den §§ 1600 Abs. 1 Nr. 4, 1600 b Abs. 3 BGB ist das **Recht auf Kenntnis der Abstammung** jedenfalls teilweise umgesetzt, denn nun können Kinder nach Volljährigkeit auch dann, wenn ihre gesetzlichen Vertreter während ihrer Minderjährigkeit die Vaterschaft nicht angefochten haben, dies selbst tun. Ein eigenständiges Recht auf Kenntnis der Abstammung unabhängig von der statusändernden Anfechtung der bestehenden Vaterschaft hat der Gesetzgeber mit der Reform von 1998 allerdings nicht geschaffen (so auch BGH 6.12.2006 – XII ZR 164/04, FamRZ 2007, 538), sondern dieses „Recht auf Kenntnis der Abstammung" nur über den „Umweg" der Anfechtung der Vaterschaft eingeräumt. Bei der Realisierung des Rechts auf Kenntnis der Abstammung stellt sich auch die Frage, ob das **Kind von seiner Mutter Auskunft** über den oder die in Frage kommenden biologischen Väter verlangen kann – von Bedeutung ist dies vor allem bei außerhalb einer Ehe geborenen Kindern. Ort der Klärung dieses Rechtsproblems ist § 1618 a BGB mit der Benennung der gegenseitigen Pflicht zur Beistandschaft und Rücksichtnahme (im Einzelnen § 10 I.). Das Recht des Kindes auf Kenntnis der eigenen Abstammung ist ein wichtiger Gesichtspunkt im Zusammenhang der Diskussion über die Rechtmäßigkeit von „Babyklappen" und medizinisch assistierten „anonymen Geburten". Seit im Jahr 1999 in Deutschland erste Angebote zur anonymen Kindesabgabe entstanden, wurden bis 2010 973 Kinder anonym geboren, in eine Babyklappe gelegt oder anonym übergeben (Quelle: Deutsches Jugendinstitut, Studie „Anonyme Geburt und Babyklappen in Deutschland", Seite 11; siehe www.dji.de/Projekt_Babyklappen/Berichte/Abschlussbericht_Anonyme_Geburt_und_Babyklappen.pdf). Um schwangeren Frauen, die Angst vor einer Entbindung bei gleichzeitiger Preisgabe ihres Namens haben, besser zu helfen, hat der Gesetzgeber jüngst, die „vertrauliche Geburt" im Schwangerschaftskonfliktgesetz besonders gesetzlich geregelt (Gesetz zum Ausbau der Hilfen für Schwangere und zur Regelung der vertraulichen Geburt; siehe BT-Drs. 17/12814 und 17/13062 sowie die Stellungnahmen in ZKJ 2013, 71 ff.; NDV 2013, 12 ff.). Nach der Rechtsprechung des EGMR verstößt eine gesetzliche Regelung, die es einem Kind, das von seiner Mutter anonym zur Welt gebracht worden ist, unmöglich macht, jemals etwas über seine leiblichen Eltern zu erfahren, die also das Interesse der Mutter, anonym zu bleiben, höher einstuft als das Recht des Kindes auf Kenntnis seiner Abstammung, gegen Art. 8 EMRK (EGMR 25.9.2012, FamRZ 2012, 1935 m. Anm. Henrich).

Auf die Verfassungsbeschwerde eines Vaters, dem eine Vaterschaftsanfechtungsklage 22 verwehrt war, weil sein heimlich eingeholtes DNA-Gutachten den erforderlichen Anfangsverdacht nicht begründen konnte (s.o.), hat das BVerfG dem Gesetzgeber aufgegeben, einen Verfahrensweg zu eröffnen, der dem Recht auf Kenntnis und Feststellung der Abstammung aus Art. 2 Abs. 1 i.V.m. Art. 1 Abs. 1 GG zur Verwirklichung verhilft, und zwar ohne dies zwingend mit einem Anfechtungsverfahren verbinden zu müssen (BVerfG 13.2.2007–1 BvR 421/05, FamRZ 2007, 441 m. Anm. Balthasar 448). Der Gesetzgeber hat in Umsetzung dieses Verfassungsauftrags das Gesetz zur Klärung der Vaterschaft unabhängig vom Anfechtungsverfahren erlassen. Der mit diesem Gesetz eingeführte § 1598 a BGB sieht vor, dass zur Klärung der leiblichen Abstammung des Kindes der Vater jeweils von Mutter und Kind, die Mutter jeweils von Vater und Kind sowie das Kind jeweils von beiden Elternteilen verlangen können, dass diese **in eine genetische Abstammungsuntersuchung einwilligen** und die **Entnahme einer für die Untersuchung geeigneten genetischen Probe dulden.** Auf Antrag eines Klärungsberechtigten hat das Familiengericht eine nicht erteilte Einwilligung zu ersetzen und die Duldung einer Probeentnahme anzuordnen. Das Familiengericht setzt allerdings das Verfahren aus, wenn und solange die Klärung der leiblichen Abstammung eine erhebliche Beeinträchtigung des Wohls des minderjährigen Kindes begründen würde, die auch unter Berücksichtigung der Belange des Klärungsberechtigten für das Kind unzumutbar wäre (zum Verfahren: Helms FamRZ 2008, 1033 ff.). Zur Frage, ob der neu geschaffene Anspruch auf Abstammungsklärung und anschließender Vaterschaftsanfechtung dem Familienwohl förderlich ist, aus medizinischer, familiendynamischer usw. Sicht: Klosinski FPR 2007, 385 ff.

IV. Künstliche Befruchtung und Zeugung: Auflösung naturwüchsiger Vorgaben

Die wissenschaftlich-technischen Fortschritte der Medizin haben die natürlichen Zu- 23 sammenhänge von Zeugung und Empfängnis veränderbar gemacht (zu einer Darstellung der verschiedenen Verfahren der künstlichen Befruchtung sowie der rechtlichen Zulässigkeit der künstlichen Befruchtung ausführlich: Dethloff § 10 Rn. 72–78). Dadurch können die im Abstammungsrecht miteinander verbundenen Aspekte des Geschlechtsverkehrs (Beiwohnung), der Zeugung, der Empfängnis und der Geburt in unterschiedlicher Kombination auftreten. Dass deswegen die Rechtsordnung Probleme hat, ist nicht verwunderlich (vgl. Wellenhofer FamRZ 2013, 825 ff.; Kirchmeier FamRZ 1998, 1281 ff.; Wolf FuR 1998, 392 ff.).

> Künstliche Befruchtung spricht nicht nur familienrechtliche, sondern allgemein gesellschaftliche Fragen an. Der Gesetzgeber hat sich im **Embryonenschutzgesetz (ESchG)** mit Teilaspekten dieser Thematik befasst. Nach § 4 ESchG ist die künstliche Befruchtung nicht verboten, wenn die beteiligte Frau und der Samenspender einwilligen. Die Samenspende kann sowohl vom Ehemann stammen (**homologe Insemination**), als auch

von einem anderen Mann (**heterologe Insemination**). Die heterologe Insemination darf von dem Arzt nur unter folgenden strengen Voraussetzungen vorgenommen werden:

- Nur ein Samenspender je Befruchtungsvorgang,
- die Gewissheit, dass ein früherer Befruchtungsversuch mit Drittsperma nicht zur Konzeption geführt hat,
- Aufklärung des Samengebers über eine mögliche Vaterschaftsfeststellung und Unterhaltspflicht, wenn das Kind anficht,
- Hinweis, dass der Arzt den Spendernamen nicht geheim halten darf, wenn die Vaterschaft erfolgreich angefochten ist,
- Zustimmung der Ehefrau des Spermaspenders,
- Unterrichtung des Ehegatten der Spermaempfängerin,
- Dokumentation bei Notar oder Rechtsanwalt.

24 Während bei der heterologen Insemination biologischer und sozialer Vater auseinander fallen können (gespaltene Vaterschaft), ist eine gespaltene Mutterschaft rechtlich nicht möglich. § 1 Abs. 1 ESchG verbietet die Eizellspende (Nr. 1), den Embryonentransfer (Nr. 6), sowie die Leih- oder Ersatzmutterschaft (Nr. 2, 6, 7).

25 Im Familienrecht stellt sich die Frage, ob die künstliche Befruchtung Auswirkung auf die Abstammung des Kindes hat. Bei der **homologen Insemination** ist die rechtliche Situation unproblematisch: Wird das Kind in einer bestehenden Ehe geboren, so stammt das Kind auch genetisch vom Ehemann der Mutter ab, so dass er gemäß § 1592 Nr. 1 BGB (unanfechtbar) rechtlicher Vater ist. Sind die Eltern des Kindes miteinander nicht verheiratet (z.B. nichteheliche Lebensgemeinschaft), so ist bei einer homologen Insemination klar, dass das Kind vom Partner der Mutter abstammt: Die Vaterschaft kann, selbst wenn der Vater die Anerkennung verweigert, gerichtlich festgestellt werden. Umstrittener ist die Rechtslage bei der **heterologen Insemination**. Erfolgt die heterologe Insemination **in einer bestehenden Ehe**, so gilt der Ehemann nach § 1592 Nr. 1 BGB als der rechtliche Vater, obwohl er nicht der biologische Vater ist. War er mit der heterologen Insemination einverstanden, was Voraussetzung für die Vornahme einer heterologen Insemination ist, so stellt sich die Frage, ob er an das Einverständnis gebunden ist. Und: Kann das Kind – eventuell nach Volljährigkeit (§ 1600 b Abs. 3 BGB) – anfechten?

> Was die **Vaterschaft** und deren **Anfechtung** anbelangt, so hatte der BGH dem Ehemann das Anfechtungsrecht grundsätzlich auch für den Fall zugebilligt, dass er der Samenspende zugestimmt hat (BGH 7.4.1983 – IX ZR 24/82, BGHZ 87, 169 ff.). Die Anfechtung sollte jedoch regelmäßig nicht zum Wegfall des Unterhaltsanspruchs führen (BGH 3.5.1995 – XII ZR 29/94, BGHZ 129, 297 ff.). Diese umstrittene Frage hat der Gesetzgeber durch § **1600 Abs. 5 BGB** klar gestellt: Eine Anfechtung durch den einwilligenden Mann ist ausgeschlossen (vgl. auch § 6 II. 2.).

26 Was die Anfechtungsmöglichkeiten durch das Kind anbelangt, so ist klar, dass eine Vereinbarung zwischen Ehemann und Ehefrau (und möglicherweise dem Samenspender) das Kind nicht binden kann: Das Kind kann jederzeit die Vaterschaft des Ehemanns anfechten – allerdings soll dies nach der Rechtsprechung die Folge haben, dass

mit der Anfechtung der Vaterschaft regelmäßig der Unterhaltsanspruch des Kindes entfällt (BGH 3.5.1995 – XII ZR 89/94, FamRZ 1995, 865). Rechtlich anders und komplizierter ist es bei der heterologen Insemination außerhalb einer bestehenden Ehe (dazu Wehrstedt FPR 2011, 400). Nach den Musterrichtlinien der Bundesärztekammer ist die heterologe Insemination grundsätzlich nur bei Ehepaaren möglich, so dass es in Deutschland nicht zu einer heterologen Insemination nicht verheirateter Frauen kommen könnte – etwa im Rahmen einer nichtehelichen Lebensgemeinschaft. Falls es der Fall ist, so wäre bei einem durch heterologe Insemination außerhalb einer bestehenden Ehe geborenen Kind die – genetisch wahrheitswidrige – Anerkennung der Vaterschaft durch den Partner möglich; erforderlich ist dann auch noch die Zustimmung der Mutter und des Kindes (§ 1595 BGB – vgl. § 6 II. 1.). Erfolgt keine Anerkennung, käme nur die gerichtliche Feststellung der Vaterschaft (§ 6 II. 1.) in Frage. Und da in diesem Verfahren geklärt wird, wer der biologische Vater ist, könnte der Partner einer nichtehelichen Lebensgemeinschaft, da er eben nicht biologischer Vater ist, auch nicht als rechtlicher Vater festgestellt werden. Jenseits des Familienrechts liegt die Frage, ob ein Kind, das im Wege heterologer Insemination gezeugt wurde, **vom behandelnden Arzt Auskunft** über seine genetische Abstammung **verlangen** kann (dazu OLG Hamm 6.2.2013–14 U 7/12, NJW 2013, 1167; Wellenhofer FamRZ 2013, 825).

Weiterführende Literatur:
FPR 8–9/2011 (Themenschwerpunkt: Entwicklungen im Abstammungsrecht)

V. Internationales Abstammungsrecht

1. Internationale Zuständigkeit

Da hinsichtlich des Abstammungsrechts (noch) keine europarechtliche Regelung besteht und auch staatsvertragliche Regelungen mit Vorrang nicht vorhanden sind (vgl. § 2 II.), richtet sich die internationale Zuständigkeit nach § 100 FamFG: Danach ist die internationale Zuständigkeit deutscher Gerichte gegeben, wenn einer der Beteiligten (Kind, Mutter, Vater, Vaterschaftsprätendent) Deutscher ist oder seinen gewöhnlichen Aufenthalt in Deutschland hat. **27**

2. Anwendbares Recht

Auch das Internationale Familienrecht unterscheidet nicht mehr zwischen ehelicher und nichtehelicher Abstammung, so dass sowohl für die innerhalb als auch außerhalb einer Ehe geborenen Kinder das anwendbare Recht einheitlich bestimmt wird. Geregelt wird nicht nur die Abstammung vom Vater, sondern ausdrücklich auch die von der Mutter. **Art. 19 Abs. 1 EGBGB** sieht drei Möglichkeiten vor, welches Recht hinsichtlich der **Abstammung von Kindern** zur Anwendung kommen kann: **28**

- An erster Stelle kommt das Recht des Staates zur Anwendung, in dem das Kind seinen gewöhnlichen Aufenthalt hat;
- außerdem kann sich hinsichtlich jedes Elternteils (also hinsichtlich Vater und Mutter ggf. unterschiedlich) die Abstammung nach dem Recht des Staates richten, dem der jeweilige Elternteil angehört;
- und schließlich kann sich dann, wenn die Mutter verheiratet ist, die Frage der Abstammung auch nach dem Recht richten, das für die allgemeinen Ehewirkungen (Art. 14 Abs. 1 EGBGB) gilt (vgl. § 3 III.).

> Beispiel: Vater ist Türke, Mutter ist Italienerin, sie sind verheiratet und leben in Deutschland, das Kind wird in Deutschland geboren. Nach der 1. Variante (gewöhnlicher Aufenthalt) richtet sich die Frage der Vaterschaft nach deutschem Recht, wonach der Ehemann gemäß § 1592 Nr. 1 BGB als Vater gilt. Nach der 2. Variante richtet sich die Frage der Vaterschaft sich nach türkischem Recht, wohingegen die Frage der Mutterschaft sich nach italienischem Recht richtet. Und da sie miteinander verheiratet sind, kommt auch die 3. Variante in Frage. Praktisch bedeutet dies, dass die deutschen Standesbeamten bei Kindern, die ihren gewöhnlichen Aufenthalt in Deutschland haben, deutsches Recht anwenden können und die anderen Rechtsordnungen nicht zu kennen brauchen.

29 Das Verhältnis der drei Anknüpfungsmöglichkeiten zueinander ist durch das Günstigkeitsprinzip gekennzeichnet. Deshalb können die Standesämter, soweit es um die Abstammung von einer Person geht, unter den Anknüpfungsmöglichkeiten wählen, aus denen sich positiv die Vater- bzw. Mutterschaft ergibt (Andrae § 5 Rn. 17). Die Vorschrift des Art. 19 EGBGB stellt bei der Frage der Abstammung generell auf den gewöhnlichen Aufenthalt und nicht etwa auf den gewöhnlichen Aufenthalt zum Zeitpunkt der Geburt des Kindes ab. Das bedeutet, dass der **Abstammungsstatus des Kindes wandelbar ist,** da sich z.B. der gewöhnliche Aufenthalt des Kindes im Laufe der Jahre verändern kann.

> Beispiel: Die Mutter und ihr Partner leben mit dem Kind in nichtehelicher Lebensgemeinschaft in Italien, nach einigen Jahren ziehen sie nach Deutschland. Hier ist dann eine Anerkennung der Vaterschaft nach § 1592 Nr. 2 BGB möglich – auch wenn das Kind nicht in Deutschland geboren wurde. Es kommt auf den Zeitpunkt an, zu dem die Anerkennungserklärung abgegeben wird.

30 Sofern **Zustimmungen** erforderlich sind, gilt gemäß **Art. 23 EGBGB** zusätzlich das **Heimatrecht des Kindes,** so dass ggf. zusätzlich zu den nach deutschem Recht erforderlichen Erklärungen noch weitere Zustimmungen notwendig sind.

> Beispiel: Nach dem Heimatrecht des Kindes ist zur Anerkennung der Vaterschaft die ausdrückliche Zustimmung auch des unter elterlicher Sorge stehenden minderjährigen Kindes (also anders als § 1595 Abs. 2 BGB) erforderlich. Dann muss nach Art. 23 EGBGB auch diese Zustimmung des minderjährigen Kindes eingeholt werden.

31 Bezüglich der **Anfechtung der Abstammung** enthält **Art. 20 EGBGB** eine ausdrückliche Regelung. Danach kann die Abstammung nach jeder **Rechtsordnung,** die nach **Art. 19 EGBGB für die Abstammung maßgebend** wäre, angefochten werden, d.h. z.B. nach

dem Heimatrecht der Mutter, dem Heimatrecht des Vaters, dem Heimatrecht des Kindes. Satz 2 stellt darüber hinaus klar, dass das Kind die Abstammung auf jeden Fall nach dem Recht des Staates des **gewöhnlichen Aufenthaltes** anfechten kann.

Weiterführende Literatur
Andrae 2006, 260–281

Teil 4
Verwandtenunterhalt und öffentliche Sozialleistungen – schwerpunktmäßig für Kinder, aber auch für (alt gewordene) Eltern

Inhaltlich geht das BGB von einem privaten Unterhaltstauschverhältnis aus, entsprechend den auch ansonsten im BGB geregelten Äquivalenzverhältnissen: Umfassende Unterhaltspflicht der Eltern während der Zeit des Aufziehens der Kinder gegen umfassende Unterhaltspflicht der Kinder im Alter der Eltern. Faktisch ist diese Konzeption heute erheblich relativiert: Insbesondere durch Sozialleistungen für das Alter (Renten, Pflegeversicherung) ist der individuelle Unterhalt der Kinder für die Eltern zunehmend bedeutungslos geworden. Fast unverändert geblieben sind dagegen die rechtlichen Grundstrukturen.

§ 7. Der Verwandtenunterhalt

1 Neben dem Ehegattenunterhalt (§ 1360 BGB – vgl. § 3 III.; bei Getrenntleben § 1361 BGB – vgl. § 3 IV. 1.; bei Scheidung §§ 1569 ff. BGB – vgl. § 3 V.) kennt das BGB den Verwandtenunterhalt (§§ 1601–1615 BGB) sowie den Sonderfall des Betreuungsunterhalts der nicht miteinander verheirateten Eltern (§§ 1615 a, 1615 l bis 1615 n BGB). Es finden sich für alle Formen des Verwandtenunterhalts geltende generelle Vorschriften, für den Unterhalt der Kinder gegenüber ihren Eltern einige spezielle Vorschriften; die besondere Situation beim Unterhaltsanspruch (alt gewordener) Eltern (insbesondere bei Pflegebedürftigkeit) gegenüber ihren (mittelalten) Kindern versucht die Rechtsprechung im Rahmen der allgemeinen Vorschriften zu bewältigen.

Ausführlich behandelte Bestimmungen

- Voraussetzungen des Unterhalts: §§ 1601–1603 BGB
- Rangfolge: § 1609 BGB
- Höhe des Unterhalts: § 1610 BGB
- Spezielle Vorschriften für den Kindesunterhalt: § 1603 Abs. 2; § 1612 Abs. 2; § 1610 Abs. 2; §§ 1612 a bis 1612 c BGB
- Betreuungsunterhalt nicht miteinander verheirateter Eltern: § 1615 l BGB
- Internationales Unterhaltsrecht: HUntProt und EuUntVO

Wichtige, interessante Entscheidungen

- *Zum Einsatz der Arbeitskraft des Unterhaltsverpflichteten und zur Anrechnung fiktiver Einkünfte:* BGH 9.11.1994 – IV ZR 319/93, BGHZ 127, 360 ff.; BVerfG 18.3.2008–1BvR 125/06, FamRZ 2008, 1145
- *Zum Entfall der Unterhaltspflicht, falls eine Ausbildung nicht mir Zielstrebigkeit betrieben wird:* BGH 4.3.1998 – XII ZR 173/96, FamRZ 1998, 671 ff.

■ *Unterhalt bei der sogenannten Zweitausbildung:* BGH 23.5.2001 – XII ZR 148/99, FamRZ 2001, 1601

■ *Zum angemessenen Selbstbehalt des (mittelalten) Kindes bei Unterhaltsanspruch der (alten) Eltern:* BGH 23.10.2002 – XII ZR 266/99, FamRZ 2002, 1698

■ *Zum Unterhalt bei einem Auslandsfall:* BGH 29.4.1992 – XII ZR 40/91, FamRZ 1992, 1060 ff.

■ *Zum Scheinvaterregress:* BGH 16.4.2008 – XII ZR 144/06, BGHZ 176, 327; 9.11.2011 – XII ZR 136/09, BGHZ 191, 259.

Unter die generelle Formulierung des **Verwandtenunterhalts** nach den §§ 1601 ff. BGB **2** fallen – obwohl in der Rechtswirklichkeit von ganz unterschiedlicher Bedeutung – sowohl der **Kindesunterhalt** (Unterhalt der Kinder gegenüber ihren Eltern) als auch der **Elternunterhalt** (Unterhalt der Eltern gegenüber ihren Kindern). Das wurde bereits bei der Verabschiedung des BGB dem Gesetzgeber zum Vorwurf gemacht:

> „Vom Standpunkt der sozialen Massenwirkung kommt hier nur der Unterhalt der Kinder durch die Eltern in Betracht; die übrigen Fälle der Unterhaltsverpflichtung sind vergleichsweise von geringer Bedeutung ... Als echte Lehrbuchjuristen haben sie eine abstrakte, alle Fälle umfassende Alimentationspflicht konstruiert und die meisten Rechtsregeln auf diesen abstrakten Begriff bezogen" (Menger, 51 f.).

Dieses Zitat macht deutlich, dass sich die §§ 1601–1615 BGB abstrakt mit dem **Ver- 3 wandtenunterhalt** befassen. In der Realität von zentraler Bedeutung sind die **Unterhaltsansprüche** minderjähriger (aber auch volljähriger) Kinder gegen ihre Eltern und die **Unterhaltsansprüche (alt und pflegebedürftig gewordener) Eltern** gegen ihre (mittelalten) Kinder. Wegen der Abstraktheit der §§ 1601 ff. BGB hat es hier bisher auch kaum gesetzliche Änderungen gegeben, denn obwohl sich in den über 100 Jahren die Lebensverhältnisse erheblich geändert haben, „passen" die rechtlichen Regelungen immer noch weitgehend. Auch die zum 1.1.2008 in Kraft getretene Unterhaltsrechtsreform hat im Bereich des Verwandtenunterhalts keine grundlegenden Änderungen gebracht. Rechtlich von Bedeutung werden diese Unterhaltsansprüche in der Regel nur dann, wenn zwischen den Beteiligten soziale Distanz besteht: Das bedeutet, dass die Unterhaltsansprüche von Kindern besonders im Zusammenhang mit Trennung und Scheidung, in Einelternfamilien von Bedeutung sind oder wenn Institutionen Unterhaltsansprüche, die auf sie übergegangen sind, geltend machen, z.B. die Leistungsträger der Grundsicherung für Arbeitsuchende nach § 33 SGB II, die Sozialhilfeträger nach § 94 SGB XII oder die Träger der Ausbildungsförderung nach § 37 BAföG.

> In der Realität ist die Festlegung des Unterhalts im Übrigen nur zu einem geringeren Anteil Angelegenheit von Juristen und Gerichten – zumindest beim Kindesunterhalt, wo es entsprechende empirische Daten gibt (BMFSFJ, 11. Kinder- und Jugendbericht 2002): Danach erfolgt die Festlegung nur zu 15 bis 17% (die Unterschiede ergeben sich daraus, ob es sich um Unterhaltspflichtige oder Unterhaltsberechtigte handelt) durch Gerichte, zu 21 bis 24% durch Rechtsanwälte oder Notare; in vielen Fällen können sich die Eltern selbst darüber verständigen (22 bis 29%), in den meisten Fällen erfolgt die Festlegung durch das Jugendamt (34 bis 36%). Dabei gibt es erhebliche Unter-

schiede je nach der Familienkonstellation: So überrascht nicht, dass in den Fällen, in denen Eltern nie verheiratet waren oder nie zusammengelebt haben (also insbesondere bei außerehelicher Geburt), das Jugendamt in besonderem Maße tätig ist (vgl. dazu auch § 16 I. 1., bzw. Münder/Trenczek 2011 Kap. 10.3).

4 Umso wichtiger ist es, dass gerade auch im Bereich der Sozialen Dienste hinreichende Kenntnisse über den Verwandtenunterhalt bestehen.

I. Grundstrukturen des privaten Verwandtenunterhalts

1. Voraussetzungen: Verwandtschaft in gerader Linie, Bedürftigkeit, Leistungsfähigkeit

5 Alle Voraussetzungen des gesetzlichen Verwandtenunterhaltsanspruches sind in den §§ 1601–1603 BGB genannt: Verwandtschaft in gerader Linie § 1601 BGB; Bedürftigkeit des Unterhaltsberechtigten § 1602 BGB; Leistungsfähigkeit des Unterhaltsverpflichteten § 1603 BGB.

a) Verwandtschaft in gerader Linie

6 Sie besteht (vgl. § 6 I.) gemäß § 1589 S. 1 BGB z.b. zwischen Enkeln und Großeltern, nicht aber zwischen Geschwistern (Verwandtschaft in der Seitenlinie) und Stiefeltern/ Stiefkindern (vgl. aber § 15 I.). Die Unterhaltspflicht ist unabhängig von sonstigen familiären Zusammenhängen: So haben der Entzug des Personensorgerechts (§ 1666 BGB – vgl. § 12), die Erziehung außerhalb des Elternhauses usw. keine Auswirkung hierauf. Auch die Adoption ist keine Durchbrechung des Prinzips, denn nach § 1755 BGB erlöschen die bisherigen Verwandtschaftsbeziehungen des adoptierten Kindes, und es entstehen neue Verwandtschaftsbeziehungen (vgl. § 16 III.), auch zu weiteren Verwandten in gerader Linie (z.B. „Adoptivgroßeltern"). Abzustellen ist allein auf die Verwandtschaft im Sinne der §§ 1589 S. 1, 1591 ff. BGB. Allerdings hat der BGH neuerdings unter teilweiser Aufgabe seiner bisherigen Rechtsprechung dieses Prinzip durchbrochen (BGH 16.4.2008 – XII ZR 144/06, BGHZ 176, 327 = FamRZ 2008, 1424 m. Anm. Wellenhofer; fortgeführt in BGH 9.11.2011 – XII ZR 136/09, BGHZ 191, 259). Dem ersten vom BGH so entschiedenen Fall lag folgender Sachverhalt zugrunde: Eine Frau brachte während der Ehe drei Kinder zur Welt. Der Ehemann focht seine nach § 1592 Nr. 1 BGB bestehende Vaterschaft erfolgreich an und begehrte sodann von dem Mann, der mit der Mutter und den Kindern inzwischen zusammenlebte und den er für den Vater der Kinder hält, Regress geleisteter Unterhaltszahlungen gemäß § 1607 Abs. 3 BGB. Die Vorinstanzen haben der Klage den Erfolg versagt, weil § 1600 d Abs. 4 BGB bestimmt, dass die Rechtswirkungen der Vaterschaft erst vom Zeitpunkt ihrer Feststellung an geltend gemacht werden können. Der mit der Mutter zusammenlebende Mann hatte die Vaterschaft aber gerade nicht anerkannt und auch die Mutter selbst hatte dessen Vaterschaft nicht gerichtlich feststellen lassen. In diesem Ausnahmefall lässt der BGH die Inzidentfeststellung (siehe § 6 II. 1.) der Vaterschaft

im Rahmen eines Prozesses über den Scheinvaterregress zu, um den Scheinvater nicht der Willkür der Kindesmutter und des wahren Erzeugers auszuliefern und ihn nicht rechtlos zu stellen.

b) Bedürftigkeit des Unterhaltsberechtigten

Bedürftigkeit liegt nach § 1602 BGB nur vor, wenn der potenziell Unterhaltsberech- 7
tigte nicht in der Lage ist, selbst seinen Unterhalt zu bestreiten. Ob er dies kann, wird danach geprüft, ob er im Stande ist,

- sein Vermögen,
- sein Einkommen,
- seine Arbeitskraft

einzusetzen. 8

Vermögenseinsatz: Grundsätzlich ist das gesamte Vermögen, sind nicht nur die Erträge 9
(zum Beispiel Zinsen) einzusetzen. Ein nicht minderjähriger Unterhaltsberechtigter ist im Verhältnis zum Unterhaltsverpflichteten gehalten, sein vorhandenes Vermögen zu verwerten, soweit ihm dies – auch unter Wirtschaftlichkeitsgesichtspunkten – zumutbar ist; dem Bedürftigen ist jedoch eine gewisse Vermögensreserve als sogenannter „Notgroschen" für Fälle plötzlich auftretenden (Sonder-)Bedarfs zu belassen (BGH 23.11.2005 – XII ZR 155/03, FamRZ 2006, 935). Beim Unterhalt minderjähriger Kinder kann der Vermögenseinsatz allerdings grundsätzlich nicht verlangt werden (vgl. § 7 II. 1.).

Einkommenseinsatz: Zum einzusetzenden Einkommen gehören regelmäßig alle Ein- 10
künfte, die dem Bedürftigen zufließen, also insbesondere Arbeitseinkünfte, aber auch Ausbildungsvergütungen (nach Abzug ausbildungsbedingten Aufwands); (Sozial-)Leistungen Dritter, z.B. Berufsausbildungsbeihilfe (OLG Oldenburg 30.6.1988–14 UF 195/87, FamRZ 1989, 531); BAföG-Leistungen (auch Darlehensleistungen – BGH 19.6.1985 – IVb ZR 30/84, NJW 1985, 2331). Zu beachten ist, dass es sich tatsächlich um Einkünfte der Unterhaltsbedürftigen handeln muss: Kindergeld ist seit dem 1.1.2008 als Einkommen des Kindes zu berücksichtigen; Erziehungsgeld dagegen stellt im Familienrecht kein Einkommen des Kindes, sondern der Eltern dar. Nicht anzurechnen sind auch subsidiäre Sozialleistungen (Sozialhilfe nach SGB XII, Grundsicherung für Arbeitsuchende nach SGB II, Vorausleistungen nach dem BAföG).

Umfassender Einsatz der Arbeitskraft: Die Unterhaltsberechtigten haben äußerste An- 11
strengungen zu unternehmen (BGH 6.12.1984 – IVb ZR 53/83, BGHZ 93, 123 ff.), müssen praktisch jede Arbeit aufnehmen, auch Arbeiten, die unterhalb ihres bisherigen Lebensstandards liegen (OLG Karlsruhe 26.11.1987–16 UF 58/87, FamRZ 1988, 758).

> Von ihnen wird eine bundesweite Suche nach Arbeitsplätzen verlangt, die Meldung beim Arbeitsamt allein genügt – unterhaltsrechtlich – nicht. Selbst ein minderjähriges Kind, das sich nicht in einer Ausbildung befindet, ist verpflichtet, sich um Erwerbstä-

tigkeit zu bemühen. Setzen die Unterhaltsberechtigten ihre Arbeitskraft nicht in dieser Weise ein, besteht kein Unterhaltsanspruch. Was durchaus in der Logik des privaten Unterhaltsrechts liegt: Hier wird gesetzlich festgelegt, dass eine Privatperson gegen eine andere Privatperson Ansprüche hat; deswegen wird von letzterer verlangt, alles zu unternehmen, bevor dieser Anspruch entsteht.

12 Die wichtigste Ausnahme von dem Grundsatz, dass grundsätzlich die gesamte Arbeitskraft einzusetzen ist, besteht bei (auch volljährigen) Kindern, die sich in der Ausbildung befinden (vgl. § 1610 Abs. 2 BGB).

c) Die Leistungsfähigkeit des Unterhaltsverpflichteten

13 Nach § 1603 BGB besteht eine Unterhaltsverpflichtung nur dann, wenn der Unterhaltsverpflichtete leistungsfähig ist, also ohne Gefährdung seines eigenen angemessenen Unterhalts (Eigenbedarf) den Unterhalt leisten kann.

Bei den in § 1603 Abs. 1 BGB angesprochenen **sonstigen Verpflichtungen** handelt es sich zum Beispiel um öffentlich-rechtliche Verpflichtungen (Sozialversicherungsbeiträge, Steuern usw.), um andere gleichrangige oder vorrangige Unterhaltsverpflichtungen. Aber auch um privatrechtliche Verpflichtungen, z.b. **Schulden**; hier ist aber eine umfassende Abwägung nötig (ausführlich Wendl/Dose § 2 Rn. 257 ff): So werden während der Ehe eingegangene Schulden (im Rahmen eines vernünftigen Tilgungsplanes) regelmäßig berücksichtigt (BGH 6.2.2002 – XII ZR 20/00, BGHZ 150,12; BGH 26.4.1989 – IVb ZR 64/88, FamRZ 1990, 266 ff.), Schulden dagegen, die in Kenntnis der (bestehenden oder eintretenden) Unterhaltsverpflichtung gemacht werden, werden regelmäßig nicht anerkannt (BGH 27.10.1999 – XII ZB 18/99, FamRZ 2000, 813; BGH 15.11.1989 – IVb ZR 3/89, BGHZ 109, 211 ff.).

14 Außerdem muss der **Unterhalt des Verpflichteten selbst sichergestellt** werden. Dieser wird durch die Rechtsprechung meist in Anlehnung an die Düsseldorfer Tabelle konkretisiert (vgl. § 8 I.). Wie viel dem Unterhaltsverpflichteten verbleibt, hängt davon ab, wem gegenüber er unterhaltsverpflichtet ist. So wird unterschieden nach dem **notwendigen Eigenbedarf** (Selbstbehalt), der sich z.B. bei erwerbstätigen Unterhaltsverpflichteten gegenwärtig (2013) gegenüber dem minderjährigen Kind auf 1.000 € beläuft (vgl. §§ 7 II., 8 I.), und dem **angemessenen Eigenbedarf**, der gegenüber volljährigen Kindern besteht und (2013) monatlich 1.200 € beträgt (vgl. § 8 I.). Was die Leistungsfähigkeit des Unterhaltsverpflichteten anbelangt, so sind **Einsatz des Vermögens, Einsatz des Einkommens** und **Einsatz der Arbeitskraft** von entsprechender Bedeutung – wie bei der Bedürftigkeit der Unterhaltsberechtigten (s.o.). Schwerpunkt sind auch hier die **Einkünfte** des Unterhaltsverpflichteten: Grundsätzlich sind sämtliche Einnahmen zu berücksichtigen. Besonders wichtig ist dabei das Einkommen aus Arbeit: Nebenverdienste, auch Einkünfte aus Mehrarbeit, Überstundenvergütungen, Übergangsbeihilfen, Abfindungen (wobei diese allerdings auf eine angemessene Zeit zu verteilen sind), Gratifikationen usw. sind zu berücksichtigen. Der Einkommensbegriff geht aber über Arbeitseinkünfte hinaus. So zählt – zum Beispiel bei einer wiederverheirateten Mutter – der sogenannte „Taschengeldanspruch" gegen den (neuen) Ehemann (5 bis 7 Prozent des Nettoeinkommens des neuen Ehemanns) zu den Ein-

künften der Mutter. Sie ist also unter Umständen entsprechend gegenüber einem Kind aus erster Ehe unterhaltspflichtig (OLG Düsseldorf 10.3.1992–1 WF 107/91, FamRZ 1992, 1099). Auch der Unterhaltsverpflichtete hat seine **Arbeitskraft einzusetzen.** Tut er das nicht, so kann er sich nicht auf mangelnde Leistungsfähigkeit berufen. Es werden ihm **fiktive Einkünfte** zugerechnet (BGH 9.11.1994 – IV ZR 319/93, BGHZ 127, 360 ff.). Das hat zur Folge, dass Schulden auflaufen. Die Anrechnung fiktiver Einkünfte erfolgt auch bei einem nicht zwingend gebotenen Arbeitsplatz- oder Berufswechsel in eine weniger gut bezahlte Stellung (BGH 21.1.1987 – IVb ZR 94/85, FamRZ 1987, 372), bei der Herabsetzung der bisherigen wöchentlichen Arbeitszeit (BGH 11.1.1984 – IVb ZR 10/82, FamRZ 1984, 374), beim Wechsel in die Selbstständigkeit mit der vagen Hoffnung, nach einer Übergangszeit einen höheren Verdienst zu erzielen (OLG Hamm 18.2.2003–11 WF 425/02, FamRZ 2003, 1213) oder bei Aufgabe der bisherigen Berufstätigkeit (nach entsprechendem berufsqualifizierenden Abschluss), um ein Studium aufzunehmen (OLG Bamberg 27.7.1988–2 WP 166/88, FamRZ 1989, 93). Nach der Rechtsprechung des BVerfG ist allerdings die durch Art. 2 Abs. 1 GG geschützte wirtschaftliche Handlungsfreiheit des Unterhaltsschuldners verletzt, wenn ihm fiktive Einkünfte zugerechnet werden, die er nach Ausbildung, Berufserfahrung, Alter und Gesundheitszustand objektiv nicht erzielen kann (BVerfG 18.6.2012–1 BvR 2867/11 – JAmt 2012, 417).

Besondere Probleme entstehen, wenn der bisher erwerbstätige Unterhaltsverpflichtete in einer neuen Ehe oder nichtehelichen Lebensgemeinschaft seine Erwerbstätigkeit aufgibt, stattdessen die Haushaltsführung (und ggf. die Betreuung neuer Kinder) übernimmt (sogenannte **Hausmann-/Hausfraurechtsprechung**). Aufgrund der ehelichen Gestaltungsfreiheit (§ 1356 BGB – vgl. § 3 I. 2.) ist dies grundsätzlich möglich, darf aber nicht zu Lasten der unterhaltsberechtigten Kinder gehen, so dass die Haushaltsführung so anzulegen ist, dass es dem Unterhaltsverpflichteten möglich ist, seiner Unterhaltspflicht nachzukommen. Damit kann sich bei einer solchen Aufgabenwahrnehmung der grundsätzlich Unterhaltsverpflichtete nicht auf die Einschränkung seiner Leistungsfähigkeit berufen (BGH 18.10.2000 – XII ZR 191/98, FamRZ 2001, 1065 ff.), ihm werden somit **fiktive Einkünfte** zugerechnet. Ausnahmsweise muss die Übernahme der Haushaltsführung hingenommen werden, wenn dies zu einer wesentlich günstigeren Einkommenssituation der neuen Familie führt, also der andere Ehegatte deutlich höhere Einkünfte erzielt, als sie der Unterhaltspflichtige bei Beibehaltung seiner Tätigkeit hätte erzielen können (OLG München 10.8.1998 – 26 UF 1428/97, FamRZ 1999, 1076). Ein seinen Kindern aus erster Ehe unterhaltspflichtiger Elternteil darf unterhaltsrechtlich in einer neuen Ehe nur dann die Haushaltsführung und Kinderbetreuung übernehmen, wenn wirtschaftliche Gesichtspunkte oder Gründe von gleichem Gewicht, die einen erkennbaren Vorteil für die neue Familie mit sich bringen, im Einzelfall den Rollentausch rechtfertigen (BGH 5.10.2006 – XII ZR 197/02, BGHZ 169, 200 ff.). Von Bedeutung ist dies vor allem, wenn aus dieser Ehe Kinder hervorgegangen sind. Aber auch in diesem Fall ist der Unterhaltspflichtige verpflichtet, eine **Teilzeitbeschäftigung** aufzunehmen, um seiner Unterhaltspflicht zumindest teilweise zu genügen (BGH 13.3.1996 – XII ZR 2/95, NJW 1996, 1815), wobei auch einfachere Arbeiten (z.B. Kellner, Nachtportiere, Taxifahrer usw.) zumutbar sind.

15 So sind zahlreiche Einzelfälle bei der Anrechung fiktiver Einkünfte denkbar (vgl. Wendl/Dose § 1 Rn. 735 ff.), die Grundlinie ist klar: Der Unterhaltsverpflichtete soll nicht die Möglichkeit haben, durch in seinem Verantwortungsbereich liegende Aktivitäten die Unterhaltspflicht zu mindern oder auszuschließen.

2. Die Höhe des Unterhalts – der Bedarf

16 Unter dem Stichwort des Bedarfs ist zu klären, welche Höhe der volle Unterhalt des potenziell Unterhaltsberechtigten haben könnte. § 1610 Abs. 1 BGB stellt abstrakt auf die Lebensstellung des Bedürftigen ab. Unterhaltsbedürftige Kinder haben in der Regel keine eigene Lebensstellung, ihre Lebensstellung bestimmt sich durch die Lebensstellung der Familie. § 1610 Abs. 2 BGB macht ausdrücklich klar, dass auch die Ausbildungskosten zum Unterhalt gehören (im Einzelnen § 7 II. 4.). Die Lebensstellung ist geprägt durch die finanziellen Mittel, die – bei minderjährigen Kindern dem barunterhaltspflichtigen Elternteil – real zur Verfügung stehen. Konkret geschieht die Bestimmung dessen, was Lebensverhältnisse sind bzw. Lebensbedarf ist, durch die Beträge, die sich in den meisten Fällen aus den entsprechenden Rechen- und Tabellenwerken ergeben (vgl. § 8). Der so errechnete Betrag ist der Bedarf für den Unterhaltsberechtigten. Dabei handelt es sich grundsätzlich um den sog. **Elementarbedarf** (Grundbedarf für Wohnen, Versorgung, Kleidung usw.). Zu diesem Elementarbedarf können weitere Bedarfe hinzukommen, nämlich:

- Mehrbedarf,
- Sonderbedarf.

17 Zum **Mehrbedarf** gehören regelmäßig anfallende erhöhte Kosten, z.B. die Krankenversicherungs- und Pflegeversicherungsbeiträge, wenn sie nicht im Rahmen der Familienversicherung (vgl. § 9 I. 1.) abgedeckt sind. Zum Mehrbedarf können bei Kindern etwa die Kosten einer Heimunterbringung gehören. Dieser Mehrbedarf ist zusätzlich zum sich aus der Tabelle ergebenden Elementarbedarf, wenn er denn entsteht, geltend zu machen. Beim **Sonderbedarf** handelt sich um einen unregelmäßig und außergewöhnlich hohen Bedarf (§ 1613 Abs. 2 BGB). Ein solcher Sonderbedarf kann entstehen bei unvorhergesehenen Krankheitsfällen (Operationen, kieferorthopädischen Behandlungen, Kurkosten) oder bei Kosten der Klassenfahrt eines Kindes (OLG Köln 29.10.1998–14 WF 157/98, FamRZ 1999, 531). Dieser Sonderbedarf ist in den Situationen, in denen er eintritt, jeweils gesondert geltend zu machen. Da es sich eben um einen nicht kalkulierbaren, überraschend auftretenden Bedarf handelt, kann Sonderbedarf entsprechend den genannten Bestimmungen auch nachträglich geltend gemacht werden – was sonst beim Unterhalt nicht möglich ist (vgl. § 7 I. 3.).

3. Gestaltung, Beginn und Ende des Unterhaltsanspruches

18 Die **Art des Unterhalts** kann durch Vereinbarung zwischen den Beteiligten geregelt werden. Das geschieht oft stillschweigend, so im Regelfall in Zweielternfamilien. Er-

gebnis ist der sogenannte **Naturalunterhalt**: die Zurverfügungstellung von Wohnung, Essen, die Anschaffung von Bekleidung, benötigten Gegenständen usw. Das Gesetz aber geht von einem anderen Regelfall aus: § 1612 Abs. 1 S. 1 BGB sieht als Regelfall die **Geldrente** vor; Naturalunterhalt wird gesetzlich nur aus besonderen Gründen zugelassen (vgl. § 7 II. 3.). Die Geldrente ist monatlich im Voraus zu zahlen. Der Anspruch auf Unterhalt **beginnt**, sobald die gesetzlichen Voraussetzungen (§ 7 I. 1.) vorliegen. Aber erst wenn die Unterhaltsberechtigten den Anspruch gegenüber dem Unterhaltsverpflichteten geltend machen, muss dieser leisten. Da der Unterhalt grundsätzlich gegenwartsbezogen ist, kann für die **Vergangenheit** nur im Falle des § **1613 BGB** Unterhalt verlangt werden. Der Anspruch auf Unterhalt verjährt gemäß § 195 BGB nach drei Jahren (zum Beginn der dreijährigen Verjährungsfrist: § 199 BGB). Ist ein Unterhaltsanspruch rechtskräftig festgestellt, so beträgt die Verjährungsfrist für die bis zur Rechtskraft des Beschlusses aufgelaufenen Unterhaltsraten 30 Jahre (§ 197 Abs. 1 Nr. 3 BGB); die nach Rechtskraft fällig werdenden Unterhaltsraten unterliegen gemäß § 197 Abs. 2 BGB der regelmäßigen Verjährungsfrist (3 Jahre).. Entsprechend **endet** der Anspruch, wenn die Voraussetzungen entfallen sind. Entsprechend **endet** der Anspruch, wenn die Voraussetzungen entfallen sind:

- wenn beim Verwandten-/Kindesunterhalt das Verwandtschaftsverhältnis nicht mehr besteht (der Todesfall ist in § 1615 BGB ausdrücklich erwähnt; für die Adoption gilt nach Einwilligung der Eltern des Kindes die Sonderregelung des § 1751 Abs. 4 BGB),
- die Unterhaltsberechtigten nicht mehr bedürftig sind,
- und die Unterhaltsverpflichteten nicht mehr leistungsfähig sind.

Nach § 1614 BGB kann auf den **Unterhalt für die Zukunft nicht verzichtet** werden **19** (Abs. 1), und sogar bei faktischer Zahlung des Unterhalts für die Zukunft leistet der Unterhaltspflichtige auf eigene Gefahr, d.h. er muss noch einmal leisten, wenn nach Ablauf der in Abs. 2 genannten Zeitabschnitte (im Allgemeinen 3 Monate) Bedürftigkeit vorliegt.

> § 1614 BGB ist eine zwingende Vorschrift, was bedeutet, dass entsprechende Verträge gemäß § 134 BGB nichtig sind. Zulässig sind allerdings Unterhaltsverträge über die Höhe des Unterhalts (z.B. zur Beilegung eines Rechtsstreites). Diese müssen sich aber innerhalb des Spielraums der Angemessenheit halten, was von den Gerichten nachgeprüft werden kann. Es zeigt sich also – wieder einmal –, dass unterhaltsrechtliche Regelungen angesichts des ansonsten gegebenen Abbaus gesetzlicher Vorgaben eine „Bastion" institutioneller Regelungen sind.

Der Verwandtenunterhalt kann im Falle des § **1611 BGB beschränkt** werden **oder** unter Umständen ganz **wegfallen** (zum Sonderfall bei den Ausbildungskosten vgl. § 7 II. 4.). Es muss eine objektiv und subjektiv schwere Verfehlung vorliegen (zum Beispiel schwerwiegende, häufige Beleidigungen – OLG Hamm 18.12.1992–13 UF 273/92, FamRZ 1993, 468; grober Mangel an elterlicher Verantwortlichkeit und Rücksichtnahme BGH 19.5.2004 – XII ZR 304/02, NJW 2004, 3109 f.). **20**

Zum Teil wurde die Weigerung des volljährigen Kindes zum Umgang mit dem Unterhaltspflichtigen als eine solche angesehen (OLG Bamberg 17.12.1991 – 7 UF 81/91, FamRZ 1992, 717 ff.). Dem ist zu Recht widersprochen worden (OLG Frankfurt/M. 2.3.1993 – 4 WF 24/93, FamRZ 1993, 1241 f.; AG Regensburg 16.12.1992 – 3 F 1045/92, FamRZ 1993, 1240; OLG Köln 16.9.1999 – 27 UF 243/98, FamRZ 2000, 1043).

21 Bei der Beurteilung ist grundsätzlich eine umfassende Abwägung aller maßgeblichen Umstände notwendig, insbesondere ist auch das Verhalten des Unterhaltspflichtigen zu berücksichtigen (BGH 25.1.1995 – XII ZR 240/93, FamRZ 1995, 475 ff.; OLG Bamberg 23.4.1992–2 UF 294/91, FamRZ 1994, 459). Liegen die Voraussetzungen des § 1611 BGB vorliegen, so kann sich der (ehemals) Unterhaltsberechtigte in diesem Fall nicht an andere Unterhaltsverpflichtete halten (§ 1611 Abs. 3 BGB), es bleibt hier nur die Inanspruchnahme öffentlicher Leistungen, z.b. der Sozialhilfe (vgl. § 9 IV.).

4. Reihenfolge: der Unterhaltsverpflichteten, der Unterhaltsberechtigten

22 Bei Vorliegen der allgemeinen Voraussetzungen könnte ein Unterhaltsberechtigter möglicherweise unter mehreren Verwandten „auswählen" und ein Unterhaltsverpflichteter sich „aussuchen", an wen er leistet. Deswegen ist die Reihenfolge der Unterhaltsverpflichteten und der Unterhaltsberechtigten von Bedeutung. Unter dem Stichwort der **Reihenfolge der Unterhaltsverpflichteten** wird geklärt, welcher Ehegatte/Verwandte von mehreren leistungsfähigen Personen unterhaltspflichtig ist:

- **§ 1608 BGB – Ehegatte/eingetragener Lebenspartner:** Sofern der Unterhaltsberechtigte verheiratet ist oder in eingetragener Lebenspartnerschaft lebt, haftet sein Ehegatte/Lebenspartner vor allen in Frage kommenden Verwandten (bei geschiedenen Ehegatten: § 1584 BGB; bei aufgehobener Lebenspartnerschaft: § 16 S. 2 LPartG);

- **§ 1606 Abs. 1 BGB – die Abkömmlinge:** Sie haften generationsweise, zunächst die Kinder, dann Enkelkinder usw. Innerhalb einer Generation haften sie anteilig (§ 1606 Abs. 3 S. 1 BGB); der auf den einzelnen entfallende Teil richtet sich nach den jeweiligen Einkommens- und Vermögensverhältnissen;

- **§ 1606 Abs. 1 BGB – Verwandte aufsteigender Linie:** Auch sie haften generationsweise, d.h. die Eltern vor den Großeltern usw., ebenso anteilig nach ihren Einkommens- und Vermögensverhältnissen – § 1606 Abs. 3 S. 1 BGB.

23 Ist ein vorrangig Unterhaltsverpflichteter nicht leistungsfähig, besteht kein Unterhaltsanspruch gegen ihn, und der Nachrangige hat Unterhalt zu leisten – § 1607 Abs. 1 BGB (der keinen Rückgriffsanspruch gegen den Vorrangigen hat, wenn dieser etwa später vermögend wird). Ein nachrangig Verpflichteter muss auch Unterhalt leisten, wenn die Rechtsverfolgung gegen den vorrangig Verpflichteten in Deutschland ausgeschlossen oder erheblich erschwert ist – § 1607 Abs. 2 S. 1 BGB (z.B. Aufenthalt unbekannt, Verpflichtete im Ausland). In diesem Fall hat der nachrangig Verpflichtete einen Rückgriffsanspruch, weil hier ja eine Unterhaltspflicht besteht, die nur nicht realisiert wer-

den kann (Enkelunterhalt: BGH 20.12.2006 – XII ZR 137/04, FamRZ 2007, 375; BGH 8.6.2005 – XII ZR 75/04, FamRZ 2006, 26). Lebt das minderjährige unverheiratete Kind bei einem Elternteil und wird von diesem betreut, so bestimmt § **1606 Abs. 3 S. 2 BGB,** dass dieser Elternteil seine Unterhaltspflicht in der Regel durch Pflege und Erziehung des Kindes erfüllt. Für den anderen Elternteil bedeutet dies, dass er allein barunterhaltspflichtig ist. Schwierigkeiten ergeben sich, wenn die getrennt lebenden Eltern sich in der Betreuung des Kindes abwechseln (Wechselmodell). Nach der Rechtsprechung des BGH bleibt es solange bei der alleinigen Barunterhaltspflicht des einen Elternteils, wie das deutliche Schwergewicht der Betreuung bei dem anderen Elternteil liegt (im zu entscheidenden Fall entfiel auf den Vater ein Betreuungsanteil von 36 %; BGH 28.2.2007 – XII ZR 161/04, FamRZ 2007, 707); zu Einzelheiten der unterhaltsrechtlichen Auswirkungen des Wechselmodells siehe Bausch/Gutdeutsch/Seiler FamRZ 2012, 258; Wohlgemuth FuR 2012, 401.

Bei der **Reihenfolge der Unterhaltsberechtigten** (§ 1609 BGB) geht es darum, welcher **24** Person jemand, der von mehreren Personen in Anspruch genommen wird, Unterhalt zu leisten hat; praktisch relevant ist diese Frage im sogenannten **Mangelfall** (vgl. § 8 I.), also wenn das beim Unterhaltspflichtigen vorhandene Einkommen und Vermögen nicht ausreicht, alle Unterhaltsansprüche zu bedienen. Die Rangverhältnisse wirken sich immer dann aus, wenn zu viele potenziell Unterhaltsberechtigte ihren Bedarf aus dem zu geringen Einkommen eines Pflichtigen decken wollen. Die wachsende Zahl getrennt lebender Eltern, die Gründung von Zweitfamilien und die Veränderungen auf dem Arbeitsmarkt haben die Zahl der Mangelfälle ansteigen lassen (Schürmann FamRZ 2008, 313 ff.). Hier gilt seit dem Unterhaltsrechtsänderungsgesetz (UÄndG) nach § 1609 BGB Folgendes (Gutdeutsch FuR 2008, 164 ff.):

- Nr. 1: minderjährige, unverheiratete Kinder und Kinder im Sinne von § 1603 Abs. 2 S. 2 BGB;
- Nr. 2: Elternteile bei Betreuung eines Kindes oder langer Ehe;
- Nr. 3: sonstige (alle: geschiedenen und gegenwärtigen – so BGH 13.4.1988 – IVb ZR 34/87, BGHZ 104, 158) Ehegatten;
- Nr. 4: andere Kinder: Das sind die minderjährigen verheirateten wie die volljährigen Kinder (auch wenn sie z.B. behindert sind, BGH 18.4.1984 – IVb ZR 49/82, NJW 1984, 1813);
- Nr. 5: die übrigen Abkömmlinge: Enkel, Urenkel usw. als eine Gruppe;
- Nr. 6: die Eltern;
- Nr. 7: weitere Verwandte der aufsteigenden Linie: Hier muss der Unterhaltsanspruch der jeweils dem Grade nach näheren Verwandten voll erfüllt sein, bevor die Verwandten des entfernten Grades Unterhalt beanspruchen können.

Zentrales Anliegen des UÄndG war neben der Stärkung der Eigenverantwortung ge- **25** trennt lebender oder geschiedener Ehegatten (dazu oben § 3 V.) die Förderung des Kindeswohls. Dieses Ziel sollte u.a. dadurch erreicht werden, dass dem **Kindesunter-**

halt der **Vorrang vor den Unterhaltsansprüchen aller anderen Beteiligten** eingeräumt wird (zum Ganzen: Soyka FuR 2008, 157 ff.; Schramm NJW-Spezial 2008, 36 f.).

II. Die „Besonderheit": Unterhalt gegenüber Kindern

26 Der Verwandtenunterhalt ist ja ganz allgemein geregelt, obwohl er faktisch fast nur für den Kindesunterhalt (Unterhalt der Kinder gegenüber den Eltern) bzw. den Elternunterhalt (Unterhalt der – alten, pflegebedürftigen – Eltern gegenüber den Kindern) von Bedeutung ist. „Besonderheit" (hier und in den folgenden § 7 III. und 7 IV.) bezieht sich auf für diese Situationen existierenden Besonderheiten: sei es in Form gesetzlicher Regelungen oder seien sie von der Rechtsprechung entwickelt worden. So gibt es besondere gesetzliche Regelungen für die Kinder generell (§ 7 II.), für Kinder speziell in Einelternfamilien (§ 7 III.) und für die Unterhaltsansprüche (alter) Eltern gegen ihre (mittelalten) Kinder (§ 7 IV.).

1. Bei minderjährigen und unverheirateten Kindern

27 Das Gesetz kennt zwei Sonderbestimmungen: einmal zur **Bedürftigkeit** minderjähriger **und** unverheirateter Kinder und zum anderen zu der **Leistungsfähigkeit** der unterhaltsverpflichteten Eltern. Zu der **Bedürftigkeit der unterhaltsberechtigten Kinder** sieht § 1602 Abs. 2 BGB beim **Vermögen** eine Sonderregelung vor (vgl. schon § 7 I. 1.): Minderjährige, unverheiratete Kinder haben beim Unterhaltsanspruch gegen die Eltern den sogenannten Stamm des Vermögens nicht einzusetzen, sondern nur die Einkünfte aus dem Vermögen. Ein minderjähriges Kind trifft in der Rege keine Erwerbsobliegenheit; es gilt als bedürftig (Palandt/Brudermüller § 1602 Rn. 5).

> Beispiel: Das minderjährige und unverheiratete Kind hat von der Oma einen Sparbrief mit 10.000 € geschenkt bekommen. Hier braucht es diesen Sparbrief nicht einzusetzen. Allerdings müssen die anfallenden Zinsen eingesetzt werden. Insofern wird die Bedürftigkeit des Kindes um die Zinsen gemindert.

28 Auch bei der **Leistungsfähigkeit der unterhaltsverpflichteten Eltern** gibt es eine Ausnahme: Sind die Eltern nicht hinreichend leistungsfähig, können sie also ihren angemessenen Unterhalt (§ 1603 Abs. 1 BGB) selbst nicht sichern (der [2013] gegenüber volljährigen Kindern 1.200 € beträgt – vgl. § 8), so entfällt gegenüber minderjährigen, unverheirateten Kindern ihre Unterhaltspflicht nicht: Die Eltern sind nach **§ 1603 Abs. 2 S. 1 BGB** verpflichtet, alle ihnen zur Verfügung stehenden Mittel einzusetzen. Bei dieser sogenannten gesteigerten Unterhaltspflicht bleibt den Eltern nur der sogenannte notwendige Eigenbedarf (Selbstbehalt), der bei erwerbstätigen Unterhaltspflichtigen monatlich 1.000 € [2013] beträgt (im Einzelnen vgl. § 8). Von dieser Ausnahme sieht § 1603 Abs. 2 S. 3 BGB wiederum Ausnahmen vor, so dass sich bei minderjährigen, unverheirateten Kindern Folgendes ergibt:

- Einsatz der eigenen Einkünfte (Einkommen, Erträge des Vermögens),
- Unterhaltspflicht der Eltern im normalen Umfang,

- Einsatz des Stammvermögens des Kindes,
- Unterhalt durch andere nachrangige Unterhaltsverpflichtete,
- „Notgemeinschaft" zwischen Eltern und Kind.

Die in § 1611 Abs. 1 BGB vorgesehene Minderung oder **Verwirkung** des Unterhalts- 29
anspruchs (vgl. § 7 I. 3.) gibt es bei minderjährigen, unverheirateten Kindern **nicht** –
§ 1611 Abs. 2 BGB.

2. Bei volljährigen unverheirateten Kindern bis zur Vollendung des 21. Lebensjahres

Nach § 1603 Abs. 2 S. 2 BGB werden **volljährige unverheiratete** Kinder **bis zur Voll-** 30
endung des 21. Lebensjahres, solange sie **im Haushalt der Eltern** oder eines Elternteils
leben und sich in der **allgemeinen Schulausbildung** befinden, minderjährigen unverheirateten Kindern gleichgestellt. Das bedeutet, dass die in § 7 II. 1. dargestellten Besonderheiten auch für diese volljährigen Kinder gelten. Grund dieser Erweiterung war
die Überlegung, dass die Lebensstellung dieser Kinder, solange sie eben zu Hause wohnen und von dort der allgemeinen Schulpflicht (also nicht z.B. Hochschule, Berufsausbildung usw.) nachgehen, – ungeachtet der Tatsache, dass sie nunmehr volljährig
sind – mit der Lebensstellung minderjähriger Kinder vergleichbar ist.

3. Bei unverheirateten Kindern

Bei der Unterhaltsgewährung für unverheiratete Kinder, egal ob voll- oder minderjäh- 31
rig, innerhalb oder außerhalb einer bestehenden Ehe geboren, aus Ein- oder Zweiel-
ternfamilie, sieht **§ 1612 Abs. 2 BGB** eine Sonderregelung vor: Hier können die Eltern
die **Art des Unterhalts bestimmen,** insbesondere den Unterhalt in Form des sogenannten **Naturalunterhalts** erbringen. Dies ist bei minderjährigen, in der Familie lebenden
Kindern meist der Fall. Lebt das minderjährige, unverheiratete Kind nur mit einem
Elternteil zusammen, steht das Bestimmungsrecht dem sorgeberechtigten Elternteil zu
– § 1612 Abs. 2 S. 3 BGB.

> Der Mutter wurde nach der Scheidung das alleinige Sorgerecht für das Kind übertra-
> gen. Das Kind lebt bei der Mutter. Der Vater ist unterhaltspflichtig. Hier kann der
> Vater nicht im Rahmen seines Bestimmungsrechts nach § 1612 BGB bestimmen, dass
> das Kind den Unterhalt in Form des Naturalunterhalts in seinem Haushalt entgegen-
> zunehmen hat.

Solange die Kinder minderjährig sind, ist das Bestimmungsrecht Teil des Sorgerechts. 32
Mit Eintritt der **Volljährigkeit** besteht jedoch kein Personensorgerecht und damit auch
kein Erziehungsrecht mehr. Dass es hier immer wieder zu Problemen kommt, ist nicht
verwunderlich. Denn durch die Bestimmung der Unterhaltsgewährung wird zugleich
– zum Teil bewusst – Einfluss auf die Lebensführung genommen und damit versucht,
„Erziehung nach Volljährigkeit" zu realisieren. Die Rechtsprechung (vgl. die Nachweise bei Palandt/Brudermüller § 1612 Rn. 10 ff.) ließ das Bestimmungsrecht der un-

terhaltsverpflichteten Eltern lange Zeit weitgehend zu. Inzwischen respektiert die Rechtsprechung das Interesse der volljährigen Kinder an einer selbstständigen Lebensführung stärker (OLG Hamm 9.11.1998–15 W 202/98, FamRZ 1999, 404; OLG Dresden 25.4.2003–10 UF 284/03, FamRZ 2004, 209 f.): Tiefgreifende Entfremdungen führen ohne Rücksicht auf das Verschulden meist zur gerichtlichen Änderung des einseitigen elterlichen Bestimmungsrechts. Und auch bei volljährigen Kindern hat das Bestimmungsrecht eines Elternteils auf die Belange des anderen Elternteils Rücksicht zu nehmen. So kann zum Beispiel Naturalunterhalt in der Wohnung des unterhaltspflichtigen Elternteils nicht bestimmt werden, wenn der andere Elternteil mit dem Kind bis zur Volljährigkeit zusammengelebt hat (BGH 27.4.1988 – IVb ZR 56/87, BGHZ 104, 224). Nach dem bis zum 31.12.2007 geltenden Recht war das Prozessgericht im Unterhaltsprozess an die von den Eltern vorgenommene Bestimmung grundsätzlich gebunden. Die Interessen des Kindes konnten häufig nur in einem gesonderten Verfahren berücksichtigt werden. Dieses Nebeneinander zweier Verfahren hat das UÄndG abgeschafft. Nunmehr sind die Umstände, die früher eine Abänderung der Unterhaltsbestimmung rechtfertigten, im Unterhaltsverfahren bei der Prüfung der Wirksamkeit der Bestimmung als Vorfrage zu berücksichtigen (Scholz FamRZ 2007, 2021 ff.; siehe auch Schmidt ZKJ 2008, 159 f.; Götsche FamRB 2008, 81 ff.).

4. Erziehungs- und Ausbildungskosten

33 Unter § 7 I. 2. ist allgemein die Höhe des Unterhalts, der Bedarf angesprochen. Für die Situation von Kindern sind die Kosten der Erziehung und der Schul- oder Berufsausbildung von besonderer Bedeutung. Sie sind ausdrücklich in § 1610 Abs. 2 BGB benannt. Die **Erziehungskosten** umfassen etwa die in einer Kindertagesstätte anfallenden Verpflegungskosten, nach neuester Rechtsprechung des BGH jedoch nicht mehr die Kindergartenbeiträge; letztere werden jetzt als Mehrbedarf des Kindes angesehen (BGH 26.11.2008 – XII ZR 65/07, NJW 2009, 1816). Von Bedeutung ist die Einstufung als Erziehungskosten oder Mehrbedarf deshalb, weil die Erziehungskosten in den in den Unterhaltstabellen ausgewiesenen Unterhaltsbeträgen enthalten sind, nicht jedoch der Mehrbedarf (siehe § 8). Die **Schul- und Berufsausbildungskosten** hat der Gesetzgeber besonders erwähnt, um deutlich zu machen, dass unabhängig von der Volljährigkeit diese Kosten zum Unterhalt gehören. Der Anspruch auf Finanzierung einer angemessenen, der Begabung, Neigung und dem Leistungswillen entsprechenden Berufsausbildung ist vom Gegenseitigkeitsprinzip geprägt: Der Unterhaltsverpflichtung steht die Verpflichtung des Unterhaltsberechtigten gegenüber, mit Zielstrebigkeit in der angemessenen und üblichen Zeit seine Ausbildung zu beenden, d.h. der Unterhaltsverpflichtete hat seine Ausbildung planvoll und zielstrebig durchzuführen – ansonsten büßt er u.U. den Unterhaltsanspruch ein und muss dann seinen Lebensunterhalt durch Erwerbstätigkeit selbst verdienen (BGH 4.3.1998 – XII ZR 173/96, FamRZ 1998, 671 ff.). In der Praxis sind die Kosten der **Hochschulausbildung** am häufigsten umstritten. Die wichtigsten Informationen dazu: Die Ausbildung ist an den für den

Ausbildungsgang aufgestellten Plänen auszurichten (BGH 12.5.1993 – XII ZR 18/92, FamRZ 1993, 1057 ff.), d.h. die Unterhaltspflicht reicht grundsätzlich bis zur Erreichung des Regelabschlusses (danach allenfalls nur noch in eingeschränktem Umfang). Die Verpflichtung zur Finanzierung einer sogenannten **Zweitausbildung** hatte der BGH (BGH 29.6.1977 – IV ZR 48/76, BGHZ 69, 190 ff.) regelmäßig abgelehnt. Seit 1989 ist diese Rechtsprechung modifiziert (BGH 7.6.1989 – IVB ZR 51/88, BGHZ 107, 376 ff.) – nicht zuletzt aufgrund der Tatsache, dass der **Ausbildungsgang Abitur-Lehre-Studium** bedeutsamer wird: Nach Abschluss einer praktischen Ausbildung besteht ein Anspruch auf Finanzierung eines Hochschulstudiums, wenn dieses mit dem vorausgegangenen Ausbildungsabschnitt in einem engen sachlichen und zeitlichen Zusammenhang steht und die Finanzierung des Ausbildungsganges den Eltern wirtschaftlich zumutbar ist.

> Beispiel: Die Tochter hatte eine berufliche Ausbildung als Bauzeichnerin gemacht, und war dann kurze Zeit als Bauzeichnerin tätig. Anschließend hat sie das Architekturstudium aufgenommen. Dieses steht in einem engen sachlichen Zusammenhang mit der Ausbildung als Bauzeichnerin. Da auch ein zeitlicher Zusammenhang zwischen Bauzeichnertätigkeit und Architekturstudium gegeben war, und die Eltern außerdem wirtschaftlich in der Lage waren, ein solches Studium zu finanzieren, stand der Tochter ein entsprechender Unterhaltsanspruch gegen die Eltern zu (so BGH 7.6.1989 – IVb ZR 51/88, BGHZ 107, 376 ff., vgl. auch BGH 23.5.2001 – XII ZR 148/99, FamRZ 2001, 1601).

Das bedeutet, dass die Studierenden in diesen Fällen einen Unterhaltsanspruch gegen 34 die Eltern haben – was wiederum dazu führt, dass bei Leistungen der Ausbildungsförderung derartige Unterhaltsansprüche nach § 37 BAföG übergehen (vgl. § 9 IV.).

III. Die „Besonderheit": minderjährige Kinder in Einelternfamilien

Für Kinder in Einelternfamilien – d.h. für außereheliche Kinder, Trennungs-/Schei- 35 dungskinder gab es (zum Teil) schon immer Sonderregelungen. Bis zum 30.6.1998 gab es für nichteheliche Kinder den sogenannten Regelbedarf; bei Trennungs-/Scheidungskindern dagegen wurde der konkrete Bedarf aufgrund von Tabellen (vgl. § 8) ermittelt.

1. Gleichberechtigung ehelicher/nichtehelicher Kinder, Regelbetrag, Dynamisierung

Der Unterschied zwischen nichtehelichen und ehelichen Kindern wurde mit Wirkung 36 zum 1.7.1998 auch im Unterhaltsrecht beseitigt, und zwar durch die Einführung eines dynamischen Kindesunterhalts, der sich nach einem Prozentsatz eines Regelbetrags bemaß. Dieser Regelbetrag wurde jedes zweite Jahr an die Lohnentwicklung angepasst und war **für alle minderjährigen Kinder**, die mit einem Elternteil nicht im selben Haushalt leben, relevant. Der Regelbetrag war eine reine Rechengröße. Er war Maßstab für den fakultativ als Prozentsatz des Regelbetrages festlegbaren, dynamischen Kindesunterhalt und diente als Anknüpfungspunkt für das vereinfachte Unterhaltsverfahren (dazu § 7 III. 2.). Über den konkret entsprechend § 1610 BGB zu zahlenden Unterhalt für das Kind (vgl. § 7 I. 2. und 7 II. 4.) sagte der Regelbetrag überhaupt nichts aus. Welcher Unterhalt konkret zu zahlen ist, hängt – wie stets beim Unterhalt – von der Leistungsfähigkeit des Unterhaltsverpflichteten und von der Bedürftigkeit des unterhaltsberechtigten Kindes (§ 7 I. 1.) ab. Außerdem sah die Regelbetragverordnung für das Beitrittsgebiet (die sog. neuen Bundesländer) niedrigere Regelbeträge vor (Ost-West-Differenz). Bestrebungen, als Ausgangspunkt der Dynamisierung des Unterhalts einen bedarfsdeckenden Mindestunterhalt zu wählen, ließen sich nicht zuletzt wegen der befürchteten Belastung der öffentlichen Haushalte durch höhere Unterhaltsvorschussleistungen (dazu unten § 8 III.) nicht verwirklichen. Als Basis der fakultativen Dynamisierung des Minderjährigenunterhalts musste daher ein nicht bedarfsdeckender Regelbetrag dienen (§ 1612 a BGB i.d.F. des KindUG). Diese Regelung wurde bald als unbefriedigend empfunden, weil der Regelbetrag deutlich unter dem nach der Rechtsprechung des BVerfG steuerfrei zu lassenden Existenzminimum eines Kindes lag, was der Gesetzgeber zum 1.1.2001 durch eine Novellierung des § 1612 b Abs. 5 BGB a.F. mit einer Einschränkung der Kindergeldverrechnung korrigierte (zum Ganzen: Scholz FamRZ 2007, 2021 ff.). Durch das **Unterhaltsrechtsänderungsgesetz** ist der Regelbetrag abgeschafft und **§ 1612 a BGB völlig neu** gefasst worden (vgl. § 7 III. 2.).

2. Mindestunterhalt minderjähriger Kinder: sächliches Existenzminimum statt Regelbetrag

37 Außer durch den Vorrang des minderjährigen Kindes bei der Rangfolge (oben 7.1.4) will der Gesetzgeber des UÄndG das Kindeswohl durch die (Wieder-)Einführung des Mindestunterhalts und die Abschaffung der Regelbeträge als Bemessungsgrundlage für den Kindesunterhalt fördern (siehe Menne FamRB 2008, 145 ff.). Auch aufgrund der Kritik der Rechtsprechung des Bundesverfassungsgerichts (BVerfG 14.6.1994–1 BvR 1022/88, BVerfGE 91, 93 [111 f.]) ist durch das **Unterhaltsrechtsänderungsgesetz** der Mindest(bar)unterhalt eines minderjährigen Kindes vollständig neu geregelt worden. Der Mindestunterhalt des § 1612 a BGB ist derjenige Barunterhaltsbetrag, auf den das minderjährige Kind grundsätzlich einen Anspruch hat und den der Unterhaltspflichtige grundsätzlich (im Rahmen seiner Leistungsfähigkeit) zu leisten hat. Die Festlegung des **Mindestunterhalts des minderjährigen Kindes** erfolgt durch das Einkommensteuerrecht und die dort enthaltene Bezugnahme auf das **Existenzminimum** des Kindes. Dieses Existenzminimum wird von der Bundesregierung alle 2 Jahre in einem Existenzminimumbericht auf der Grundlage der durchschnittlichen sozialhilferechtlichen Regelsätze der Bundesländer und der pauschalierten Wohn- und Heizkosten festgelegt und bildet die Orientierungsgröße für die Höhe des einkommensteuerrechtlichen Existenzminimums. Auf dieser Basis räumt § 32 Abs. 6 S. 1 EStG dem Steuerpflichtigen einen entsprechenden Kinderfreibetrag (2013: 2.184 €) ein. Durch die Bezugnahme auf den **Kinderfreibetrag** ist die Regelbetrag-Verordnung entbehrlich geworden.

Der Kinderfreibetrag kommt steuerrechtlich jedem einzelnen einkommensteuerpflichtigen Elternteil zu. Deshalb ist der im Existenzminimumbericht als Existenzminimum von Kindern ausgewiesene Betrag für die steuerlichen Zwecke halbiert, die Summe der beiden Elternteilen gewährten Kinderfreibeträge stellt erst das volle sächliche Existenzminimum des Kindes dar. Mit dem neuen § 1612 a BGB ist der doppelte Freibetrag als das Existenzminimum des Kindes festgelegt worden. Allerdings wird – anders als im Existenzminimumsbericht – der entsprechende Betrag nicht einheitlich, sondern (wie bisher schon in der Regelbetrag-Verordnung) nach Altersstufen festgelegt, wobei Ausgangspunkt (100 %) die zweite Altersstufe (vom 7. bis zur Vollendung des 12. Lebensjahres) ist. Nach § 1612 a Abs. 1 BGB n.F. beträgt der Mindestunterhalt minderjähriger Kinder monatlich entsprechend dem Alter des Kindes

- für die Zeit bis zur Vollendung des 6. Lebensjahres (erste Altersstufe) 87 %,
- für die Zeit vom 7. bis zur Vollendung des 12. Lebensjahres (zweite Altersstufe) 100 % und
- für die Zeit vom 13. Lebensjahr an (dritte Altersstufe) 117 %

eines Zwölftels des doppelten Kinderfreibetrages. Damit ergibt sich folgende Rechnung: doppelter Kinderfreibetrag (2 x 2.184 € = 4.368 €) : 12 = 364 € für die zweite Altersstufe. Für die erste Altersstufe (87%) errechnen sich 317 € und für die dritte Altersstufe (117%) 426 €. Diese Beträge gelten einheitlich für ganz Deutschland; die Unterscheidung zwischen alten und neuen Bundesländern wurde aufgegeben. Das minderjährige Kind hat auch nach dieser neuen Rechtslage die Wahl, ob es seinen Unterhalt als Prozentsatz des Mindestunterhalts (dynamisch) oder als konkreten Betrag (statisch) verlangt (Scholz FamRZ 2007, 2021 f.).

3. Verfahren über den Unterhalt – vereinfachtes Verfahren

Im vereinfachten Verfahren kann ein Kindesunterhalt in Höhe bis zum **1,2fachen des** **38** **Mindestunterhalts** – in vereinfachter Weise – geltend gemacht werden (§§ 249–260 FamFG). Das vereinfachte Verfahren ist (§ 249 Abs. 2 FamFG) nur möglich bei der Erstfestsetzung von Mindestunterhalt. Hat schon einmal eine gerichtliche Entscheidung stattgefunden oder ist ein gerichtliches Verfahren anhängig, so kommt das vereinfachte Verfahren nicht in Betracht (in diesem Fall ist ein Abänderungsantrag nach § 238 FamFG zu stellen). Um dieses vereinfachte Verfahren durchzuführen, sind gewisse Voraussetzungen erforderlich.

Erforderlich ist der **Antrag** des minderjährigen Kindes bzw. des ihn vertretenden Elternteils. Der Antrag muss u.a. (vgl. im Einzelnen § 250 FamFG) Angaben über Kindergeld oder andere zu berücksichtigende Leistungen und die Erklärung, dass ein Eltern-Kind-Verhältnis zwischen dem Kind und dem Antragsgegner besteht (was insbesondere bei einem nicht in einer Ehe geborenen Kind bedeutet, dass das Vaterschaftsanerkenntnis oder die gerichtliche Vaterschaftsfeststellung angegeben werden muss), enthalten. Wenn die in § 250 Abs. 1 FamFG geforderten Angaben im Antrag nicht enthalten sind oder der Antrag nicht den Vorschriften des § 249 FamFG entspricht, wird er (§ 250 Abs. 2 FamFG) zurückgewiesen. Diese **Zurückweisung** ist mit Rechtsmitteln nicht angreifbar (§ 250 Abs. 2 S. 3 FamFG), der Antragsteller kann aber seinen Antrag korrigieren und einen erneuten Antrag stellen. **Bejaht** das Gericht die Zulässigkeit des Antrages, so hat es den **Antragsgegner** in der in § 251 FamFG im Einzelnen geschilderten Weise **zu beteiligen**. Werden seitens des Antragsgegners keine Einwendungen innerhalb der Monatsfrist (§ 251 Abs. 1 S. 2 Nr. 3 FamFG) geltend gemacht, so setzt der **Rechtspfleger** (§§ 3 Nr. 3 g, 25 Nr. 2 c RPflG) den **Unterhalt durch Beschluss** fest (§ 253 FamFG). Macht der Antragsgegner **Einwendungen** geltend, so unterscheidet § 252 FamFG diese nach den verschiedenen Arten der Einwendung. Am wichtigsten ist der Einwand der mangelnden Leistungsfähigkeit des Antragsgegners. Dieser kann nur erhoben werden, wenn zugleich über die in § 252 Abs. 2 S. 3 FamFG genannten Umstände Auskünfte erteilt werden. Die **Ablehnung der Einwendungen** erfolgt konkludent dadurch, dass der Unterhalt durch Beschluss festgesetzt wird (§ 252 Abs. 1 S. 3, § 253 Abs. 1 FamFG): Damit sind zugleich die Einwendungen verworfen. Gegen den Festsetzungsbeschluss findet gemäß § 256 FamFG die Beschwerde statt. Werden die **Einwendungen bejaht**, so ist das dem Antragsteller nach § 254 FamFG mitzuteilen. Wenn der Antragsgegner bei den Einwendungen nach § 252 Abs. 2 FamFG erklärt hat, inwieweit er zu Unterhaltsleistungen (oder zur Begleichung des Unterhaltsrückstandes) bereit ist, so ist in diesem Umfang auf Antrag des Antragstellers der Unterhalt durch Beschluss festzusetzen. Die **Korrektur des festgelegten Unterhalts durch Abänderungsantrag** ist in allen Fällen des vereinfachten Verfahrens nach § 240 FamFG gegeben: So kann zunächst das vereinfachte Verfahren zur Festsetzung des Unterhalts durchgeführt werden und gleich anschließend Antrag auf Abänderung der Entscheidung verlangt werden.

4. Die Anrechnung von Kindergeld und kindbezogener Leistungen auf den Unterhalt

39 §§ 1612 b, 1612 c BGB enthalten Anrechnungsregelungen für kindbezogene Leistungen. Sie gelten sowohl für den statischen wie für den dynamischen Unterhalt. Angerechnet werden das **Kindergeld** (§ 1612 b BGB) und regelmäßig wiederkehrende **kindbezogene Leistungen**, durch die der Anspruch auf Kindergeld ausgeschlossen ist (§ 1612 c BGB). Solche das Kindergeld ausschließenden Leistungen sind in § 65 EStG und in § 4 Abs. 1 BKGG aufgeführt (z.B. Kinderzulagen aus der gesetzlichen Unfallversicherung, Kinderzuschüsse aus der gesetzlichen Rentenversicherung). Das Kindergeld steht nach dem Einkommensteuergesetz den Eltern zu und soll mittelbar das Existenzminimum des Kindes sichern. § 1612 b BGB bestimmt, dass das Kindergeld zur Deckung des Barbedarfs des Kindes zu verwenden ist, und führt damit eine unterhaltsrechtliche Zweckbindung des Kindergeldes ein (Scholz FamRZ 2007, 2021 ff.; zur Verfassungsmäßigkeit des § 1612 b BGB: BVerfG 14.7.2011–1 BvR 932/10, FamRZ 2011, 1490). Demgemäß mindert das Kindergeld den Barbedarf des Kindes. Wenn der Elternteil, bei dem das Kind lebt und an den gemäß § 64 Abs. 2 S. 1 EStG das Kindergeld in voller Höhe [2013: jeweils 184 € für das erste und zweite Kind, 190 € für das dritte Kind, 215 € für jedes weitere Kind] ausgezahlt wird, seine Unterhaltspflicht gemäß § 1606 Abs. 3 S. 2 BGB durch Pflege und Erziehung des Kindes erfüllt, führt die bedarfsdeckende Berücksichtigung der Hälfte des Kindergeldes dazu, dass dem minderjährigen Kind nur ein Anspruch auf den Tabellenunterhalt abzüglich 92 € und abzüglich 107,50 € für jedes weitere Kind) zusteht.

IV. Die „Besonderheit": Unterhalt der (alten) Eltern gegen die (mittelalten) Kinder

Nicht zuletzt angesichts gestiegener Lebenserwartung und hoher Kosten in den Pflege- **40** und Altenheimen stellt sich seit einigen Jahren die Frage, inwiefern die alt gewordenen Eltern ihre mittelalten Kinder unterhaltsrechtlich in Anspruch nehmen können. Da die mittelalten Kinder zudem häufig Unterhalt an ihre eigenen (jungen) Kinder leisten müssen, enthält die Frage zusätzlich die gesellschaftliche Problematik der „doppelten Inanspruchnahme" der sogenannten **„Sandwich"-Generation**. Das Unterhaltsrecht hat hierfür keine Regelungen vorgesehen. So ist es Rechtsprechung und Rechtslehre überlassen geblieben, hierauf zu reagieren. Anlässe waren dabei nicht die Klagen der alten Eltern gegen ihre mittelalten Kinder. Vielmehr werden die notwendigen Leistungen für die alten Eltern zunächst von den **Sozialleistungsträgern** übernommen, die dann aufgrund übergegangener Unterhaltsansprüche (z.B. § 94 SGB XII) die unterhaltspflichtigen Kinder in Anspruch nehmen (siehe Hauß 2007; Koritz NJW 2007, 270 [Zugleich Besprechung von BGH 30.8.2006 – XII ZR 98/04, FamRZ 2006, 1511]; Herr FamRZ 2005, 1021 ff.).

Ausgangspunkt derartiger Verfahren war stets die Tatsache, dass die eigenen Einkünfte **41** der alten Menschen (in der Regel Renten, im Pflegefall ggf. Leistungen der sozialen Pflegeversicherung nach dem SGB XI) nicht ausreichten, um den **Bedarf**, der sich aus den Kosten für Unterbringung, Verpflegung und ggf. Pflege in einem Alten- oder Pflegeheim bestimmt, zu decken. Denn der Pflegesatz eines Pflegeheimes mittlerer Art und Güte mit einem an örtlichen Preisen ausgerichteten durchschnittlichen Pflegesatz ist der Bedarf, der unterhaltsrechtlich als **angemessener Bedarf** anzusehen und der deswegen von den Unterhaltspflichtigen zu decken ist (BGH 23.10.2002 – XII ZR 266/99, BGHZ 152, 217; BGH 28.7.2010 – XII ZR 140/07, BGHZ 186, 350). Hinsichtlich der **Bedürftigkeit** der alten Eltern ist zunächst deren Einkommen zu berücksichtigen. Bei Personen über 65 Jahren sind ggf. Leistungen der **Grundsicherung im Alter und bei Erwerbsminderung** nach §§ 41 ff. SGB XII einzusetzen (ausführlich Thie in Bieritz-Harder u.a. LPK-SGB XII § 41 ff.). Diese Mittel sind vorrangig, sie mindern die Bedürftigkeit der Eltern (BGH 20.12.2006 – XII ZR 84/04, FamRZ 2007, 1158; OLG Hamm 30.1.2004–11 WF 207/03, NJW 2004, 1604). Ebenso ist vorrangig das **Vermögen** einzusetzen, auch der Vermögensstamm, da das Vermögen im Alter nicht mehr zum Aufbau einer eigenen Lebensstellung benötigt wird (BGH 17.12.2003 – XII ZR 224/00, FamRZ 2004, 370, m. Anm. Strohal 441). Die Hauptprobleme stellen sich bei der **Leistungsfähigkeit der Kinder** (BGH 12.12.2012 – XII ZR 43/11, FamRZ 2013, 363 m. Anm. Thormeyer). Von dem **Nettoeinkommen** der mittelalten Kinder können verschiedene **Abzüge** vorgenommen werden; so insbesondere für eine angemessene Altersversorgung, für die ein Anteil von etwa 20 % des Bruttoeinkommens als angemessen für eine primäre Altersversorgung eines Selbstständigen (oder eines wegen Überschreitung der Bemessungsgrenze nicht mehr Sozialversicherungspflichtigen) angesetzt werden kann (BGH 19.2.2003 – XII ZR 67/00, FamRZ 2003, 860). Was den Abzug von Verbindlichkeiten anbelangt, so ist eine Interessenabwägung vorzunehmen (insbesondere hinsichtlich Schulden und Vermögensbildungsleistungen): Entscheidend wird darauf abgestellt, ob Verbindlichkeiten in Kenntnis der bestehenden oder abzusehenden Inanspruchnahme der Kinder eingegangen wurden. Vorrangig abzuziehen sind auch Unterhaltsverpflichtungen gegenüber den (jungen) Kindern, den mittelalten Kindern, sowie den Ehegatten – beide sind wegen § 1609 BGB vorrangig gegenüber dem Unterhaltsanspruch der alten Eltern (BGH 14.1.2004 – XII ZR 149/01, FamRZ 2004, 792). Sind all diese Positionen abgezogen, stellt sich die Frage nach dem **angemessenen Selbstbehalt** des mittelalten Kindes. Grundsätzlich ist dieser nach den Umständen des Einzelfalles festzulegen. Inzwischen (2013) wird als angemessener Selbstbehalt gegenüber den Eltern ein **Mindestbetrag** von monatlich 1.600 € für das mittelalte Kind und von mindestens 1.280 € für den mit diesem zusammenlebenden Ehegatten angesetzt (vgl. auch § 8 I.). Sind die Einkommen der mittelalten Kinder höher, so hat sich die Rechtsprechung darauf eingependelt, dass **50 % des den Mindestselbstbehalt übersteigenden Betrages** unter dem Gesichtspunkt der Leistungsfähigkeit der mittelalten Kinder frei bleiben, so dass nur die Hälfte des über den Mindestselbstbehalt hinausgehenden Einkommens unterhaltsrechtlich herangezogen werden kann (BGH 23.10.2002 – XII ZR 266/99, FamRZ 2002, 1698 ff.; BGH 28.7.2010 – XII ZR 140/07, BGHZ 186, 350). Modifikationen gibt es auch beim **Einsatz des Vermögens** des mittelalten Kindes. Grundsätzlich wäre das Vermögen, auch der Stamm des Vermögens, einzusetzen (vgl. § 7 I. 1.). Hier jedoch wird die Verwertung des Vermögensstammes nicht verlangt, wenn das Vermögen benötigt wird, um einen eigenen angemessenen Lebensbedarf des Kindes auch in Zukunft zu sichern (OLG Köln 12.6.2002– 27 UF 194/01, FamRZ 2003, 470; BGH 23.10.2002 – XII ZR 266/99, BGHZ 152, 217). Insgesamt bedeutet dies beim Elternunterhalt der alten Eltern gegenüber den mittelalten Kindern, dass an verschiedenen Stellen eine Zumutbarkeitsprüfung vorzunehmen ist (zu Einzelheiten: Wohlgemuth FamRZ 2011, 341). Deswegen ist es nicht verwunderlich, dass es dazu eine recht unterschiedliche Rechtsprechung gibt. Solange der Gesetzgeber aber nicht auf diese besondere Situation der „Sandwich"-Generation reagiert, bleibt es Aufgabe der Rechtsprechung, mit dieser Situation fertig zu werden (Nachweise zu rechtspolitischen Forderungen, den Verwandtenunterhalt auf die Unterhaltspflicht der Eltern gegenüber minderjährigen Kindern, ergänzt um Ausbildungsunterhalt für volljährige Kinder bis zu einer bestimmten Altersgrenze zu beschränken oder sonst einzuschränken: Wendl/Dose/Wönne § 2 Rn. 900). Weiterführende Literatur: Dose FamRZ 2013, 993 ff.

V. Betreuungsunterhalt zwischen nicht miteinander verheirateten Eltern

42 Zwischen nicht miteinander verheirateten Eltern gibt es weder durch die Ehe noch durch die Verwandtschaft begründete Unterhaltsansprüche. Diese Lücke füllt seit

1998 die Anspruchsgrundlage des § 1615 l BGB. Nach Abs. 1 hat die Mutter eines Kindes gegen dessen Vater für die Dauer von sechs Wochen vor und acht Wochen nach der Geburt des Kindes einen Unterhaltsanspruch. Ist die Mutter infolge der Schwangerschaft oder einer durch die Schwangerschaft oder die Entbindung verursachten Krankheit außerstande, einer Erwerbstätigkeit nachzugehen, ist der Vater verpflichtet, auch über die genannte Zeitdauer hinaus Unterhalt zu leisten (§ 1615 l Abs. 2 S. 1 BGB). Wenn von der Mutter oder dem Vater wegen der Pflege oder Erziehung des Kindes eine Erwerbstätigkeit nicht erwartet werden kann, hat der betreuende Elternteil gegen den jeweils anderen Elternteil ebenfalls einen Unterhaltsanspruch (§ 1615 l Abs. 2 Sätze 2 bis 5 BGB). Dieser Betreuungsunterhaltsanspruch endete ursprünglich (§ 1615 l BGB a.f.) anders als im Falle des nachscheidungsrechtlichen Betreuungsunterhaltsanspruchs (§ 1570 BGB a.f.; dazu § 3 V. 2.) grundsätzlich drei Jahre nach der Geburt des Kindes. Diese Ungleichbehandlung hat das Bundesverfassungsgericht (BVerfG 28.2.2007–1 BvL 9/04, FamRZ 2007, 965) wegen Verstoßes gegen Art. 6 Abs. 5 GG für verfassungswidrig erklärt. Mit dem UÄndG ist die Regelung dem Geschiedenenunterhalt inhaltlich angeglichen worden. Für die Zeit ab Vollendung des dritten Lebensjahres des Kindes steht dem betreuenden Elternteil aber nur dann ein fortdauernder Anspruch auf Betreuungsunterhalt zu, wenn dies der Billigkeit entspricht. Damit verlangt die Neuregelung allerdings keinen abrupten Wechsel von der elterlichen Betreuung zu einer Vollzeiterwerbstätigkeit (BT-Drucks. 16/6980 S. 9). Insbesondere nach Maßgabe der im Gesetz ausdrücklich genannten kindbezogenen Gründe ist unter Berücksichtigung der bestehenden Möglichkeiten der Kinderbetreuung (§ 1615 l Abs. 2 S. 5 BGB) ein gestufter Übergang bis hin zu einer Vollzeiterwerbstätigkeit möglich; für die Voraussetzungen einer Verlängerung des Betreuungsunterhalts über die Dauer von drei Jahren hinaus trägt der Unterhaltsberechtigte die Darlegungs- und Beweislast. Er hat also zunächst darzulegen und zu beweisen, dass keine kindgerechte Einrichtung für die Betreuung des gemeinsamen Kindes zur Verfügung steht oder dass aus besonderen Gründen eine persönliche Betreuung erforderlich ist (BGH 13.1.2010 – XII ZR 123/08, FamRZ 2010, 444).

VI. Internationales Unterhaltsrecht

1. Zuständigkeit

Auf der Ebene der EU wird die internationale Zuständigkeit für Unterhaltsklagen-/ 43 verfahren von der Verordnung (EG) Nr. 4/2009 des Rates über die Zuständigkeit, das anwendbare Recht, die Anerkennung und Vollstreckung von Entscheidungen und die Zusammenarbeit in Unterhaltssachen (**EuUntVO** vom 18.12.2008, ABL EU 2009 L 7/1) geregelt. Sie findet seit dem 18.6.2011 Anwendung auf nach diesem Datum eingeleitete Verfahren und löst in Unterhaltsverfahren die Verordnung (EG) Nr. 44/2001 (EuGVVO) ab. Nach Art. 3 EuUntVO ist für Entscheidungen in Unterhaltssachen in den EU-Mitgliedstaaten zuständig u.a. das Gericht des Ortes, an dem die berechtigte

Person ihren gewöhnlichen Aufenthalt hat, oder das Gericht des Ortes, an dem der Beklagte seinen gewöhnlichen Aufenthalt hat.

2. Anwendbares Recht

44 Der vormals geltende Art. 18 EGBGB ist aufgehoben worden. Auch insoweit gilt nun die EuUntVO. Allerdings enthält die EuUntVO keine eigenständigen Kollisionsnormen, sondern verweist für die Mitgliedstaaten, die durch das am 23.11.2007 abgeschlossene HUntProt gebunden sind, auf eben dieses (Art. 15 EuUntVO). Obwohl das HUntProt zum 18.6.2011 völkerrechtlich noch nicht in Kraft getreten ist, wird es ab diesem Zeitpunkt in den Mitgliedstaaten der EU (mit Ausnahme Dänemarks und des Vereinigten Königreichs) angewandt. Durch die Verweisung macht sich die EuUntVO die Kollisionsregeln des HUntProt zu Eigen (Wendl/Dose § 9 Rn. 2). Art. 3 HUntProt sieht als Regelanknüpfungspunkt für das anzuwendende Recht den gewöhnlichen Aufenthalt des Unterhaltsberechtigten vor. Diese Grundregel beruht auf dem Gedanken, dass das Recht am gewöhnlichen Aufenthalt das Recht mit den engsten Verbindungen zu den tatsächlichen Lebensumständen des Unterhaltsberechtigten ist (Wendl/ Dose § 9 Rn. 13 m.w.N.). Nach Art. 4 HUntProt ist, wenn die berechtigte Person nach dem in Art. 3 vorgesehenen Recht von der verpflichteten Person keinen Unterhalt erhalten kann, das am Ort des angerufenen Gerichts geltende Recht (lex fori) anzuwenden. Neben den allgemeinen und besonderen Regeln für die Ermittlung des anwendbaren materiellen Rechts enthält das HUntProt in Art. 14 auch eine Vorschrift über die Bemessung des Unterhalts. Danach sind bei der Bemessung des Unterhalts die Bedürfnisse der berechtigten Person (= Bedarf und Bedürftigkeit) und die wirtschaftlichen Verhältnisse der verpflichteten Person (= Leistungsfähigkeit) zu berücksichtigen, selbst wenn das anzuwendende nationale Recht etwas anderes bestimmt. Unabhängig von der Anwendbarkeit deutschen oder ausländischen Unterhaltsrechts bereitet die Unterhaltsbemessung zusätzliche Schwierigkeiten, wenn der Unterhaltsberechtigte und der Unterhaltsverpflichtete nicht in demselben Staat leben (Beispielsfall: BGH 9.5.1990 – XII ZB 133/88, FamRZ 1990, 992). Denn wenn die Währungsumstellung und die damit verbundene unterschiedliche Kaufkraft nicht dem deutschen Verhältnis entsprechen, könnte der Unterhaltsberechtigte real im Vergleich zu dem Unterhaltspflichtigen zu viel oder zu wenig erhalten. Teilweise bedient sich die Rechtsprechung dabei sogenannter Verbrauchergeldparitäten, teilweise (v.a. beim Kindesunterhalt) wird der nach der Düsseldorfer Tabelle errechnete Betrag lediglich pauschal (etwa meist ¼ bis ¾) gekürzt (Einzelheiten bei Wendl/Dose § 9 Rn. 35 ff.). Einen Überblick über das materielle Unterhaltsrecht einzelner Länder (Polen, Spanien, Großbritannien, Frankreich, Schweiz, USA, Österreich, Italien, Türkei) gibt FPR 2013/Heft 3.

45 Von praktischer Bedeutung ist ferner das Auslandsunterhaltsgesetz (AUG), das der Durch- bzw. Ausführung der EuUntVO dient sowie der Erleichterung der Geltendmachung von Unterhaltsansprüchen im Ausland. Das AUG regelt dazu die Zusam-

menarbeit mit ausländischen Gerichten und Behörden; es enthält keine kollisionsrechtlichen oder materiellrechtlichen Regelungen.

Weiterführende Literatur
Wendl/Dose (2011); Eschenbruch/Schürmann/Menne (2013)

§ 8. Die Berechnung, Geltendmachung und Durchsetzung von Unterhalt

In vielen Fällen besteht ein Unterhaltsanspruch, sowohl für den ehemaligen Ehegatten 1 als auch für die Kinder. Für die konkrete Berechnung des Unterhalts haben die Gerichte Tabellen entwickelt. Die verbreitetste Tabelle ist die sog. Düsseldorfer Tabelle. Entscheidende Größe für die Berechnung des Unterhalts ist das Nettoeinkommen des Unterhaltsverpflichteten; um dies zu erfahren, besteht ein Auskunftsrecht. Kinder, die trotz rechtlicher Ansprüche real keinen Unterhalt bekommen, können Sozialleistungen nach dem UVG erhalten. Die Jugendämter haben bei der Geltendmachung von Unterhaltsansprüchen eine Beratungs- und Unterstützungspflicht.

Ausführlich behandelte Bestimmungen

- Der Auskunftsanspruch: § 1605 BGB
- Die Vertretung des minderjährigen Kindes: § 1629 BGB
- Unterhaltsvorschuss- und -ausfallleistungen: §§ 1–7 UVG
- Unterstützung durch die Jugendhilfe: §§ 18, 56, 60 SGB VIII; §§ 1712–1717 BGB

I. Die Düsseldorfer Tabelle

Für die Berechnung des konkreten Unterhaltsbetrages gilt es, die rechtlich abstrakten 2 Begriffe des Bedarfs, der Bedürftigkeit, der Leistungsfähigkeit, des angemessenen Unterhalts (vgl. § 7 I.) in konkrete Zahlen zu übersetzen. Damit das Ergebnis nicht von Familiengericht zu Familiengericht unterschiedlich ausfällt, haben die Oberlandesgerichte Tabellen und ergänzende Leitlinien entwickelt. Federführend war und ist das OLG Düsseldorf (zur Entstehung im Jahr 1962 und weiterer Entwicklung der Düsseldorfer Tabelle: Otto FamRZ 2012, 837). Auch vom BGH wird die Düsseldorfer Tabelle „anerkannt" (etwa BGH 18.4.2012 – XII ZR 66/10, FamRZ 2012, 1048). Die Tabellen sind für den Trennungs- und Scheidungsfall entwickelt worden und differenzieren nach:

A) Kindesunterhalt,
B) Ehegattenunterhalt,
C) Mangelfällen, wenn das zur Verfügung stehende Einkommen nicht zur Deckung des Bedarfs ausreicht,

D) Regelungen für den sonstigen Verwandtenunterhalt (insbesondere: Selbstbehalt gegenüber den Eltern) und für den Betreuungsunterhalt nach § 1615 l BGB,

E) Übergangsregelung (aus Anlass der Einführung des neuen Unterhaltsrechts zum 1.1.2008).

3 Aus der Gesamtanwendung der Tabellen ergibt sich der jeweils konkrete Unterhaltsanspruch. Die Tabellen werden etwa alle zwei Jahre der wirtschaftlichen Entwicklung angepasst. Sie werden in allen einschlägigen Fachzeitschriften (zum Beispiel NJW, FamRZ, FuR) und im Internet veröffentlicht. Die Tabellen sind zugeschnitten auf einen gegenüber drei Personen (also beispielsweise gegenüber einem Ehegatten und zwei minderjährigen Kindern) Unterhaltspflichtigen. Ausgangspunkt für alle Unterhaltsberechnungen ist das **unterhaltsrechtlich maßgebende Einkommen** des Unterhaltspflichtigen. Es berechnet sich grob wie folgt: Bruttoeinkommen (incl. Weihnachts-, Urlaubsgeld und Überstundenvergütungen) zuzüglich Einkommen aus Vermietung, Verpachtung und Kapitalvermögen, Steuererstattungen. Außerdem sind sonstige Geldeinnahmen zu berücksichtigen (etwa geldwerte Zuwendungen des Arbeitgebers, Sozialleistungen mit Einkommensersatzfunktion, Elterngeld usw.), ggf. der Wohnvorteil durch mietfreies Wohnen. Diese gesamten Einnahmen sind in einem zweiten Schritt zu bereinigen, d.h. es sind abzuziehen: Steuern und Vorsorgeaufwendungen (Aufwendungen für die gesetzliche Kranken- und Pflegeversicherung, Rentenversicherung, und Arbeitslosenversicherung), berufsbedingte Aufwendungen (Werbungskosten; hier arbeitet die Praxis bei Einkünften aus nichtselbstständiger Arbeit mit Pauschalen) und berücksichtigungswürdige Schulden (wegen der Einzelheiten sind die zur Ergänzung der Unterhaltabellen herausgegebenen sogenannten **Unterhaltsrechtlichen Leitlinien** der Familiensenate des jeweiligen Oberlandesgerichts zu beachten)..

4 Entsprechend den **Anmerkungen zu A.** lässt sich nun der **Kindesunterhalt** errechnen. Die Tabelle baut auf dem Existenzminimum nach § 1612 a BGB auf (erste Einkommensgruppe), die Angabe der Prozentsätze erlaubt die dynamisierte Festsetzung, insbesondere im vereinfachten Verfahren (vgl. § 7 III. 3.). Der Bedarfskontrollbetrag dient der Kontrolle, ob insgesamt eine ausgewogene Verteilung des Einkommens zwischen dem Unterhaltspflichtigen und den unterhaltsberechtigten Kindern vorliegt. Er ist nicht identisch mit dem **Selbstbehalt**, der als **notwendiger Eigenbedarf** (bei minderjährigen Kindern bzw. bei Kindern nach § 1603 Abs. 2 S. 2 BGB) im Jahr 2013 1.000 € (bei Nichterwerbstätigkeit: 800 €) und bei volljährigen Kindern 1.200 € beträgt. Zur grundlegenden Kritik an den Selbstbehaltssätzen: Lipp FamRZ 2012, 1 ff.

5 Von diesem sich so ergebenden Kindesunterhaltsbetrag ist gemäß § 1612 b BGB das Kindergeld zur Hälfte abzusetzen (siehe unten Tabelle Zahlbeträge).

6 Unter der **Anmerkung B.** wird der **Ehegattenunterhalt** berechnet. Nach den Tabellen beträgt der **Unterhaltsanspruch des Ehegatten** $^3/_7$ des anrechnungsfähigen Nettoeinkommens (nachdem vorab ggf. der volle Kindesunterhalt [und zwar nicht der Tabellenbetrag, sondern der sich nach Abzug der Kindergeldanteils ergebende Zahlbetrag;

BGH – XII ZR 160/08, FamRZ 2010, 1318] abgezogen wurde; dem unterhaltspflichtigen Ehegatten verbleiben somit $^4/_7$ des Nettoeinkommens. Begründet wird dies mit einem sog. Erwerbstätigenbonus [zur Kritik dieser Verteilung wegen Verstoßes gegen den Grundsatz der Gleichwertigkeit von Erwerbs- und Hausarbeit und zum Halbierungsgrundsatz vgl. § 3 V. 4.). Klar ist, dass dieser Erwerbstätigenbonus nur bezüglich des Erwerbseinkommens gilt, nicht bei anderen Einkünften wie z.B. Miete, Zinsen usw. Wenn keiner der Ehegatten eine Erwerbstätigkeit ausübt, ist eine ungleiche Aufteilung ebenfalls unzulässig. Auch hier ist der **Selbstbehalt**, allerdings in Höhe des **eheangemessenen Eigenbedarfs** des Unterhaltspflichtigen (BGH 7.12.2011 – XII ZR 151/09, FamRZ 2012, 281) zu berücksichtigen, dieser beträgt [2013] mindestens 1.100 €.

Von besonderer Bedeutung sind die in **Anmerkung C.** behandelten **Mangelfälle**, wenn 7 das Einkommen des Unterhaltspflichtigen zur Deckung seines eigenen notwendigen Bedarfs, des Bedarfs der Kinder und des Bedarfs des Ehegatten nicht ausreicht. In diesen Fällen wird der notwendige Eigenbedarf des Unterhaltspflichtigen vorab abgezogen, da er eben nur zum Unterhalt verpflichtet ist, wenn er entsprechend leistungsfähig ist. Die dann verbleibende Verteilungsmasse wird auf die Unterhaltsberechtigten im Verhältnis ihrer jeweiligen Einsatzbeträge unter Beachtung der Rangfolge verteilt. In der **Anmerkung D.** erfolgt für den besonderen Fall des **Elternunterhalts** (vgl. § 7 IV.) die Festlegung des angemessenen Selbstbehalts des (mittelalten) Kindes: [2013] 1.600 € sowie für den mit ihm zusammenlebenden Ehegatten (mindestens) 1.280 €. Schließlich wird unter Anmerkung D. auf die besondere Situation des § 1615l BGB eingegangen.

Düsseldorfer Tabelle[1] (Stand: 1.1.2013)

A. Kindesunterhalt

	Nettoeinkommen des Barunterhaltspflichtigen (Anm. 3, 4)		Altersstufen in Jahren (§ 1612 a Abs. 1 BGB)				Prozent-satz	Bedarfskontroll-betrag (Anm. 6)
			0 – 5	6 – 11	12 – 17	ab 18		
			Alle Beträge in Euro					
1.	bis 1.500		317	364	426	488	100	800/1000
2.	1.501	1.900	333	383	448	513	105	1.100
3.	1.901	2.300	349	401	469	537	110	1.200
4.	2.301	2.700	365	419	490	562	115	1.300
5.	2.701	3.100	381	437	512	586	120	1.400
6.	3.101	3.500	406	466	546	625	128	1.500
7.	3.501	3.900	432	496	580	664	136	1.600
8.	3.901	4.300	457	525	614	703	144	1.700
9.	4.301	4.700	482	554	648	742	152	1.800
10.	4.701	5.100	508	583	682	781	160	1.900
	ab 5.101		nach den Umständen des Falles					

Anmerkungen:

1. Die Tabelle hat keine Gesetzeskraft, sondern stellt eine Richtlinie dar. Sie weist den monatlichen Unterhaltsbedarf aus, bezogen auf zwei Unterhaltsberechtigte, ohne Rücksicht auf den Rang. Der Bedarf ist nicht identisch mit dem Zahlbetrag; dieser ergibt sich unter Berücksichtigung der nachfolgenden Anmerkungen.

   Bei einer größeren/ geringeren Anzahl Unterhaltsberechtigter können Ab- oder Zuschläge durch Einstufung in niedrigere/höhere Gruppen angemessen sein. Anmerkung 6 ist zu beachten. Zur Deckung des notwendigen Mindestbedarfs aller Beteiligten – einschließlich des Ehegatten – ist gegebenenfalls eine Herabstufung bis in die unterste Tabellengruppe vorzunehmen. Reicht das verfügbare Einkommen auch dann nicht aus, setzt sich der Vorrang der Kinder im Sinne von Anm. 5 Abs. 1 durch. Gegebenenfalls erfolgt zwischen den erstrangigen Unterhaltsberechtigten eine Mangelberechnung nach Abschnitt C.

---

1 Die neue Tabelle nebst Anmerkungen beruht auf Koordinierungsgesprächen, die unter Beteiligung aller Oberlandesgerichte und der Unterhaltskommission des Deutschen Familiengerichtstages e.V. stattgefunden haben.

2. Die Richtsätze der 1. Einkommensgruppe entsprechen dem Mindestbedarf in Euro gemäß § 1612 a BGB. Der Prozentsatz drückt die Steigerung des Richtsatzes der jeweiligen Einkommensgruppe gegenüber dem Mindestbedarf (= 1. Einkommensgruppe) aus. Die durch Multiplikation des gerundeten Mindestbedarfs mit dem Prozentsatz errechneten Beträge sind entsprechend § 1612 a Abs. 2 S. 2 BGB aufgerundet.

3. Berufsbedingte Aufwendungen, die sich von den privaten Lebenshaltungskosten nach objektiven Merkmalen eindeutig abgrenzen lassen, sind vom Einkommen abzuziehen, wobei bei entsprechenden Anhaltspunkten eine Pauschale von 5 % des Nettoeinkommens – mindestens 50 EUR, bei geringfügiger Teilzeitarbeit auch weniger, und höchstens 150 EUR monatlich – geschätzt werden kann. Übersteigen die berufsbedingten Aufwendungen die Pauschale, sind sie insgesamt nachzuweisen.

4. Berücksichtigungsfähige Schulden sind in der Regel vom Einkommen abzuziehen.

5. Der notwendige Eigenbedarf (Selbstbehalt)
   – - gegenüber minderjährigen unverheirateten Kindern,
   – - gegenüber volljährigen unverheirateten Kindern bis zur Vollendung des 21. Lebensjahres, die im Haushalt der Eltern oder eines Elternteils leben und sich in der allgemeinen Schulausbildung befinden, beträgt beim nicht erwerbstätigen Unterhaltspflichtigen monatlich 800 EUR, beim erwerbstätigen Unterhaltspflichtigen monatlich 1.000 EUR. Hierin sind bis 360 EUR für Unterkunft einschließlich umlagefähiger Nebenkosten und Heizung (Warmmiete) enthalten. Der Selbstbehalt kann angemessen erhöht werden, wenn dieser Betrag im Einzelfall erheblich überschritten wird und dies nicht vermeidbar ist.
   Der angemessene Eigenbedarf, insbesondere gegenüber anderen volljährigen Kindern, beträgt in der Regel mindestens monatlich 1.200 EUR. Darin ist eine Warmmiete bis 450 EUR enthalten.

6. Der Bedarfskontrollbetrag des Unterhaltspflichtigen ab Gruppe 2 ist nicht identisch mit dem Eigenbedarf. Er soll eine ausgewogene Verteilung des Einkommens zwischen dem Unterhaltspflichtigen und den unterhaltsberechtigten Kindern gewährleisten. Wird er unter Berücksichtigung anderer Unterhaltspflichten unterschritten, ist der Tabellenbetrag der nächst niedrigeren Gruppe, deren Bedarfskontrollbetrag nicht unterschritten wird, anzusetzen.

7. Bei volljährigen Kindern, die noch im Haushalt der Eltern oder eines Elternteils wohnen, bemisst sich der Unterhalt nach der 4. Altersstufe der Tabelle.
   Der angemessene Gesamtunterhaltsbedarf eines Studierenden, der nicht bei seinen Eltern oder einem Elternteil wohnt, beträgt in der Regel monatlich 670 EUR. Hierin sind bis 280 EUR für Unterkunft einschließlich umlagefähiger Nebenkosten und Heizung (Warmmiete) enthalten. Dieser Bedarfssatz kann auch für ein Kind mit eigenem Haushalt angesetzt werden.

8. Die Ausbildungsvergütung eines in der Berufsausbildung stehenden Kindes, das im Haushalt der Eltern oder eines Elternteils wohnt, ist vor ihrer Anrechnung in der Regel um einen ausbildungsbedingten Mehrbedarf von monatlich 90 EUR zu kürzen.

9. In den Bedarfsbeträgen (Anmerkungen 1 und 7) sind Beiträge zur Kranken- und Pflegeversicherung sowie Studiengebühren nicht enthalten.

10. Das auf das jeweilige Kind entfallende Kindergeld ist nach § 1612 b BGB auf den Tabellenunterhalt (Bedarf) anzurechnen.

B. Ehegattenunterhalt

I. Monatliche Unterhaltsrichtsätze des berechtigten Ehegatten ohne unterhaltsberechtigte Kinder (§§ 1361, 1569, 1578, 1581 BGB):
   1. gegen einen erwerbstätigen Unterhaltspflichtigen:
      a) wenn der Berechtigte kein Einkommen hat:
         3/7 des anrechenbaren Erwerbseinkommens zuzüglich 1/2 der anrechenbaren sonstigen Einkünfte des Pflichtigen, nach oben begrenzt durch den vollen Unterhalt, gemessen an den zu berücksichtigenden ehelichen Verhältnissen;
      b) wenn der Berechtigte ebenfalls Einkommen hat:
         3/7 der Differenz zwischen den anrechenbaren Erwerbseinkommen der Ehegatten, insgesamt begrenzt durch den vollen ehelichen Bedarf; für sonstige anrechenbare Einkünfte gilt der Halbteilungsgrundsatz;
      c) wenn der Berechtigte erwerbstätig ist, obwohl ihn keine Erwerbsobliegenheit trifft:
         gemäß § 1577 Abs. 2 BGB;
   2. gegen einen nicht erwerbstätigen Unterhaltspflichtigen (z.B. Rentner):
      wie zu 1 a, b oder c, jedoch 50 %.
II. Fortgeltung früheren Rechts:
   1. Monatliche Unterhaltsrichtsätze des nach dem Ehegesetz berechtigten Ehegatten ohne unterhaltsberechtigte Kinder:
      a) §§ 58, 59 EheG: in der Regel wie I,
      b) § 60 EheG: in der Regel 1/2 des Unterhalts zu I,
      c) § 61 EheG: nach Billigkeit bis zu den Sätzen I.
   2. Bei Ehegatten, die vor dem 3.10.1990 in der früheren DDR geschieden worden sind, ist das DDRFGB in Verbindung mit dem Einigungsvertrag zu berücksichtigen (Art. 234 § 5 EGBGB).
III. Monatliche Unterhaltsrichtsätze des berechtigten Ehegatten, wenn die ehelichen Lebensverhältnisse durch Unterhaltspflichten gegenüber Kindern geprägt werden:
   Wie zu I bzw. II 1, jedoch wird grundsätzlich der Kindesunterhalt (Zahlbetrag; vgl. Anm. C und Anhang) vorab vom Nettoeinkommen abgezogen.

IV. Monatlicher Eigenbedarf (Selbstbehalt) gegenüber dem getrennt lebenden und dem geschiedenen Berechtigten:
unabhängig davon, ob erwerbstätig oder nicht erwerbstätig: 1.100 EUR
Hierin sind bis 400 EUR für Unterkunft einschließlich umlagefähiger Nebenkosten und Heizung (Warmmiete) enthalten.

V. Existenzminimum des unterhaltsberechtigten Ehegatten einschließlich des trennungsbedingten Mehrbedarfs in der Regel:
1. falls erwerbstätig: 1.000 EUR
2. falls nicht erwerbstätig: 800 EUR

VI. 1. Monatlicher notwendiger Eigenbedarf des von dem Unterhaltspflichtigen getrennt lebenden oder geschiedenen Ehegatten unabhängig davon, ob erwerbstätig oder nicht erwerbstätig:
   a) gegenüber einem nachrangigen geschiedenen Ehegatten: 1.100 EUR
   b) gegenüber nicht privilegierten volljährigen Kindern: 1.200 EUR
   c) gegenüber Eltern des Unterhaltspflichtigen: 1.600 EUR
2. Monatlicher notwendiger Eigenbedarf des Ehegatten, der in einem gemeinsamen Haushalt mit dem Unterhaltspflichtigen lebt, unabhängig davon, ob erwerbstätig oder nicht erwerbstätig:
   a) gegenüber einem nachrangigen geschiedenen Ehegatten: 880 EUR
   b) gegenüber nicht privilegierten volljährigen Kindern: 960 EUR
   c) gegenüber Eltern des Unterhaltspflichtigen: 1.280 EUR (vergl. Anm. D I)

Anmerkung zu I-III:

Hinsichtlich berufsbedingter Aufwendungen und berücksichtigungsfähiger Schulden gelten Anmerkungen A. 3 und 4 – auch für den erwerbstätigen Unterhaltsberechtigten – entsprechend. Diejenigen berufsbedingten Aufwendungen, die sich nicht nach objektiven Merkmalen eindeutig von den privaten Lebenshaltungskosten abgrenzen lassen, sind pauschal im Erwerbstätigenbonus von 1/7 enthalten.

C. Mangelfälle

Reicht das Einkommen zur Deckung des Bedarfs des Unterhaltspflichtigen und der gleichrangigen Unterhaltsberechtigten nicht aus (sog. Mangelfälle), ist die nach Abzug des notwendigen Eigenbedarfs (Selbstbehalts) des Unterhaltspflichtigen verbleibende Verteilungsmasse auf die Unterhaltsberechtigten im Verhältnis ihrer jeweiligen Einsatzbeträge gleichmäßig zu verteilen.

Der Einsatzbetrag für den Kindesunterhalt entspricht dem Zahlbetrag des Unterhaltspflichtigen. Dies ist der nach Anrechnung des Kindergeldes oder von Einkünften auf den Unterhaltsbedarf verbleibende Restbedarf.

Beispiel: Bereinigtes Nettoeinkommen des Unterhaltspflichtigen (M): 1.350 EUR. Unterhalt für drei unterhaltsberechtigte Kinder im Alter von 18 Jahren (K1), 7 Jahren (K2) und 5 Jahren (K3),

Schüler, die bei der nicht unterhaltsberechtigten, den Kindern nicht barunterhaltspflichtigen Ehefrau und Mutter (F) leben. F bezieht das Kindergeld.

Notwendiger Eigenbedarf des M:		1.000 EUR
Verteilungsmasse:	1.350 EUR – 1.000 EUR =	350 EUR
Summe der Einsatzbeträge der Unterhaltsberechtigten:		
304 EUR (488–184) (K 1) + 272 EUR (364–92) (K 2) + 222 EUR (317–95) (K 3) =		798 EUR
Unterhalt:		
K 1:	304 × 350 : 798 =	133,33 EUR
K 2:	272 × 350 : 798 =	119,30 EUR
K 3.	222 × 350 : 798 =	97,37 EUR

D. Verwandtenunterhalt und Unterhalt nach § 1615 l BGB

I. Angemessener Selbstbehalt gegenüber den Eltern: mindestens monatlich 1.600 EUR (einschließlich 450 EUR Warmmiete) zuzüglich der Hälfte des darüber hinausgehenden Einkommens, bei Vorteilen des Zusammenlebens in der Regel 45 % des darüber hinausgehenden Einkommens. Der angemessene Unterhalt des mit dem Unterhaltspflichtigen zusammenlebenden Ehegatten bemisst sich nach den ehelichen Lebensverhältnissen (Halbteilungsgrundsatz), beträgt jedoch mindestens 1.280 EUR (einschließlich 350 EUR Warmmiete).

II. Bedarf der Mutter und des Vaters eines nichtehelichen Kindes (§ 1615 l BGB): nach der Lebensstellung des betreuenden Elternteils, in der Regel mindestens 800 EUR. Angemessener Selbstbehalt gegenüber der Mutter und dem Vater eines nichtehelichen Kindes (§§ 1615 l, 1603 Abs. 1 BGB): unabhängig davon, ob erwerbstätig oder nicht erwerbstätig: 1.100 EUR. Hierin sind bis 400 EUR für Unterkunft einschließlich umlagefähiger Nebenkosten und Heizung (Warmmiete) enthalten.

E. Übergangsregelung

Umrechnung dynamischer Titel über Kindesunterhalt nach § 36 Nr. 3 EGZPO: Ist Kindesunterhalt als Prozentsatz des jeweiligen Regelbetrages zu leisten, bleibt der Titel bestehen. **Eine Abänderung ist nicht erforderlich.** An die Stelle des bisherigen Prozentsatzes vom Regelbetrag tritt ein neuer Prozentsatz vom Mindestunterhalt (Stand: 1.1.2008). Dieser ist für die jeweils maßgebliche Altersstufe gesondert zu bestimmen und auf eine Stelle nach dem Komma zu begrenzen (§ 36 Nr. 3 EGZPO). Der Prozentsatz wird auf der Grundlage der zum 1.1.2008 bestehenden Verhältnisse einmalig berechnet und bleibt auch bei späterem Wechsel in eine andere Altersstufe unverändert (BGH Urteil vom 18.04.12 – XII ZR 66/10, FamRZ 2012, 1048). Der Bedarf ergibt sich aus der Multiplikation des neuen Prozentsatzes mit dem Mindestunterhalt der jeweiligen Altersstufe und ist auf volle Euro aufzurunden (§ 1612 a Abs. 2 S. 2 BGB). Der Zahlbetrag ergibt sich aus dem um das jeweils anteilige Kindergeld verminderten bzw. erhöhten Bedarf.

Es sind **vier Fallgestaltungen** zu unterscheiden:

1. Der Titel sieht die Anrechnung des hälftigen Kindergeldes (für das 1. bis 3. Kind 77 EUR, ab dem 4. Kind 89,50 EUR) oder eine teilweise Anrechnung des Kindergeldes vor (§ 36 Nr. 3 a EGZPO).

$$\frac{(\text{Bisheriger Zahlbetrag} + 1/2 \text{ Kindergeld}) \times 100}{\text{Mindestunterhalt der jeweiligen Altersstufe}} = \text{Prozentsatz neu}$$

Beispiel für 1. Altersstufe

$$\frac{(196 \text{ EUR} + 77 \text{ EUR}) \times 100}{279 \text{ EUR}} = 97,8\ \% \quad 279 \text{ EUR} \times 97,8\ \% = 272,86 \text{ EUR,}$$
aufgerundet 273 EUR

Zahlbetrag: 273 EUR./. 77 EUR = 196 EUR

2. Der Titel sieht die Hinzurechnung des hälftigen Kindergeldes vor (§ 36 Nr. 3 b EGZPO).

$$\frac{(\text{Bisheriger Zahlbetrag} - 1/2 \text{ Kindergeld}) \times 100}{\text{Mindestunterhalt der jeweiligen Altersstufe}} = \text{Prozentsatz neu}$$

Beispiel für 1. Altersstufe

$$\frac{(273 \text{ EUR} - 77 \text{ EUR}) \times 100}{279 \text{ EUR}} = 70,2\ \% \quad 279 \text{ EUR} \times 70,2\ \% = 195,85 \text{ EUR,}$$
aufgerundet 196 EUR

Zahlbetrag: 196 EUR + 77 EUR = 273 EUR

3. Der Titel sieht die Anrechnung des vollen Kindergeldes vor (§ 36 Nr. 3 c EGZPO).

$$\frac{(\text{Zahlbetrag} + 1/1 \text{ Kindergeld}) \times 100}{\text{Mindestunterhalt der jeweiligen Altersstufe}} = \text{Prozentsatz neu}$$

Beispiel für 2. Altersstufe

$$\frac{(177 \text{ EUR} + 154 \text{ EUR}) \times 100}{322 \text{ EUR}} = 102,7\ \% \quad 322 \text{ EUR} \times 102,7\ \% = 330,69 \text{ EUR,}$$
aufgerundet 331 EUR

Zahlbetrag: 331 EUR./. 154 EUR = 177 EUR

4. Der Titel sieht weder eine Anrechnung noch eine Hinzurechnung des Kindergeldes vor (§ 36 Nr. 3 d EGZPO).

$$\frac{(\text{Zahlbetrag} + 1/2 \text{ Kindergeld}) \times 100}{\text{Mindestunterhalt der jeweiligen Altersstufe}} = \text{Prozentsatz neu}$$

Beispiel für 3. Altersstufe

$$\frac{(329 \text{ EUR} + 77 \text{ EUR}) \times 100}{365 \text{ EUR}} = 111,2 \text{ \%} \quad 365 \text{ EUR} \times 111,2 \text{ \%} = 405,88 \text{ EUR},$$

aufgerundet 406 EUR

Zahlbetrag: 406 EUR./. 77 EUR = 329 EUR

Anhang: Tabelle Zahlbeträge

Die folgenden Tabellen enthalten die sich nach Abzug des jeweiligen Kindergeldanteils (hälftiges Kindergeld bei Minderjährigen, volles Kindergeld bei Volljährigen) ergebenden Zahlbeträge. Für das 1. und 2. Kind beträgt das Kindergeld derzeit 184 EUR, für das 3. Kind 190 EUR, ab dem 4. Kind 215 EUR.

1. und 2. Kind		0 – 5	6 – 11	12 - 17	ab 18	%
1.	bis 1.500	225	272	334	304	100
2.	1.501 - 1.900	241	291	356	329	105
3.	1.901 - 2.300	257	309	377	353	110
4.	2.301 - 2.700	273	327	398	378	115
5.	2.701 - 3.100	289	345	420	402	120
6.	3.101 - 3.500	314	374	454	441	128
7.	3.501 - 3.900	340	404	488	480	136
8.	3.901 - 4.300	365	433	522	519	144
9.	4.301 - 4.700	390	462	556	558	152
10.	4.701 - 5.100	416	491	590	597	160

3. Kind		0 – 5	6 – 11	12 - 17	ab 18	%
1.	bis 1.500	222	269	331	298	100
2.	1.501 - 1.900	238	288	353	323	105
3.	1.901 - 2.300	254	306	374	347	110
4.	2.301 - 2.700	270	324	395	372	115
5.	2.701 - 3.100	286	342	417	396	120
6.	3.101 - 3.500	311	371	451	435	128
7.	3.501 - 3.900	337	401	485	474	136
8.	3.901 - 4.300	362	430	519	513	144
9.	4.301 - 4.700	387	459	553	552	152
10.	4.701 - 5.100	413	488	587	591	160

Ab 4. Kind		0 – 5	6 – 11	12 - 17	ab 18	%
1.	bis 1.500	209,50	256,50	318,50	273	100
2.	1.501 - 1.900	225,50	275,50	340,50	298	105
3.	1.901 - 2.300	241,50	293,50	361,50	322	110
4.	2.301 - 2.700	257,50	311,50	382,50	347	115
5.	2.701 - 3.100	273,50	329,50	404,50	371	120
6.	3.101 - 3.500	298,50	358,50	438,50	410	128
7.	3.501 - 3.900	324,50	388,50	472,50	449	136
8.	3.901 - 4.300	349,50	417,50	506,50	488	144
9.	4.301 - 4.700	374,50	446,50	540,50	527	152
10.	4.701 - 5.100	400,50	475,50	574,50	566	160

Bei Betrachtung der Tabelle wird schon erkennbar, dass dann, wenn das Einkommen 8
eines Unterhaltspflichtigen auf nunmehr zwei Haushalte verteilt werden muss, nicht
selten die Situation des **Mangelfalls** eintritt, das Einkommen also nicht für beide Haushalte hinreicht. Während man in einem ersten Rechengang feststellt, wie das Einkommen zu verteilen wäre, muss man, wenn das Einkommen nicht ausreicht (also ein sogenannter Mangelfall vorliegt), in einem zweiten Rechengang nochmals berechnen, wie die Verteilung konkret aussieht. Das soll an zwei Beispielen (in Anlehnung an Beispielsfälle der Düsseldorfer Tabelle) erläutert werden: Bei den folgenden Beträgen handelt es sich um monatliche Beträge.

Beispiel 1: Bereinigtes Nettoeinkommen des unterhaltsverpflichteten Ehemannes und Vaters: 9
3.033 €. Unterhaltsberechtigt sind: eine nicht erwerbstätige Ehefrau und zwei in ihrem Haushalt

lebende gemeinsame minderjährige Kinder der 1. und 2. Altersstufe; die Ehefrau und Mutter bezieht das staatliche Kindergeld. Daraus ergibt sich folgende Berechnung (gerundet):

Unterhalt für Kinder: ([406 € – 92 € =] 314 € + [466 € – 92 € =] 374) = 688 €

Ehegattenunterhalt:

$3/_7$ von (3.033 € – 688 € = 2.345 €) = 1.005 €

Dem Mann verbleiben also:

(3.033 € – 688 € – 1.005 €) = 1.340 €

Frau und Kinder haben zur Verfügung 1.693 €

10   Hier haben beide Haushalte nach der Düsseldorfer Tabelle ein hinreichendes Einkommen, so dass kein Mangelfall vorliegt.

11   **Beispiel 2:** Dieselbe Ausgangslage wie beim ersten Beispiel, nur beträgt hier das bereinigte Nettoeinkommen des unterhaltspflichtigen Ehemannes und Vaters 1.800 €. Bei einem ersten Rechendurchgang ergibt sich, dass das Einkommen für beide Haushalte nicht ausreicht. Denn wenn man vom Einkommen die beiden Kindesunterhaltsbeträge abzieht und dann das verbleibende Einkommen im Verhältnis $3/_7 : 4/_7$ teilt, so ergibt sich, dass dem unterhaltspflichtigen Vater der eheangemessene Selbstbehalt nicht verbleibt. Deswegen ist nun ein zweiter Rechendurchgang zu machen, wobei hier jeweils Einsatzbeträge für den Kindesunterhalt anzusetzen sind. Der Einsatzbetrag für den Kindesunterhalt entspricht dem Zahlbetrag (Tabellenunterhalt abzüglich Kindergeldanteil) des Unterhaltsverpflichteten. Veränderungen gegenüber der früheren Rechtslage ergeben sich hier seit dem 1.1.2008 aus dem Vorrang des Kindesunterhalts gemäß § 1609 BGB. Die seit dem 1.1.2008 geänderte Rangfolge wirft eine Reihe von Fragen auf, die in Literatur und Rechtsprechung nicht einheitlich beantwortet werden (sehr instruktiv dazu: Ehinger/ Griesche / Rasch 2008, Rn. 414 ff.): Die vorzugswürdige Berechnungsvariante soll hier dargestellt werden:

Notwendiger Gesamtbedarf der Kinder auf der Basis der Einsatzbeträge (voller Tabellenunterhalt abzüglich Kindergeldanteil):

[333 € – 92 € =] 241 € (Kind 1) + [383 € – 92 € =] 291 € (Kind 2) = 532 €

Notwendiger Eigenbedarf des Vaters: 1.000 €

Verteilungsmasse: 1.800 € – 1.000 € = 800 €

Beide Kinder erhalten vorweg ihren vollen Kindesunterhalt.

Rechnerischer Quotenunterhalt der Ehefrau: [1.800 € – 532 € =] 1.268 € x $3/_7$ = 543,43 €.

Eheangemessener Eigenbedarf (Selbstbehalt) gegenüber der Ehefrau: 1.100 €

1.800 € – 532 € – 543,43 € = 724,57 €. Der Selbstbehalt ist nicht gewahrt. Gemäß § 1609 BGB wird einseitig der Unterhaltsanspruch der Ehefrau gekürzt: 168 €.

Danach hat der Vater zu zahlen:		
	Kind 1:	241 €
	Kind 2:	291 €
	Ehefrau:	168 €
	Summe:	700 €

12   Kein Wunder, dass Trennung und Scheidung manchmal der letzte Anstoß sind, dass aus verschuldeten Haushalten überschuldete Haushalte werden.

II. Durchsetzung und praktische Realisierung: Einige Verfahrenshinweise

Wie die Beispiele deutlich gemacht haben, ist die Berechnung des Unterhalts kompli- 13
ziert. Und auch wenn er berechnet ist, wird noch lange nicht tatsächlich gezahlt. Deswegen einige Hinweise zur rechtlichen Durchsetzung, zum **Verfahren**:

Damit die Unterhaltsberechtigten überhaupt wissen, wie die Situation ist, steht ihnen 14
nach § 1605 BGB ein **Auskunftsanspruch** zu (für die Ehegatten ist er in § 1580 BGB
geregelt). Die Auskunft über das Einkommen erfolgt bei Arbeitnehmern meist durch
eine detaillierte Verdienstbescheinigung des Arbeitgebers oder durch Vorlage von
Lohn- bzw. Gehaltsabrechnungen über einen Zeitraum etwa der letzten zwölf Monate
oder des letzten Kalenderjahres (zu den Vor- und Nachteilen der beiden Zeiträume:
Wendl/Dose § 1 Rn. 1170 und 69), bei Selbstständigen durch die Aufschlüsselung von
Einnahmen und Ausgaben, die Vorlage von Bilanzen, Steuerbescheiden, Steuererklä-
rungen usw.

Zur Einleitung eines familiengerichtlichen Unterhaltsverfahrens ist **Verfahrensfähig-** 15
keit erforderlich. Bei Minderjährigen müssen die **gesetzlichen Vertreter** tätig werden
(§ 9 Abs. 1 Nr. 1 FamFG i.V.m. §§ 104 ff. BGB). Sofern **alleinige elterliche Sorge** eines
Elternteils besteht, gibt es keine Probleme: Dieser alleinsorgeberechtigte Elternteil ist
gesetzlicher Vertreter des Kindes und macht dementsprechend den Unterhalt geltend.
Anders ist die Situation bei **gemeinsamer elterlicher Sorge**: Sie kann bestehen, sowohl
bei Trennung als auch bei Scheidung, wenn kein Antrag auf alleinige elterliche Sorge
gestellt wurde (§ 13). Sie kann auch bestehen bei außerhalb einer bestehenden Ehe
geborenen Kindern, wenn die Eltern gemeinsame Sorgeerklärungen nach § 1626 a
Abs. 1 Nr. 1 BGB abgegeben haben oder das Familiengericht den Eltern die elterliche
Sorge nach § 1626 a Abs. 1 Nr. 3 BGB gemeinsam übertragen hat (vgl. § 10). In diesen
Fällen muss der Unterhaltsanspruch also gegen einen sorgeberechtigten Elternteil geltend gemacht werden. **§ 1629 Abs. 2 S. 2 BGB** stellt hier sicher, dass der **Elternteil**, der
die gemeinsame elterliche Sorge mit dem anderen Elternteil hat und in dessen Obhut
sich das Kind befindet, ein **Alleinvertretungsrecht** bei der Geltendmachung von Unterhaltsansprüchen besitzt. Obhut ist gegeben, wenn sich der Elternteil tatsächlich um
die Betreuung, Erziehung und eben auch um den Unterhalt des Kindes kümmert (damit
kann Obhut auch bei einem Elternteil vorliegen, wenn beide Elternteile noch in der
gemeinsamen Wohnung leben – OLG Stuttgart 13.3.1995–8 W 74/95, NJW-RR 1996,
67). Wird ein minderjähriges Kind zu etwa zwei Dritteln von dem einen und etwa zu
einem Drittel von dem anderen Elternteil betreut, liegt der Schwerpunkt der tatsächlichen Betreuung und damit der Obhut im Sinne des § 1629 Abs. 2 S. 2 BGB bei Ers-
terem; dieser ist berechtigt, bei gemeinsamer Sorge das Kind im Unterhaltsrechtsstreit
gegen den anderen Elternteil zu vertreten (BGH 28.2.2007 – XII ZR 161/04, FamRZ
2007, 707). § 1629 Abs. 3 S. 1 BGB sieht die sogenannte **gesetzliche Verfahrensstand-**
schaft (dazu: Zimmermann FuR 2011, 376 und 440; zur Konkurrenz von Beistandschaft nach §§ 1712 f. BGB und Verfahrensstandschaft nach § 1629 Abs. 3 BGB: Mix

JAmt 2013, 122) des allein vertretungsberechtigten Elternteils vor, wenn zwischen den Eltern eine Ehesache anhängig ist. Verfahrensstandschaft bedeutet, dass dieser Elternteil den Unterhaltsanspruch (nur) im eigenen Namen geltend machen kann. Damit wird verhindert, dass das Kind in den Streit der Eltern oder in das Scheidungsverfahren als Beteiligter einbezogen wird. Für den Antrag ist zu unterscheiden, ob es sich um Unterhalt des Ehegatten oder um Unterhalt der Kinder handelt. Für den Ehegattenunterhalt steht das normale Unterhaltsverfahren (§§ 231 ff. FamFG; ggf. als Folgesache im Scheidungsverbund unter den Voraussetzungen des § 137 Abs. 2 Nr. 2 FamFG) zur Verfügung, d.h. insbesondere, dass ein konkreter Unterhaltsbetrag geltend gemacht werden muss. Auskunftsantrag und Unterhaltsantrag können im Weg des sogenannten Stufenverfahrens (§ 254 ZPO i.V.m. §§ 113 Abs. 1, 112, 231 Abs. 1 FamFG) verbunden werden: Es werden Auskunft und Unterhalt zugleich anhängig gemacht, die Bezifferung des genauen Unterhaltsbetrages bleibt noch offen und wird erst nach der Auskunftserteilung vorgenommen. Eine wesentliche Veränderung brachte das FamFG dadurch, dass das Gericht unter bestimmten Voraussetzungen zur Einholung der für die Unterhaltsberechnung erforderlichen Auskünfte vom Gegner und ggf. auch von Dritten verpflichtet ist; Hintergrund ist, dass der Gesetzgeber hier von einem über das private Interesse des Unterhaltsgläubigers hinausgehenden öffentlichen Interesse an einer sachlich richtigen Unterhaltsentscheidung ausgeht, weil einerseits Unterhaltsleistungen oftmals von existenzieller Bedeutung für den Berechtigten sind und andererseits ungenügende Unterhaltszahlungen zu einem erhöhten Bedarf an öffentlichen Leistungen führen können. Für das Verfahren der Kinder auf Unterhalt gegen den nicht mit ihnen im Haushalt lebenden Elternteil steht außerdem das vereinfachte Verfahren zur Verfügung (ausführlich § 7 III.). **Sachlich** zuständig ist (ohne Rücksicht auf den Streitwert) das Amtsgericht (§ 23 a Abs. 1 S. 1 Nr. 1 GVG). Nach § 23 b Abs. 1 GVG ist beim Amtsgericht das Familiengericht zuständig. **Beschwerden** gegen Entscheidungen des Familiengerichts gehen – § 119 Abs. 1 Nr. 1 a), Abs. 2 GVG – zum Oberlandesgericht. **Rechtsbeschwerde** (das heißt Nachprüfung der Entscheidung nur in rechtlicher Hinsicht) ist gegen Entscheidungen des Oberlandesgerichts möglich, sie geht zum Bundesgerichtshof (§ 133 GVG). Bei Unterhaltsansprüchen ist oft eine möglichst **schnelle Sicherung** nötig. Dies kann durch **einstweilige Anordnung** (§§ 246 ff., 49 ff. FamFG) geschehen. Das FamFG sieht in allen Unterhaltsverfahren einen **Anwaltszwang** vor (§§ 114 Abs. 1, 112, 231 Abs. 1 FamFG); für verschiedene Fälle sind Ausnahmen vom Anwaltszwang vorgesehen, insbesondere im Verfahren der einstweiligen Anordnung und dann, wenn ein Beteiligter durch das Jugendamt vertreten wird. Wie in allen Familiensachen sind auch in Unterhaltssachen die Gerichtsverhandlungen nicht öffentlich (§ 170 Abs. 1 S. 1 GVG).

III. Das Unterhaltsvorschussgesetz

Selbst wenn rechtlich bezüglich des Unterhaltsanspruches alles klar ist, bedeutet das   16
noch nicht, dass Unterhalt tatsächlich stets geleistet wird. Insbesondere minderjährige
Kinder können so in finanziell schwierige Situationen kommen. Darauf reagierte das
Gesetz zur Sicherung des Unterhalts von Kindern alleinstehender Mütter und Väter
durch Unterhaltsvorschüsse oder -ausfallleistungen (Unterhaltsvorschussgesetz
[UVG]: Hußmann FPR 2008, 93 f.; Beinkinstadt JAmt 2007, 571 ff.; teilweise neuge-
fasst durch das Unterhaltsvorschussentbürokratisierungsgesetz vom 3.5.2013,
BGBl. I, S. 1108; zu den Neuregelungen: Többen NJW 2013, 1841). Unter den dort
genannten Voraussetzungen bestehen Ansprüche gegen die öffentliche Hand. Die wesentlichen Voraussetzungen sind in § 1 UVG genannt. Leistungen nach dem UVG stehen den **Kindern** zu, die das **12. Lebensjahr** noch nicht vollendet haben und im Gel-
tungsbereich des Gesetzes leben, also ihren Wohnsitz oder gewöhnlichen Aufenthalt
in Deutschland haben. Die deutsche Staatsangehörigkeit ist nicht erforderlich (zum
Sonderfall: Ausländer ohne Aufenthaltsgenehmigung, vgl. § 1 Abs. 2 a UVG). Leben
müssen die Kinder bei einem **alleinstehenden** – ledigen, verwitweten, geschiedenen
oder dauernd getrennt lebenden – **Elternteil.** Lebt der ledige Elternteil mit dem anderen
Elternteil in nichtehelicher Gemeinschaft zusammen, so ist wegen § 1 Abs. 3 UVG der
Anspruch ausdrücklich ausgeschlossen. Lebt der alleinstehende Elternteil dagegen mit
einer anderen dritten Person in nichtehelicher Lebensgemeinschaft zusammen, so ist
das unschädlich (BVerwG 2.6.2005–5 C 24/04, FamRZ 2005, 1742), Dritte Voraussetzung: Das Kind erhält nicht oder nicht regelmäßig **Unterhalt** mindestens in Höhe
des Mindestunterhalts. Die **Höhe** der Unterhaltsausfallleistung entspricht gemäß § 2
UVG dem für die Kinder der ersten und zweiten Altersstufe jeweils geltenden Mindestunterhalt (vgl. § 7 III. 1.). Der Betrag wird um das volle Kindergeld gekürzt, wenn
der Elternteil, bei dem das Kind lebt, vollen Kindergeldanspruch hat. Die **Dauer** der
Unterhaltsleistung beträgt 72 Monate (§ 3 UVG). Die Leistungen werden rückwirkend
längstens für den letzten Monat vor dem Monat der Antragstellung gezahlt, laufende
Leistungen werden monatlich im Voraus gezahlt (§§ 4, 9 Abs. 3 UVG). Der Elternteil,
bei dem das Kind lebt, ist verpflichtet, die für die Durchführung des Gesetzes notwendigen Auskünfte zu erteilen (§ 6 Abs. 1 UVG). Weigert sich der alleinerziehende Elternteil oder erteilt er die Auskünfte nicht in erforderlichem Umfang, so verliert das
Kind seinen Anspruch auf entsprechende Leistungen (§ 1 Abs. 3 UVG) – eine atypische
Regelung, denn danach wird das Verhalten des alleinerziehenden Elternteils dem Kinde
zugerechnet.

> Weigert sich zum Beispiel die Mutter eines außerhalb einer bestehenden Ehe geborenen
> Kindes, den Namen des Vaters anzugeben, weil das ihre Privatangelegenheit sei, so
> kann sie dies zwar tun, aber es hat (im UVG) Folgen: Zahlt der Vater dieses Kindes
> keinen Unterhalt, so hat das Kind keinen Anspruch gegen das Land auf Unterhalts-
> vorschuss bzw. Unterhaltsausfallleistung. Wegen § 1 Abs. 3 UVG verliert das Kind sei-
> nen eigenen Anspruch gegen das Land.

17   Zahlt das Land Unterhaltsvorschuss oder -ausfall, so geht nach § 7 UVG der Unterhaltsanspruch zusammen mit dem Auskunftsanspruch gegen den unterhaltsverpflichteten Elternteil auf das Land über. Dieses kann nun den Anspruch gegen den Unterhaltspflichtigen geltend machen. Je nachdem, ob dieser Anspruch faktisch realisiert wird, handelt es sich um eine Vorschuss- oder um eine Ausfallleistung. In etwa zwei Drittel der Fälle (im Gegensatz zu der Annahme des Gesetzgebers bei Verabschiedung des Gesetzes) handelt es sich nicht um einen Vorschuss, sondern um endgültige Ausfallleistungen. Jährlich beziehen etwa 500.000 Kinder Leistungen nach dem UVG (Nachweis bei Többen NJW 2013, 1841 Fn. 2).

IV. Unterstützung durch die Jugendhilfe

18   Die öffentlichen Jugendhilfeträger hatten im Zusammenhang mit dem Unterhalt schon immer die Verpflichtung, Unterstützung zu leisten. In besonderem Maße war dies bei nichtehelichen Kindern der Fall, da hier die Jugendhilfeträger in vielen Fällen Amtspfleger waren (vgl. § 16; Münder/Trenczek 2011 Kap. 10.3). Nunmehr bestehen die **Beratungs- und Unterstützungsaufgaben bei der Geltendmachung von Unterhaltsansprüchen** nach **§ 18 Abs. 1 SGB VIII** für alle Kinder und Jugendlichen. Darüber hinaus haben die öffentlichen Jugendhilfeträger konkrete Unterstützungsaufgaben, wenn das Jugendamt auf schriftlichen Antrag eines Elternteils **Beistand für das Kind** mit dem Aufgabenkreis der Geltendmachung von Unterhaltsansprüchen wird (§ 1712 BGB – ausführlich im § 16 I. 1.). Damit können seitens der Alleinerziehenden und der Minderjährigen sachkundiger Rat und sachkundige Unterstützung eingeholt werden. Von nicht zu unterschätzender Bedeutung sind die in §§ 59, 60 SGB VIII geregelten Möglichkeiten der **Beurkundung** und **Vollstreckung**. Nach § 59 Abs. 1 S. 1 Nr. 3 (und Nr. 4) SGB VIII kann beim Jugendamt die Verpflichtung zur Erfüllung von Unterhaltsansprüchen – und d.h. die konkrete Festlegung der Höhe des zu zahlenden Unterhalts – beurkundet werden. Von besonderer praktischer Bedeutung ist dies dann, wenn zugleich die Anerkennung der Vaterschaft bei einem außerhalb einer bestehenden Ehe geborenen Kind im Jugendamt vorgenommen wird (§ 59 Abs. 1 S. 1 Nr. 1 SGB VIII). Aus diesen Urkunden kann dann gemäß § 60 SGB VIII unmittelbar vollstreckt werden. Damit ist eine einfache und kostengünstige Möglichkeit gegeben, vollstreckbare Titel zu erreichen.

Weiterführende Literatur
Wendl/Dose (2011); Eschenbruch/Schürmann/Menne (2013)

§ 9. Öffentliche Sozialleistungen für Kinder – ein Familienleistungsausgleich?

Da Familien durch das Aufziehen von Kindern Leistungen für die Gesellschaft erbrin- 1
gen, wird ein Teil der Kosten ausgeglichen: dadurch, dass Kinder in den Sozialversi-
cherungssystemen (mit-) berücksichtigt werden, dadurch, dass sie Sozialleistungen und
steuerliche Entlastungen erhalten. Die Leistungen der Familien werden dadurch aber
nicht hinreichend berücksichtigt; es bedarf einer Reform des privaten Unterhaltsrechts
und des Familienleistungsausgleichs.

Ausführlich behandelte Bestimmungen

- *Rentenversicherung: §§ 56, 67, 70 SGB VI*
- *Familienversicherung in der Krankenversicherung: § 10 SGB V*
- *Unfallversicherung für Kinder: § 2 SGB VII*
- *Mutterschaftsgeld: §§ 13, 14 MuSchG*
- *Elterngeld/Betreuungsgeld: §§ 1–14 BEEG*
- *Kindergeld/Kinderfreibetrag: §§ 31, 32, 62 ff. EStG*
- *Ehegattensplitting: § 26 b EStG*

Wichtige, interessante Entscheidungen

- Zur Transferungerechtigkeit in der Rentenversicherung das sogenannte „Trümmerfrauen"-Urteil: BVerfG 7.7.1992–1 BvL 51/86, 50/87 und 1 BvR 873/90,
  781/91, BVerfGE 87, 1 ff.
- Zur Höhe des Grundfreibetrags, des steuerfreien Existenzminimums: BVerfG
  25.9.1992–2 BvL 5, 8, 14/91, BVerfGE 87, 153 ff.
- Zum weiterhin notwendigen Ausbau des Familienleistungsausgleichs: BVerfG
  10.11.1998–2 BvR 1057, 1226 und 980/91, BVerfGE 99, 216 = NJW 1999, 557 ff.
- Zur Berücksichtigung von Erziehungsleistungen bei der Beitragsgestaltung in der
  Sozialversicherung: BVerfG 3.4.2001–1 BvR 1629/94, BVerfGE 103, 242 ff.

„Im Kern bleibt es ... dabei, daß die Kindererziehung als Privatsache ... gilt" (BVerfG 2
7.7.1992–1 BvL 51/86, 50/87 und 1 BvR 873/90, 781/91, BVerfGE 87, 39) – so die
Aussage des Bundesverfassungsgerichts im sogenannten „Trümmerfrauen"-Urteil.
Und das eben dargestellte privatrechtliche Unterhaltsrecht macht diesen privaten Charakter deutlich. Deutlich wird dies auch, wenn man einen Blick auf die mit der Kinderaufziehung von den Eltern zu tragenden Kosten wirft (dazu BMFS – 5. Familienbericht 1994; Kaufmann 1995; Wingen 1997). Es sind 3 Aspekte, die bei den Kosten
der Kinderaufziehung eine Rolle spielen:

- Zunächst die Kosten für den Unterhalt der Kinder, der **monetäre Aufwand**. Dieser 3
  wurde im 5. Familienbericht bei Kindern bis zu ihrer Volljährigkeit insgesamt
  (ausgehend von dem Basisjahr 1983) mit über 150.000 DM berechnet (BMFS

1994–5. Familienbericht 1994, 284 ff.). Ausgehend von damaligen Durchschnittskosten von 8.447 DM jährlich für ein minderjähriges Kind bedeutet dies, dass 1997 für minderjährige Kinder von den Eltern monetäre Kosten in Höhe von über 130 Mrd. DM aufgewandt wurden.

4 ■ Hinzu kommt der Zeitaufwand für Erziehung und Betreuung, der **Betreuungsaufwand**. Hier lassen sich Beträge aus Untersuchungen der Zeitaufwand berechnen (dazu Blanke/Ehling/Schwarz 1996; Statistisches Bundesamt 1992). Je nachdem, mit welchem Stundenlohn man diesen Zeitaufwand ansetzt (durchschnittlicher Verdienst einer Arbeiterin oder durchschnittlicher Verdienst einer Kindergärtnerin), ergab sich für ein Kind bis zum 18. Lebensjahr ein Betreuungsaufwand zwischen etwa 243.000 und 295.000 DM. Selbst wenn man von einem unteren Wert von 20 Stunden pro Woche und Kind ausging und für das Jahr 1997 einen Durchschnittsbruttolohn von 23 DM ansetzte, ergab sich ein Betrag von insgesamt über 350 Mrd. DM.

5 ■ Ergab sich so für den relativ leicht berechenbaren monetären Aufwand und Betreuungsaufwand für ein Kind bis zu seinem 18. Lebensjahr (je nach angesetztem Stundenlohn) ein Betrag zwischen 400.000 und 450.000 DM, so sind die **Opportunitätskosten** schwerer zu kalkulieren. Das sind die Kosten, die den Eltern dadurch entstehen, dass ein Elternteil – meist die Frau – zumindest zeitweilig auf die Erwerbstätigkeit verzichtet. Diese Kosten lassen sich nur schätzen. Im 3. Familienbericht (Deutscher Bundestag 1978) wurden sie von der Sachverständigenkommission jährlich mit 60 Mrd. DM benannt.

6 Kein Wunder, dass schon lange ein **Familienlastenausgleich** existiert (Felix 2012). Um deutlich zu machen, dass damit eigentlich nur die Leistungen der Familien für die Gesellschaft ausgeglichen werden, werden die diesbezüglichen Leistungen im Steuerrecht als **Familienleistungsausgleich** bezeichnet. Rechtlich ergibt sich aus Art. 6 Abs. 1 GG in Verbindung mit dem Sozialstaatprinzip die Verpflichtung des Staates, Menschen mit Kindern entsprechend zu fördern und zu unterstützen. Zwar muss nicht jegliche Belastung ausgeglichen werden. Angesichts der Tatsache, dass aber erkennbare und zum Teil sehr deutliche Benachteiligungen für Menschen mit Kindern bestehen, muss der Gesetzgeber die bestehenden Benachteiligungen abbauen, und zwar in weiterem Umfang, als dies bisher schrittweise geschehen ist (ausführlich BVerfG 7.7.1992–1 BvL 51/86, 50/87 und 1 BvR 873/90, 781/91, BVerfGE 87, 1 ff.). Wie er dies im Einzelnen macht, ist dem Staat verfassungsrechtlich nicht vorgeschrieben, sondern der gesetzgeberischen Gestaltungsfreiheit überlassen (BVerfG 29.5.1990–1 BvL 20, 26/84 und 4/86, BVerfGE 82, 60 ff.). So gibt es unterschiedliche familien- und kinderbezogene Leistungen, die sich wie folgt strukturieren lassen (vgl. auch Felix 2012):

7 ■ Es wird der primäre Einkommensverlust (wegen der Geburt, des Großziehens von Kindern) durch Transferleistungen ausgeglichen: Diesen Weg geht der Staat mit

Leistungen bei Mutterschaft und zum Teil mit dem Erziehungsgeld bzw. Elterngeld (§ 9 II.).

■ Eine besondere Bedeutung hinsichtlich des vorgehend dargestellten privaten Un-   8
terhaltsrechts haben die sogenannten bedürftigkeitsabhängigen Sozialleistungen,
also Sozialleistungen, die nur erbracht werden, wenn Bedürftigkeit vorliegt. Dazu
zählen etwa auch Leistungen der Ausbildungsförderung, von besonderer Bedeutung sind aber die Sozialhilfe (SGB XII) und die Grundsicherung für Arbeitsuchende (SGB II), weil hier bei Leistungen trotz bestehender Unterhaltsansprüche gegen
Unterhaltsverpflichtete diese Unterhaltsansprüche übergehen (im Einzelnen unter
§ 9 IV.).

■ Es wird Einkommen steuerlich freigestellt und damit ein höheres Primäreinkom-   9
men bei Personen mit Kindern gesichert (§ 9 III.).

■ Außerdem finden Kinder in der Sozialversicherung (Rentenversicherung, Kran-   10
kenversicherung, Pflegeversicherung, Arbeitslosenversicherung, Unfallversicherung), wenn auch oft nur am Rande, Berücksichtigung (dazu § 9 I.).

Im Folgenden wird ein Überblick über diesbezügliche Leistungen gegeben, er konzen-   11
triert sich auf die wichtigsten Leistungen.

I. Kinder und Sozialversicherung

Menschen mit Kindern werden in einigen Zweigen der Sozialversicherung entlastet,   12
bzw. im Rahmen des Familienleistungsausgleichs berücksichtigt (ausführlich Sartori-
us/Bubeck 2004, 155 ff.; vgl. auch Hase 2003). Von besonderer Bedeutung ist dabei
die Rentenversicherung, aber auch die Kranken- und Pflegeversicherung und die Unfallversicherung.

1. Rentenversicherung

Auswirkungen hat das Vorhandensein von Kindern in der Rentenversicherung. Am   13
bedeutsamsten sind hier die **Kindererziehungszeiten**. Zur Anerkennung der Erzie-
hungsarbeit in der Familie wurde 1986 die Anrechnung eines Versicherungsjahres für
die Erziehung eines Kindes eingeführt. Für Geburten ab 1992 werden drei Kindererziehungsjahre pro Kind für die Rente angerechnet.

Solche Kindererziehungsjahre gelten als **Pflichtbeitragszeiten**, werden also behandelt,   14
als seien während ihrer Dauer Beiträge in die Rentenversicherung eingezahlt worden
(§ 56 SGB VI). Die Anerkennung der Kindererziehungszeiten von 3 Jahren als Pflichtbeitragszeiten wirkt sich zunächst **rentenbegründend** aus, da sie angerechnet wird auf
die sogenannte Wartezeit von 5 Jahren (§ 50 Abs. 1 SGB VI), die erfüllt sein muss, um
z.B. die Regelaltersrente zu erhalten. Die Kindererziehungsjahre wirken sich auch **ren-
tensteigernd** aus: Die Erziehungsjahre wurden bis zum Juni 1998 so bewertet, als seien

während dieser Zeit 75 % des durchschnittlichen Rentenbeitrags aller Rentenversicherten eingezahlt worden. Dieser Prozentsatz wurde gesteigert und beträgt ab 1.7.2000 100 % (§§ 67, 70 SGB VI). Bei Personen, die während der Kindererziehungsjahre gearbeitet haben, werden die Rentenbeiträge und die Anrechnungsbeträge der Kindererziehungszeiten addiert. Die Kindererziehungszeiten werden grundsätzlich der Mutter zugeordnet, durch gemeinsame Erklärung können die Eltern allerdings bestimmen, welchem Elternteil die Kindererziehungszeiten wie zugeordnet werden sollen.

> Die Kindererziehungszeiten haben erst ab 1986 Bedeutung. Für Frauen, die 1986 bereits 65 Jahre alt waren (Geburtsjahrgänge vor 1921), werden bei der Rentenberechnung keine Erziehungszeiten angerechnet. Deswegen erhalten diese Frauen in den alten Bundesländern eine Kindererziehungsleistung unabhängig von ihrer Rente – §§ 294 ff. SGB VI. In den neuen Bundesländern ist bei Müttern, die eine eigene Rente erhalten, nach ehemaligem DDR-Recht in der Rente die Kindererziehung bereits berücksichtigt. Hier bekommen nur Frauen (ab Geburtsjahrgängen vor 1927) Leistungen nach dem Kindererziehungsleistungsgesetz, die keine eigene Rente bekommen.

15 Mit dieser Berücksichtigung von Kindererziehung wird der Tatsache, dass das Aufziehen und Erziehen von Kindern für die umlagefinanzierte Rentenversicherung eine unabdingbare Voraussetzung ist (§ 9 VI.), nur teilweise Rechnung getragen. Dennoch ist das Bundessozialgericht der Auffassung, dass damit der Erziehungstätigkeit in der Rentenversicherung hinreichend Rechnung getragen wird (BSG 5.7.2006 – B 12 KR 19/04 R; B 12 KR 20/04 R; B 12 KR 16/05 R, NZS 2007, 311 ff.). Es folgt damit nicht der vom Bundesverfassungsgericht (BVerfG 3.4.2001–1 BvR 1629/94, BVerfGE 103, 242 ff.) vorgezeichneten Linie der Berücksichtigung von Kindererziehung in der Pflegeversicherung (vgl. § 9 I. 2.).

16 Neben der Berücksichtigung von Kindern bei der Rentenberechnung können **Kinder auch Leistungen der Rentenversicherung** erhalten. Dies ist der Fall, wenn ein Elternteil stirbt. Hier haben Kinder einen Anspruch auf **Waisen- oder Halbwaisenrente nach § 48 SGB VI** (wenn der verstorbene Elternteil die allgemeine Wartezeit von 5 Jahren erfüllt hat). Der Anspruch besteht bis zum 18. Lebensjahr des Kindes und verlängert sich bis zum 27. Lebensjahr bei Schulausbildung, freiwilligem sozialen Jahr, ökologischem Jahr (§ 48 Abs. 4 SGB VI). Die Höhe der Waisen- und Halbwaisenrente richtet sich nach den Ansprüchen, die der verstorbene Elternteil erworben hatte. Sie beträgt bei Halbwaisen $1/10$, bei Vollwaisen $1/5$ der Alters- oder Erwerbsunfähigenrente des verstorbenen Elternteils (§ 67 SGB VI). Hinzu kommt ein Zuschlag, der sich nach den rentenrechtlichen Zeiten des verstorbenen Elternteils richtet (§ 78 SGB VI). Von der Rente sind die Beiträge zur Krankenversicherung der Rentner zu entrichten. Eigenes Einkommen des Kindes wird bei Überschreiten bestimmter Freibeträge angerechnet (§ 97 SGB VI).

2. Kranken- und Pflegeversicherung

Die Berücksichtigung von Kindern ist in der **Krankenversicherung** und in der **sozialen** **17** **Pflegeversicherung** nahezu gleich. Nach § 10 SGB V besteht für die Kinder (und gegebenenfalls den Ehegatten) eines Mitglieds der Krankenversicherung ein Anspruch auf beitragsfreie **Familienversicherung**: Ehegatte und Kinder sind automatisch in der Krankenkasse mitversichert, ohne dass für sie Beiträge gezahlt werden müssen.

Die beitragsfreie Mitversicherung von Familienangehörigen und insbesondere Kindern in der gesetzlichen Krankenversicherung ist immer wieder Gegenstand politischer Diskussionen, da argumentiert wird, diese Familienentlastung dürfe nicht zu Lasten der Versichertengemeinschaft gehen, von der hier jährlich ca. 15 Mrd. € verwandt werden. Wenn es so auch politische Diskussionen geben mag, verfassungsrechtlich ist die Regelung unter dem Gesichtspunkt des Art. 6 Abs. 1 GG in Ordnung (zuletzt BVerfG 12.2.2003 – 1 BvR 624/01, BVerfGE 107, 205 = ZfJ 2003, 439 ff. – im Zusammenhang mit der Überprüfung, ob solch eine Regelung auch für nichteheliche Lebensgemeinschaften erforderlich wäre – was das BVerfG zurückgewiesen hat).

Voraussetzung ist, dass das Kind nicht selbst versicherungspflichtig beschäftigt ist und **18** sein Einkommen $1/_7$ der monatlichen Bezugsgröße nach § 18 SGB V nicht übersteigt. In diesen Fällen sind **Kinder bis zu ihrem 18. Geburtstag mitversichert.** § 10 Abs. 2 SGB V regelt, in welchen Fällen Kinder auch über dieses Alter hinaus im Rahmen der Familienversicherung versichert sind.

Die Kinder erhalten die üblichen **Leistungen der Kranken- bzw. Pflegeversicherung.** **19** Darüber hinaus sind zwei Leistungen der Krankenversicherung von besonderer Bedeutung:

- Die **Haushaltshilfe zur Weiterführung des Haushalts** nach § 38 SGB V: Wenn we- **20** gen Krankheit, Kur, Rehabilitation usw. die Weiterführung des Haushaltes nicht möglich ist, ein Kind unter 12 Jahren vorhanden ist, keine im Haushalt lebende Person den Haushalt weiterführen kann, ist eventuell der Einsatz einer Haushaltshilfe erforderlich. Die Krankenkassen erstatten hier die Kosten in „angemessener Höhe", konkret wird der Kostensatz von den einzelnen Kassen festgelegt.

- Das **Krankengeld bei Erkrankung des Kindes** nach § 45 SGB V (sowie in tarif- oder **21** beamtenrechtlichen Bestimmungen): Dieses wird zum Ausgleich des Verdienstausfalls an die Eltern gezahlt, wenn sie im Krankheitsfall ihres Kindes von der Arbeit fernbleiben müssen, um das Kind zu versorgen. Erforderlich ist ein ärztliches Attest, aus dem hervorgeht, dass die Eltern zur Beaufsichtigung ihres Kindes der Arbeit fernbleiben müssen, dass keine andere im Haushalt lebende Person diese Tätigkeit vornehmen kann und dass das Kind das 12. Lebensjahr nicht vollendet hat. Der Anspruch auf Kinderpflege – Krankengeld besteht für längstens 10 Tage im Kalenderjahr für jedes Kind (bei Alleinerziehenden für längstens 20 Tage), bei mehreren Kindern allerdings höchstens für 25 Arbeitstage (bei Alleinerziehenden 50 Arbeitstage).

22 In der **sozialen Pflegeversicherung** sind die Voraussetzungen für die Mitversicherung von Kindern in der **Familienversicherung** (§ 25 SGB XI) mit denen in der gesetzlichen Krankenversicherung identisch. Was die **Leistungen** anbelangt, so knüpfen diese in der sozialen Pflegeversicherung allein an die Pflegebedürftigkeit an, Kinder erhalten hier keine gesonderten Leistungen. Unterschiede allerdings gibt es beim **Beitrag**. Einer Entscheidung des Bundesverfassungsgerichts folgend (BVerfG 3.4.2001–1 BvR 1629/94, BVerfGE 103, 242 ff.) müssen seit 1.1.2005 Kinderlose einen Beitragszuschlag ab Vollendung des 23. Lebensjahres zahlen, Eltern, Stiefeltern, Pflegeeltern sind von diesem Beitragszuschlag ausgenommen. Diesen Beitragszuschlag haben die Beschäftigten allein zu tragen (§ 55 Abs. 3 SGB XI) – im Gegensatz dazu, dass sonst die Beiträge von Arbeitgebern und Beschäftigten jeweils zur Hälfte zu tragen sind (§ 58 Abs. 1 S. 3 SGB XI).

3. Unfallversicherung

23 In der gesetzlichen Unfallversicherung gibt es keine Besonderheiten in Bezug auf Kinder. Anmerkenswert ist nur, dass Kinder, Schüler, Studenten in weitem Umfang in der Unfallversicherung versichert sind: Kinder während des **Besuchs von Tageseinrichtungen**, **Schüler** während des Besuchs von allgemeinbildenden und berufsbildenden Schulen und **Studierende** während der Aus- und Fortbildung an Hochschulen (§ 2 Abs. 1 Nr. 8 SGB VII). Die Versicherung umfasst sowohl Unfälle während des Aufenthalts in der jeweiligen Einrichtung und davon ausgehende Ausflüge u. ä., als auch Unfälle auf dem Weg von der Wohnung zur Einrichtung.

4. Arbeitslosenversicherung

24 Nach den Leistungsreduzierungen im SGB III ist für Personen mit Kindern nur noch das erhöhte Arbeitslosengeld geblieben: Nach § 149 SGB III erhalten Arbeitslose, die mindestens ein Kind haben, bzw. deren Ehegatte oder Lebenspartner mindestens ein Kind hat einen erhöhten Leistungssatz von 67 % im Gegensatz zu den übrigen Arbeitslosen, die 60 % erhalten. Zum Arbeitslosengeld II bei der Grundsicherung für Arbeitsuchende (SGB II) vgl. § 9 IV.

II. Entlastung durch Sozialeinkommen

25 Durch verschiedene sozialrechtliche Leistungen erfolgt eine Entlastung der Eltern (zum Teil auch bereits von Schwangeren), die an das Vorhandensein von Kindern anknüpfen. Diese sind vielfältig, sie reichen etwa von der Berücksichtigung von Kindern im Wohngeld über die Ausbildungsförderung, sei es die betriebliche (Berufsausbildungsbeihilfe – BAB nach dem SGB III), sei es die Ausbildungsförderung nach dem BAföG bis hin zu den vornehmlich sozialpädagogischen Leistungen der Kinder- und Jugendhilfe nach dem SGB VIII (zu letzterem vgl. § 9 V.). Seit der Verlagerung des Kindergelds

in den Bereich des Steuerrechts (vgl. § 9 III.) ist das Elterngeld vom quantitativen Umfang her die bedeutendste sozialrechtliche Leistung für Menschen mit Kindern.

1. Mutterschaftsgeld

Das Mutterschaftsgeld (geregelt in den §§ 200 RVO und 13 MuSchG) entstand aus **26** dem Beschäftigungsverbot für Schwangere bzw. für Mütter sechs Wochen vor der Geburt und mindestens acht Wochen danach (§ 3 MuSchG). Das Mutterschaftsgeld soll während dieser Phase der wirtschaftlichen Absicherung der Frau dienen. Es gibt **folgende Arten** von **Mutterschaftsgeld**:

- Mitgliedschaft in der gesetzlichen Krankenversicherung und bestehendes Arbeitsverhältnis – §§ 13 Abs. 1, 14 MuSchG, 200 RVO
  Arbeitnehmerinnen, die in der gesetzlichen Krankenversicherung versichert sind und bei Beginn der sechswöchigen Schutzfrist vor der Entbindung in einem Arbeitsverhältnis stehen, erhalten Mutterschaftsgeld in Höhe ihres durchschnittlichen Nettoarbeitsentgelts. Die Leistung setzt sich zusammen aus Zahlungen der Krankenkasse (maximal 13 € pro Tag) und des Arbeitgebers. Aufgrund einer Entscheidung des Bundesverfassungsgerichts, das in der Tatsache der Zahlung durch die Arbeitgeber die Möglichkeit einer Diskriminierung von Frauen (im „gebärfähigen Alter") sah (BVerfG 18.11.2003–1 BvR 302/96, BVerfGE 109, 64 = ZfJ 2004, 339 ff.), ist nun im Aufwendungsausgleichsgesetz geregelt, dass die Krankenkassen den Arbeitgebern ihren Zuschuss auf Antrag erstatten.
- Mitgliedschaft in der gesetzlichen Krankenkasse ohne Arbeitsverhältnis – §§ 13 Abs. 1 MuSchG, 200 Abs. 2 S. 7 RVO
  Frauen, die Mitglied in der gesetzlichen Krankenkasse sind, können auch dann einen Anspruch auf Mutterschaftsgeld haben, wenn sie nicht zu Beginn der sechswöchigen Schutzfrist vor der Entbindung in einem Arbeitsverhältnis stehen. Voraussetzung ist jedoch, dass sie im Falle der Arbeitsunfähigkeit einen Anspruch auf Krankengeld gegenüber der Krankenkasse hätten. Dieser Personenkreis umfasst in erster Linie Bezieherinnen von Arbeitslosengeld und Unterhaltsgeld, aber auch freiwillig Versicherte mit Krankengeldanspruch. Die Höhe des Mutterschaftsgeldes entspricht in diesen Fällen der Höhe des Krankengeldes nach § 47 SGB V.
- Keine Mitgliedschaft in der gesetzlichen Krankenkasse und bestehendes Arbeitsverhältnis – § 13 Abs. 2, 14 MuSchG
  Frauen, die nicht Mitglied in der gesetzlichen Krankenversicherung sind und die zu Beginn der sechswöchigen Schutzfrist in einem Arbeitsverhältnis stehen, erhalten nach § 13 Abs. 2 MuSchG ebenfalls Mutterschaftsgeld. Das Mutterschaftsgeld entspricht hier in Höhe und Umfang demjenigen, das der Frau im Falle einer Mitgliedschaft aus der gesetzlichen Krankenversicherung zustehen würde. Im Höchstfall wird ein Betrag von 210 € gezahlt. Zu dieser Gruppe zählen z.B. Frauen, die einer sog. geringfügigen Beschäftigung nachgehen. Zu ihr zählen aber auch Frauen,

die privat versichert sind. Sind diese Arbeitnehmerinnen, erhalten sie zusätzlich ebenfalls einen Zuschuss des Arbeitgebers. Die Höhe dieses Zuschusses wird jedoch berechnet, als wäre die Frau gesetzlich versichert, so dass das Mutterschutzgeld in der Regel geringer als bei gesetzlich Versicherten ausfallen wird.

2. Elterngeld, Betreuungsgeld

27 Das **Elterngeld** und die **Elternzeit**, sowie das zum 1.8.2013 eingeführte **Betreuungsgeld** sind gemeinsam im **Gesetz für Elterngeld und Elternzeit (BEEG)** geregelt. Das BEEG besteht aus zwei Teilen: dem sozialrechtlich geregelten Eltern- und Betreuungsgeld in §§ 1–14 BEEG und der arbeitsrechtlich regulierten Elternzeit (§§ 15–21 BEEG).

28 Die **Elternzeit** (§§ 15 ff. BEEG) kann von Müttern und Vätern in Anspruch genommen werden, die in einem Arbeitsverhältnis stehen. Sie dauert bis zu drei Jahre und muss spätestens sieben Wochen vor ihrem Beginn schriftlich beim Arbeitgeber angemeldet werden. Während dieser Zeit besteht Kündigungsschutz. In der Elternzeit ist eine Erwerbstätigkeit bis zu 30 Stunden zulässig. Die Eltern können die Elternzeit untereinander aufteilen oder gemeinsam nutzen.

29 Anspruch auf **Elterngeld** haben Eltern nach § 1 BEEG für Kinder, die nach dem 1.1.2007 geboren sind. **Voraussetzung** des Elterngeldes ist, dass die Eltern ihren Wohnsitz oder gewöhnlichen Aufenthalt in Deutschland haben, das Personensorgerecht für ihr Kind besitzen, mit ihm in einem gemeinsamen Haushalt leben, es vorwiegend selbst betreuen und erziehen und keine bzw. keine volle Erwerbstätigkeit (§ 1 Abs. 6 BEEG: maximal 30 Stunden pro Woche) ausüben. Auch für Stief- und Adoptivkinder bzw. Kinder in Adoptionspflege kann Elterngeld beantragt werden. Auszubildende, Schüler/innen und Studierende haben Anspruch auf Elterngeld, ohne ihre Ausbildung unterbrechen zu müssen. Das Elterngeld beträgt **in der Höhe** für die Dauer von 12 Monaten nach der Geburt 67 % des letzten, pauschalierten Jahresnettogehalts – maximal jedoch 1800 € monatlich. Das Mindestelterngeld beträgt 300 €. Beteiligt sich auch der zweite Elternteil an der Kinderbetreuung und setzt dafür mindestens zwei Monate im Beruf aus, verlängert sich der Anspruch auf Elterngeld auf insgesamt 14 Monate. Beide Elternteile können gleichzeitig ihren Anspruch auf Elterngeld beanspruchen. Die Partnermonate können auch von geschiedenen oder getrennt lebenden Paaren in Anspruch genommen werden, wenn der nicht bei den Kindern lebende Partner die Betreuung für zwei Monate übernimmt. Alleinerziehende haben den vollen Anspruch auf 14 Monate Elterngeld. Auf Antrag ist es möglich, den Auszahlungszeitraum auf das Doppelte (24 bzw. 28 Monate) zu strecken, wenn das Elterngeld dafür monatlich nur hälftig in Anspruch genommen wird.

30 Die **Voraussetzungen** für das **Betreuungsgeld** entsprechen denen des Elterngeldes. Nicht erforderlich allerdings ist, dass keine bzw. keine volle Erwerbstätigkeit (vgl. Rn 29) ausgeübt wird. Wesentliche weitere Voraussetzung ist, dass keine Förderung in Tageseinrichtungen bzw. Kindertagespflege (§ 24 SGBVIII) für das fragliche Kind

in Anspruch genommen wird (§ 4 a Abs. 1 Nr. 2 BEEG). Die **Höhe** beträgt für jedes Kind 150 € im Monat. Bezogen werden kann das Betreuungsgeld vom Beginn des 15. Lebensmonats bis zur Vollendung des 3. Lebensjahres, vor dem 15. Lebensmonat dann, wenn die Eltern die Monatsbeträge des Elterngeldes, die ihnen für ihre Kinder zustehen, bereits bezogen haben. In jedem Fall aber wird das Betreuungsgeld **höchstens für 22 Lebensmonate** gezahlt (§ 4 d BEEG).

Das nach der Geburt zu zahlende **Mutterschaftsgeld** der gesetzlichen Krankenkasse **31** (vgl. § 9 II. 1.) **wird auf das Elterngeld angerechnet** (§ 3 Abs. 1 BEEG). Auch andere Entgeltersatzleistungen (z.B. Rentenzahlungen, Arbeitslosengeld) werden auf das Elterngeld angerechnet, in jedem Fall erhalten die Berechtigten jedoch neben den Entgeltersatzleistungen den **Mindestelterngeldbetrag von 300 €** (§§ 3 Abs. 2, 1 Abs. 5 BEEG). Bei Sozialleistungen, deren Zahlung von anderen **Einkommen abhängig** ist (vgl. u. a. § 9 IV.) wird das Eltern- und Betreuungsgeld bis zu einer Höhe von insgesamt 300 € monatlich als Einkommen nicht angerechnet (§ 10 BEEG). Davon macht § 10 **Abs. 5 BEEG** allerdings eine zentrale Ausnahme: bei Leistungen nach dem SGB II, dem SGB XII und dem Kinderzuschlag nach § 6 a BKGG gilt diese Regelung nicht, d. h. bei Beziehern von Sozialhilfe, Leistungen des SGB II (ALG II, Sozialgeld) bzw. des Kinderzuschlags wird das Erziehungs- bzw. Betreuungsgeld angerechnet, „unterm Strich" bleibt gerade bei dieser Personengruppe überhaupt nichts übrig, denn ihre Leistungen nach dem SGB II/SGB XII werden entsprechend gekürzt.

Der Gedanke, dass das Eltern- und Betreuungsgeld eine allgemeine Verbesserung der **32** materiellen Lage bewirken soll, wurde seitens des Gesetzgebers auch beim **privaten Unterhaltsrecht** angewendet: So werden nach § 11 BEEG diese Leistungen bei der Bemessung von Unterhaltsansprüchen nur insoweit berücksichtigt, als sie den Betrag von 300 € übersteigen.

Die Einführung des **Elterngelds** wurde wegen der Privilegierung besser Verdienender **33** zum Teil scharf kritisiert: Die einkommensabhängige Bemessung bewirkt für Eltern, die vor ihrer Elternzeit entsprechendes Erwerbseinkommen hatten, eine deutlich erhöhte Leistung (i.E. vgl. Münder SDSRV 57 [2008], 105 ff.; zur früheren Rechtslage vgl. 6. Aufl., S. 128 f.). Das **Betreuungsgeld** wurde als „Herdprämie" kritisiert, da es dazu führen kann, dass Eltern, für deren Kinder eine Förderung in Tageseinrichtungen von besonderer Bedeutung ist, wegen der monatlichen 150 € diese Förderung ggf. nicht in Anspruch nehmen und deswegen für die Kinder u.U. deutliche Nachteile entstehen. Wegen § 10 Abs. 5 BEEG (vgl. Rn 31) sind beide Regelungen für einkommensschwache Personen (Sozialhilfeempfänger, ALG II-/Sozialgeldempfänger) besonders nachteilig: Bei ihnen tritt weder durch das Elterngeld noch durch das Betreuungsgeld eine Verbesserung ihrer materiellen Lage ein.

III. Entlastung durch Steuerrecht

34 Das Steuerrecht enthält eine Reihe verschiedener – kleinerer – Steuervorteile für (natürlich nur: steuerpflichtige) Eltern (z.b. den Kinderfreibetrag, den Entlastungsbetrag, den Ausbildungsfreibetrag – im Einzelnen Felix 2012, § 30 Rn 64 ff.), die bedeutsamsten Leistungen sind die steuerliche Berücksichtigung von Kinderbetreuungskosten und das Ehegattensplitting.

1. Am Wichtigsten: Kindergeld und Kinderfreibetrag

35 1996 erfuhr das bisherige System von Kindergeld und Kinderfreibeträgen eine grundlegende Änderung (ausführlich und zur Kritik der Struktur des Kindergeldes Felix 2012, § 30 Rn 2 ff.). Beides ist seither im § 31 EStG unter dem Begriff **Familienleistungsausgleich** geregelt. Eltern erhalten danach entweder **Kindergeld** (§ 62 ff. EStG) oder einen **Kinderfreibetrag** (§ 32 EStG), beides nebeneinander ist nicht mehr möglich. Das Bundeskindergeldgesetz (BKGG) ist nur für im Ausland lebende Eltern relevant.

36 Kindergeld erhalten **Deutsche** und **EU-Bürger/-innen** die in Deutschland wohnen oder ihren gewöhnlichen Aufenthalt haben. In Deutschland wohnende **Ausländer**, die im Besitz einer Niederlassungserlaubnis oder Aufenthaltserlaubnis zu bestimmten Zwecken sind, können ebenfalls Kindergeld erhalten (§ 62 EStG). **Staatsangehörige bestimmter Staaten** (z.B. Türkei) erhalten auf Grundlage **zwischenstaatlicher Abkommen** Kindergeld, wenn sie in Deutschland arbeitslosenversicherungspflichtig beschäftigt sind.

> Das Kindergeld wird nur an eine berechtigte Person ausgezahlt. Wer dies ist, bestimmen die Eltern. Leben die Eltern des Kindes getrennt, wird das Kindergeld an den Elternteil ausgezahlt, in dessen Haushalt das Kind lebt (§ 64 EStG). Der (bar-) unterhaltspflichtige Elternteil kann die ihm zustehende Hälfte des Kindergeldes von seinen Unterhaltsleistungen abziehen, wenn der andere Elternteil seine Unterhaltspflicht durch Betreuung des Kindes erfüllt. Das Kindergeld kann auch an das Kind selbst ausgezahlt werden, wenn die Eltern ihrer Unterhaltspflicht nicht nachkommen (§ 74 Abs. 1 EStG).

37 Kindergeld wird für leibliche Kinder, Adoptivkinder sowie Pflegekinder gezahlt. Hat die antragstellende Person das Kind in ihren Haushalt aufgenommen, kann auch für Enkel- und Stiefkinder Kindergeld bezogen werden (§ 63 EStG). Das Kindergeld wird **bis zur Vollendung des 18. Lebensjahres** gezahlt (§ 32 EStG). Für **Kinder über 18 Jahren** wird Kindergeld gewährt bis zum 21. Lebensjahr, wenn das Kinder arbeitslos ist und als arbeitsuchend gemeldet ist, bzw. bis zum 25. Lebensjahr, wenn das Kind für einen Beruf ausgebildet wird, eine Berufsausbildung mangels Ausbildungsplatzes nicht beginnen oder fortsetzen kann, ein freiwilliges soziales Jahr usw. leistet (i.E. § 32 Abs. 4 EStG). Wenn ein Kind wegen einer Behinderung, die vor Vollendung des 25. Lebensjahres eingetreten ist, außerstande ist, sich selbst zu unterhalten, steht den Eltern ohne Altersbeschränkung für das Kind Kindergeld zu (§ 32 Abs. 4 Nr. 3 EStG). Während bis Ende 2011 der Anspruch auf Kindergeld für volljährige Kinder entfiel, wenn

sie eigene Einkünfte von mehr als 8004 € hatten, ist diese Regelung seit dem 1.1.2012 gestrichen. Seitdem ist für die Berücksichtigung maßgebend, ob das Kind eine erstmalige Berufsausbildung oder ein Erststudium abgeschlossen hat, unschädlich ist allerdings eine Erwerbstätigkeit bis zu 20 Stunden wöchentlicher Arbeitszeit (i. E. § 32 Abs. 4 S. 2, 3 EStG).

Tabelle 5: Monatliche Höhe des Kindergeldes

Monatliche Höhe des Kindergeldes (§ 66 EStG)	
für das erste und zweite Kind	184 €
für das dritte Kind	190 €
für das vierte und jedes weitere Kind	215 €

Das Kindergeld wird monatlich geleistet. Ausgezahlt wird es durch die **Familienkassen** **38** **des Arbeitsamts**, bei Angehörigen des öffentlichen Dienstes wird es von dem entsprechenden Beschäftigungsträger ausgezahlt (§ 72 EStG).

Nach Ende des Kalenderjahres prüft das Finanzamt automatisch, ob es für die Eltern **39** günstiger wäre, den **Kinderfreibetrag** in Anspruch zu nehmen. Der Kinderfreibetrag setzt sich zusammen aus dem sächlichen Existenzminimum (4.368 € jährlich, bei getrennt lebenden/geschiedenen Eltern erhält jeder einen Freibetrag von 2.824 €) und dem Betrag für die Betreuung und Erziehung oder Ausbildung (2.640 €, getrennt lebende Eltern je 1.320 €). Alleinerziehende können den Freibetrag ganz auf sich übertragen lassen, wenn das Kind alleine bei ihnen gemeldet wird. Kommt das Finanzamt zu dem Schluss, dass ein Abzug des Kinderfreibetrages vorteilhafter ist, so zieht es den Betrag vom zu versteuernden Einkommen ab und verrechnet dabei das zuvor gezahlte Kindergeld (§ 32 Abs. 6 EStG).

2. Ehegattensplitting – eher Eheförderung statt Elternentlastung

Die Besonderheit bei der Besteuerung von Eheleuten besteht darin, dass sie in der Regel **40** zusammen veranlagt werden (§ 26 b EStG). Das bedeutet, dass gedanklich das zu versteuernde Einkommen der Ehegatten auf beide Ehegatten je zur Hälfte aufgeteilt (gesplittet) wird und aus diesen Hälften die Steuer errechnet wird. Beträgt das Gesamteinkommen der Ehepartner z.B. 80.000 € + 20.000 €, also insgesamt 100.000 €, so wird unterstellt, dass jeder Ehepartner ein Einkommen von 50.000 € hat. Wegen des für jeden einzelnen bestehenden Grundfreibetrags und wegen des progressiven Tarifs der Einkommensteuer bedeutet dies einen nicht unerheblichen Steuervorteil, insbesondere dann, wenn ein Ehepartner ein deutlich höheres Einkommen bezieht als der andere. Besonders groß ist der Vorteil, wenn ein Ehepartner gar kein Einkommen hat.

41 Auf diese Weise fördert das Splitting etwa Ehepaare, bei denen ein Ehegatte die Kinder betreut und nicht erwerbstätig ist. Es stellt jedoch keine spezifische Elternförderung dar, da die Regelung auch Ehepaaren ohne Kinder zugute kommt. Indem das Splitting nur für Verheiratete möglich ist, bringt es unverheirateten Eltern keinerlei Vorteile. Es ist damit eher ehefördernd als kinderfördernd.

> Lassen sich z.B. Ehepartner scheiden, die während ihrer Ehe das Splitting genutzt haben, so sind sie nach der Scheidung steuerlich schlechter gestellt als zuvor, auch wenn gemeinsame Kinder vorhanden sind. Auch nach dem Tode eines Elternteils hat der hinterbliebene Elternteil, der das Einkommen erzielt und sich nunmehr allein um die Kinder kümmern muss, mehr Steuern zu zahlen als zuvor.

IV. Bedürftigkeitsabhängige Sozialleistungen und privatrechtlicher Unterhalt

42 Sozialleistungen, insbesondere Sozialversicherungsleistungen, werden oft unabhängig davon erbracht, ob der konkrete Leistungsempfänger bedürftig ist. Andere Sozialleistungen werden nur erbracht, wenn Bedürftigkeit vorliegt – sogenannte bedürftigkeitsabhängige Sozialleistungen. Dies ist der Fall, wenn z.B. eigenes Einkommen und Vermögen, das der Eltern, der Partner, der Kinder usw. berücksichtigt wird. Klassische bedürftigkeitsabhängige Leistungen sind die Ausbildungsförderung, die Sozialhilfe nach dem SGB XII und die Grundsicherung für Arbeitsuchende nach dem SGB II, die die bedeutsamste bedürftigkeitsabhängige Sozialleistung ist. Bei diesen bedürftigkeitsabhängigen Sozialleistungen ist es zunächst regelmäßig so, dass die Leistungsberechtigten zur Senkung ihrer Bedürftigkeit ihr eigenes Einkommen und Vermögen einsetzen müssen. Außerdem wird regelmäßig auch Einkommen und Vermögen von Eltern, Kindern, Partnern usw. berücksichtigt.

> Gemäß § 9 SGB II ist Hilfebedürftigkeit dann nicht gegeben, wenn die erforderliche Unterstützung von anderen, insbesondere auch Angehörigen erlangt werden kann. Gemäß § 9 Abs. 2 SGB II ist in diesem Zusammenhang grundsätzlich auch Einkommen und Vermögen der Mitglieder einer Bedarfsgemeinschaft einzusetzen, wie z.B. das Einkommen und Vermögen des Partners, bei unverheirateten Kindern Einkommen und Vermögen der Eltern bzw. eines Elternteils und des Partners des Elternteils, der in dieser Bedarfsgemeinschaft lebt. Zu der Bedarfsgemeinschaft gehören nach § 7 Abs. 3 SGB II neben dem erwerbsfähigen Hilfebedürftigen selbst die Eltern, Elternteile, die dem Haushalt angehörigen unverheirateten Kinder, wenn sie das 25. Lebensjahr noch nicht vollendet haben und die Partner des erwerbsfähigen Hilfebedürftigen (i.E. vgl. Thie/Schoch in Münder LPK-SGB II, Kommentierung zu §§ 7 bzw. 9).

43 Die Bedürftigkeit des bedürftigen Hilfesuchenden kann aber nicht nur durch den Einsatz von Einkommen und Vermögen etwa der Mitglieder einer Bedarfsgemeinschaft gemindert sein, sondern auch dadurch, dass **Ansprüche gegen Dritte** bestehen. Dies kann jede Art von Anspruch sein, von besonderer Bedeutung sind jedoch **Unterhaltsansprüche**. Trotz bestehender, z.T. durch familiengerichtliche Entscheidungen festgelegter Unterhaltsansprüche, wird faktisch der Unterhalt oft nicht gezahlt. Um dieses

Dilemma nicht auf dem Rücken der möglicherweise Anspruchsberechtigten auszutragen, sehen bedürftigkeitsabhängige Sozialleistungen vor, dass der Sozialleistungsträger zunächst vorauszuleisten hat, der (mögliche) **Unterhaltsanspruch** gegen Unterhaltsverpflichtete auf den Sozialleistungsträger **übergeht** und dieser nunmehr aufgrund dieses Unterhaltsanspruches gegen den Unterhaltspflichtigen selbst vorgehen kann: § 37 BAföG bei Leistungen der Ausbildungsförderung, § 33 SGB II beim Arbeitslosengeld II, § 7 UVG bei Unterhaltsvorschuss- bzw. -ausfallleistungen (vgl. § 8 III.), § 94 SGB XII bei Sozialhilfeleistungen, § 96 SGB VIII bei Jugendhilfeleistungen.

Anstelle des eigentlich Unterhaltsberechtigten ist nun der Sozialleistungsträger Rechtsinhaber. Probleme ergeben sich daraus, dass zum Teil nicht unerhebliche Unterschiede zwischen dem privaten Unterhaltsrecht und dem öffentlichen Sozialleistungsrecht bestehen (Conradis 1996; Müller 2012; Münder in Münder LPK-SGB II § 33; Münder in Bieritz-Harder LPK-SGB XII § 94). Einige Beispiele: **44**

■ **Umfang der Leistungen** (unterhaltsrechtlich: Bedarf): Hier sieht etwa § 7 BAföG vor, dass in dem dort genannten Rahmen eine zweite Ausbildung zu finanzieren ist; privatrechtlich sind die Eltern regelmäßig nicht verpflichtet, eine zweite Ausbildung zu finanzieren (vgl. § 7 II. 4.).

■ **Bedürftigkeit des Unterhaltsberechtigten:** Unterhaltsrechtlich ist grundsätzlich das gesamte Vermögen einzusetzen, die Grundsicherung für Arbeitsuchende dagegen lässt etwa nach § 12 SGB II nicht unbeachtliche Vermögensteile von der Anrechnung frei.

■ **Leistungsfähigkeit der Unterhaltsverpflichteten:** Hier gibt es erhebliche Unterschiede zwischen den Freibeträgen, die bei Sozialleistungen den Eltern zugestanden werden, und dem etwa im Rahmen der Düsseldorfer Tabelle berechneten Selbstbehalt der Unterhaltsverpflichteten.

■ **Personenkreis der Unterhaltsverpflichteten:** Unterhaltsrechtlich sind alle Verwandten in gerader Linie unbeschränkt unterhaltspflichtig; bei den bedürftigkeitsabhängigen Sozialleistungen beschränkt sich die Inanspruchnahme auf Verwandte ersten Grades: so in § 94 SGB XII, § 37 BAföG, zum Teil ist der Übergang sogar davon abhängig, ob der Unterhaltsberechtigte gegenüber dem Unterhaltsverpflichteten den Anspruch geltend macht (z.B. § 33 SGB II bei volljährigen Berechtigten – im Einzelnen § 33 Abs. 2 SGB II).

Diese Situation wird bisweilen beklagt. Rechtlich unproblematisch ist dies, solange die öffentliche Hand sich selbst verpflichtet und insofern „großzügiger" ist als das private Unterhaltsrecht. Rechtlich nicht nur problematisch, sondern unzulässig ist jedoch, wenn Personen, die unterhaltsrechtlich nicht verpflichtet sind, wie z.B. der Partner der Mutter in einer nichtehelichen Lebensgemeinschaft, sozialrechtlich verpflichtet werden nach §§ 7, 9 SGB II und insofern ihr Einkommen und Vermögen für das Kind, mit dem sie in keinerlei Weise verwandt sind, einsetzen müssen (dazu Münder/Geiger NZS 2009, 593 ff.). **45**

46 Unabhängig davon gibt es in der konkreten Abwicklung durchaus praktische Probleme.

> So „entscheidet" etwa das 8jährige bedürftige Kind (dessen Eltern nicht leistungsfähig sind) durch sein eigenes Verhalten faktisch darüber, ob die (leistungsfähigen) Großeltern unterhaltsrechtlich oder ob die Leistungsträger nach dem SGB II oder SGB XII sozialrechtlich (auf Hilfe zum Lebensunterhalt) in Anspruch genommen werden: Wendet sich das Kind an die Sozialleistungsträger, so können diese auf die Großeltern nicht zurückgreifen (da Verwandte zweiten Grades).

47 Die Versuche, solche Unstimmigkeiten zwischen Unterhaltsrecht und bedürftigkeitsabhängigen Sozialleistungen durch Entwicklung rechtsdogmatischer Feinheiten zu überwinden, führt letztlich in eine Sackgasse. Das Dilemma liegt darin, dass das private Unterhaltsrecht mit seiner grundsätzlich zeitlichen Unbefristetheit, der Erstreckung auf alle Verwandtschaftsbeziehungen in gerader Linie nicht mehr der gesellschaftlichen Realität und Akzeptanz entspricht, wie dies 1896 bei der Verabschiedung des BGB der Fall gewesen sein mag. Deswegen ist eine umfassende Modernisierung des Unterhaltsrechtes notwendig. Dabei ist jedoch nicht nur das Unterhaltsrecht in den Blick zu nehmen, sondern – und besonders unter Bezug auf Menschen mit Kindern – neben dem privaten Unterhaltsrecht auch das System der öffentlichen Sozialleistungen für Kinder (vgl. § 9 VI.).

V. Kinder- und Jugendhilfe: Unterstützung der Erziehung, Infrastrukturleistungen

48 Während der in den Kapiteln 9.1 bis 9.3 dargestellte Familienleistungsausgleich sich schwerpunktmäßig auf die materielle Entlastung von Eltern und Elternteilen bezieht, findet darüber hinaus die Unterstützung und Entlastung von Eltern in einem nicht unerheblichen Umfang durch die (sozial-)pädagogischen Leistungen (und die entsprechenden Infrastruktur) der Kinder- und Jugendhilfe statt. Zentraler rechtlicher Ort dieser Leistungen ist das SGB VIII, die Kinder- und Jugendhilfe (ausführlich dazu Münder/Trenczek 2011). Hierfür wurden (2008) mehr als insgesamt 25 Mrd. € brutto ausgegeben (Münder/Trenczek 2011, 218). Von besonderer (quantitativer) Bedeutung ist dabei die Tagesbetreuung von Kindern vornehmlich in Tageseinrichtungen, aber auch in der Kindertagespflege nach §§ 22–26 SGB VIII (a.a.O. 77 ff.) und die individuellen Hilfen zur Erziehung inklusive der Eingliederungshilfe und der Hilfe für junge Volljährige nach §§ 27–41 SGB VIII (a.a.O., 91 ff.). Für diese beiden Leistungsbereiche werden insgesamt mehr als 85 % der Mittel in der Kinder- und Jugendhilfe aufgewendet (a.a.O., 215). Von nicht zu unterschätzender Relevanz ist aber auch die Jugendarbeit (inklusive der Jugendsozialarbeit) nach §§ 11–15 SGB VIII und die Unterstützung und Förderung der Erziehung in der Familie nach §§ 16–21 SGB VIII (a.a.O., 55 ff.).

49 Bei allen diesen Leistungen handelt es sich nicht um materielle Leistungen, sondern um sozialpädagogische Hilfen und Unterstützungen von Eltern und Elternteilen. Dies ge-

schieht neben den sozialpädagogischen Hilfen, Beratung usw. insbesondere auch dadurch, dass eine entsprechende Infrastruktur in Einrichtungen, Diensten und Angeboten der Kinder- und Jugendhilfe zur Verfügung steht.

Wegen der zentralen Bedeutung der Kinder- und Jugendhilfe für die Sozialisation von   50
jungen Menschen wird der gesamte Komplex in dem „Parallel-Lehrbuch" Kinder- und
Jugendhilferecht gesondert dargestellt (vgl. Münder/Trenczek 2011).

VI. Kosten der Aufziehung: die Notwendigkeit von Zukunftsperspektiven

Der wechselseitige **Unterhalt von Eltern zu Kindern, von Kindern zu Eltern** im Rahmen   51
des privaten, familialen Unterhaltsverbandes war ehedem Realität; das 1896 verabschiedete Unterhaltsrecht entsprach dieser. Die 1889 begonnene Entwicklung der sozialen Alterssicherung (Rentenversicherung) brachte zunächst keine grundlegende Änderung: 1891 betrug die Rente eines Arbeiters nur 16 % des vorherigen Arbeitsentgeltes. Dies blieb weitgehend so bis zur Rentenreform von 1957, die die „dynamische Rente" brachte. 1955 betrug die Rente bei Arbeitern 28 %, bei Angestellten 22 % des durchschnittlichen Arbeitsentgeltes. Mit der Dynamisierung der Rente änderte sich das sprunghaft: Das Nettorentenniveau schnellte 1957 auf über 66 % hoch und pendelt seit Mitte der 70er Jahre um 70 % (Ruland 1973).

So ist es zu einer fast vollkommenen **Funktionsteilung zwischen Familie und Gesell-**   52
schaft gekommen: Kinder werden familial unterhalten, alte Menschen durch Sozialleistungen (über 90 % der deutschen Bevölkerung sind heute in sozialen Alterssicherungssystemen). Das Aufziehen der Kinder als Voraussetzung der Altersversorgung ist individuell nicht mehr notwendig. Dabei verstanden die Konstrukteure der Rentenreform von 1957 (Schreiber 1955; Nell-Breuning 1969) den Generationsvertrag so, dass die aktive Generation nicht nur die laufenden Renten finanzieren, sondern sich auch entsprechend an den Kosten der Aufziehung beteiligen sollte; Schreiber schlug die Einrichtung eines „Jugendrentensystems" vor, um dem Gedanken eines wirklich zweiseitigen Generationsvertrages im Lebenslauf gerecht zu werden. Zugleich ist eine grundsätzliche Ebene angesprochen. Familien produzieren und erziehen die nachwachsende Generation, die später für den Lebensunterhalt, die Versorgung der jetzigen, dann alt gewordenen Generation zuständig ist (auch in der Form der Finanzierung von Einrichtungen und Diensten für alte Menschen). Da in der Industriegesellschaft Deutschlands jede Person typischerweise zweimal Leistungen erhält, nämlich durch den Unterhalt während der Phase als Kind und durch die Altersvorsorgesysteme während der Phase des Alters, muss er auch zweimal Leistungen erbringen, nämlich für die Finanzierung der Altersvorsorgesysteme und für die Finanzierung des Aufziehens und Erziehens von Kindern. Dort, wo dies nicht geschieht, gerät die Balance zwischen Familien und Gesellschaft in eine Schieflage.

Die Situation wird als **doppelt ungerecht** empfunden: Einerseits tragen die Eltern den   53
weitaus größten Teil der Aufwendungen für den Nachwuchs und für die gegenwärtig

alte Generation – Kinderlose hingegen beteiligen sich nur an den Alterslasten und einem Teil der öffentlichen Aufwendungen für Kinder. Andererseits sind Sozialleistungen für Kinderlose im Rentenalter (genauer: für alte Menschen, die weniger als zwei Kinder aufgezogen haben) nicht durch den Generationsvertrag gedeckt – dieser Personenkreis hat keine erwachsenen Kinder (oder eben nur eines), die nun durch Sozialabgaben, durch Steuern usw. dafür sorgen, dass die Sozialleistungen für alte Menschen gesichert werden (Borchert 1995; Raffelhüschen/Walliser 1997; zu Berechnungen vgl. Kennerknecht 1995). Und das private Unterhaltsrecht verschärft diese Situation für die Lebenssituation alter Menschen und ihrer mittelalten Kinder: Während alt gewordene Menschen ohne Kinder bei nicht hinreichendem Einkommen (Rente) die steuerfinanzierte Grundsicherung und ggf. Sozialhilfeleistungen erhalten, geht bei alt gewordenen Eltern der private Unterhalt – und damit die Einstandspflicht des familialen Unterhaltsverbandes – der bedürftigkeitsabhängigen Sozialhilfe vor.

54 So findet, bezogen auf die Lebenszeit einer Generation, eine gigantische **Umverteilung von Familien mit Kindern zu Kinderlosen** statt, eine „transferrechtliche Ausbeutung" zugunsten der Personen mit unterdurchschnittlicher Kinderzahl (Suhr Der Staat 1990, 69 ff.; Borchert FuR 1990, 78 ff.). Die Nachteile kumulieren sich in besonderer Weise bei Müttern, da sie zum ganz überragenden Teil die Kinderaufziehung leisten (Kohleiss FuR 1991, 147 ff.).

> Dass dies und warum dies so ist, kann hier nur angedeutet werden: In unserer marktwirtschaftlichen Gesellschaftsordnung werden Leistungen regelmäßig über den Markt ausgetauscht, sie müssen also marktförmig produziert werden, das bedeutet, dass es handelbare (und damit in Geld abwickelbare) Leistungen sein müssen (Marktprinzip). Alles, was nicht handelbar ist (und damit in ökonomischer Sicht nicht über den Markt tauschbar), wird davon nicht erfasst und fließt in die zentrale Messgröße unserer Wirtschaftsordnung – das Bruttoinlandsprodukt – nicht ein. Da in unserem kapitalwirtschaftlich strukturierten System die von Familie, Frauen erbrachten Auf- und Erziehungsleistungen nicht über den Markt abgewickelt werden, werden sie nicht nur nicht erfasst, sondern schon zu einem erheblichen Teil gar nicht wahrgenommen. Friedrich List hat dies bereits vor 150 Jahren griffig formuliert: „Wer Schweine erzieht, ist nach dieser ökonomischen Betrachtung ein produktives, wer Menschen erzieht, ein unproduktives Mitglied der Gesellschaft" (nach Achinger 1963, 89 ff.).

55 Dass seit langem Forderungen nach Reformen erhoben werden (vgl. Schwarz 1989; Oeter 1989; zusammenfassend Lücker-Aleman 1995; Münder 1995), ist folgerichtig. Und grundlegende Reformen sind in der Tat nötig, denn ein Zurück zum familialen Unterhaltsverband des letzten Jahrhunderts kann es nicht geben. Eine Reform muss unterschiedliche Aspekte berücksichtigen, insbesondere ist eine isolierte Behandlung einzelner Rechtsbereiche nicht möglich. In der Reformdiskussion und der Reformentwicklung kristallisieren sich folgende Schwerpunkte heraus:

■ Für die unmittelbaren bei der Auf- und Erziehung entstehenden Kosten für Kinder sind Sozialtransferleistungen direkt an die Kinder als Anspruchsinhaber notwendig. Diese müssen einen realen Bezug zu den tatsächlich anfallenden Lebenshaltungskosten der Kinder haben. Aufzugeben ist die finanzielle Unterstützung der Institution Ehe, wie sie insbesondere durch das allgemeine Ehegattensplitting geschieht.

■ Die Auf- und Erziehung von Kindern muss im Altersversorgungsrecht, also insbesondere in der Rentenversicherung, berücksichtigt werden, im Sinne einer beitragsäquivalenten Behandlung von Kindererziehungszeiten.

■ Die Leistungen von Menschen mit Kindern müssen bei den Beitragsbemessungen direkt berücksichtigt werden, wie dies z.b. für die soziale Pflegeversicherung das Bundesverfassungsgericht fordert (BVerfG 3.4.2001–1 BvR 16/34, BVerfGE 103, 242 ff. – dem das BSG jedoch für die Rentenversicherung nicht folgt – BSG 5.7.2006 – B 12 KR 19/04 R; B 12 KR 20/04 R; B 12 KR 16/05 R, NZS 2007, 311 ff.) und der Gesetzgeber in § 55 Abs. 3 SGB XI umgesetzt hat.

Systematisch kann man den Ausgleich für die Familienleistungen im System der Sozialversicherungen verankern (insbesondere bei den Altersvorsorgesystemen) oder durch steuerrechtliche Kompensationen sicherstellen. Wegen der Bedeutung, die das Aufziehen und Erziehen von Kindern insbesondere in der Altersversicherung hat (eindrucksvoll Kingreen JZ 2004, 938 ff.) würde es ohne eine deutliche Gleichbehandlung zwischen monetären Leistungen (in Form von Beitragszahlungen) und generativen Leistungen (in Form des Aufziehens und Erziehens von Kindern) in der Altersversicherung nicht gehen. Angesichts der fast als gigantisch zu bezeichnenden Aufgabe wird man aber mehrere Wege gehen müssen, um die materielle Benachteiligung von Eltern, Frauen mit Kindern während der unmittelbaren Auf- und Erziehungszeit zu mindern und zugleich die sich aus der Erziehungstätigkeit ergebenden langfristigen Benachteiligungen zu minimieren. Verdeutlicht man sich die finanziellen Dimensionen, so wird erkennbar, dass es sich dabei um eine langfristig und nur stufenweise realisierbare Aufgabe handeln kann – die allerdings umgehend anzugehen ist. **56**

Dabei wird (2006) insgesamt die nicht unbeachtliche Summe etwa 189 Mrd. € für die insgesamt 153 Leistungen für Familien (zu denen auch Ehen zählen) ausgegeben. Rechnet man allerdings die etwa 77 Mrd. €, die allein an den Status der Ehe gebunden sind (Ehegattensplitting, kostenlose Mitversicherung von Angehörigen) aus dieser Zahl heraus, so reduzieren sich die kindbezogenen Familienleistungen auf die – immer noch beachtliche – Summe von 112 Mrd. €. **57**

Erforderlich ist es allerdings auch, die Situation von Kindern und ihren Familien differenziert in den Blick zu nehmen. Denn neben der generellen Benachteiligung von Menschen mit Kindern im Vergleich zu Menschen ohne Kinder, sind insbesondere die Kinder betroffen, die in materiell schwierigen und beengten Lebenssituationen aufwachsen. Die Zahl der in **Armut lebenden Kinder** ist kontinuierlich angestiegen (Münder SDSRV 2008, 105 ff.). Um für diese besonders benachteiligte Gruppe von Kindern nicht nur Armut zu bekämpfen, sondern nach Möglichkeit Armut zu vermeiden, ist es erforderlich, schwerpunktmäßig in Dienstleistungen (wie z.B. Tagesbetreu- **58** ung in Einrichtungen usw.) zu investieren. Hier allerdings sind die Leistungen Deutschlands – etwa im Vergleich der EU – relativ gering.

Tabelle 6: Familienentwicklung und Familienleistungen in einigen europäischen Ländern 2005

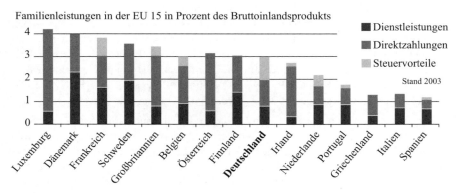

Quelle: OECD

59 Eine zukünftige Reform des Familienlastenausgleichs wird – um die erforderlichen finanziellen Mittel für materielle Leistungen und Dienstleistungen generieren zu können – auf zwei Ebenen ansetzen müssen (vgl. auch Althammer/Romahn 2006, 25 ff.).

60 Ein vertikaler Ausgleich zwischen Menschen mit Kindern und Menschen ohne Kinder; dieser wird sich im Schwerpunkt auf die Verbesserung der materiellen Lebenslage von Menschen mit Kindern beziehen, bzw. dafür sorgen, dass sich zukünftig (Rente, Pflegebedürftigkeit) keine materiellen Benachteiligungen von Menschen mit Kindern ergeben.

61 Ein horizontaler Ausgleich zugunsten von armen Familien und armen Kindern, um deren benachteiligte materielle Lebenslage zu verbessern, um hier zu einer dauerhaften Bekämpfung von Kinderarmut zu kommen, ist es schwerpunktmäßig notwendig, eine entsprechende Infrastruktur für Kinder, insbesondere im Bereich der Betreuung außerhalb der Familien, sicherzustellen (Münder SDSRV 57 2008, 105 ff.).

62 Diese gesellschaftspolitische Aufgabe wird nur dann gesellschaftlich akzeptiert und damit umsetzbar sein, wenn deutlich gemacht wird, dass es sich dabei um eine „sozialinvestive Familienpolitik" handelt, die von der Familie (im Sinne von Menschen mit Kindern) als leistungsfähiger und unverzichtbarer Akteur der Gesellschaft ausgeht, statt sie als Almosenempfänger zu behandeln.

Weiterführende Literatur

Zu den materiellen Sozialleistungen: Doering-Striening u.a. 2007; Richter u.a. 2007; Felix 2012; Hebeler 2012

Zur Reformdiskussion: Borchert 1989; Suhr Der Staat 1990, 69 ff.; Opielka ZfSR 1997, 337 ff.; Münder SDSRV 57 2008, 105 ff.

Teil 5
Die Erziehung der Kinder

Wenn Kinder auf die Welt gekommen sind, sie über die Abstammungsregelungen rechtlich den Eltern zugeordnet werden und über die Unterhaltsregelungen ihr materielles Aufwachsen gesichert ist, folgen im Gesetz die Aussagen, die im weitesten Sinne mit der Erziehung zu tun haben (§§ 1616–1698 b BGB), einschließlich der flankierenden Regelungen für die Beistandschaft, für die Adoption, für die Vormundschaft und Pflegschaft (§§ 1712–1895, 1909–1921 BGB).

§ 10. Das Rechtsverhältnis Eltern-Kinder – Allgemeines und elterliche Sorge

1 Rechtlicher Kernbereich des Eltern-Kind-Verhältnisses ist die elterliche Sorge. Hier werden die Rechtsbeziehungen zwischen Eltern und Kindern auf privatrechtlicher Ebene geregelt; das Rechtsverhältnis ist geprägt durch einen Überhang elterlicher Rechtskompetenzen.

Ausführlich behandelte Bestimmungen

- Geburtsname des Kindes: §§ 1616–1618 BGB
- Gegenseitige Beistandschaftsverpflichtung: § 1618 a BGB
- Sorgeerklärungen: §§ 1626 a bis 1626 e BGB
- Einige allgemeine Bestimmungen zur elterlichen Sorge: §§ 1626, 1627, 1628, 1687 BGB
- Eigenständige Rechtstellung der Minderjährigen: § 1, §§ 104–113 BGB
- Internationales Eltern-Kind-Rechtsverhältnis: Art. 21, Art. 10 EGBGB; KSÜ

Wichtige, interessante Entscheidungen

- Nennung des leiblichen Vaters durch die Mutter gegenüber dem nichtehelichen Kind: BVerfG 6.5.1997–1 BvR 409/90, BVerfGE 96, 56
- Gemeinsame elterliche Sorge miteinander nicht verheirateter Eltern: BVerfG 7.5.1991–1 BvL 32/88, BVerfGE 84, 168 ff.; EGMR 3.12.2009 – Nr. 22028, FamRZ 2010, 103 ff.; BVerfG 21.7.2010–1 BvR 420/09, FamRz 2010, 1403 ff.
- Zum eigenständigen Entscheidungsspielraum des urteilsfähigen Minderjährigen: BGH 10.10.2006 – VI ZR 74/05, NJW 2007, 217 ff.
- Zum Recht der Minderjährigen, einen Schwangerschaftsabbruch vornehmen zu lassen, zwei unterschiedliche Entscheidungen: AG Schlüchtern 29.4.1997 – X 17/97, NJW 1998, 832; OLG Naumburg 19.11.2003–8 WF 152/03, FamRZ 2004, 1806

Wie sich aus den verfassungsrechtlichen Überlegungen ergab (§ 1 II.), ist es wesentliche 2
Aufgabe des Gesetzgebers, durch Begründung eigenständiger Rechtspositionen die
Persönlichkeitsentfaltung des Kindes – auch im Verhältnis zu den Eltern – zu sichern.
Das Kindschaftsrecht des BGB von 1900 war von diesem Gedanken nicht geprägt. Es
ging nicht nur bei der Frau, sondern auch bei den Kindern von der Unterordnung unter
die Familie, deren Haupt der Mann war, aus (Simitis 1975 b). Dies kam in der prinzipiell unbeschränkten väterlichen Gewalt, in einem autoritären Erziehungsmodell
zum Ausdruck. Spät und langsam gab es, eingeleitet durch die Rechtsprechung (z.B.
vgl. die erste Auflage 1980, 98 ff.), Änderungen. Erste größere Zäsur war die 1980 in
Kraft getretene Neuregelung der elterlichen Sorge: Durch sie wurde der Begriff „elterliche Gewalt" durch „elterliche Sorge" ersetzt, § 1666 BGB eindeutig von Verschul-
denserfordernissen abgekoppelt (i.E. § 12), auch an anderen Stellen durch staatliche
Interventionen der Schutz der Minderjährigen verstärkt (§§ 1631 b, 1632 Abs. 4 BGB),
die Rechtsposition der Kinder wurde aber kaum verbessert (§§ 1626 Abs. 2, 1631 a
BGB): insgesamt eher ein Konzept der Ausweitung staatlicher Fürsorge denn der Akzeptanz rechtlicher Autonomie Minderjähriger.

Auch die Kindschaftsrechtsreform von 1998 führte trotz ihrer plakativen Erklärung, 3
die Rechte der Kinder stärken zu wollen, nicht zu einer Stärkung der Rechtsposition
von Minderjährigen, sondern zu der Ausweitung elterlicher Autonomie im Verhältnis
zum Staat (Münder 1998), so durch die Möglichkeit der gemeinsamen elterlichen Sorge bei Trennung, § 1671 BGB (vgl. § 13), oder die gemeinsame elterliche Sorge miteinander nicht verheirateter Eltern, § 1626 a BGB (vgl. § 10 II.).

So ist die Entwicklung hinsichtlich der Rechtsstellung der Kinder entweder durch die 4
Ausweitung staatlicher Fürsorge oder durch die Stärkung individueller Rechte der Erwachsenen geprägt. Beides bedeutet keine Stärkung der eigenständigen Rechtsposition
von Kindern, der Ausbau von Kinderrechten stand in der Entwicklung der entsprechenden Entwicklungen des BGB nicht im Fokus.

I. Einige allgemeine Rechtsbestimmungen des Eltern-Kind-Verhältnisses – Geburtsname, Beistandschaftspflicht

Von den allgemeinen Regelungen des Eltern-Kind-Verhältnisses der §§ 1616–1625 5
BGB sind die namensrechtlichen Bestimmungen des Nachnamens und die sogenannte
Beistandschaftspflicht § 1618 a BGB von Bedeutung.

1. Geburtsname

Den **Grundsatz** beinhaltet § **1616 BGB**: Das Kind erhält den **gemeinsamen elterlichen** 6
Ehenamen, den diese zurzeit der Geburt führen. Faktisch ist diese Regelung nur bei
Kindern, die in Ehen geboren werden, von Bedeutung, denn nur hier ist ein gemein-
samer elterlicher Ehename möglich (vgl. § 3 I.).

7   Falls es **keinen gemeinsamen Ehenamen** gibt, unterscheidet das Gesetz (§§ 1617,
1617 a BGB) danach, ob gemeinsame elterliche Sorge oder alleinige elterliche Sorge
besteht. Bei **gemeinsamer elterlicher Sorge** bestimmen die Eltern, welchen der Eltern-
namen das Kind als Geburtsnamen erhält (§ 1617 Abs. 1 BGB). Können sie sich innerhalb eines Monats nach der Geburt nicht einigen, sieht § 1617 Abs. 2 BGB vor, dass
das Familiengericht die Entscheidung über den Geburtsnamen des Kindes einem Elternteil überträgt – nimmt dieser innerhalb der vom Gericht gesetzten Frist die Benennung nicht vor, so erhält das Kind den Namen des Elternteils, dem das Bestimmungsrecht übertragen wurde; damit ist ein aus dem Namen des Vaters und der Mutter
zusammengesetzter Doppelname als Familienname nicht möglich (was verfassungsmäßig ist, so BVerfG 30.1.2002–1 BvL 23/96, BVerfGE 104, 373). § 1617 Abs. 1
S. 3 BGB sichert die Namenseinheit von Geschwistern: Ist für ein Kind bereits ein Name
festgelegt, so gilt dieser Geburtsname auch für weitere Kinder (was ebenfalls verfassungsmäßig ist, so BVerfG K. 18.3.2002–1 BvR 2297/96, NJW 2002, 2861 = FamRZ
2002, 877).

8   Bei **alleiniger elterlicher Sorge** erhält das Kind nach § 1617 a BGB den Namen, den der
alleinsorgeberechtigte Elternteil zum Zeitpunkt der Geburt des Kindes führt. Allerdings kann das Kind den Namen des anderen Elternteils gemäß § 1617 a Abs. 2 BGB
erhalten, wenn es unverheiratet ist, der sorgeberechtigte Elternteil eine entsprechende
Erklärung abgibt und das Kind und der andere Elternteil einwilligen. Bezüglich der
Erklärung des Kindes sieht das Gesetz – eine auch an anderen Stellen übernommene –
Altersstufenregelung vor:

■ Für das Kind unter 5 Jahren handelt der sorgeberechtigte Elternteil,

■ ab Vollendung des 5. Lebensjahres bedarf es der Einwilligung des Kindes (das gesetzlich durch den alleinsorgeberechtigten Elternteil vertreten wird),

■ ab Vollendung des 14. Lebensjahres kann das Kind die Erklärung nur selbst abgeben, bedarf dazu jedoch der Zustimmung seines gesetzlichen Vertreters.

2. Namensänderungen

9   §§ 1617 b–1618 BGB befassen sich mit Entwicklungen, die nach dem Zeitpunkt eintreten, zu dem das Kind bereits seinen Geburtsnamen hat, und ggf. Auswirkungen auf
den Geburtsnamen haben: Anfechtung der Scheinvaterschaft (§ 1617 b Abs. 2 BGB),
nachträgliche Wahl eines Ehenamens durch die Eltern (§ 1617 c Abs. 1 BGB), Änderung des Ehenamens des namensgebenden Elternteils oder des Familiennamens
(§ 1617 c Abs. 2 BGB). Häufigster Fall ist hier eine Namensänderung nach § 1617 b
Abs. 1 BGB, wenn eine gemeinsame elterliche Sorge erst dann begründet wird, wenn
das Kind bereits einen Geburtsnamen führt, so insbesondere wenn z.B. die alleinsorgeberechtigte Mutter eines nichtehelichen Kindes den Vater des nichtehelichen Kindes
heiratet.

Hauptfall der Namensänderungen ist § 1618 BGB, der sich mit der **Einbenennung von** 10 **Stiefkindern** befasst. Die Einbenennung ist die Auswechselung des Familiennamens eines Kindes, dessen Elternteil (wieder) heiratet und dem Kind zusammen mit dem Stiefelternteil den (neuen) gemeinsamen Ehenamen erteilen will. Die Einbenennung ist sowohl bei alleiniger wie bei gemeinsamer elterlicher Sorge möglich. Sie bedarf der Zustimmung des anderen Elternteils (§ 1618 S. 3 BGB), bei alleiniger elterlicher Sorge des die Einbenennung begehrenden Elternteils allerdings nur in den Fällen, in denen das Kind den Namen dieses anderen Elternteils führt (darauf hat auch der EGMR abgestellt – EGMR 6.12.2001 – Nr. 31178/96 [Petersen/Deutschland], NJW 2003, 1921 ff.).

Die **Einwilligung des anderen Elternteils** kann durch das Familiengericht **ersetzt wer-** 11 **den**, wenn die Erteilung des Namens zum Wohl des Kindes erforderlich ist. Mit dem Begriff „erforderlich" hat der Gesetzgeber (1.7.1998) eine Änderung gegenüber dem bisherigen Recht vorgenommen, wo nur der Begriff „förderlich" verwandt wurde (Oelkers FamRZ 2000, 645 ff.; Pieper FuR 2003, 394 ff.). Damit sind die Anforderungen an die Einbenennung erheblich gestiegen. Gesellschaftlicher Hintergrund dieser Gesetzesänderung ist die Tatsache, dass wegen der inzwischen vielfältigen namensrechtlichen Möglichkeiten die Bedeutung der Namensidentität von in einem Familienverbund lebenden Menschen erheblich zurückgegangen ist (OLG Celle 25.1.2011– 21 UF 270/10, FamRZ 2011, 1658 ff.). Nach h.M. ist stets zu prüfen, ob die Einbenennung des bisherigen Namensverbandes aus Gründen des Kindeswohls unabdingbar notwendig sei. Als für das Kindeswohl erforderlich wird eine Einbenennung regelmäßig nur dann angesehen, wenn andernfalls schwerwiegende Nachteile für das Kind zu befürchten wären, oder die Einbenennung zumindest einen so erheblichen Vorteil für das Kind darstellen würde, dass ein verständiger, sich um sein Kind sorgender Elternteil nicht auf der Erhaltung des Familienbandes bestehen würde (BGH 24.10.2001 – XII ZB 88/99, FamRZ 2002, 94; BGH 30.1.2002 – XII ZB 94/00, FamRZ 2002, 1331 f.; BGH 9.1.2002 – XII ZB 166/99, FamRZ 2002, 1330 f.). Bei der Interessensabwägung ist zu berücksichtigen, dass es heute nicht ungewöhnlich ist, wenn Familiennamen von Eltern und Kind auseinanderfallen; insofern ist die Einbenennung gegen den Willen des nicht zustimmenden Elternteils heute zum Ausnahmefall geworden.

Namensänderungen sind auch nach dem **Namensänderungsgesetz** möglich, dessen 12 Anwendbarkeit neben § 1618 BGB von der h.M. bejaht wird. Erforderlich ist hier nach § 3 Abs. 1 NÄG ein „**wichtiger Grund**", der nur dann vorliegt, wenn eine entsprechende Namensänderung für das Wohl des Kindes **erforderlich** ist (BVerwG 11.1.2011–6 B 65/10, StAZ 2001, 285 f.; VGH HE 21.11.2008–7 A 1017/08, FamRZ 2009, 1332 ff.; zur früheren Situation vgl. die 4. Aufl., 129).

3. Beistands- und Rücksichtspflicht

13 Der 1980 durch die Neuregelung des Rechts der elterlichen Sorge eingeführte § 1618 a BGB sollte nach dem Willen des Gesetzgebers vor allem Leitbildfunktion haben, eine Sanktion für die Verletzung der Norm lehnte der Gesetzgeber ab. Überraschend deswegen die Entscheidungen des AG und LG Passau 1987/1988, die § 1618 a BGB als Grundlage für den **Anspruch** eines nichtehelichen Kindes gegen seine Mutter auf **Nennung des leiblichen Vaters** herangezogen hatten (LG Passau 15.7.1987–11 C 724/87, FamRZ 1988, 210).

> Pikant war die Entscheidung, weil nichteheliche Kinder zum damaligen Zeitpunkt in den alten Bundesländern regelmäßig unter der Amtspflegschaft des Jugendamtes standen und dieses insofern ein eigenes Interesse an der Kenntnis über die Abstammung hatte, um entsprechende Unterhaltsansprüche geltend machen zu können (und somit möglicherweise die öffentlichen Kassen schonen konnte). Diese Entscheidungen stehen im Gegensatz zur h.M., wonach grundsätzlich keine Auskunftpflicht der Mutter besteht (grundsätzlich keine Auskunftpflicht der Mutter: h.M. OLG Zweibrücken 19.10.1989 – 7 U 182/89, NJW 1990, 719; OLG Hamm 22.3.1991 – 29 U 166/90, FamRZ 1991, 1229).

14 In der Folgezeit entwickelte sich die Rechtsprechung dahin gehend, dass im Rahmen des § 1618 a BGB eine **Abwägung** zwischen den **Interessen des Kindes** auf Kenntnis seiner Abstammung und den **Interessen der Mutter**, keine Auskünfte zu erteilen, vorzunehmen sei, wobei den Gerichten in diesen Fällen ein weiter Auslegungsspielraum zugestanden wurde (BVerfG K. 18.1.1988–1 BvR 1589/87, NJW 1988, 3010; BVerfG 6.5.1997–1 BvR 409/90, BVerfGE 96, 56; OLG Bremen 21.7.1999–6 W 21/98, NJW 2000, 963).

II. Elterliche Sorge – die Inhaber der elterlichen Sorge

15 Wie sich aus den verfassungsrechtlichen Überlegungen (§ 2 II.) ergibt, wird durch die Bestimmungen des Art. 6 Abs. 2 GG die Autonomie der familialen Erziehung geschützt. Wie aber die Rechte zwischen den Eltern und zwischen Eltern und Kindern verteilt sind – hier hat der Gesetzgeber des Familienrechts Spielräume. Die gegenwärtige Ausgestaltung dieser Rechtsverteilung zwischen Eltern und Kindern findet sich in den Bestimmungen über die elterliche Sorge und in den Bestimmungen, in denen Kindern eigenständige Rechte eingeräumt sind (dazu § 10 III.). Die **elterliche Sorge** (**§§ 1626 bis 1698 b BGB**) ist die Bezeichnung für die privatrechtlichen Beziehungen zwischen Eltern und minderjährigen Kindern. Die Bestimmungen des BGB befassen sich nicht systematisch mit den verschiedensten Aspekten des Eltern-Kind-Verhältnisses, sondern sprechen einzelne Bereiche mehr (z.B. vermögensrechtliche Fragen) oder weniger (Erziehungsfragen) an; für die Erziehung ist das Personensorgerecht von besonderer Bedeutung (vgl. § 11).

1. Ausgangspunkt: gemeinsame elterliche Sorge bei Verheirateten

§ 1626 Abs. 1 BGB legt fest, dass die Eltern Inhaber der elterlichen Sorge sind – d.h. **16** Eltern im rechtlichen Sinn, also die Personen, die über die Abstammungsregelungen (§ 6) rechtlich als Vater und Mutter feststehen. Was selbstverständlich klingt, war nicht stets so. So war (in den alten Bundesländern) bis zum 1.7.1998 die elterliche Sorge der Mutter eines nichtehelichen Kindes durch die Amtspflegschaft der §§ 1706 ff. BGB eingeschränkt (vgl. 3. Aufl., 123 ff.). Und wie ein Blick auf die folgenden Bestimmungen der §§ 1626 a ff. BGB zeigt, gilt die Aussage des § 1626 BGB auch nur für die Eltern, die miteinander bei der Geburt des Kindes verheiratet sind – hier zeigt sich (an einer der letzten wenigen verbliebenen Stellen), dass das Kindschaftsrecht des BGB von der Konzeption miteinander verheirateter Eltern ausging. Damit gilt die Grundsatzaussage des § 1626 Abs. 1 BGB, dass die Eltern die elterliche Sorge haben, uneingeschränkt nur dort, wo es sich um miteinander verheiratete Eltern handelt.

2. Die Sorgeerklärung nicht miteinander verheirateter Eltern

Für den Fall, dass die **Eltern bei der Geburt des Kindes nicht miteinander verheiratet** **17** sind, sehen seit 1998 §§ 1626 a ff. BGB Sonderregelungen vor, die die gemeinsame Sorge ermöglichen. Es war das Bundesverfassungsgericht, das den Gesetzgeber zunächst gedrängt hat, die gemeinsame elterliche Sorge miteinander nicht verheirateter Eltern zu ermöglichen (BVerfG 7.5.1991–1 BvL 32/88, BVerfGE 84, 168 ff.). Damit sollte insbesondere auf die rechtlich unbefriedigende Situation von nichtehelichen Lebensgemeinschaften zwischen Vater, Mutter und Kind reagiert werden. Und es war weiterhin die menschenrechtliche (EGMR 3.12.2009 – Nr. 22028, FamRZ 2010, 103 ff.) und verfassungsrechtliche (BVerfG 21.7.2010–1 BvR 420/09, FamRZ 2010, 1403 ff.) Rechtsprechung, die dazu geführt hat, dass mit dem „Gesetz zur Reform der elterlichen Sorge nicht miteinander verheirateter Eltern" § 1626 a BGB neu gefasst wurde (zur Rechtssituation seit der letzten Entscheidung des BVerfG von 2010 vgl. Finger FuR 2012, 343 ff; Büte FuR 2012, 350 ff.): Nun gibt es drei Fälle, in denen gemeinsame elterliche Sorge entsteht, wenn die Eltern bei der Geburt des Kindes nicht miteinander verheiratet sind:

- sie heiraten einander,
- sie geben eine Sorgeerklärung ab,
- das Familiengericht überträgt ihnen die elterliche Sorge gemeinsam.

Die **Sorgeerklärung** nach § 1626 a Abs. 1 Nr. 1 BGB muss den Willen der Eltern zum **18** Ausdruck bringen, gemeinsam Inhaber der elterlichen Sorge werden zu wollen. Eine Sorgeerklärung ist auch vorgeburtlich möglich (§ 1626 b Abs. 2 BGB). Falls ein Elternteil in seiner Geschäftsfähigkeit beschränkt ist (zum Beispiel beim minderjährigen Elternteil), ist für die Sorgeerklärung die Zustimmung des gesetzlichen Vertreters erforderlich. Die Sorgeerklärungen (und ggf. die Zustimmungen) müssen (§ 1626 d BGB) öffentlich beurkundet werden. Zur Beurkundung befugt ist unter anderem gemäß § 59 Abs. 1 S. 1 Nr. 8 SGB VIII das Jugendamt, und zwar jedes Jugendamt, unabhängig davon, wo die Eltern ihren Wohnsitz haben (§ 87 e SGB VIII).

19 Bis zur Neuregelung 2013 gab es nach altem Recht nicht die Möglichkeit, dass der andere Elternteil die gemeinsame elterliche Sorge erlangen konnte, auch nicht auf der Basis einer gerichtlichen Entscheidung. Ob dies verfassungsgemäß war, war heftig umstritten, das Bundesverfassungsgericht hat die alte Regelung der §§ 1626 a ff. BGB zunächst grundsätzlich für verfassungsmäßig erklärt (BVerfG 29.1.2003–1 BvL 20/99 u.a., BVerfGE 107, 150; vgl. zur Unterscheidung zwischen Altfällen und Neu-fällen 6. Aufl., S. 145 f.).

20 Mit der Neuregelung gibt es nunmehr als dritte Variante der gemeinsamen elterlichen Sorge die **familiengerichtliche Übertragung** der gemeinsamen elterlichen Sorge. Erforderlich hierzu ist ein Antrag des nicht sorgeberechtigten Elternteils und die Tatsache, dass die Übertragung dem Kindeswohl nicht widerspricht. Gemäß § 1626 a Abs. 2 S. 2 BGB geht das Gesetz davon aus, dass es keine widersprechenden Gründe gibt, wenn der andere Elternteil keine vorträgt oder solche ansonsten nicht ersichtlich sind. Damit wird die gemeinsame elterliche Sorge bei nichtehelichen Kindern in den Fällen, in denen keine gemeinsame Sorgeerklärungen vorliegen, sondern das Familiengericht eine Übertragung vornimmt, von der Ausnahme zur Regel: Es müssen dem Kindeswohl widersprechende Gründe vorliegen, es müssen nicht Gründe dafür dargetan werden, dass es dem Kindeswohl entspricht (zur Beratung der Eltern vgl. Proksch in Münder u. a. FK-SGB VIII, § 17 Rn 31 ff.). Die gesetzliche Regelung ist vor dem Hintergrund entstanden, Vätern nichtehelicher Kinder entsprechende Befugnisse einzuräumen, sie gilt jedoch auch in den Fällen, in denen Väter nichtehelicher Kinder die gemeinsame elterliche Sorge nicht wollen: Hier kann die Mutter des nichtehelichen Kindes entsprechende Anträge stellen und so können Väter nichtehelicher Kinder auch gegen ihren Willen die gemeinsame elterliche Sorge erlangen.

21 Die verfahrensrechtliche Umsetzung der Übertragung der gemeinsamen elterlichen Sorge findet sich in **§ 155 a FamFG:**

- das Gericht stellt den Antrag auf Übertragung der elterlichen Sorge dem anderen Elternteil zu,
- das Gericht setzt eine Frist zur Stellungnahme (für die Mutter frühestens sechs Wochen nach der Geburt),
- das Gericht soll (in der Regel) im schriftlichen Verfahren (ohne Anhörung des Jugendamtes, ohne persönlicheAnhörung der Eltern) entscheiden,
- das Gericht teilt dem zuständigen Jugendamt die Entscheidung mit.

22 Von einer Entscheidung im schriftlichen Verfahren hat das Gericht abzusehen, wenn Gründe, die der gemeinsamen elterlichen Sorge entgegen stehen, durch die Beteiligten oder in sonstiger Weise dem Gericht bekannt werden, es hat dann gemäß § 155 FamFG

im beschleunigten Verfahren regelmäßig spätestens einen Monat nach Bekanntwerden der Gründe zu entscheiden.

Mit diesen inhaltlichen und verfahrensrechtlichen Vorgaben soll den verfassungs- 23
rechtlichen Bedenken entgegengetreten werden, insbesondere auch die Ungleichbehandlung von ehelich und nichtehelich geborenen Kindern beseitigt werden (ob dies tatsächlich der Fall ist, dazu vgl. Holldorf ZKJ 2012, 475 ff.). Im Übrigen zeigt sich auch hier, dass die Neuregelungen aus Erwachsenen-, der Elternperspektive formuliert sind: Dem bisher nicht sorgeberechtigten Elternteil (in der Regel dem Vater) werden entsprechende Rechte eingeräumt, ein Recht des Kindes (etwa ab einem bestimmten Alter) auf gemeinsame elterliche Sorge (wenn z.b. keiner der Elternteile eine solche will) ist – vielleicht typischerweise – nicht vorgesehen, auch hier ist die neue Regelung nicht aus der Perspektive der Kinder formuliert.

III. Elterliche Sorge – Inhalt, Ausübung, Beginn und Ende

1. Inhalt: Personen- und Vermögenssorge

Die elterliche Sorge umfasst die **Personen- und die Vermögenssorge**. Sie besteht in bei- 24
den Fällen jeweils aus der tatsächlichen faktischen Sorge und aus dem – für den Rechtsverkehr wichtigen – gesetzlichen Vertretungsrecht der Eltern: §§ 1626 Abs. 1, 1629 BGB.

Tabelle 7: Elterliche Sorge

Vermögenssorge	Personensorge
tatsächliche Vermögenssorge	tatsächliche Personensorge
gesetzliche Vertretung in Vermögenssorge-Angelegenheiten	gesetzliche Vertretung in Personensorge-Angelegenheiten

Die **Vermögenssorge** ist die Fürsorge für die Erhaltung, Vermehrung und Verwaltung 25
des Kindesvermögens (Erwerb, Verfügung über Vermögensgegenstände, Begründung von Verbindlichkeiten, Eingehung von Verträgen). Die **Personensorge** umfasst alle persönlichen Angelegenheiten des Kindes: Zu ihr gehören etwa alle Schutz- und Fürsorgemaßnahmen (Impfen, Vornahme von Operationen usw.), die Regelung des Umgangs mit Dritten, die Geltendmachung von Unterhaltsansprüchen. Schwerpunkte der gesetzlichen Bestimmungen sind die Regelungen über die Vermögenssorge. Die Bestimmungen über die **gesetzliche Vertretung** gelten für die Personen- und Vermögenssorge gleichermaßen.

Systematisch wird das Innenverhältnis (Verhältnis zwischen Eltern und Kindern) und 26
das Außenverhältnis (Verhältnis gegenüber Dritten) bei der elterlichen Sorge unterschieden. Ausgehend von der Tatsache, dass die Erziehung Angelegenheit der Eltern

ist, ergibt sich für die elterliche Sorge, dass diese gegenüber Dritten (im **Außenverhältnis**) als ein **subjektives, absolutes Recht** angesehen wird: So haben die Eltern etwa einen Herausgabeanspruch gegenüber dritten Personen (§ 1632 Abs. 1 BGB – § 11 I. 2.), sie können mit Wirkung gegenüber Dritten den Umgang des Kindes regeln (§ 1632 Abs. 2 BGB); ihre elterliche Sorge ist gegenüber Dritten auch deliktisch im Sinne von § 823 BGB geschützt.

27 Ausgehend vom im **Innenverhältnis** besonders betonten **Pflichtcharakter des Elternrechts** wird die elterliche Sorge als **unverzichtbar** und **unübertragbar** angesehen. Was die Unübertragbarkeit anbelangt, so ist das angesichts der Tatsache, dass dritte Personen mehr oder weniger intensiv bei der Erziehung beteiligt sind (z.b. Tageseinrichtungen für Kinder, Schulen, Heimerziehung, Pflegeverhältnisse), nicht ohne Weiteres nachvollziehbar. Die Rechtsdogmatik löst die Situation dadurch, dass sie die **Ausübung** der elterlichen Sorge für **übertragbar** hält. Diese feine Unterscheidung – keine Übertragung der elterlichen Sorge, aber Übertragung zur Ausübung – hat Konsequenzen: Insbesondere wird daraus gefolgert, dass wegen Übertragung nur zur Ausübung jederzeit die bei der elterlichen Sorge verbleibenden Herausgabeansprüche (z.b. Herausgabe des Pflegekindes von der Pflegefamilie) realisiert werden können (i.E. § 11 I. 2.).

2. Beginn, Ende, Ruhen, Entzug der elterlichen Sorge

28 Die elterliche Sorge **beginnt** mit der Geburt des Kindes. Sie **endet** mit der Volljährigkeit (§ 2 BGB); bei Heirat des minderjährigen Kindes wird die elterliche Sorge entsprechend § 1633 BGB eingeschränkt. Sie endet auf Seiten der Eltern durch Tod bzw. Todeserklärung (§§ 1677, 1680, 1681 BGB). Die elterliche Sorge endet für einen Elternteil, wenn sie auf den anderen bei Getrenntleben oder bei Scheidung (vgl. § 13) gemäß § 1671 BGB übertragen wurde.

29 Die elterliche Sorge **ruht** gemäß §§ 1673 bis 1675 BGB. Von Bedeutung ist § 1673 Abs. 2 BGB bei **minderjährigen Müttern außerhalb einer bestehenden Ehe geborener Kinder.** Diese Mütter sind wegen ihrer Minderjährigkeit gemäß § 106 BGB in ihrer Geschäftsfähigkeit beschränkt. Damit braucht das Kind selbst gemäß § 1773 BGB einen Vormund – in der Regel wird dies gemäß § 1791 c BGB das Jugendamt sein (vgl. auch § 16 II.). Solange die Mutter dieses Kindes noch minderjährig ist, steht ihr nach § 1673 Abs. 2 S. 2 aber die tatsächliche Personensorge zu. Kommt es zwischen der minderjährigen Mutter des Kindes und dem (Amts-) Vormund zu Meinungsverschiedenheiten, geht die Meinung der Mutter vor (§ 1673 Abs. 2 S. 3 BGB). Die elterliche Sorge ruht z.b. auch bei tatsächlicher Verhinderung § 1674 BGB (etwa langfristige Inhaftierung – OLG Dresden 27.2.2003–10 UF 760/02, FamRZ 2003, 1038; OLG Brandenburg 21.5.2008–9 UF53/08, FamRZ 2009, 237) oder etwa bei der Einwilligung in die Adoption gemäß § 1751 BGB.

Die **elterliche Sorge** kann Eltern **entzogen** werden, und zwar sowohl die gesamte el- 30
terliche Sorge, als auch einzelne Bestandteile (z.B. § 1632 Abs. 4 BGB: Aufenthaltsbestimmungsrecht; § 1666 BGB: Personensorgerecht i.E. § 12); eine Anzahl weiterer Bestimmungen befasst sich insbesondere mit der Einschränkung (z.B. §§ 1629 a, 1638 ff.
BGB) oder Entziehung des Vermögenssorgerechts (z.B. §§ 1667, 1670, 1690 BGB).

Die **Folge** der Beendigung, des Ruhens, des Entzugs der elterlichen Sorge ist grund- 31
sätzlich, dass der andere Elternteil Inhaber der nunmehr alleinigen elterlichen Sorge ist
(z.B. §§ 1680, 1681 BGB). Kommt dieser als Inhaber der elterlichen Sorge nicht in
Frage (z.B. § 1671 Abs. 3 BGB), so ist bei völligem Entzug der elterlichen Sorge ein
Vormund, bei Entzug von Teilen der elterlichen Sorge ein Pfleger zu bestellen (i.E. vgl.
§ 16 II. 1.; 16 I. 2.).

3. Ausübung: Konsens und Einigung

Wesentliches Ziel der Reformen im Kindschaftsrecht war die Stärkung der Elternau- 32
tonomie: Eltern sollen selbstständig und eigenverantwortlich ihre Elternverantwortung wahrnehmen, sich in Bezug auf die elterliche Sorge verständigen, der Staat will
so wenig wie möglich Entscheidungen treffen, nur wenn dies aus Kindeswohlgründen
erforderlich ist (vgl. § 12), im Übrigen unterstützt der Staat nur die Eltern hinsichtlich
der Möglichkeiten zu einer eigenverantwortlichen und konsensfähigen Wahrnehmung
der elterlichen Sorge (vgl. § 10 III. 4.). So ist auch die Wahrnehmung jeder Form von
gemeinsamer elterlicher Sorge im BGB vom **Konsens- und Einigungsprinzip** geprägt,
und zwar sowohl in Richtung der Kinder, als auch des anderen Elternteils. Dass die
elterliche Sorge im **Konsens mit den Kindern** auszuüben ist, spricht § 1626 Abs. 2 BGB
ausdrücklich an, in manchen Fällen enthält das Gesetz Sonderregelungen (etwa
§ 1631 a BGB). Damit hat das Gesetz einer autoritativen Wahrnehmung der elterlichen
Sorge eine Absage erteilt.

Einigung ist auch bei der Ausübung der elterlichen Sorge **mit dem anderen Elternteil** 33
anzustreben; § 1627 BGB bringt dies zum Ausdruck und verpflichtet die Eltern bei
Meinungsverschiedenheit ausdrücklich dazu, sich zu einigen. Die gemeinsame Wahrnehmung der elterlichen Sorge schließt eine Aufgabenteilung, die Überlassung einzelner Aufgabenbereiche an einen Elternteil allein nicht aus; so können die Eltern z.B.
verabreden, dass ein Elternteil sich vornehmlich um die Freizeitangelegenheiten, der
andere sich vornehmlich um die Schulangelegenheiten kümmert.

Eine Einigung der Eltern wird nicht stets erreichbar sein, z.B. in den Fällen, in denen 34
sie getrennt leben, geschieden sind (auch hier ist die gemeinsame elterliche Sorge vorgesehen – vgl. § 13 III.). Falls – auch mithilfe staatlicher Unterstützung (vgl. § 10 III.
4.) bei Angelegenheiten, die Angelegenheiten, die für das Kind von erheblicher Bedeutung sind, kein Konsens erzielt werden kann, kann nach § **1628 BGB** das Familiengericht auf Antrag eines Elternteils die Entscheidung in dieser Angelegenheit einem Elternteil übertragen, das Gericht kann aber nicht anstelle der Eltern eine eigene Sach-

entscheidung treffen (BVerfG 4.12.2002–1 BvR 1870/02, NJW 2003, 1031 f.) Bei Entscheidungen in Angelegenheiten des täglichen Lebens gilt § 1687 BGB (i.E. § 13 III.).

35 Entsprechend des Grundsatzes der gemeinsamen Ausübung der elterlichen Sorge sieht § **1629 BGB** die gemeinsame **Vertretung des Kindes** vor. Alleinvertretung des Kindes findet statt, sofern ein Elternteil die alleinige elterliche Sorge hat oder ihm nach § 1628 BGB eine Entscheidung übertragen wurde. Bei Gefahr im Verzuge ist jeder Elternteil berechtigt, das Kind allein zu vertreten (§ 1629 Abs. 1 S. 4 BGB). Was den besonders wichtigen Fall der Geltendmachung von Unterhaltsansprüchen anbelangt, so regelt § 1629 BGB, dass der Elternteil, bei dem sich das Kind befindet, **Unterhaltsansprüche** gegen den anderen Elternteil geltend machen kann (§ 1629 Abs. 3 BGB). Bei beiderseitiger Betreuung ist darauf abzustellen, bei welchem Elternteil das Schwergewicht der tatsächlichen Betreuung liegt. Betreuen die Eltern ihr Kind in gleichem Umfang („Wechselmodell"), so steht keinem Elternteil eine Alleinvertretungsbefugnis nach § 1629 Abs. 2 S. 2 BGB zu (OLG München 12.8.2002–26 UF 1103/02, FamRZ 2003, 248). Für den Fall, dass die Eltern noch miteinander verheiratet sind, sind die Unterhaltsansprüche gegen den anderen Elternteil im eigenen Namen geltend zu machen. Diese Vorschrift korrespondiert mit § **1687 BGB**: Danach kann der Elternteil, bei dem das Kind sich gewöhnlich aufhält, Angelegenheiten des täglichen Lebens selbst entscheiden (vgl. § 13 III.).

4. Unterstützung für einen Konsens

36 Vor dem Hintergrund der Elternautonomie und der Elternverantwortung für einvernehmliches Handeln und der damit verbundenen Zurückhaltung staatlichen Agierens hat der Gesetzgeber Regelungen geschaffen, mit denen die Erreichung von Einvernehmen der Eltern unterstützt werden kann. Diese Bestimmungen finden sich nicht im BGB, sondern im Verfahrensrecht des FamFG und in § 17 SGB VIII (beide 2012 durch das MediationsG weiterentwickelt und konkretisiert). In den Bestimmungen des **FamFG,** die ihre besondere Bedeutung in Trennungs- und Scheidungsfällen haben (vgl. § 13 IV.), aber auch ansonsten für den elterlichen Konsens relevant sind, kommt das im Leitbild des elterlichen Einvernehmens deutlich zum Ausdruck, wenn z.B.

- § 36 FamFG den Eltern die Möglichkeit einräumt, über alle Gegenstände eines strittigen Verfahrens, über den sie einen Vergleich schließen können, zu vergleichen,
- § 36 a FamFG das Gericht den Eltern die Beteiligung an einer Mediation oder einem anderen außergerichtlichen Konfliktverfahren vorschlagen kann,
- § 156 FamFG (bezüglich des Aufenthalts des Kindes, der Herausgabe des Kindes) dem Gericht auferlegt, auf ein Einvernehmen der Beteiligten hinzuwirken, auf die Möglichkeit der Beratung durch Beratungsstellen hinzuweisen, das Gericht anordnen kann, dass die Eltern an einem Informationsgespräch über Mediation o.ä. teil-

nehmen, ja selbst die Teilnahme an einer Beratung anordnen kann (vgl. im Einzelnen § 11 IV.).

Gesetzliches Zentrum entsprechender Unterstützungsleistungen ist **§ 17 SGB VIII:** Im 37
Interesse der Kinder sollen hier die Eltern in der konfliktminimierenden Bearbeitung
partnerschaftlicher Probleme und Krisen unterstützt werden (im Einzelnen Proksch in
Münder u. a. FK-SGB VIII, § 17 Rn 31 ff.). Die Beratung steht allen offen, die Mütter
und Väter sind, unabhängig von ihrer konkreten Lebenssituation (ausführlich im „Parallel-Lehrbuch" Münder/Trenczek 2011, 67 ff.).

IV. Minderjährige als eigenständige Rechtssubjekte

Mit der elterlichen Sorge hat der Gesetzgeber den Eltern umfassende Kompetenzen 38
eingeräumt. Die Verpflichtung des Gesetzgebers, die Persönlichkeitsentfaltung des
Kindes auch im Verhältnis zu den Eltern zu gewährleisten (ausführlich § 1 II. 3.), geschieht zum einen dadurch, dass das staatliche Wächteramt bei Kindeswohlgefährdungen durch (ggf. auch) gerichtliche Maßnahmen realisiert wird (§ 12), zum anderen
dadurch, dass für noch Minderjährige eigene subjektive Rechtspositionen begründet
werden. In diesen Bereichen erlangen damit die Kinder die **Teilmündigkeit** (umfassend
Moritz ZfJ 2002, 405 ff., 466 ff.).

Festgehalten ist zunächst in **§ 1 BGB,** dass mit der Vollendung der Geburt die **Rechts-** 39
fähigkeit des Menschen und damit auch der Kinder beginnt – was historisch nicht
immer so war. Für rechtlich bedeutsames Handeln ist im **privaten Rechtsleben** die
Geschäftsfähigkeit erforderlich. Grundsätzlich werden alle Menschen als geschäftsfähig angesehen, bei Minderjährigen sieht das Gesetz allerdings Einschränkungen vor.
Bis zur Vollendung des 7. Lebensjahres sind nach § 104 Nr. 1 BGB die Minderjährigen
geschäftsunfähig. Nach Vollendung des 7. Lebensjahres sind sie **beschränkt geschäfts-**
fähig (§ 106 BGB) und können Willenserklärungen selbst abgeben, brauchen aber die
Einwilligung der Sorgeberechtigten, sofern der Minderjährige durch die Willenserklärung keinen lediglich rechtlichen Vorteil erlangt (§ 107 Fall 1, 2 BGB). Schließen sie
einen Vertrag ohne Einwilligung, so ist dieser schwebend unwirksam und wird erst
durch die Genehmigung wirksam (§ 108 BGB). Wenn Minderjährige die ihnen aus
dem Vertrag obliegende Leistung jedoch mit eigenen Mitteln erfüllen, die ihnen zur
freien Verfügung überlassen wurden, so ist ein solcher Vertrag von vornherein wirksam (§ 110 BGB – sogenannter Taschengeldparagraf). Wirtschaftlich orientierte Teilmündigkeit sehen auch §§ 112, 113 BGB vor: An diesen Bestimmungen wird erkennbar, dass bei der Teilnahme am allgemeinen Wirtschaftsleben den Minderjährigen die
Rechtspositionen zugestanden werden, die notwendig sind, um teilhaben zu können.
Dabei steht das Interesse des allgemeinen Rechtsverkehrs im Vordergrund.

Ansonsten ist das Recht mit der Etablierung von **Teilmündigkeit** zurückhaltend. Es 40
gibt nur wenige Fälle. Klassisches Beispiel ist die gestufte Mündigkeit des Gesetz über
die religiöse Kindererziehung (RKEG) von 1921 (ausführlich Kammerloher-Lis 1999),

das sich mit der weltanschaulichen (§ 6 RKEG) bzw. religiösen Erziehung des Minderjährigen beschäftigt:

- Ab dem vollendeten 10. Lebensjahr ist der Minderjährige bei einem Wechsel der weltanschaulichen/religiösen Erziehung zu hören, wenn während einer bestehenden Ehe ein Elternteil das Bekenntnis des Kindes wechseln will, der andere Elternteil nicht zustimmt und dessen Zustimmung durch das Vormundschaftsgericht ersetzt werden soll – § 2 Abs. 3 S. 5 RKEG;
- ab dem vollendeten 12. Lebensjahr kann der Minderjährige gegen seinen Willen in keiner anderen Weltanschauung/Religion erzogen werden – § 5 S. 2 RKEG;
- ab dem vollendeten 14. Lebensjahr kann der Minderjährige selbst seine Weltanschauung/Religion bestimmen – § 5 S. 1 RKEG.

41 Eine registrierenswerte Erweiterung von Teilmündigkeit hat weder die Neuregelung des Rechts der elterlichen Sorge 1980 noch die Kindschaftsrechtsreform 1998 gebracht. So liegt der Schwerpunkt von Teilmündigkeiten (vgl. Tabelle 16) im verfahrensrechtlichen Bereich, etwa im FamFG; nach § 36 SGB I haben Minderjährige ab dem 15. Lebensjahr eine (allerdings durch die Sorgeberechtigung eingeschränkte) sozialrechtliche **Handlungsfähigkeit**; nach § 8 SGB VIII können sie selbstständig Jugendhilfeberatung in Krisensituationen in Anspruch nehmen (im Einzelnen Meysen in Münder u. a. FK-SGB VIII, § 8 Rn 9 ff.).

Tabelle 8: Mündigkeitsstufen

Alter	Rechtspositionen	Folgen
Vollendung der Geburt	Rechtsfähigkeit § 1 BGB	Minderjähriger ist Träger von Rechten und Pflichten; die Eltern sind seine gesetzlichen Vertreter §§ 1626 Abs. 2, 164 ff. BGB
	Parteifähigkeit § 50 Abs. 1 ZPO	Minderjähriger kann klagen und verklagt werden, Prozesshandlungen werden durch Eltern als gesetzliche Vertreter vorgenommen § 51 Abs. 1 ZPO
Vollendung des 7. Lebensjahres	beschränkte Geschäftsfähigkeit §§ 106 bis 113 BGB	Minderjähriger kann selbstständig Willenserklärungen abgeben, braucht zu ihrer Rechtsverbindlichkeit aber die Einwilligung der Eltern
	beschränkte Schadensverantwortlichkeit § 828 Abs. 1-3 BGB	Haftung des Minderjährigen gegenüber dem Geschädigten und bei Unfall nicht im Straßenverkehr (vgl. 10 Jahre)
Vollendung des 10. Lebensjahres	beschränktes Anhörungsrecht bei Weltanschauungs-/Religionswechsel § 2 Abs. 3 RKEG	Anhörungsrecht, wenn ein Elternteil Weltanschauungs-/Religionswechsel des Kindes möchte
	Beschränkte Schadensverantwortlichkeit § 828 Abs. 3 BGB	Auch bei Unfällen im Straßenverkehr, falls der Minderjährige die erforderliche Einsicht besitzt

Alter	Rechtspositionen	Folgen
Vollendung des 12. Lebensjahres	beschränkte Weltanschauungs-/Religionsmündigkeit § 5 S. 2 RKEG	gegen den Willen des Minderjährigen kein Weltanschauungs-/Religionswechsel
Vollendung des 14. Lebensjahres	Weltanschauungs-/Religionsmündigkeit § 5 S. 1 RKEG	Minderjähriger kann Weltanschauung/Religion selbst bestimmen
	beschränkte Strafmündigkeit §§ 1, 3 JGG	bei strafbaren Handlungen und bei Einsichtsfähigkeit des Minderjährigen Verhandlung vor dem Jugendgericht
	Anhörungsrecht § 159 FamFG	unbedingte gerichtliche Anhörung in Personenangelegenheiten
	Beschwerderecht § 60 FamFG	Minderjähriger kann selbst Beschwerde gegen Entscheidungen des FamG in Angelegenheiten, die seine Person betreffen, einlegen
	Zustimmungsrecht §§ 1617a ff. BGB	Minderjähriger kann nur noch selbst zustimmen bei Geburtsnamensänderung (Namenserteilung, Einbenennung)
	Übertragung der elterlichen Sorge § 1671 Abs. 2 Nr. 1 BGB	Widerspruchsmöglichkeit des Minderjährigen bezüglich der Übertragung der alleinigen elterlichen Sorge
	Einwilligung § 1746 BGB	nur selbstständige Einwilligung des Minderjährigen in die Adoption
	Antragsrecht § 1887 BGB	selbstständiges Antragsrecht auf Bestellung eines anderen Pflegers/Vormunds
Vollendung des 15. Lebensjahres	Antragsrecht § 36 SGB I	grundsätzlich selbstständiges Recht, Anträge auf Sozialleistungen zu stellen und zu verfolgen
Vollendung des 16. Lebensjahres	beschränkte Ehemündigkeit § 1303 BGB	das Familiengericht kann Befreiung von dem Erfordernis der Volljährigkeit bei der Eheschließung erteilen
	beschränkte Testierfähigkeit § 2229 Abs. 1 BGB	Minderjähriger kann selbstständig ein Testament errichten, jedoch nur in bestimmter Form § 2233 Abs. 1 BGB
	Eidesfähigkeit §§ 393, 455 ZPO; § 60 Nr. 1 StPO	Minderjähriger ist eidesfähig
	in einigen Bundesländern Wahlrecht nach landesrechtlichen Vorschriften	
Vollendung des 18. Lebensjahres	Volljährigkeit § 2 BGB	Eintritt der Volljährigkeit, volle Geschäftsfähigkeit
Vollendung des 21. Lebensjahres	Ende der Anwendbarkeit des Jugendstrafrechts § 1 Abs. 2 JGG	ab diesem Jahr findet allgemeines (Erwachsenen-) Strafrecht Anwendung

Neben solchen gesetzlich formulierten Teilmündigkeiten wurde (z.B. BGH 5.12.1958 **42** – VI ZR 266/57, BGHZ 29, 33 ff.; OLG Karlsruhe 14.8.1997–2 W 3/97, FamRZ 1998, 563 f.; OLG Düsseldorf 6.11.1997–6 WF 95/97, NJW 1998, 1502; BayObLG

7.8.1997–1 Z BR 146/97, DAVorm 1998, 465 f.; OLG Naumburg 11.1.2000–3 WF 220/99, DAVorm 2000, 495) die Rechtsfigur des sogenannten **urteilsfähigen Minderjährigen** entwickelt: Wo es um höchstpersönliche Angelegenheiten geht, können Minderjährige, wenn sie hinreichende Urteilsfähigkeit in die konkrete, zur Entscheidung anstehende Angelegenheit haben, selbst die entsprechende Entscheidung treffen. Das bedeutet zugleich, dass die Zuständigkeit der Eltern diesbezüglich eingeschränkt ist (Reuter AcP 1992, 129 ff.; Scherer FamRZ 1997, 589 ff.) bzw. die Minderjährigen ein Vetorecht gegen die Einwilligung ihrer gesetzlichen Vertreter bei Maßnahmen haben, die diese in ihre höchstpersönliche Rechtsphäre berühren (z.b. BGH 10.10.2006 – VI ZR 74/05, NJW 2007, 217 ff. bei medizinischen Eingriffen mit erheblichen Folgen für ihre künftige Lebensgestaltung). Ein gesetzlich geregeltes Beispiel dieser Teilmündigkeit findet sich in § 52 Abs. 2 StPO: Die Formulierung geht davon aus, dass Minderjährige bei entsprechender Verstandesreife hinsichtlich der Bedeutung des Zeugnisverweigerungsrechtes selber über die Frage ihrer Aussage oder Zeugnisverweigerung entscheiden können. Andere Beispiele sind etwa die Einwilligung in ärztliche Eingriffe, die Entbindung des Arztes von der Schweigepflicht, die Einwilligung in eine psychiatrische Untersuchung, Recht am eigenen Bild usw.

> Wie stark in der Frage der Persönlichkeitsentfaltung von Kindern im Verhältnis zu den Eltern **normative Vorstellungen** eine Rolle spielen, zeigt sich an der heftigen Diskussion, inwiefern Teilmündigkeit bei Schwangerschaften von Minderjährigen akzeptiert wird: Kann die konkret einsichtsfähige Minderjährige über den Schwangerschaftsabbruch selbst entscheiden, können die Eltern einen Schwangerschaftsabbruch über ihre elterliche Sorge erzwingen bzw. verhindern? Fragen, zu denen es eine heftige Rechtsdiskussion gibt (zu einem Überblick vgl. Moritz ZfJ 1999, 92 ff.; Scherer FamRZ 1997, 589 ff.; Rouka 1996; sowie unterschiedliche Entscheidungen z.B.: OLG Hamm 16.7.1998 – 15 W 274/98, NJW 1998, 3424 f.; LG Berlin 20.11.1979 – 83 T 395/79, FamRZ 1980, 285; AG Schlüchtern 29.4.1997 – X 17/97, NJW 1998, 832; OLG Naumburg 19.11.2003 – 8 WF 152/03, FamRZ 2004, 1806; vgl. auch § 12 II.).

43 Da es sich um eine von Rechtslehre und Rechtsprechung entwickelte Rechtsfigur handelt, fehlen strikte Altersgrenzen wie in Gesetzen, es ist auf die konkrete jeweilige Einsichtsfähigkeit der Minderjährigen abzustellen; als Orientierungspunkte kann von einem Alter von etwa 14/15 ausgegangen werden (BGH 10.10.2006 – VI ZR 74/05, NJW 2007, 17 ff. bei medizinischen Eingriffen mit erheblichen Folgen für ihre künftige Lebensgestaltung). Liegt die Einsichtsfähigkeit nicht vor, bleiben die Eltern zuständig, bei Interessenskonflikten ist dann ggf. ein Verfahrensbeistand zu bestellen (vgl. § 12 V. 2.).

V. Internationales Recht im Eltern-Kind-Rechtsverhältnis

44 Auch hier stellen sich wie stets (vgl. § 2 II.) zwei Fragen, die nach der Zuständigkeit der deutschen Gerichte und die nach dem anzuwendenden Recht.

1. Zuständigkeit deutscher Gerichte

Für die Frage, ob und inwieweit deutsche Gerichte zuständig sind, sind zwei Regelun- **45** gen maßgeblich: die Verordnung (EG) Nr. 2201/2003 (sogenannte **Brüssel IIa-VO**) und das KSÜ.

Nach der generell bedeutsamen (vgl. § 2 II. 1.) **Brüssel IIa-VO** ist gemäß dem Art. 1 **46** Abs. 1 b) diese Verordnung auch maßgebend für die Ausübung der elterlichen Verantwortung; hierzu gehört auch das Sorgerecht (Art. 1 Abs. 2 a). Gemäß Art. 8 sind die Gerichte des Mitgliedstaates zuständig, in dem **das Kind** zum Zeitpunkt der Antragstellung **seinen gewöhnlichen Aufenthalt** hat. Damit sind bei Kindern mit gewöhnlichem Aufenthalt in der Bundesrepublik die deutschen Gerichte für die allgemeinen Sorgerechtsangelegenheiten zuständig, wie für die Namensbenennung, die Übertragung von Entscheidungen auf einen Elternteil, für die Frage, inwiefern Kinder selbstständig Rechte ausüben können usw. (Coester-Waltjen FamRZ 2005, 241 ff.).

Die Abkürzung **KSÜ** steht für das Haager Übereinkommen über die Zuständigkeit, **47** das anzuwendende Recht, die Anerkennung, Vollstreckung und Zusammenarbeit auf dem Gebiet der elterlichen Verantwortung und der Maßnahmen zum Schutz von Kindern. Dieses Übereinkommen ist in Deutschland am 1.1.2011 in Kraft getreten, es hat das Haager MSA abgelöst. Auch das KSÜ knüpft hinsichtlich der Zuständigkeit am **gewöhnlichen Aufenthaltsort des Kindes** an (zur Frage des Verhältnisses der Verordnung zum KSÜ vgl. § 13 V.).

2. Anwendbares Recht

Das materiell anzuwendende Recht ergibt sich aus den Kollisionsbestimmungen (vgl. **48** § 2 II. 3.) des internationalen Privatrechts. Für das Eltern-Kind-Verhältnis im Allgemeinen ist Art. 21 EGBGB von Bedeutung, soweit nicht das KSÜ eingreift. Für den Familiennamen des Kindes Art. 10 Abs. 3 EGBGB. Für das **Eltern-Kind-Verhältnis allgemein** stellt **Art. 21 EGBGB** allein auf den **gewöhnlichen Aufenthalt des Kindes** ab.

> Wird in Deutschland ein Kind einer ausländischen Mutter und eines ausländischen Vaters außerhalb einer bestehenden Ehe geboren, und liegen keine Sorgeerklärungen oder eine familiengerichtliche Entscheidung vor, so hat die Mutter die alleinige und uneingeschränkte elterliche Sorge (§ 10 II.); die Eltern können z.B. eine Sorgeerklärung gemäß § 1626 a BGB abgeben oder das Familiengericht ihnen die gemeinsame Sorge übertragen – auch wenn z.B. die jeweils nationalen Rechtsordnungen der Eltern dies nicht vorsehen.

Da an den gewöhnlichen Aufenthalt angeknüpft wird, ist das Statut des Eltern-Kind- **49** Verhältnisses **wandelbar**. Leben beispielsweise die miteinander nicht verheirateten Eltern eines Kindes in Belgien oder Italien, so steht ihnen kraft Gesetzes die elterliche Sorge gemeinsam zu (Art. 373 Abs. 1 Cc belge; Art. 26 Abs. 1 i.V.m. Art. 316 Abs. 2 Cc italia). Ziehen sie nach Deutschland um, so würde eine gemeinsame elterliche Sorge nur bestehen, wenn eine Sorgeerklärung abgegeben wird oder eine entsprechende familiengerichtliche Entscheidung vorliegt. Hier allerdings greift die Sonderregelung des Art. 16 Abs. 3 und Abs. 4 KSÜ ein: Nach Art. 16 Abs. 3 KSÜ bleibt die elterliche Sorge, die nach dem Recht des gewöhnlichen Aufenthaltsortes des Kindes bestanden hat, weiterhin bestehen, in diesem Fall besteht also gemeinsame elterliche Sorge fort. Art. 16 Abs. 4 KSÜ regelt den Fall, dass nach einem Wechsel des gewöhnlichen Aufenthaltsortes des Kindes das Recht des nunmehr zuständigen Staates den Eltern oder dem Elternteil zusätzliche Kompetenzen einräumt: In diesem Fall erhalten sie diese zusätzlichen Kompetenzen (Finger FuR 2012, 347 ff.).

50 Bei der **Namensfrage** ist **Art. 10 Abs. 1 und Abs. 3 EGBGB** maßgeblich. Danach bestimmt sich der Kindesname grundsätzlich (Abs. 1) nach der **Staatsangehörigkeit des Kindes.** Allerdings sind nach Abs. 3 Modifikationen möglich. Hiernach gibt es drei Anknüpfungsmöglichkeiten nebeneinander: das Recht des Staates, dem ein Elternteil angehört; deutsches Recht, wenn ein Elternteil seinen gewöhnlichen Aufenthalt in Deutschland hat; das Recht des Staates, dem die Person angehört, die (ggf.) den Namen erteilt.

51 Kommt z.B. in Deutschland ein Kind österreichischer Eltern zur Welt, die miteinander nicht verheiratet sind, so müsste das Kind nach österreichischem Recht (§ 165 a ABGB) zwingend den Namen der Mutter führen. Da aber deutsches Recht wegen des gewöhnlichen Aufenthalts der Eltern in Deutschland in Frage kommen kann, können die Eltern (wenn sie beide gemeinsam sorgeberechtigt sind) auch den Namen des Vaters zum Geburtsnamen des Kindes bestimmen – § 1617 BGB (§ 10 I.).

Weiterführende Literatur
Münder/Mutke u.a. 2007; Völker/Clausius 2012

§ 11. Die Erziehung – das Personensorgerecht

1 Das Personensorgerecht – der Kern der elterlichen Sorge – ist rechtliche Grundlage für die Erziehung des Kindes durch die Eltern. Das Gesetz enthält für die Personensorge keine systematischen Regelungen, es sind nur zu einzelnen Aspekten (z.B. zum Aufenthaltsbestimmungsrecht, Herausgaberecht) Regelungen vorgesehen. Grundsätzlich wird von einem umfassenden Recht der Eltern ausgegangen (zur Sicherung des Kindeswohls vgl. § 12).

Ausführlich behandelte Bestimmungen

- *Personensorgerecht:* §§ 1631 b, 1631 c, 1631 d BGB
- *Aufenthaltsbestimmungsrecht, Herausgabeverlangen:* §§ 1631, 1632 BGB
- *Herausgabeverlangen im internationalen Bereich:* Art. 3, 12, 3 HKÜ
- *Aufsicht:* §§ 828, 832, 1631 BGB
- *Verfahrensrecht:* §§ 52, 33 FGG

Wichtige, interessante Entscheidungen

- Zur geschlossenen Unterbringung eines Kindes in der Psychiatrie: BVerfG K. 14.6.2007–1 BvR 338/07, FamRZ 2007, 1627 ff.
- Zum Herausgabeverlangen bei einer „sozialen Familie": BVerfG 17.10.1984 – 1 BvR 284/84, BVerfGE 68, 176 ff.
- Zur Rückführung bei Entführungen aus dem Ausland: BVerfG 29.10.1998–2 BvR 1206/98, BVerfGE 99, 145 = NJW 1999, 631 f.
- Zur Aufsicht bei minderjährigen Kindern: BGH 5.12.1983 – II ZR 252/, BGHZ 89, 153 ff.

I. Personensorge: allgemeine Regelungen, kaum Details

Die elterliche Sorge umfasst die Vermögens- und Personensorge (vgl. § 10 II.). Für die 2 Erziehung ist die **Personensorge** von Bedeutung. Die rechtlichen Regelung finden sich in

§§ 1631 ff. BGB. Konzeptionell ist die Personensorge der Eltern grundsätzlich umfassend, nur an ganz wenigen Stellen können die Eltern personensorgerechtlich nicht für ihre Kinder handeln (§§ 1631 b, 1631 c BGB). Ansonsten wird die grundsätzlich umfassende Personensorge durch staatliche Maßnahmen nur dann eingeengt, wenn das Kindeswohl nach § 1666 BGB gefährdet ist (ausführlich § 12).

§ 1631 BGB nennt eklektizistisch („insbesondere") Bestandteile des Personensorge- 3 rechts. Einzelheiten sind vom Gesetzgeber nur ausnahmsweise, meist auch nicht sehr präzise, angesprochen. Nach langen Auseinandersetzungen wurde in **§ 1631 Abs. 2** **BGB** eine Präzisierung vorgenommen. Hier hat der Gesetzgeber etwas konkreter formuliert, wie er sich Erziehungsmethoden und Erziehungsziel vorstellt. Zum einen wird ausdrücklich festgehalten, dass die Kinder ein **Recht auf gewaltfreie Erziehung** haben. Zum anderen werden körperliche Bestrafungen, seelische Verletzungen und andere entwürdigende Maßnahmen als unzulässig erklärt. Damit ist klargestellt, dass jegliche Art körperlicher Bestrafung aus welchen Motiven auch immer (z.B. auch bei religiösen LG Berlin 30.5.2005 – (509) 7 JuJs 2606/04 KLs (5/05), ZKJ 2006, 103 ff.) – zivilrechtlich – unzulässig ist (zur strafrechtlichen Seite vgl. Roxin JuS 2004, 177 ff.). Eine Berufung auf ein angeblich bestehendes gewohnheitsrechtliches Züchtigungsrecht der Eltern kommt nicht in Frage (Oberloskamp ZfJ 2004, 267 ff.; Schruth ZKJ 2012, 181 ff.; Peschel-Gutzeit FPR 2012, 195 ff).

Als **Erziehungsziel** lässt sich die Entwicklung der Minderjährigen zu selbstständigen 4 und autonomen Persönlichkeiten benennen, die Achtung ihrer eigenständigen Persönlichkeiten, die Entwicklung von Verantwortungsbewusstsein und Autonomie. Aber auch die (leichte) Präzisierung in § 1631 Abs. 2 BGB führt nicht zu unmittelbaren Rechtsfolgen, wenn die Eltern dagegen verstoßen – auch hier findet der Schutz der Kinder zivilrechtlich nur über den Kindesschutz nach § 1666 BGB statt (§ 12). Angesprochen ist in § 1631 a BGB **Ausbildung und Beruf.** Die Bestimmung trifft ebenfalls keine detaillierten Regelungen, auch hier stellt (wiederum) § 1666 BGB die Grenze elterlicher Erziehungsbefugnis dar.

5 Nur in zwei konkreten Einzelfällen hat der Gesetzgeber das elterliche Personensorgerecht beschränkt:

- Eine **freiheitsentziehende Unterbringung** des Kindes (z.b. in der Psychiatrie) ist nach § 1631 b BGB nur möglich, wenn eine ausdrückliche familiengerichtliche Genehmigung vorliegt (OLG Brandenburg 29.9.2003–9 WF 177/03, ZfJ 2004, 117 f.). Wegen des mit einer geschlossenen Unterbringung verbundenen massiven Eingriffs in das Freiheitsrecht des Art. 2 Abs. 2 GG ist vor Erlass (auch einer einstweiligen Anordnung) das Kind – regelmäßig in Anwesenheit des Verfahrensbeistands (BGH 18.7.2012 – XII ZB 661/11, JAmt 2013, 45 f.; zum Verfahrensbeistand vgl. § 12 V.) – stets mündlich anzuhören. Dies hat den Zweck, dass sich das Gericht einen persönlichen Eindruck von dem betroffenen Kind und dem Grund der Unterbringung verschafft. Die persönliche Anhörung ist deswegen einer der wichtigsten Verfahrensgrundsätze des Unterbringungsrechts, die Nichtbeachtung macht entsprechende Beschlüsse rechtswidrig (BVerfG K. 14.6.2007–1 BvR 338/07, FamRZ 2007, 1627 ff.). Rechtlich ist die Unterbringung zulässig, wenn sie zum Wohl des Kindes erforderlich ist (ausführlich OLG Naumburg 11.7.2012–8 UF 144/12, JAmt 2013, 48 ff.). Hierzu sind entsprechende Fachgutachten notwendig, bei Minderjährigen insbesondere solcher von „in Fragen der Heimerziehung ausgewiesenen Psychotherapeuten, Psychologen, Pädagogen oder Sozialpädagogen" (§ 167 Abs. 6 FamFG). Außerdem ist rechtlich notwendig, dass der Gefahr für das Wohl des Kindes nicht auf andere Weise, d. h. insbesondere durch öffentliche Hilfen, begegnet werden kann. Dies werden in erster Linie Hilfen zur Erziehung nach § 27 ff. SGB VIII sein (ausführlich Münder/Trenczek 2011, § 9), so dass stets zu prüfen ist, inwiefern solche Hilfen (z.B. Heimerziehung in einer offenen Einrichtung) aussichtslos sind (BGH aaO.).

- In die **Sterilisation** eines z.B. geistig behinderten Kindes können die Eltern gemäß § 1631 c BGB nicht einwilligen, auch das Kind kann (obwohl es eine höchstpersönliche Angelegenheit ist – vgl. § 10 IV.) nicht selbst einwilligen; auch über den Weg einer Ergänzungspflegschaft nach § 1909 BGB ist die Sterilisation Minderjähriger nicht möglich, sie ist ausdrücklich verboten. § 1613 c BGB enthält somit ein absolutes Verbot der Sterilisation Minderjähriger.

6 Aus Anlass der Diskussion um die mögliche Strafbarkeit der nach muslimischem oder mosaischem Ritus vorgenommenen **Beschneidung männlicher Kinder** wurde Ende 2012 § 1631 d BGB aufgenommen. Dadurch wird nun gesetzlich festgehalten, dass die medizinisch nicht erforderliche Beschneidung männlicher Kinder zur Personensorge gehört und damit bei Veranlassung durch die Eltern rechtlich zulässig ist. Es gibt dabei zwei Begrenzungen: Zur Personensorge gehört dieses Recht nur dann, wenn es sich um

nicht einsichts- und urteilsfähige männliche Kinder handelt (vgl. § 10 IV.) und wenn dadurch nicht das Kindeswohl gefährdet wird, somit die allgemeine zivilrechtliche Kinderschutzvorschrift des § 1666 BGB zur Anwendung kommt. Die Beschneidung ist von Ärzten durchzuführen. Nur in den ersten sechs Monaten nach der Geburt des Kindes dürfen von Religionsgesellschaften dafür vorgesehene Personen diese Beschneidung durchführen, wenn sie hierfür besonders ausgebildet sind (§ 1631 d Abs. 2 BGB).

Abgesehen von diesen konkreten Regelungen arbeitet das Gesetz weitgehend mit **un-** 7 **bestimmten Rechtsbegriffen**. Eine andere Regelungsstruktur ist auch nicht sinnvoll, denn unbestimmte Rechtsbegriffe erlauben die für die Weiterentwicklung nötige Flexibilität und ermöglichen die notwendige Einzelfallgerechtigkeit. Der Gesetzgeber des 19. Jahrhunderts konnte solche unbestimmten Rechtsbegriffe verwenden, denn sie passten zu seinem Konzept umfassender Erziehungskompetenz der Eltern (vgl. § 2 III.). Zudem bezogen sich die unbestimmten Begriffe auf stabile ideologische Vorstellungen über Familie, Erziehung, Kindeswohl usw. Solange hier Konsens bestand, war es möglich, rechtliche Bestimmungen unpräzise und allgemein zu halten (grundsätzlich Coester 1983, 235 ff.), denn vor dem Hintergrund einer jeden Zweifel ausklammernden Moral (Simitis 1974, 105) wurden die unbestimmten Rechtsbegriffe konkretisiert.

Bei der Anwendung der unbestimmten Rechtsbegriffe können nicht umstandslos die 8 klassischen juristischen Methoden der Gesetzesauslegung eingesetzt werden. Damit sind unbestimmte Rechtsbegriffe im hohen Maße außerjuristischen Einflussfaktoren ausgesetzt (Ollmann FamRZ 1997, 321 ff.). Hier ist es nicht möglich, von abstrakten Regelungen auf konkrete Einzelfälle zu deduzieren. Es bleibt nur der schwierige Weg, die konkrete, individuelle Lebenslage der Eltern und der Kinder auszuloten. Deswegen ist Skepsis gegenüber Verallgemeinerungen angebracht, gegenüber Entscheidungen, die aus „allgemeinen Grundsätzen", „objektiven Wert- und Ordnungsvorstellungen", „allgemeinen Erkenntnissen", aus der „eigenen Lebenserfahrung" Entscheidungen in konkreten Einzelfällen begründen.

II. Aufenthaltsbestimmungsrecht, Herausgabeverlangen, Verbleibensanordnung

1. Die allgemeine Regelungsstruktur

§ 1631 BGB nennt als Teil der Personensorge das **Recht, den Aufenthalt des Kindes** 9 zu bestimmen. Das minderjährige Kind teilt grundsätzlich den Aufenthaltsort der Eltern; im Falle der Trennung der beiden sorgeberechtigten Eltern hat das Kind einen von beiden Eltern abgeleiteten Doppelwohnsitz (st. Rspr. BGH 30.11.1983 – IVb ARZ 50/83, FamRZ 1984, 162; Frauen können mit dem Kind im Frauenhaus einen Wohnsitz begründen: OLG Nürnberg 15.11.1996–10 WF 3644/96, FuR 1997, 212 f.). Mit der Festlegung des Aufenthaltsortes wird faktisch auch der „Erziehungsort" festgelegt: wenn – z.B. nach Trennung – der Aufenthaltsort bei einem Elternteil ist, dann übt dieser die alltägliche Erziehung aus und gestaltet damit faktisch weitgehend die Erziehung des Kindes (zur Abgrenzung zwischen Angelegenheiten des alltäglichen Lebens und Grundsatzangelegenheiten in der Erziehung vgl. § 13 III.).

10 Das Aufenthaltsbestimmungsrecht ist Grundlage des **Herausgabeverlangens** nach § 1632 BGB. Probleme gibt es hier, wenn Minderjährige nicht bei den rechtlich zuständigen Personensorgeberechtigten leben und dann ggf. rechtliche Elternschaft und realer Aufenthalt auseinander fallen, wie z.b. bei Trennung der Eltern, aber auch, wenn das Kind bei Großeltern, Pflegepersonen usw. lebt (OLG Frankfurt/M. 14.10.2003–1 UF 64/03, FamRZ 2004, 720; OLG Karlsruhe 19.12.2003–20 UF 47/02, FamRZ 2004, 722). Wegen der rechtsdogmatischen Konstruktion (vgl. § 10 II.) – keine Übertragung der elterlichen Sorge, nur Übertragung der elterlichen Sorge zur Ausübung – wird von der h.M. die Position vertreten, dass die Sorgeberechtigten die Kinder jederzeit herausverlangen könnten. Voraussetzung für eine solche Herausgabe ist allerdings, dass das Kind den Eltern oder dem Elternteil **widerrechtlich** vorenthalten wird. Die Widerrechtlichkeit kann z.b. entfallen, wenn die Eltern mit dem anderweitigen Aufenthalt des Kindes einverstanden waren. Relevant für die Frage der Widerrechtlichkeit ist regelmäßig das Kindeswohl, das insofern Richtschnur für das Herausgabeverlangen ist (OLG Brandenburg 5.3.2007–9 UF 214/06, FamRZ 2007, 1350 ff.): ohne sachliche Prüfung, ob das Herausgabeverlangen dem Kindeswohl entspricht, ist eine Entscheidung zur Frage der Widerrechtlichkeit und damit zum Herausgabeverlangen nicht möglich.

11 In § 1632 Abs. 4 BGB wird die Herausgabe bei **längerer Familienpflege** angesprochen. Diese längere Familienpflege ist nicht identisch mit § 33 SGB VIII (dazu Münder/ Trenczek 2011, Kap. 9.2.3.6). Sie ist die familien- und personenbezogene Betreuung und Erziehung durch Pflegepersonen und Pflegeeltern (zum Pflegekinderwesen Salgo 1987; Hoffmann FPR 2011, 578; vgl. auch § 15 IV.). Die Langfristigkeit ist abhängig jeweils vom altersspezifischen kindlichen Zeitbegriff (Heilmann 1998). Entscheidend ist, ob diese Familienpflege die „soziale Familie" des Kindes geworden ist, ob es sein Beziehungssystem in der Pflegestelle hat. In diesen Fällen ist eine **Verbleibensanordnung** aus Kindeswohlgründen möglich, womit inhaltlich das Herausgabeverlangen der Sorgeberechtigten am Maßstab des § 1666 BGB zu prüfen ist. Wenn kein Leben des Kindes seit „längerer Zeit in Familienpflege" vorliegt, jedoch das Kind an einem entsprechend anderen Ort seine soziale Familie gefunden hat, ist die Kindeswohlprüfung direkt über § 1666 BGB vorzunehmen (vgl. § 12). Die Entscheidung des Gesetzgebers für die Anerkennung einer sozialen Elternschaft (ausführlich Salgo 1987, 210 ff.) wurde vom Bundesverfassungsgericht ausdrücklich als verfassungsmäßig akzeptiert (BVerfG 17.10.1984–1 BvR 284/84, BVerfGE 68, 176 ff.; BVerfG 14.4.1987–1 BvR 332/86, BVerfGE 75, 201 ff.), es hat die soziale Elternschaft in den Schutzbereich des Art. 6 GG aufgenommen (ausführlich § 15 IV.). Nach wie vor ist aber auf die jeweilige konkrete Einzelsituation abzustellen, letztlich bestimmend ist (wie stets) das Wohl des

Kindes (BVerfG 25.11.2003–1 BvR 1248/03, FamRZ 2004, 771). Leitplanken der rechtlichen Beurteilung sind auf der einen Seite das Elternrecht, das besonders deutlich vom Europäischen Gerichtshof für Menschenrechte betont wird (EGMR 8.4.2004–11057/02 [Haase/Deutschland], NJW 2004, 3401 ff.; vgl. auch BVerfG K. 23.8.2006–2 BvR 226/06, FamRZ 2006, 1593 ff.). Auf der anderen Seite muss „in der Beziehung zum Kind ... das Kindeswohl die oberste Richtschnur der elterlichen Pflege und Erziehung sein" (BVerfG K. 20.6.2011–1 BvR 303/11, FamRZ 2012, 433 f.). Das erlaubt es, die gewachsenen sozialen Beziehungen des Kindes zu berücksichtigen und zu prüfen, welche Beeinträchtigungen die Herausnahme des Kindes nach sich ziehen würde (BVerfG K. 31.3.2010–1 BvR 2910/09, FamRZ 2010, 865 ff.; OLG Frankfurt/M. 5.7.2010–2 UF 90/10, FamRZ 2011, 382). Dabei ist auch die konkrete Herausgabesituation, die Gestaltung des Übergangs von der Pflegestelle zu den Eltern zu berücksichtigen, denn durch ein übergangsloses Herausgabeverlangen wird regelmäßig das Wohl der Kinder gefährdet (OLG Frankfurt/M. 18.6.2010–6 UF 13/10, FamRZ 2011, 382). In besonderer Weise ist dabei auch der Wille der jeweiligen Kinder zu berücksichtigen, unabhängig vom konkreten Lebensalter (z.B. zwölfjähriges Kind OLG Frankfurt/M. 13.11.2008–1 UF 72/08, FamRZ 2009, 990 ff.; zehnjähriges Kind OLG Hamm 31.1.2012 – II-1 UF 278/11, 1 UF 278/11, FamRZ 2012, 1401). Dabei geht es stets um eine sehr genaue Befassung mit der konkreten Situation, abstrakte Annahmen genügen nicht, um eine Kindeswohlgefährdung festzustellen (mögliche Rückfallgefahr einer ehemals drogenabhängigen Mutter – OLG Hamm 8.6.2011 – II 8 UF 140/11, 8 UF 140/11, FamRR 2011, 578).

Eine ähnliche Regelung findet sich in § **1682 BGB:** Wenn aufgrund tatsächlicher Verhinderung oder nach dem Tod des bisher sorgeberechtigten Elternteils der **andere leibliche Elternteil** die elterliche Sorge erlangt, das Kind jedoch mit seinem bisher sorgeberechtigten Elternteil beim Stiefelternteil, Lebenspartnerschaftsteil, bei Großeltern oder Geschwistern lebte, ist nach § 1682 BGB eine **Verbleibensanordnung möglich.** 12

Bei Herausgabeverlangen in allen anderen, nicht ausdrücklich in § 1632 Abs. 4, § 1682 BGB genannten Fällen bleibt es bei einem Herausgabeverlangen der rechtlichen Inhaber der elterlichen Sorge bei der Grundregelung des § 1632 Abs. 1 BGB: Ein Herausgabeverlangen ist anhand des Kriteriums der Widerrechtlichkeit und damit des Kindeswohl zu prüfen. Damit ist klar: Maßstab ist stets das Wohl des Kindes, sowohl in den in § 1632 Abs. 4 und § 1682 BGB ausdrücklich genannten Fällen als auch in den sonstigen Fällen. 13

2. Herausgabeverlangen bei internationalen Kindesentführungen

Angesichts der offenen Grenzen wird die Verbringung von Kindern ins und aus dem Ausland zunehmend bedeutsamer. Hier ist das Haager Übereinkommen über die zivilrechtlichen Aspekte internationaler Kindesentführungen – das **HKÜ** – von Bedeutung. Dieses Übereinkommen gilt nur zwischen den Staaten, die diesem Vertrag bei- 14

getreten waren. Wegen dieser nur beschränkten Gültigkeit zwischen den Vertragsstaaten regelt die **Brüssel IIa-VO** (Rieck NJW 2008, 182 ff.; vgl. § 2 II. 1. und § 10 V.
1.) Kindesentführungen von einem EU-Staat in einen anderen (mit Ausnahme Dänemarks). Inhaltlich sind Voraussetzungen zum großen Teil identisch (i.E. Solomon
FamRZ 2004, 1416). Zweck der Abkommen ist die **schnelle Rückführung** eines widerrechtlich (d.h. unter Verletzung eines faktisch ausgeübten Sorgerechts) entführten
oder zurückgehaltenen Kindes und damit die Wiederherstellung des Status quo. Orientierungspunkt ist dabei das Kindeswohl, wobei davon ausgegangen wird, dass die
sofortige Rückführung an den bisherigen Aufenthaltsort grundsätzlich dem Kindeswohl dient. Anwendbar ist es in persönlicher Hinsicht auf Kinder, die das 16. Lebensjahr noch nicht vollendet haben.

15 **Zuständig** sind die **Gerichte des Herkunftsstaates** (Ursprungstaates). Alternativ werden die Gerichte des gewöhnlichen Aufenthaltsortes des Kindes zuständig, wenn sich
das Kind mindestens ein Jahr lang im Zufluchtsstaat aufgehalten und dort eingelebt
hat, nachdem die sorgeberechtigten Personen (Behörden oder Stellen) seinen Aufenthalt kannten oder hätten kennen müssen.

16 **Voraussetzung** für die Anordnung der Rückführung ist die **Widerrechtlichkeit der
Entführung.** Gemäß **Art. 3 HKÜ** liegt eine solche Widerrechtlichkeit bei Verletzung
des Sorgerechts einer Person (wobei dies nach dem Recht des Staates definiert wird, in
dem das Kind unmittelbar vor der Entführung seinen gewöhnlichen Aufenthalt hatte)
und tatsächliche Ausübung des Sorgerechtes vor der Entführung (OLG Dresden
21.1.2002–10 UF 753/01, FamRZ 2002, 1136) vor. Entsprechend **Art. 12 HKÜ** ist
die Rückführung anzuordnen, wenn seit der Entführung weniger als ein Jahr verstrichen ist. Auch nach Ablauf eines Jahres ist die Rückführung anzuordnen, es sei denn,
dass erwiesen ist, dass sich das Kind in seine neue Umgebung eingelebt hat. Eine Rückführung kann gemäß **Art. 20 HKÜ** wegen des Schutzes der Menschenrechte und der
Grundfreiheiten, bzw. dann vom Gericht abgelehnt werden, wenn einer der in **Art. 13
HKÜ** genannten Gründe vorliegt. Danach braucht die Rückführung nicht angeordnet
zu werden, wenn eine **ungewöhnlich schwerwiegende Beeinträchtigung,** die **Gefahr**
eines körperlichen oder seelischen **Schadens für das Kind** in erheblichem, konkreten
und aktuellen Umfang vorliegt (BVerfG 29.10.1998–2 BvR 1206/98, NJW 1999,
631 f.). Art. 13 HKÜ ist als Ausnahmevorschrift eng auszulegen, da sonst das Haupt-
ziel des HKÜ durchkreuzt werden könnte, nämlich dass möglichst schnell der alte
Zustand wiederhergestellt wird. Bloße Belange des Kindeswohls (die bei einer Sorge-
rechtsentscheidung zu prüfen sind) genügen für das Vorliegen einer solchen überwiegenden Gefahr nicht (BVerfG 15.8.1996–2 BvR 1075/96, NJW 1996, 3145). Die
Rückführung kann außerdem abgelehnt werden, wenn sich das Kind selbst der Rück-
gabe widersetzt und es „ein Alter und eine Reife erreicht hat, angesichts deren es angebracht erscheint, seine Meinung zu berücksichtigen", wenn sich also ein urteilsfä-
higes Kind selbst aus freien Stücken, ernsthaft und unbeeinflusst durch die entführende

Person der Rückführung widersetzt. Art. 13 selbst sieht keine Altersgrenze vor, sondern stellt auf die Urteilsfähigkeit des Kindes ab (vgl. § 10 IV.), das Gericht hat also zu entscheiden, ob eine entsprechende Urteilsfähigkeit vorliegt; das wird gegenwärtig faktisch etwa bei 8 Jahren angenommen (OLG Karlsruhe 16.10.2001–2 UF 282/01 und 2 UF 204/01, FamRZ 2002, 1141; OLG Schleswig 3.2.2005–12 UF 20/05, FamRZ 2005, 1703).

Weiterführende Literatur
Zu Kindesentführungen: Schweppe 2001

III. Aufsicht: Erziehung zur Mündigkeit

Die Aufsicht über Minderjährige (ausführlich Bernau 2005) dient dem Schutz des Kindes, aber auch dem Schutz Dritter vor Schädigungen durch das Kind. Schädigt nämlich ein Minderjähriger eine dritte Person, so gilt § 828 BGB. Danach haftet ein Minderjähriger bis zur Vollendung des 7. Lebensjahres überhaupt nicht (Abs. 1). Zwischen dem 7. und der Vollendung des 10. Lebensjahres haftet ein Minderjähriger nach § 828 Abs. 1 S. 1 insbesondere nicht bei Unfällen mit einem Kfz. Damit soll der typischen Überforderungssituation von Kindern durch die spezifischen Gefahren des motorisierten Verkehrs begegnet werden, so dass es nicht darauf ankommt, ob sich das konkrete 7 bis 10-jährige Kind verkehrsgerecht verhalten konnte, sondern eine typisierende Regelung vorliegt, die auf die Komplexität und Übersichtlichkeit im motorisierten Straßenverkehr abstellt (BGH 17.4.2007 – VI ZR 109/06, BGHZ 172, 83 ff.; BGH 16.10.2007 – VI ZR 42/07, NJW 2008, 147 f.). Dieses Haftungsprivileg der 7 bis 10jährigen Kinder greift allerdings dann nicht, wenn es sich nicht um solche Situationen der Überforderung durch den motorisierten Straßenverkehr handelt, also z.B. bei der Beschädigung geparkter Autos (BGH 30.11.2004 – VI ZR 335/03, NJW 2005, 354 ff.; zum Schadensersatz bei Unfällen mit Minderjährigen ausführlich Scheffen/Pardey 2003). **17**

Damit würde der Schaden bei der dritten Person hängen bleiben, gäbe es niemanden, der für die Kinder eintreten müsste. Diese Haftung der Aufsichtspflichtigen ist in § 832 BGB angesprochen und § 1631 Abs. 1 BGB legt kraft Gesetzes fest, dass die Personensorgeberechtigten zur Aufsicht verpflichtet sind. Das Gesetz selbst nennt keine Aspekte für die Aufsicht. Die Rechtsprechung hat umfangreiche Kriterien entwickelt. Wichtigstes ist, dass die **Aufsichtspflicht** nur **Nebenpflicht der Erziehung** ist, **vorrangig** bleibt die **Erziehung** der Minderjährigen **zur Selbstständigkeit und Mündigkeit. Aspekte für die Aufsicht** ergeben sich z.B. aus der Person der Minderjährigen, deren Reife, Alter, aus der Art der Beschäftigung, aus der örtlichen Umgebung (z.B. geringe Anforderungen bei Spielstraße OLG Hamm 9.6.2000–9 U 226/99, NJW-RR 2002, 236) oder aus situativen Momenten (Bernau FamRZ 2007, 92 ff.). Hierauf ist die Intensität der Aufsicht abzustellen, die vom Informieren, Belehren, über das Über- **18** wachen und Kontrollieren, über Gebote und Verbote bis hin zum Eingreifen und Verhindern reichen kann. Das bedeutet, dass nicht von vornherein bestimmte Tätigkeiten ausgeschlossen sind, sondern dass sich das Maß der Aufsicht nach der Person des Kindes, der Art der Beschäftigung usw. richtet. So sind auch pädagogische Konzepte möglich, die bewusst „gelegentliche Aktionen, die nicht frei von einem freilich möglichst gering zu haltenden Risiko" sind, beinhalten (BGH 5.12.1983 – ZR 252/82, BGHZ 89, 153 ff.; OLG Zweibrücken 28.9.2006–4 U 137/05, NJW-RR 2007, 173 f.). Somit ist die Aufsicht jeweils auf die konkrete Situation abzustellen, besonders intensiv wird sie in Situationen sein, in denen Kinder mit gefährlichen Gegenständen spielen oder sich in gefährlichen Situationen bewegen. Immer wieder spielt dabei der Umgang mit Streichhölzern, Feuer eine Rolle, hier stellt die Rechtsprechung grundsätzlich strenge Anforderungen an die Aufsichtpflicht der Sorgeberechtigten (BGH 20.3.2012 – VI ZR 3/11, FamRZ 2012, 1134 ff.).

19 Weil die Aufsichtspflicht nur Nebenpflicht der generellen Erziehungsaufgabe ist, kann von den Sorgeberechtigten kein erzieherisch unzumutbares Verhalten verlangt werden. Die Aufsicht findet ihre Grenze in der pädagogischen Zumutbarkeit. Dem Minderjährigen ist ein ständig steigendes Maß an Freiheit zu gewähren:

> „Jede Freiheitsgewährung ist aber bei unausgereiften Menschen mit Gefahren verbunden, diese müssen im Rahmen der Erziehung in Kauf genommen werden, da anderenfalls die weit schwerwiegendere Gefahr besteht, dass ein ständig beaufsichtigtes Kind, wenn es bei Erreichen der Volljährigkeit aus der Aufsicht entlassen wird, plötzlich vor Aufgaben gestellt wird, denen es in keiner Weise gewachsen ist" (OLG Hamburg 7 U 38/65, abgedruckt bei Münder 1991, 103).

20 Gerade bei älteren Jugendlichen kann die vorauszusehende Erfolglosigkeit einer Aufsichtsmaßnahme schon die Anordnung für untunlich erscheinen lassen. Diese richtiger Weise auf pädagogische Aspekte abstellende Grundlinie hat der BGH allerdings bei geistig retardierten, verhaltensgestörten Kindern, Kindern mit psychischen Störungen eingeschränkt, eine sehr umfassende Aufsichtspflicht der Eltern in diesen Fällen betont und deutlich gemacht, dass bei solchen Kindern strengere Maßstäbe anzulegen sind. Faktisch hat er hier aus der Aufsichtspflicht eine „engmaschige Überwachung" der Kinder gefolgert (BGH 10.10.1995 – VI ZR 219/94, NJW 1995, 3385; BGH 27.2.1996 – VI ZR 86/95, NJW 1996, 1404 f. = FamRZ 1996, 601; zur Kritik Fuchs 1995).

IV. Verfahrenshinweise

21 Verfahren in Angelegenheiten der elterlichen Sorge, in Personensorgerechtsangelegenheiten werden vor Gerichten üblicherweise nur bei Konflikten durchgeführt: Die Eltern können sich bei gemeinsamer elterlicher Sorge nicht einigen (§ 1628 BGB), es geht um die elterliche Sorge bei Trennung und Scheidung (§ 1671 BGB), um den Umgang (§§ 1684, 1685 BGB), um gerichtliche Maßnahmen bei Kindeswohlgefährdung

(§ 1666 BGB), um die Abänderung einer gerichtlichen Entscheidung (§ 1696 BGB). Bei diesen Streitfällen handelt es sich um Unterschiedliches, insofern kommen auch spezifische verfahrensrechtliche Bestimmungen zur Anwendung, die bei den einzelnen Komplexen (Kindeswohlgefährdung: § 12 V. 1.; Trennung: § 13 IV.; Umgangsrecht: § 14 IV.) dargestellt werden.

1. Allgemeine Verfahrenshinweise in Personensorgerechtsangelegenheiten

Unabhängig von solchen spezifischen Verfahrensbestimmungen gibt es jedoch einige 22 allgemeine Verfahrensgrundsätze, die in Sorgerechtsangelegenheiten generell von Bedeutung sind. Die Regelungen über das Verfahren in Kindschaftssachen, also bei der elterlichen Sorge, beim Umgangsrecht, bezüglich der Kindesherausgabe usw. finden sich seit 1.9.2009 weitgehend im Gesetz über das Verfahren in Familiensachen und in den Angelegenheiten der freiwilligen Gerichtsbarkeit – **FamFG**. Mit dem Inkrafttreten des FamFG sind für die ganzen Kindschaftsangelegenheiten die Bestimmungen des über 100 Jahre alten FGG (Gesetz über die Angelegenheiten der freiwilligen Gerichtbarkeit) außer Kraft getreten (dazu vgl. Münder/Ernst 6. Aufl., 185 ff.).

Für das Verfahren sind die **Amtsgerichte** (§ 23 a GVG) und an den Abteilungen der 23 Amtsgerichte die Familiengerichte (§ 23 b Abs. 1 Nr. 2–4 GVG) **sachlich zuständig**. **Örtlich zuständig** ist das Gericht, in dessen Bezirk das Kind seinen gewöhnlichen Aufenthalt hat (§ 152 Abs. 2 FamFG). Wenn bereits eine sogenannte Ehesache anhängig ist (z.B. Scheidungsverfahren), dann soll die „Gesamtproblematik" vor einem Gericht verhandelt werden, und gemäß § 152 Abs. 1 FamFG ist das Gericht zuständig, bei dem die Ehesache bereits anhängig ist.

Tätig wird das FamG grundsätzlich im Verfahren der sogenannten freiwilligen Ge- 24 richtsbarkeit, nur in ausdrücklich bestimmten Fällen (im Einzelnen § 113 FamFG), die hier jedoch nicht von Bedeutung sind, ist die Zivilprozessordnung (ZPO) anzuwenden. Das Verfahren des FamFG unterscheidet sich von dem der ZPO. So wird das FamG in Kindschaftssachen tätig, auch **ohne** dass es einen **ausdrücklichen Antrag** braucht (§ 23 FamFG). Während im Verfahren nach der ZPO die jeweils beteiligten Parteien „Herren des Verfahrens" sind und damit von ihrem Agieren abhängig ist, was geschieht, ist im FGG-Verfahren das Gericht „Herr des Verfahrens": Es wird von Amts wegen tätig, es entscheidet selbstständig über die Einleitung, über den Gegenstand und über den Umfang des Verfahrens (sog. **Offizialmaxime**). Das Gericht muss gemäß § 26 FamFG von Amts wegen die erforderlichen Tatsachen feststellen (sog. **Inquisitionsmaxime**).

Das Verfahren findet **parteiöffentlich** statt, d.h. die am Verfahren Beteiligten können 25 in allen Stadien des Verfahrens anwesend sein (z.B. Beweisaufnahme, Aussagen der anderen Beteiligten). Darüber hinaus besteht das Recht zur Akteneinsicht nach § 13 FamFG: Jeder Beteiligte kann die Akten einsehen. Das bedeutet, dass sämtliche Unterlagen des Verfahrens den Beteiligten zugänglich zu machen sind: Berichte des Jugendamtes, Berichte psychologischer Stellen, Erziehungsberatungsstellen usw. Hierauf ist bereits bei der Erstellung der Berichte zu achten. Ferner gebietet es der Grundsatz des rechtlichen Gehörs (Art. 103 Abs. 1 GG), den Verfahrensbeteiligten alle Tatsachen mitzuteilen, die bei der Behandlung der Angelegenheiten zu Tage treten und der Entscheidung zugrunde gelegt werden sollen, und ihnen eine Möglichkeit zur Stellungnahme zu geben.

26 Das Verfahren vor Gericht wird durch **Beschluss des Familiengerichts** abgeschlossen (§ 38 FamFG). Gegen die Entscheidung des FamG ist eine **Beschwerde** (§ 58 FamFG) an das Oberlandesgericht möglich. Gegen die Entscheidung des OLG ist die **Rechtsbeschwerde** (das heißt Nachprüfung der Entscheidung in rechtlicher Hinsicht) möglich, aber grundsätzlich nur, wenn sie vom OLG zugelassen wird (§§ 70 ff. FamFG). Die Rechtsbeschwerde geht zum Bundesgerichtshof. Beschwerdeberechtigt sind alle, die durch einen Beschluss des Gerichtes in ihren Rechten beeinträchtigt sind. Ausdrücklich ist festgehalten, dass Minderjährige, die das 14. Lebensjahr vollendet haben, selbstständig beschwerdeberechtigt sind (§ 60 FamFG). Auch im Beschwerdeverfahren gelten grundsätzlich die umfangreichen Anhörungspflichten (§ 11 IV. 2.).

27 Bei den Entscheidungen der Gerichte in Personensorgerechtsangelegenheiten handelt es sich um Entscheidungen mit Dauerwirkung, d.h. sie bleiben bestehen, ggf. bis zur Volljährigkeit. Ändern sich aber die Verhältnisse, die einer Entscheidung zu Grunde lagen, so ist gemäß **§ 1696 BGB** jederzeit eine **Änderung möglich**. Das Verfahren nach § 1696 BGB ist ein neues, selbstständiges Verfahren, das z.B. nicht von dem Gericht des Ursprungverfahrens durchgeführt werden muss (wenn sich z.B. der Wohnsitz geändert hat). In diesem neuen Verfahren sind alle Verfahrensvorschriften zu beachten. Eine Abänderung nach § 1696 BGB setzt triftige, das Kindeswohl nachhaltig berührende Gründe voraus, die nach der Erstregelung eingetreten bzw. bekannt geworden sind (z.B. Durchführung einer Therapie: AG Tempelhof-Kreuzberg 5.6.2003–159 F 11853/01, FamRZ 2004, 134; fehlende Kooperationsbereitschaft der Eltern: KG 10.5.2010–19 UF 7/09, FamRZ 2011, 122 ff.). Maßstab ist auch hier das Wohl des Kindes, nicht die Interessen etwaiger beteiligter Elternteile.

2. Persönliche Anhörung – §§ 159 ff. FamFG

28 Von besonderer Bedeutung ist – in allen Verfahrensstadien – die **persönliche Anhörung**.
Gemäß **§ 159 FamFG** ist die **persönliche Anhörung des Kindes** und gemäß **§ 160 FamFG** die **persönliche Anhörung der Eltern** vorgeschrieben. Diese Anhörungen sind zwingend vorgeschrieben, von ihnen kann entsprechend §§ 159 Abs. 3, 160 Abs. 3 FamFG nur aus schwerwiegenden Gründen abgesehen werden. Besonders wichtig ist die **Anhörung des Kindes** (zu Inhalt und Gestaltung der Anhörung ausführlich Stötzel/Meysen in Meysen u. a. FamFG § 159 Rn 12 ff.), ihr kommt besondere Bedeutung zu. „Anhörung" ist hier der notwendige persönliche Kontakt des Richters mit dem Kind,

um sich selbst einen persönlichen Eindruck zu verschaffen, denn der persönliche Eindruck des entscheidenden Richters ist ein Kernstück des Amtsermittlungsgrundsatzes und damit eine der wichtigsten Verfahrensgrundsätze (BVerfG K. 14.6.2007–1 BvR 338/07, FamRZ 2007, 1627 ff.). Dies ist generell, auch bei jüngeren Kindern, notwendig. Um Zugang zu den Kindern zu gewinnen, kommt der Gestaltung der Anhörung (Ort, Umgebung usw.) besondere Bedeutung zu. Minderjährige sind nach Vollendung des 14. Lebensjahres stets anzuhören (§ 159 Abs. 1 FamFG). Unabhängig von jeder Altersgrenze sind Kinder anzuhören, wenn Neigungen, Bindungen oder ihr Wille für die Entscheidung maßgebend sind – das ist in Personensorgerechtsangelegenheiten faktisch immer der Fall, so dass Kinder hier stets persönlich anzuhören sind (h.M. seit BGH 12.7.1984 – IV b ZB 95/83, FamRZ 1984, 1084; für ein dreijähriges Kind). Auch die persönliche Anhörung der **Eltern** ist in Kindschaftssachen (dazu § 151 FamFG) zwingend vorgeschrieben (§ 160 Abs. 2 FamFG). Sie dient der Sachverhaltsaufklärung und der Beachtung des verfassungsrechtlich geschützten Elternrechts (BVerfG 18.2.2003–1 BvR 1140/03, FamRZ 2004, 354 f.). Die Gerichte müssen sich selbst einen persönlichen Eindruck verschaffen (BGH 11.7.1984 – IV b ZB 73/83, FamRZ 1985, 169 ff.).

Im Rahmen seiner Ermittlungen kann das Familiengericht die **Anhörung weiterer Personen** vornehmen. Dies bezieht sich insbesondere auf Personen, die mit der Sozialisationssituation des Minderjährigen vertraut sind (Erzieherinnen, Lehrerinnen, Freunde, Bekannte). Besonders erwähnt ist in § 161 FamFG die Beteiligung der **Pflegepersonen**, nach § 161 Abs. 2 FamFG sind sie anzuhören, wenn das Kind seit längerer Zeit in Familienpflege lebt (vgl. bei § 11 II. 1. § 1632 Abs. 4 BGB). **29**

Eine besondere Stellung in den Kindschaftsverfahren hat das **Jugendamt**. Hintergrund ist die Tatsache, dass das Jugendamt als eine spezifische fachkundige Behörde in allen Angelegenheiten mit Kindschaftsbezug besonders kompetent ist und deswegen in all diesen Verfahren beteiligt wird. Das Jugendamt soll als sozialpädagogische Fachbehörde eingeschaltet werden, um die erforderliche pädagogische Kompetenz in das Verfahren zu bringen (ausführlich Münder/Trenczek, § 11 I. 3.). Während das Jugendamt nach § 162 Abs. 2 FamFG zunächst nur auf Antrag an den Verfahren zu beteiligen war, ist die Beteiligung des Jugendamtes in Verfahren nach den §§ 1666, 1666 a BGB seit dem 1.1.2013 zwingend. **30**

3. Gutachten

Reichen die durch die Anhörung, Ermittlung gewonnen Informationen nicht aus, kann das Gericht **Gutachten** (§§ 30 Abs. 1 FamFG, 402 ff. ZPO; Salzgeber/Fichtner FamRZ 2011, 945 ff.) insbesondere kinderpsychologischer Natur (was grundsätzlich nur mit Zustimmung der Sorgeberechtigten möglich ist – OLG Koblenz 5.1.2000–13 WF 788/99, FamRZ 2000, 1233; OLG Frankfurt/M. 26.10.2000–6 WF 168/00, FamRZ 2001, 638 f.) anfordern. Im Gutachten sind die für die Erstellung des Gutachtens re- **31** levanten Feststellungen zu treffen, jedoch kann dadurch dem Gericht die Entscheidung nicht abgenommen werden; will das Gericht jedoch von einem Gutachten abweichen, so muss es seine Abweichung sorgfältig begründen und hinreichende Sachgründe erkennen lassen (BVerfG 2.6.1999–1 BvR 1689/96, FamRZ 1999, 1417 ff.). Das gilt auch für den Verzicht auf die Einholung eines Sachverständigengutachtens. Wenn sie davon absehen, müssen die Gerichte anderweitig für eine möglichst zuverlässige Entscheidungsgrundlage verfügen, ansonsten ist die Einholung eines Sachverständigengutachtens – gerade dann, wenn die Grundrechtspositionen berührt sind – verfassungsrechtlich verboten (BVerfG K. 19.12.2007–1 BvR 2681/07, FamRZ 2008, 492 f.).

32 Entsprechend dem (unten) dargestellten Vorrang- und Beschleunigungsgebot (§ 155 FamFG) sieht § 163 FamFG hinsichtlich der Gutachten vor, dass einem beauftragten Sachverständigen eine Frist gesetzt werden kann, innerhalb der das Gutachten vorgelegt werden muss, wodurch dafür gesorgt werden soll, dass durch die bisweilen sehr lange Zeitdauer bis zur Gutachtenerstellung keine Verzögerung des Verfahrens eintritt.

4. Einvernehmen der Beteiligten – § 156 FamFG

33 Gerichte haben Entscheidungen zu treffen. So richtig dies z.B. in Vermögensangelegenheiten ist, so gilt, dass die Menschen Regelungen, die sie persönlich betreffen, gerade wenn sie in die Zukunft wirken sollen, akzeptieren können müssen. Deswegen ist oft das Einvernehmen der Beteiligten für die Tragfähigkeit einer Lösung wichtiger als eine noch so „richtige" (einseitige) Entscheidung des Gerichtes. Wissend um den hohen Stellenwert einvernehmlicher Regelungen hat der Gesetzgeber in § 156 FamFG dem Gericht dezidiert die Aufgabe auferlegt, stets auf das **Einvernehmen der Beteiligten** hinzuwirken (Abs. 1 S. 1). Ausdrücklich wird (in Abs. 1 S. 2) auf die Inanspruchnahme von außergerichtlicher Beratung, insbesondere von Beratung durch die Beratungsstellen und Beratungsdienste der Jugendhilfeträger verwiesen. Hier ist eine enge Zusammenarbeit zwischen den Beratungsstellen und den Familiengerichten sinnvoll (vgl. Lossen/Vergho FamRZ 1998, 1218 ff.). Ebenso kann (in Abs. 1 S. 3) das Gericht die Teilnahme an einem Informationsgespräch über Mediation oder anderen Möglichkeiten außergerichtlicher Konfliktbeilegung anordnen (zu allem ausführlich Meysen in Meysen u. a. FamFG, § 156 Rn 4 ff.). Nach § 156 Abs. 1 S. 4 FamFG kann das Gericht sogar anordnen, dass die Eltern an einer Beratung in einer Beratungsstelle bei einem Träger der Kinder- und Jugendhilfe teilnehmen.

34 Darauf zu achten ist, dass dies nicht zum Ritual verkommt: Wenn die Beteiligten z.B. bereits außergerichtliche Beratung in Anspruch genommen haben und wenn dies trotz ernsthaften Bemühens gescheitert ist, dann hat es keinen Sinn, nochmals eine Beratung nach § 156 Abs. 1 S. 4 FamFG anzuordnen.

5. Verfahrensdauer – Vorrang- und Beschleunigungsgebot – § 155 FamFG

Die Berücksichtigung all dieser Aspekte kann ein Verfahren in Personensorgerechts- 35
angelegenheiten in die Länge ziehen. Die Beachtung der Kindesinteressen erfordert
jedoch, Kinder vor Belastungen, die jedes Gerichtsverfahren mit sich bringt, weitgehend zu schützen. Von besonderer Bedeutung ist hier das **kindliche Zeitempfinden**
(ausführlich Heilmann 1998; BVerfG 11.12.2000–1 BvR 661/00, FamRZ 2001, 753):
Das kindliche Zeitempfinden unterscheidet sich vom Zeitempfinden eines Erwachsenen. Kinder leben stark im Hier und Jetzt. Sie empfinden selbst kurze Zeitspannen als
unerträglich lang. Deswegen müssen alle am Verfahren professionell Beteiligten dafür
sorgen, dass es nicht zu Verfahrensverzögerungen kommt: Je jünger das betroffene
Kind ist, umso sensibler müssen die Verfahrensbeteiligten mit möglichen Verfahrensverzögerungen umgehen.

Aber auch noch aus einem anderen Grund müssen Verfahren in diesen Angelegenhei- 36
ten zügig durchgeführt werden: Wegen der hohen Bedeutung des Zeitfaktors bei Kindern leidet bei einem lang dauernden Verfahren der Anspruch der Bürger auf effektiven
Rechtsschutz, denn jede Verfahrensverzögerung kann zu einer (weiteren) Entfremdung
zwischen Eltern und Kindern führen und damit zu einer faktischen (Vor-)Entschei-
dung, noch bevor dann die eigentliche richterliche Entscheidung ergeht. Denn bei zunehmenden Zeitabläufen verändert sich – gerade aufgrund des kindlichen Zeitemp-
findens – die unter dem Gesichtspunkt des Kindeswohls zu beachtende Situation der
Kinder. Und damit kann der Anspruch der Bürger auf effektiven Rechtsschutz faktisch
unterlaufen werden (BVerfG 25.11.2003–1 BvR 834/03, FamRZ 2004, 689).

Deswegen ist in § 155 FamFG ausdrücklich das **Vorrang- und Beschleunigungsgebot** 37
aufgenommen. Danach sind alle Kindschaftssachen, die den Aufenthalt des Kindes,
das Umgangsrecht oder die Herausgabe des Kindes betreffen sowie die Verfahren wegen Kindeswohlgefährdung (vgl. § 12) vorrangig und beschleunigt durchzuführen.
Demgemäß hat das Gericht (nach Abs. 2) mit allen Beteiligten binnen eines Monats
einen ersten Erörterungstermin durchzuführen, in diesem Termin ist das Jugendamt
anzuhören, eine Verlegung wäre nur aus zwingenden Gründen zulässig. Um sicherzustellen, dass in diesem ersten Termin eine Erörterung mit allen Beteiligten stattfindet,
soll nach Abs. 3 das persönliche Erscheinen aller verfahrensfähigen Beteiligten zu diesem Termin angeordnet werden.

Weiterführende Literatur
Heilmann 1998; Meysen u. a. 2009

§ 12. Der zivilrechtliche Kindesschutz – das Wohl des Kindes

1   Das Grundgesetz räumt den Eltern im Art. 6 Abs. 2 GG eine umfassende Kompetenz für die Pflege und die Erziehung ihrer Kinder ein. Um zu vermeiden, dass Eltern sich ihrer Verantwortung für die Pflege und der Erziehung ihrer Kinder entziehen, bzw. diese zum Schaden der Kinder ausüben, ist das staatliche Wächteramt in Art. 6 Abs. 2 S. 2 GG verankert (vgl. § 1 II. 2.). § 1666 BGB ist mit seinem Bezug auf das Kindeswohl die zivilrechtliche Konkretisierung dieser verfassungsrechtlichen Vorgaben. Das Kindeswohl ist auch in anderen Bestimmungen angesprochen (z.B. §§ 1632 Abs. 4, 1682, 1684, 1685 BGB), inhaltlich stimmen diese mit § 1666 BGB überein, insofern ist § 1666 BGB die zentrale zivilrechtliche Kindesschutznorm.

Ausführlich behandelte Bestimmungen

- ■ Zur Gefährdung des Kindeswohls: §§ 1666, 1666 a BGB
- ■ Zum Verfahren: §§ 155, 157 FamFG
- ■ Zum Verfahrensbeistand: § 158 FamFG

Wichtige, interessante Entscheidungen

- ■ *Zur Verfassungsmäßigkeit von § 1666 BGB:* BVerfG 17.2.1982–1 BvR 188/80, BVerfGE 60, 79 ff.
- ■ *Kindeswohlgefährdung bei Verletzung der Schulpflicht:* BGH 17.10.2007 – XII ZB 42/07, FamRZ 2008, 45
- ■ *Zur Aufklärungs- und Anhörungspflicht der Gerichte:* BVerfG 21.6.2002–1 BvR 605/02, FamRZ 2002, 1021ff.
- ■ *Zur Aufgabe und Bedeutung des Verfahrensbeistands:* BVerfG 18.6.1986–1 BvR 857/85, BVerfGE 72, 122 ff.

I. Struktur und Voraussetzungen

2   Konzeptionell fügte sich § 1666 BGB nahtlos in das Erziehungskonzept des BGB ein (vgl. 1.2.2): Da man davon ausging, dass die Eltern selbst ein unmittelbares Interesse an bestmöglicher Erziehung ihrer Kinder hatten, waren als Eingriffsanlass nur extreme Vernachlässigung, Missbrauch usw. vorstellbar, was (so lange Zeit die h.M.) ein Verschulden der Sorgeberechtigten erforderte. Mit der Neufassung des § 1666 BGB durch die Neuregelung der elterlichen Sorge (1980) wurde durch den Gesetzestext dem Verschuldensgrundsatz eine Absage erteilt (was vom Bundesverfassungsgericht ausdrücklich verfassungsrechtlich bestätigt wurde – BVerfG 17.2.1982–1 BvR 188/80, BVerfGE 60, 79 ff.). Damit wurde § 1666 BGB als zentrale Kindesschutznorm profiliert. Diese Linie wurde 2008 mit dem Gesetz zur Erleichterung familiengerichtlicher Maßnahmen bei Gefährdung des Kindeswohls (BT-Drs. 16/6815) insbesondere da-

durch fortgeführt, dass auf eine ausdrückliche detaillierte Benennung von Tatbestandsvoraussetzungen verzichtet wurde (im Einzelnen vgl. im Folgenden).

Die verfassungsrechtliche Gewährleistung des Elternrechts dient in erster Linie dem 3 Schutz des Kindes. Dort, wo der Schutz des Kindes durch die Eltern und ihr Elternrecht nicht gewährleistet ist, hat der Staat sein Wächteramt auszuüben (ausführlich § 1 II. 2.). Im Zivilrecht wird dies zentral durch § 1666 BGB umgesetzt. Das dort an hervorgehobener Stelle genannte **Kindeswohl** ist der zentrale Maßstab für Entscheidungen, die im Bereich der elterlichen Sorge zu treffen sind, denn den Eltern ist das Elternrecht nicht um ihrer selbst gewährt, sondern wegen der Kinder (BVerfG 22.8.2000–1 BvR 2006/98, FamRZ 2000, 1489 ff.).

Erforderlich ist bei jeder gerichtlichen Entscheidung nach § 1666 BGB die konkrete 4 und sorgfältige Auslotung des **Einzelfalls** und die detaillierte, auf sozialpädagogischer, human- und sozialwissenschaftlicher Basis nachvollziehbare **Feststellung der konkreten Gefahr** für das Wohl des Kindes – nicht die Deduktion abstrakter Normen und Wertevorstellungen auf konkrete Einzelfälle (ausführlich Münder ZfJ 1988, 12). Für die Akteure gilt es dabei, stets zwischen Tatsachen und Meinungen zu unterscheiden, d.h. professionelle Erkenntnis und persönliche Überzeugungen zu entflechten (Goldstein u.a. 1988, 32 ff.). Orientierungslinie ist ausschließlich **das Wohl des Kindes**. Dabei sind zwei Aspekte von besonderer Bedeutung: Zum einen ist das Wohl des Kindes Maßstab dafür, **ob interveniert wird**, und zum anderen ist es Maßstab dafür, **mit welchen Maßnahmen** interveniert wird.

Bei dem „Ob" stellt sich die **Frage, ob ein Eingriff stattfinden** soll. Das staatliche 5 Wächteramt kann nicht die für das Kind beste Erziehung (wer sollte das auch definieren?) sichern, sondern es soll das Kind vor Schaden bewahren (z.B. OLG Frankfurt/M. 4.9.2002–2 UF 228/02, FamRZ 2003, 1316 f.). So ist es zunächst Aufgabe der Jugendämter und dann von Jugendämtern und Familiengerichten, alle Möglichkeiten sozialpädagogischen und sozialstaatlichen Handelns auszuschöpfen, um „Diesseits des Kindeswohls" (Goldstein u.a. 1982, 23 ff.) das Kindeswohl zu sichern: Insbesondere soll zunächst die Erziehungsfähigkeit der Eltern gestärkt werden. Dies wird ausdrücklich durch § 1666 a BGB zum Ausdruck gebracht (ausführlich Röchling 1997). Aber auch dieser wichtige Gedanke darf nicht – wie stets im Kindschaftsrecht – zu einem unumstößlichen Prinzip werden: Nach wie vor wird es Situationen geben, die eine unmittelbare gerichtliche Intervention erfordern. Entscheidend ist, ob für die Zukunft eine Gefährdung des Kindeswohls anzunehmen ist (Lipp/Schumann/Veit 2008). Eine Gefährdung liegt vor, wenn durch die psychosoziale Sozialisationssituation, in der sich der Minderjährige gegenwärtig befindet, konkret benennbare Schädigungsfolgen wahrscheinlich eintreten, so dass sich bei einer Nichtveränderung der Situation eine erhebliche Schädigung des körperlichen, geistigen und seelischen Wohls des Kindes mit ziemlicher Sicherheit voraussehen lässt. Die befürchtete Gefahr muss im Einzelfall konkret benannt und eine weniger schädliche Alternative entwickelt werden (BayObLG 2.10.1998–1 Z BR 91/98, FamRZ 1999, 179 ff.).

6 Bei dem „**Wie**" ist das Wohl des Kindes **Maßstab für die konkrete familiengerichtliche Maßnahme.** Der unbestimmte Rechtsbegriff des Wohl des Kindes ermöglicht es, die unterschiedlichen und individuellen Bedingungen des Einzelfalles zu berücksichtigen und flexibel und problemangemessen Hilfen zu entwickeln. Prognoseentscheidungen für die Zukunft bedeuten die Abklärung, was in der konkreten Situation **die am wenigsten schädliche Alternative** für die Minderjährigen ist (Goldstein u.a. 1982, 49 ff.). Das ist die Abwägung verschiedener Alternativen gegeneinander, auch mit dem Risiko (wie bei allen Prognoseentscheidungen) von Fehleinschätzungen. Aus diesem Grunde ist die Überprüfung einer einmal getroffenen Entscheidung durch das Familiengericht in regelmäßigen Abständen notwendig und in § 1696 Abs. 2 BGB ausdrücklich angesprochen.

7 **§ 1666 Abs. 1 BGB** nennt als **Voraussetzung** zwei Aspekte: die Kindeswohlgefährdung oder die Gefährdung des Kindesvermögens und die nicht vorhandene Bereitschaft oder Fähigkeit der Eltern, die Gefahr abzuwehren. Es handelt sich hierbei um eine Häufung unbestimmter Rechtsbegriffe. Hilfreich ist es deshalb, typische Merkmale, Fallgruppen für die verschiedenen Gefährdungslagen zu beschreiben (§ 12 II.).

8 Da ein Verschulden seitens der Sorgeberechtigten generell nicht erforderlich ist, kommt es allein darauf an, ob und inwieweit die objektiven Tatbestandsvoraussetzungen einer Kindeswohlgefährdung vorliegen (Coester FPR 2009, 549; Lipp/Schumann/Veit 2008). Nicht zulässig ist es, über den Begriff des unverschuldeten Versagens soziale, politische, religiöse Positionen oder Verhältnisse von Eltern, die den für richtig erachteten Vorstellungen und Normen nicht entsprechen, zu sanktionieren, indem sie als Gefährdung definiert werden: Bei § 1666 BGB geht es nicht um die Berechtigung oder Richtigkeit von bestimmten Werten oder Normen, schichtenspezifische Vorurteile dürfen nicht in die Würdigung des Kindeswohls einfließen (Ollmann FamRZ 1997, 321 ff.). Da § 1666 BGB eine **Generalklausel** mit **unbestimmten Begriffen** eine komplizierte Norm ist, verführt dies immer wieder dazu, eigene Wertvorstellungen, Lebenserfahrungen, Vorverständnisse und Vorurteile in die Entscheidungen einfließen zu lassen. Bisweilen – gerade wenn ein Konflikt von Erwachsenen im Hintergrund steht z.B. bei Zuordnungskonflikten (vgl. § 12 II. 6.) – wird auch versucht, über den Begriff „Kindeswohl" zu Entscheidungen im Sinne der jeweiligen Akteure zu kommen (z.B. OLG Hamm 22.6.2001–7 UF 211/01, ZfJ 2002, 149). Deswegen ist es wichtig, zwischen Tatsachen und Meinungen zu unterscheiden, professionelle Erkenntnisse und persönliche Überzeugungen zu entflechten und sich auf einer solch weitmöglichst versachlichten Ebene an der Perspektive des Wohls des Kindes zu orientieren.

> Der Hinweis erscheint erforderlich, denn eine derartige Instrumentalisierung des § 1666 BGB hat seit seiner Existenz seine eigene Geschichte (schon KGJ 33 A 14, sogenannter polnischer Schulstreik im damaligen Oberschlesien): Die väterliche Sorge wurde Vätern entzogen, die ihre Kinder anhielten, im Religionsunterricht nicht

deutsch, sondern polnisch zu sprechen. Auch die Rechtsprechung der Weimarer Zeit und insbesondere die des Nationalsozialismus liefert zahlreiche Beispiele dafür (Hirsch 1965, 66). Heute ist sie nicht mehr von so großer Bedeutung, wenngleich hin und wieder in Entscheidungen die Problematik angesprochen wird: So ist zu Recht das Wohnen in einer alternativen Wohngemeinschaft kein Anlass für Maßnahmen nach § 1666 BGB (richtigerweise OLG Stuttgart 3.7.1984 – 15 UF 33/83, NJW 1985, 67). Bei der Kritik dieser Entscheidung zeigt sich, wie eigene Normenvorstellungen zum Entscheidungsgesichtspunkt bei § 1666 BGB gemacht werden, wenn die Entscheidung damit kritisiert wird, dass hier das „bewusste Aussperren von Kindern aus den kodifizierten und gelebten Normen unserer Gesellschaft" vorliegt (so Wegner JZ 1985, 851). Solange von abstrakten Wertungen deduziert wird, steht das Tor für eine derartige Funktionalisierung von § 1666 BGB offen, so z.B. bei der Bevorzugung „deutscher Erziehung" (OLG München 6.2.1981 – 26 WF 534/81, FamRZ 1981, 389 ff. mit ablehnender Anmerkung Luthin).

Als zusätzliche Voraussetzung familiengerichtlicher Gefahrenabwehrmaßnahmen **9** muss hinzukommen, dass die Eltern **nicht gewillt oder nicht in der Lage sind, die Gefahr abzuwenden**. Ob dies aus Gründen der Unfähigkeit, Gleichgültigkeit oder Unwilligkeit geschieht, spielt dabei keine Rolle. Entscheidend ist die Zukunftsprognose: Muss davon ausgegangen werden, dass die Eltern auch zukünftig nicht gewillt oder nicht in der Lage sind, die Gefahr abzuwehren? Erst wenn prognostiziert wird, dass die Eltern auch in der Zukunft für die Sicherstellung des Schutzes des Kindes ausfallen – aus welchen Gründen auch immer – ist die Möglichkeit familiengerichtlicher Eingriffe gegeben (vgl. Staudinger/Coester § 1666 Rn. 151).

An dieser Stelle wird der **Kern des § 1666 BGB** deutlich: Da in der Regel die Jugend- **10** ämter über die Situation Bescheid wissen und in den meisten Fällen tätig sind, den Eltern Hilfen anbieten (vgl. § 12 IV.), kommt es entscheidend darauf an, **ob die Eltern bereit sind**, die ihnen angebotenen **Hilfen anzunehmen**. Ist dies der Fall, so findet trotz Vorliegen entsprechender Gefährdungslagen keine gerichtliche Intervention nach § 1666 BGB statt. In der überwiegenden Mehrzahl der Fälle ist es möglich, einer bestehenden oder unmittelbar drohenden Kindeswohlgefährdung zu begegnen, indem mit Zustimmung der Sorgeberechtigten Hilfen zur Erziehung nach § 27 SGB VIII realisiert werden (i.E. Münder/Trenczek 2011, Kap. 9). Weigern sich dagegen die Eltern, so wird regelmäßig seitens des Jugendamtes das Familiengericht informiert, damit es entsprechende Maßnahmen treffen kann (vgl. Münder/Trenczek 2011, Kap. 11.1, 11.2).

II. Die realen Gefährdungslagen

Bis zum Gesetz zur Erleichterung familiengerichtlicher Maßnahmen bei Gefährdung **11** des Kindeswohls von 2008 hatte § 1666 BGB Gefährdungsursachen für die Kindeswohlgefährdung benannt (ausführlich 5. Aufl., 174 ff.). Hier war es mühsam und manchmal etwas „gewaltförmig", Kindeswohlgefährdungen diesen Tatbestandsmerkmalen zuzuordnen – weswegen der Gesetzgeber ja dann auch darauf verzichtet hat. So fand schon unter der alten Geltung des § 1666 BGB die Bildung von Fallgruppen statt.

Welches in der Rechtstatsächlichkeit die Problemlagen sind, wurde Ende der 70er Jahre von Simitis u.a. (1979) und Zenz (1979) untersucht und typisierte Gefährdungslagen von Kindern und Jugendlichen herausgearbeitet. Ende der 90er Jahre wurde dies im Verlauf des Forschungsprojekts „Kindeswohl zwischen Jugendhilfe und Justiz" (Münder/Mutke/Schone 2000) weiterentwickelt. Diese Typisierungen können nicht alle Bereiche abdecken, so dass es immer wieder Einzelfälle geben wird, die nicht in diese Kategorien einzuordnen sind, bzw. für die mehrere Gefährdungslagen gleichzeitig zutreffen. Die unter § 12 I. genannten Voraussetzungen bleiben von daher nach wie vor von Bedeutung. Einen ausführlichen Überblick, auch über den Stand der internationalen Erkenntnisse geben Helfer/Kempe/Krugmann 2002.

1. Vernachlässigung

12 Hierbei handelt es sich um eine andauernde oder wiederholte **Unterlassung der physischen** (Ernährung, Pflege, Gesundheitsfürsorge) und **psychischen** (Zuwendung, Förderung und Bereitstellung von Entfaltungsmöglichkeiten) **Versorgung des Kindes**. Aufgrund von Unfähigkeit (z.B. auch bei psychischer Krankheit – vgl. Schone/Wagenblass 2002) oder fehlender Bereitschaft sorgeberechtigter Personen werden kindliche Lebensbedürfnisse nicht wahrgenommen und befriedigt, so dass die körperliche, geistige und seelische Entwicklung des Kindes beeinträchtigt oder geschädigt wird (vgl. Schone u.a. 1997, 21; Centwell 2002). In quantitativer Hinsicht stellt die Vernachlässigung mit etwa 50 % der Fälle, bei denen die Jugendhilfe bei Gericht mitwirkt, die hauptsächliche Gefährdungslage dar (Münder/Mutke/Schone 2000, 99 ff.). Betroffen sind hier vorwiegend kleinere Kinder beiden Geschlechts. Häufig sind die Sorgeberechtigten aufgrund ihrer konkreten Lebenslage damit überfordert, die Versorgung ihres Kindes angemessen sicherzustellen. Deshalb können gerade in diesen Fällen materielle und sozialpädagogische Hilfen von besonderer Bedeutung sein, weswegen gründlich zu prüfen ist, ob nicht der Einsatz von Hilfen, an Stelle eines familiengerichtlichen Eingriffs, die für alle Beteiligten sinnvollere Lösung darstellt.

Bis zum Gesetz zur Erleichterung familiengerichtlicher Maßnahmen bei Gefährdung des Kindeswohls (2008) war der Begriff der „Vernachlässigung des Kindes" ausdrücklich als Tatbestandsmerkmal in § 1666 BGB enthalten, von daher gibt es eine große Übereinstimmung mit dieser Fallgruppe der Vernachlässigung. Dieses Merkmal hatte damals zudem Auffangfunktion für weitere verschiedene denkbare Gefährdungssituationen, die sich unter die ehedem vorgegebenen Tatbestandsvoraussetzungen nicht ohne weiteres subsumieren ließen (dazu, was alles unter dem Merkmal „Vernachlässigung des Kindes" verstanden wurde, verstanden werden musste, vgl. die Angaben in der 6. Aufl., S. 166 f.).

2. Körperliche Misshandlung

13 Als körperliche Misshandlung werden Verletzungen des Kindes bezeichnet, die aktiv durch Erwachsene (meist Sorgeberechtigte) verübt werden. Sie umfasst alle gewalt-

samen Handlungen, die dem Kind körperliche Schäden und Verletzungen zufügen (körperliche Misshandlung von Kindern steht oft im Kontext genereller familiärer Gewalt – vgl. Kindler u.a. FamRZ 2004, 1241 ff.; Coester FPR 2009, 549 ff.). Mit den körperlichen Misshandlungen sind regelmäßig auch psychische Misshandlungen verbunden, das Kind erfährt nicht ausschließlich den körperlichen Schmerz: Es erlebt Bedrohung, Feindseeligkeit und Gewalt seitens einer Person, die es dennoch liebt und auf die es in jeder Hinsicht angewiesen ist. Die Folgen von Misshandlungen sind neben körperlichen Verletzungen und psychischen Krankheiten Kontakt- und Konzentrationsstörungen, auffälliges Sozialverhalten u.v.m. (Steele 2002). Die körperliche Misshandlung wurde in der o.g. Untersuchung in etwa 7 % der Fälle als hauptsächliche Gefährdungslage angegeben, Kinder aller Altersgruppen waren betroffen, Jungen in etwa doppelt so häufig wie Mädchen.

3. Seelische Misshandlung

Bei der seelischen Misshandlung erfährt das Kind Ablehnung, wird terrorisiert oder **14** isoliert, in der Entwicklung seines Selbstwertgefühls beeinträchtigt. Es wird von den Eltern abwertend behandelt, psychisch unter Druck gesetzt, verängstigt, überfordert oder zurückgewiesen. Zur seelischen Misshandlung zählt auch die extreme Überbehütung oder die symbiotische Fesselung der Kinder. Im familiengerichtlichen Verfahren ist diese Form der Misshandlung besonders schwer nachzuweisen: Eine mögliche Gefährdung müsste als solche erkannt werden, auch wenn die schädigenden Auswirkungen noch nicht offensichtlich feststellbar sind (Brassard/Hardy 2002). Folglich spielen hier Prognosen (und die damit verbundenen Unsicherheiten) über die voraussichtliche Entwicklung des Kindes in der Familie eine besondere Rolle. Die seelische Misshandlung wurde in etwa 13 % der Fälle als hauptsächlicher Gefährdungstatbestand definiert (Münder/Mutke/Schone 2000, 101). Hier überwog der Anteil von Mädchen, zudem stieg die quantitative Bedeutung dieses Tatbestandes mit zunehmendem Alter der Minderjährigen. Bei der Altersgruppe der 12–18jährigen wurde die seelische Misshandlung sogar in etwa 20 % der Fälle von den Fachkräften als Hauptgefährdungsmerkmal benannt.

4. Autonomiekonflikte

Hierunter versteht man Konflikte, bei denen sich unterschiedliche Lebensauffassungen **15** von Eltern und jugendlichen Minderjährigen gegenüberstehen. Insbesondere ab der Pubertät findet bei den Jugendlichen ein Streben nach Autonomie und ein Einüben in selbstständige (und damit ggf. auch gegen die Position der Eltern gerichtete) Handlungen und Entscheidungen statt. Wird dieser Prozess unterbunden oder wird die Eigenentscheidung des Minderjährigen grob missachtet, kann dessen seelisches und geistiges Wohl erheblich beeinträchtigt werden (vgl. Staudinger/Coester § 1666, Rn. 134). Besonders betroffen sind im Allgemeinen jugendliche Mädchen. Autonomiekonflikte

sind besonders auch in Migrantenfamilien von Bedeutung, wo neben der altersbeding-
ten Ablösungsproblematik unterschiedliche kulturelle Entwicklungen der älteren und
der jüngeren Generation eine Rolle spielen. Autonomiekonflikte wurden in der er-
wähnten Untersuchung in etwa 6 % der Fälle als Hauptgefährdungslage benannt.

> Deutlich wird dies bei einer fast typischen Autonomiekonfliktkonstellation: zwischen
> weiblichen türkischen Jugendlichen und ihren Vätern, beim Konflikt zwischen patri-
> archalischen Strukturen und der Entwicklung autonomer weiblicher Lebensentwürfe
> (vgl. dazu ausführlich Veit RdJB 2002, 405 ff.; AG Korbach 23.1.2003 – 7 F 996/02
> SO, FamRZ 2003, 1497; OLG Dresden 15.7.2003 – 20 UF 401/03, FamRZ 2003,
> 1862 im Fall einer möglichen Beschneidung; BGH 15.12.2004 – XII ZB 166/03, NJW
> 2005, 672 ff. – bei kulturell bedingtem Erziehungskonflikt durch körperliche Bestra-
> fung).

16 Wie schwer sich Richter auch bei Autonomiekonflikten damit tun, nicht ihre Wertvorstellungen als Maßstab zu nehmen, sondern die konkrete Kindeswohlgefährdung,
zeigt sich bei dem normativ hochbesetzten Bereich des Schwangerschaftsabbruchs: Da
die Richter den Schwangerschaftsabbruch selbst verurteilen (was eine individuell zu-
lässige Wertung ist), nehmen sie diese Position zum Ausgangspunkt ihrer Entscheidung, anstelle sich in der konkreten Situation um die Klärung zu bemühen, was für
das jeweilige Mädchen dieser konkrete Schwangerschaftsabbruch an Gefährdung oder
Nichtgefährdung bedeutet. So sind solche Entscheidungen schon vom rechtsdogmatischen Ausgangspunkt her häufig verfehlt (vgl. § 10 III.).

5. Sexueller Missbrauch

17 Als sexueller Missbrauch wird jede sexuelle Handlung bezeichnet, die an oder vor
einem Kind oder Jugendlichen entweder gegen dessen Willen vorgenommen wird, oder
der Minderjährige aufgrund körperlicher, psychischer, kognitiver oder sprachlicher
Unterlegenheit nicht wissentlich zustimmen kann (Coester FPR 2009, 549 ff.). Der
Täter bzw. die Täterin nutzt seine/ihre Macht- und Autoritätsposition aus, um seine
eigenen Bedürfnisse auf Kosten des Minderjährigen zu befriedigen (Bange 1994, 57).
Bei der Kindeswohlgefährdung durch sexuellen Missbrauch tritt oft das Problem auf,
dass ein Verdacht besteht, dieser jedoch ebenso wenig wie das Gegenteil bewiesen
werden kann. So handelt es sich hier nicht selten um eine Gratwanderung, Kinder
unbegründet von ihren Eltern(teilen) zu trennen und evtl. Unschuldige zu stigmatisie-
ren bzw. zu dulden, dass Kinder missbraucht werden (vgl. z.B. OLG Thüringen
10.3.2003–1 UF 264/02, FamRZ 2003, 1319 f. – wo aber zumindest ein Fall von
Misshandlung anzunehmen gewesen wäre; zum Umgang bei sexuellem Missbrauch
vgl. Fegert u.a. 2001). Soweit nach Ausschöpfung aller Erkenntnisquellen eine Klärung
nicht möglich ist, ist von Seiten des Familiengerichts eine umfassende Risikoabwägung
erforderlich, wobei im Verfahren nach § 1666 BGB der zentrale Ausschlag hierfür die
Berücksichtigung des Kindeswohls ist (KG 5.4.2012–17 UF 50/12, FamFR 2012, 305).
Sexueller Missbrauch wurde in der Untersuchung in etwa 8 % der Fälle als Hauptge-

fährdungslage beschrieben (Münder/Mutke/Schone a.a.O.). Hiervon waren bis auf eine Ausnahme ausschließlich Mädchen betroffen. Die Altersspanne reichte von 3 bis 18 Jahren.

6. Erwachsenenkonflikte ums Kind/Zuordnungskonflikte

Juristisch firmiert dieses soziale Problem meist unter dem Stichwort „Missbrauch des   18
Herausgabeverlangens" nach § 1632 BGB. Hier wachsen Minderjährige in einem Beziehungsgeflecht auf, in dem die rechtlichen Inhaber der Personensorge keine bestimmende Rolle (mehr) spielen. In diesen Konstellationen kann es beispielsweise zu Konflikten zwischen Pflegeeltern und Eltern kommen (vgl. § 11 II.), zwischen Eltern und Verwandten (z.B. Großeltern) oder zwischen Elternteilen, bei denen nur ein Elternteil sorgeberechtigt ist. Häufig ist in diesen Fällen die Dialogfähigkeit zwischen den Erwachsenen (Eltern, Großeltern, Pflegeeltern) stark gestört, so dass das Kind fast unvermeidlich in den Konflikt zwischen den Erwachsenen einbezogen und dadurch in seiner Entwicklung beeinträchtigt wird. Oftmals haben sich emotionale Beziehungen zu der formal nicht zuständigen Person entwickelt, was wesentlich vom Zeitfaktor und vom Alter des Kindes abhängig ist. Oft wird einer solchen sozialen Beziehung Vorrang vor der formalen Elternbeziehung einzuräumen sein (vgl. § 15). Während bei den Veröffentlichungen Entscheidungen aus diesem Bereich dominieren, ergibt sich bei einer rechtstatsächlichen Untersuchung, dass die Zuordnungskonflikte in etwa nur 4 % der Fälle eine Rolle spielen (Münder/Mutke/Schone 2000, 99 ff.). Auch hier überwog der Anteil der Mädchen; eine Spezifik dieses Konflikttyps in Hinsicht auf das Alter der Minderjährigen ließ sich nicht erkennen.

Diesen Fallgruppen lassen sich die meisten Kindeswohlgefährdungsfälle zuordnen,   19
aber es bleiben natürlich Kindeswohlgefährdungen, die nicht unter einer dieser Kategorien fallen, wie z.B. einseitige auf eine angenommene „Hochbegabung" fokusierte und völlig uneinsichtige Erziehungsmodelle (OLG Koblenz 27.2.2007–11 UF 606/06, FamRZ 2007, 1680 f.).

III. Die gerichtliche Entscheidung

Liegt eine Gefährdung des Kindeswohls vor, so hat das Familiengericht nach § 1666   20
Abs. 1 BGB „die Maßnahmen zu treffen, die zur Abwendung der Gefahr erforderlich sind". Der Begriff **erforderliche Maßnahme** erinnert an die sogenannte polizeiliche Generalklausel, nach der die Polizei bei Gefahr für die öffentliche Sicherheit und Ordnung die erforderlichen Maßnahmen zu treffen hat. Inhaltlich will der Gesetzgeber damit ganz bewusst dem Familiengericht einen **großen Handlungsspielraum** einräumen. Damit haben die Gerichte die Möglichkeit, auf die ganz spezifischen Bedingungen der jeweiligen Einzelfälle abgestimmt, die erforderlichen Maßnahmen zu treffen. Da sich aber die Maßnahmen der Familiengerichte – wie folgende Tabelle zeigt – nur auf einige wenige Maßnahmen konzentrierten, wurde durch das Gesetz zur Erleichterung

familiengerichtlicher Maßnahmen bei Gefährdung des Kindeswohls 2008 der § 1666 Abs. 3 BGB eingeführt, der nun u.a. aufzählt Gebote, öffentliche Hilfe (der Kinder- und Jugendhilfe, der Gesundheitsfürsorge) in Anspruch zu nehmen, Gebote für die Einhaltung der Schulpflicht zu sorgen, Verbote die Familienwohnung zu nutzen oder sich im Umkreis der Wohnung aufzuhalten, Verbindung mit dem Kind aufzunehmen usw. (i.E. siehe Ernst FPR 2008, 602 ff. Damit sollte insbesondere auf Maßnahmen unterhalb der Schwelle einer Einschränkung oder eines Entzugs des Sorgerechts hingewiesen werden. Möglich waren diese Maßnahmen auch nach altem Recht, ob sie im größerem Maße ausgeschöpft werden, ist noch offen.

21 Wenn so auch über den Begriff der erforderlichen Maßnahme für die Gerichte ein fast uneingeschränkter Handlungsspielraum besteht, so ist dieser durch den **Grundsatz der Verhältnismäßigkeit** eingeschränkt. Dieser Grundsatz bedeutet, dass nur die Maßnahmen möglich sind, die einerseits das Kindeswohl sichern, andererseits aber zugleich den geringst möglichen Eingriff in das Elternrecht bedeuten. Diesen Grundsatz hat der Gesetzgeber für zwei Situationen ausdrücklich in § **1666 a BGB** verankert (Röchling 1997). In § 1666 a Abs. 1 BGB ist bei **familientrennenden Maßnahmen** stets zu prüfen, ob durch andere öffentlichen Hilfen die Trennung vermieden werden kann. Und nach § 1666 a Abs. 2 BGB ist der Entzug der **gesamten Personensorge** unter Verhältnismäßigkeitsgesichtspunkten nur dann möglich, wenn andere Gefahrenabwehrmaßnahmen nicht ausreichen (BVerfG 21.6.2002–1 BvR 605/02, FamRZ 2002, 1021 ff.;). Wegen des Eingriffs in das Elternrecht ist der Grundsatz der Verhältnismäßigkeit strikt zu beachten, bei den in Betracht zu ziehenden Maßnahmen muss das Mittel gewählt werden, das am wenigsten die Elternposition beeinträchtigt (BVerfG 8.3.2012–1 BvR 206/12, FamRZ 2012, 938 ff.), Vorrang haben stets helfende, unterstützende Maßnahmen (BVerfG K. 28.2.2012–1 BvR 3116/11, FamRZ 2012, 1127 ff.).

22 Allerdings führt der Grundsatz der Verhältnismäßigkeit nicht dazu, dass öffentliche Hilfen unbegrenzt zur Verfügung gestellt werden, um die Trennung des Kindes von den Eltern zu vermeiden (OLG Brandenburg 27.8.2003–9 UF 145/03, ZfJ 2004, 114 ff.), oder dass nicht auch bei entsprechenden Fallkonstellationen die gesamte elterliche Sorge (eventuell einschließlich des Umgangsrechtes) entzogen werden kann (OLG Köln 12.9.2012–4 UF 142/12, ZKJ 2013, 29 f.).

23 Von besonderer Bedeutung ist der Verhältnismäßigkeitsgrundsatz bei Maßnahmen, die eine **Trennung von Eltern und Kindern**, die Herausnahme aus der Familie, zur Folge haben. Denn wegen der verfassungsrechtlichen und menschenrechtlichen Dimension solcher Maßnahmen sind sie nach Auffassung des EGMR grundsätzlich als vorübergehende Maßnahme anzusehen, die aufzuheben seien, sobald die Umstände es gebieten (EGMR 12.7.2001–25702/94, NJW 2003, 809 ff.; EGMR 26.2.2002–46544/99, FamRZ 2002, 1393 = ZfJ 2002, 288 ff.). Aber auch hier gilt der Vorrang des Kindeswohls, was z.B. dazu führen kann, dass bei zunehmender Dauer einer Fremdunterbringung nicht einfach eine Herausgabe an die Eltern erfolgen kann, son-

dern eine Abwägung stattzufinden hat (EGMR 12.7.2001–25702/94, NJW 2003, 809 ff.). Wegen dieser verfassungsrechtlichen Dimension muss das Gericht selbst in seiner Entscheidung deutlich machen, dass es diese Abwägung zwischen Kindeswohl und Elternrecht vorgenommen hat, welche anderen Maßnahmen unter dem Aspekt der Verhältnismäßigkeit, des mildesten Mittels in Erwägung gezogen wurden, eine Bezugnahme auf den Antrag des Jugendamtes oder auf das Gutachten eines Sachverständigen reicht dafür nicht aus (BVerfG 21.6.2002–1 BvR 605/02, FamRZ 2002, 1021 ff.).

Welche Maßnahme in Frage kommt, lässt sich deswegen nie generell, sondern immer   24
nur unter genauester Berücksichtigung der konkreten Umstände der jeweiligen Einzelfälle ermitteln. Von daher ist es auch nicht verwunderlich, dass bei den (oft verkürzten) Veröffentlichungen bei auf den ersten Blick ähnlichen Sachverhalten die Entscheidungen unterschiedlich ausfallen. Sind so der Fantasie der Familiengerichte bei den „erforderlichen Maßnahmen" keine Grenzen gesetzt, so haben sich dennoch bestimmte Standardmaßnahmen herausgebildet:

- Als mildestes Mittel richterlicher Maßnahmen erscheinen **Auflagen, Gebote** wie die Verpflichtung der Eltern, Hilfe zur Erziehung, kinderpsychotherapeutische Behandlungen in Anspruch zu nehmen usw. (vgl. beispielhaft OLG Nürnberg 4.2.2011–11 UF 1594/10, FuR 2001, 348 f.). Eine solche Maßnahme bleibt unterhalb der Schwelle des Eingriffes, bestimmt aber punktuell das erzieherische Handeln der Eltern. Wenn es allerdings nicht gelingt, die Eltern über eine bloße formale Befolgung der Verpflichtung hinaus für die Mitwirkung am erzieherischen Prozess ihres Kindes zu gewinnen, handelt es sich regelmäßig nicht um eine geeignete Maßnahme.

- Gem. § 1666 Abs. 3 BGB kann das Gericht auch **Erklärungen** der Inhaber der elterlichen Sorge **ersetzen.** Damit wird das Gericht in die Lage versetzt, in den Fällen, in denen eine Erklärung der Eltern oder eines Elternteils notwendig ist (z.B. die Einwilligung in einen operativen Eingriff), um eine Gefahr für das Kind abzuwenden, diese Erklärung zu ersetzen. Auch hier handelt es sich um punktuelle Maßnahmen. Wenn es dagegen um Entscheidungen geht, die für den Minderjährigen längerfristige Auswirkungen haben (z.B. die Gewährung längerfristiger jugendhilferechtlicher Leistungen), wird in den meisten Fällen eine entsprechende Ersetzung der elterlichen Erklärung nicht ausreichend sein.

- Da nicht selten die nicht (mehr) vorhandene Bereitschaft der Personensorgeberechtigten, Hilfe zur Erziehung (§§ 27 ff. SGB VIII) in Anspruch zu nehmen, der Grund für das Tätigwerden des Familiengericht ist (vgl. § 12 I.), ist der Entzug des **Rechts, Hilfen zu Erziehung zu beantragen** (oder abzulehnen), eine familiengerichtliche Maßnahme, die in besonderer Weise dem Verhältnismäßigkeitsgrundsatz entspricht: Sie ist treffgenau zielführend und nicht so eingriffsintensiv wie z.B. der Entzug der Personensorge.

■ In vielen Fällen und gerade auch dann, wenn die Eltern angebotene öffentliche Hilfen nicht akzeptierten, wurde/wird von den Gerichten als „Standardmaßnahme" das **Aufenthaltsbestimmungsrecht entzogen,** hierfür ein Pfleger bestellt (meistens das Jugendamt), der dann die notwendige außerfamiliale Unterbringung der Minderjährigen einleiten kann. Trotz weiterhin bestehenden Sorgerechts im Übrigen haben die Eltern hier in allen Erziehungsangelegenheiten nur wenig Einwirkungsmöglichkeiten. Somit ist der faktische Eingriff größer als der rechtliche. Hinzu kommt, dass aufgrund der Gesetzeslage durch das SGB VIII (Anspruchsberechtigter der Hilfe zur Erziehung ist die personensorgeberechtigte Person – § 27 SGB VIII, Mitwirkungsrechte der Eltern bzw. Sorgeberechtigten gem. §§ 36, 37 SGB VIII – i.E. vgl. Münder/Trenczek 2011, § 9 II.) die Entziehung des Aufenthaltsbestimmungsrechts allein nicht ausreicht, um entsprechende Hilfen zur Erziehung zu beantragen. Deswegen muss in diesen Fällen auch das Recht, Hilfen zur Erziehung zu beantragen, den Eltern entzogen werden (s. o., vgl. dazu Tammen in Münder u. a. FK-SGB VIII, § 27 Rn 36; Tammen UJ 2004, 90 ff.; BVerwG 21.6.2001–5 C 6.00, FamRZ 2002, 668 ff.). Rechtlich problematisch ist der bisweilen vorgenommene „vorsorgliche" Entzug des Aufenthaltsbestimmungsrechts, weil die Gefahr bestünde, dass die Eltern ihre erteilte Zustimmung zur Fremdunterbringung widerrufen könnten (z.B. OLG Hamm 8.5.2012 – II-9 UF 57/12, ZKJ 2012, 10 f.): Zum einen wäre eine Verbleibensanordnung ein geringerer Eingriff, zum anderen ist im Rahmen des Herausgabeverlangens der Personensorgeberechtigten ja zu prüfen, inwiefern das Kind den Sorgeberechtigten gemäß § 1632 Abs. 1 BGB „widerrechtlich" vorenthalten wird, wenn das Herausgabeverlangen eine Kindeswohlgefährdung darstellt (vgl. § 11 II. 1.).

■ Der schwerwiegendste Eingriff in das elterliche Erziehungsrecht ist der **Entzug der Personensorge** und die Bestellung eines Pflegers an Stelle der Eltern. In solchen Fällen wird schon wegen § 1666 a

Abs. 2 BGB zu prüfen sein, ob der Entzug der gesamten Personensorge notwenig ist (vgl. BayObLG 6.10.1998–1 Z BR 52/98, FamRZ 1999, 316 ff.)

■ Der insgesamt schwerwiegendste Eingriff ist der **Entzug der gesamten elterlichen Sorge** und die Bestellung eines Vormundes.

25 Der Entzug des Aufenthaltsbestimmungsrechts bzw. des Personensorgerechts stellen die Standardmaßnahmen gerichtlicher Praxis dar. Im Forschungsprojekt „Kindeswohl zwischen Jugendhilfe und Justiz" wurden 318 Fälle untersucht, bei denen es von Seiten der Jugendhilfe zu einer Mitwirkung vor Gericht kam, in 242 Fällen war im Untersuchungszeitraum bereits ein Beschluss ergangen. Die Verteilung der einzelnen Entscheidungen erwies sich wie folgt (Münder/Mutke/Schone 2000, 136 f.):

Tabelle 9: Gerichtliche Entscheidungen bei § 1666 BGB

Entzug des Aufenthaltsbestimmungsrechts	29 %
Entzug des Personensorgerechts	27 %
Entzug der elterlichen Sorge	12 %
Auflagen	8 %
Vereinbarungen	7 %
Ersetzung der Elternerklärung	4 %
Ermahnungen	2 %
sonstige Entscheidungen	11 %

Quelle: Münder/Mutke/Schone 2000, S. 136 f.

Aus der Untersuchung ging hervor, dass in der überwiegenden Anzahl (ca. 68 %) elterliche Sorgerechte (teilweise) entzogen werden. Diese Tendenz wird durch eine Analyse der Jugendhilfestatistik bestätigt. Insgesamt waren im Jahr 2011 bundesweit 12.723 Minderjährige von gerichtlichen Maßnahmen betroffen. Im gleichen Jahr wurde in 9.656 Fällen das Personensorgerecht ganz oder teilweise auf das Jugendamt übertragen (vgl. dazu die folgende Tabelle).

Die **Aufgabe des Familiengerichts** ist es, genau und präzise auf die Gefährdung des 26
Kindeswohls einzugehen und zu eruieren, welches die geeignete Maßnahme, auch in Form von Hilfe und Unterstützung, sein könnte. Das Gericht hat damit auch eine rechtsstaatliche Kontrollaufgabe wahrzunehmen, nicht nur wegen der verfassungsrechtlichen Rechtsstaatsgarantie, sondern auch in Bezug auf die europarechtliche Perspektive zur Sicherung von Menschenrechten. Im Ergebnis muss dies dazu führen, dass die Gerichte in phantasievollerer und differenzierter Weise Maßnahmen in Erwägung ziehen und anwenden (z.B. Pflegerbestellung mit spezifischem Wirkungskreis – OLG Celle 18.6.2002–10 UF 150/01, FamRZ 2003, 549 ff.). So ist es in vielen Fällen innerfamiliärer Gewaltproblematik (Misshandlung, sexueller Missbrauch) möglicherweise eher kontraproduktiv, das Kind aus der Familie herauszunehmen. Sinnvoller könnte es sein, den Misshandler, Missbraucher aus der Familie herauszunehmen, zu verweisen – was inzwischen zunehmend in solchen Situationen getan wird, nicht zuletzt deswegen, weil die in § 1666a Abs. 1 S. 2, 3 BGB durch das Kinderrechteverbesserungsgesetz 2008 eingeführten Sätze diese Möglichkeit ansprechen und es nunmehr auch in § 1666 Abs. 3 BGB ausdrücklich genannt wird. In vielen Fällen der Vernachlässigung verfügen die Sorgeberechtigten nicht über hinreichende Kompetenzen, um eine hinreichende Versorgung der Kinder sicherzustellen. Hier kann die Herausnahme der Kinder nicht das einzige Mittel sein, sondern erforderlich ist die Unterstützung der familiären Ressourcen bis hinein in den materiellen Bereich. Es wird jedoch immer Fälle geben, in denen eine Trennung der Kinder von ihren Eltern und der damit ver-

bundene Entzug elterlicher Sorgerechte die einzige Möglichkeit bietet, die Kinder wirksam zu schützen.

IV. Die Stellung des Jugendamtes

27 In den meisten Fällen erfahren die Familiengerichte durch die Jugendämter über die Kindeswohlgefährdung. Hier ist es zunächst primäre Aufgabe von Jugendhilfe, frühzeitig Jugendhilfeleistungen zu erbringen. Zugleich ist die Jugendhilfe verpflichtet, wenn sie es für erforderlich hält, das Familiengericht wegen einer Kindeswohlgefährdung zu informieren (§ 8 a Abs. 3 SGB VIII – i.E. Münder/Trenczek 2011, Kap. 11.1, 11.2.1).

28 Kommt es zu einer Information des Familiengerichts, so unterrichtet es insbesondere über angebotene und erbrachte Leistungen, bringt erzieherische und soziale Gesichtspunkte zur Entwicklung des Minderjährigen ein und weist auf weitere Möglichkeiten der Hilfe hin (§ 50 Abs. 2 SGB VIII). Aufgrund der gerichtlichen Entscheidungen wird das Jugendamt in vielen Fällen zum Pfleger und Vormund bestellt (vgl. Münder/Trenczek 2011, Kap. 11.1.2, 11.2.1).

29 Damit hat das Jugendamt im Zusammenhang der Kindeswohlgefährdung eine dominierende Stellung: regelmäßig werden die Familiengerichte durch die Jugendämter über Kindeswohlgefährdungen informiert, Jugendämter geben oft entsprechende Stellungnahmen ab, berichten über erzieherische und soziale Gesichtspunkte zur Entwicklung des Minderjährigen und ihnen wird in vielen Fällen anschließend das Personensorgerecht (ganz oder teilweise) übertragen. Insbesondere nach der Entscheidung des Familiengerichts kommt dem Jugendamt nicht selten eine doppelte Aufgabe zu: Einerseits tritt das Jugendamt selbst als Amtspfleger/-vormund in die den Eltern entzogenen Rechte und Pflichten ein. Andererseits muss das bislang mit den Eltern nicht mögliche Hilfekonzept für den Minderjährigen umgesetzt werden. So befindet sich das **Jugendamt** oft in einem **institutionellen Rollenkonflikt**. Der Gesetzgeber ist dem u.a. durch die Einführung des Verfahrensbeistands (vgl. § 12 V. 2.) begegnet; erörtert wird darüber hinaus, die Rollenvermischung des Jugendamtes zu entzerren (dazu Münder/Trenczek Kap. 10.3.3).

Tabelle 10: Sorgerechtliche Maßnahmen

Jahr	Hinweise/ Anzeigen	Gerichtliche Maßnahmen (vollständiger oder teilweiser Entzug der elterlichen Sorge)	Übertragung des Personensorgerechts (ganz oder teilweise) auf das Jugendamt
1991	8.759	6.998	6.818 = 97,4 %
1995	9.220	8.477	7.550 = 89, 1 %
2000	8.496	7.505	6.094 = 81, 2 %
2005	9.724	8.686	6.809= 78, 4%
2010	16.197	12.681	9.753 = 76,9 %
2011	15.924	12.723	9.656 = 75,9 %

Quelle: Statistisches Bundesamt, Statistik der Kinder- und Jugendhilfe 1991-2011, 1.1 Pflegschaften, Vormundschaften, Beistandschaften, Pflegeerlaubnis, Vaterschaftsfeststellungen, Sorgerecht.

V. Die Sicherung des Kindeswohls im Verfahren

Bei der Entscheidungsfindung geht es nicht darum (wie etwa bei klassisch schuld- **30** rechtlichem Denken), von abstrakt formulierten und allgemein anwendbaren Konfliktlösungsgrundsätzen auf Einzelfälle zu deduzieren oder die Vorschläge des Jugendamtes allein nach formell rechtlichen Aspekten (Erforderlichkeit, Geeignetheit, Verhältnismäßigkeit der vorgeschlagenen Maßnahme) zu kontrollieren. Gerichtliches Handeln ist hier (stärker als sonst) eine problemergründende und problemanalysierende Tätigkeit, um zu einer in die Zukunft gerichteten Entscheidung zu kommen. Die ansonsten im juristischen Bereich dominierende Subsumtions- und Ableitungstechnik stößt bei der Entscheidungsfindung im Bereich von Familienkonflikten an ihre Grenzen.

Die Feststellung der familiären Situation, der Interessenlagen der Beteiligten, die Über- **31** prüfung möglicher Alternativen sind für die richterliche Entscheidung zentral. Damit findet die Sicherung des Kindeswohls entscheidend durch Verfahren statt.

1. Verfahrenshinweise bei § 1666 BGB

Die Verfahren nach § 1666 BGB sind Verfahren in Personensorgerechtsangelegenhei- **32** ten. Deswegen gelten hier die allgemeinen, für Personensorgerechtsverfahren maßgeblichen Verfahrensvorschriften (ausführlich unter § 11 IV.).

33 Im Unterschied etwa zu Fällen bei Trennung/Scheidung erfährt hier das Familienge-
    richt in der Regel über die Anrufung durch das Jugendamt gemäß § 8 a SGB VIII (aus-
    führlich Münder/Trenczek 2011, Kap. 11.2.1) von einer Kindeswohlgefährdung, des-
    wegen ist die Bedeutung des Jugendamtes in diesen Verfahren entsprechend gewichtig
    (vgl. dazu auch schon § 12 IV.).

34 Von besonderer Bedeutung in einem Verfahren nach § 1666 BGB ist die **Anhörung** der
    Eltern und der Kinder. Wegen der Bedeutung des Elternrechts in diesem Zusammen-
    hang sieht hier § 160 Abs. 1 S. 2 FamFG vor, dass die Eltern nicht nur – wie in anderen
    Personensorgerechtsverfahren – angehört werden sollen, sondern sie sind anzuhören,
    d.h. die Anhörung der Eltern ist zwingend, liegt eine solche Anhörung nicht vor, ist
    stets ein Verfahrensfehler gegeben.

35 Wegen dem bei Kindern besonders zu berücksichtigenden Zeitfaktor (vgl. § 11 IV. 5.)
    ist das Vorrang- und Beschleunigungsgebot des § 155 FamFG auch hier von hervor-
    gehobener Bedeutung: Gerade bei Kindeswohlgefährdung ist oft schnelles Handeln
    angesagt, der erste Erörterungstermin (155 Abs. 2 FamFG) muss zügig angesetzt wer-
    den, die genannte Ein-Monats-Grenze ist in diesen Fällen nach Möglichkeit nicht aus-
    zuschöpfen, vielmehr ist deutlich schneller zu reagieren.

36 Dieser Erörterungstermin nach § 155 FamFG wird bei einer Kindeswohlgefährdung
    nach § 1666 BGB sinnvollerweise oft zugleich verbunden mit der nach § 157 FamFG
    vorgeschriebenen Erörterung mit den Eltern, den Kindern und dem Jugendamt. In
    diesem **Erörterungstermin** hat das Gericht das persönliche Erscheinen der Eltern an-
    zuordnen, das Jugendamt soll zum Termin geladen werden und es soll dort erörtert
    werden, wie einer möglichen Gefährdung des Kindeswohls begegnet werden kann.

37 In solchen Verfahren wegen Gefährdung des Kindeswohls ist vom Gericht stets auch
    eine **einstweilige Anordnung** zu prüfen (§ 157 Abs. 3 FamFG). Das einstweilige An-
    ordnungsverfahren ist in §§ 49 ff. FamFG geregelt. Voraussetzung für eine einstweilige
    Anordnung ist die Tatsache, dass Gefahr im Verzug ist: Unverzügliches Einschreiten
    ist erforderlich, es kann nicht abgewartet werden, um die notwendigen Ermittlungen
    durchzuführen, der Kindeswohlgefährdung kann nicht auf andere Weise begegnet
    werden. In diesem Zusammenhang ist **§ 42 SGB VIII** zu beachten: Hiernach haben die
    Jugendämter die Möglichkeit, vorläufige Schutzmaßnahmen für Minderjährige zu er-
    greifen (Inobhutnahme bzw. Herausnahme des Minderjährigen – dazu i.E. Münder /
    Trenczek 2011, Kap. 10.1). Beim Verfahren der einstweiligen Anordnung kann auf
    bestimmte, das Verfahren u.U. in die Länge ziehende, Verfahrensweisen verzichtet
    werden:

    ■ Beweise brauchen nicht im üblichen Beweisverfahren erbracht zu werden, es genügt
      hier die Glaubhaftmachung (§ 51 Abs. 1 S. 2 FamFG – z.B. durch das Jugendamt);
    ■ von der vorherigen Anhörung der Beteiligten kann ebenso abgesehen werden
      (§ 160 Abs. 3 FamFG) wie von einer mündlichen Verhandlung (§ 51 Abs. 2 S. 2
      FamFG).

Durch „vorläufige" Entscheidungen (etwa der – teilweisen – Entziehung des Sorge-   38
rechts verbunden mit der Bestellung eines Pflegers oder Vormunds) können nicht selten
Tatsachen geschaffen werden, die die Chancen der Eltern auf die Wiedererlangung
ihres Sorgerechts verschlechtern und insofern faktisch eine endgültige Entscheidung
vorwegnehmen. Deswegen muss das Gericht sich trotz des Bemühens zur Beschleuni-
gung um weitmögliche Aufklärung bemühen. Gerade von der Anhörung der Verfahrensbeteiligten sollte deswegen nur in ganz dringenden Ausnahmefällen abgesehen
werden (ausführlich zu der Verfahrensgestaltung durch das Gericht BVerfG
22.8.2000–1 BvR 2006/98, FamRZ 2000, 1489 f.; BVerfG 21.6.2002–1 BvR 605/02,
FamRZ 2002, 1021 ff.). Unterbleibt beim Erlass einer einstweiligen Anordnung wegen
Gefahr im Verzuge die Anhörung des sorgeberechtigten Elternteils, so muss die zwingend vorgeschriebene mündliche Anhörung unverzüglich nachgeholt werden (§ 160
Abs. 4 FamFG).

2. Der Verfahrensbeistand – Anwalt des Kindes - § 158 FamFG

In Fällen der Kindeswohlgefährdung besteht nicht selten auch ein Interessengegensatz   39
zwischen Eltern und Kindern. Das gerichtliche Verfahren zur Sicherung des Kindeswohls richtet sich deswegen in der Sache auch **gegen die Eltern**. Dem Jugendamt und
dem Gericht als den beteiligten Institutionen sind jedoch die Hände gebunden für eine
eindeutige, allein am Kind orientierte Interessenvertretung: Das Jugendamt hat wegen
seines institutionalisierten Interessenkonflikts (vgl. § 12 IV.) eben auch mit den Eltern
und der Familie zu arbeiten, selbst nach der Entscheidung des Familiengerichts. Und
dem Familiengericht ist es untersagt, im Verfahren allein die Interessenposition eines
Beteiligten zu vertreten. Deswegen wurde rechtspolitisch seit langer Zeit eine Interes-
sensvertretung für das Kind gefordert, der „Anwalt des Kindes" (Salgo 1993; Salgo
1995). Gewicht erhielten diese Forderungen durch Entscheidungen des Bundesverfassungsgerichts, das ausführte, dass das Kind als Träger eigener Grundrechte in Verfahren der Verfassungsbeschwerden bezüglich seiner Interessensposition eigenständig
vertreten sein müsse (BVerfG 18.6.1986–1 BvR 857/85, BVerfGE 72, 122 ff.; BVerfG
14.4.1987–1 BvR 332/86, BVerfGE 75, 201 ff.). Mit der **Etablierung des Verfahrenspflegers (seit 2009 Verfahrensbeistand)** durch das Kindschaftsrecht (1.7.1998) kam
der Gesetzgeber diesen Forderungen nach (ausführlich Salgo u. a.).

§ 158 FamFG legt fest, dass das Familiengericht für das minderjährige Kind in Kind-   40
schaftssachen, die seine Person betreffen, einen **Verfahrensbeistand** zu bestellen hat,
soweit dies zur Interessenswahrnehmung des Kindes erforderlich ist. In § 158 Abs. 2
FamFG zählt das Gesetz Fälle auf, in denen die Bestellung in der Regel erforderlich ist:

- Erheblicher Interessensgegensatz zwischen gesetzlichem Vertreter und dem Kind;
- Verfahren nach § 1666 BGB (wenn ein teilweiser oder vollständiger Entzug der
  Personensorge in Betracht kommt);
- Trennung des Kindes von der Person, in deren Obhut es sich befindet;

- Herausgabe des Kindes unter Verbleibensanordnung;
- Ausschluss oder wesentliche Beschränkung des Umgangsrechts.

41 In all diesen Fällen ist in der Regel ein Verfahrensbeistand zu bestellen. Sieht das Gericht in diesen Fällen von einer Bestellung ab, ist eine (ausführliche) Begründung notwendig. Wird ein Verfahrensbeistand nicht bestellt und fehlt es an einer solchen Begründung, so ist das Verfahren fehlerhaft.

42 Hinsichtlich der **Aufgaben des Verfahrensbeistands** gab es ehedem erheblich unterschiedliche Auffassungen (vgl. 6. Aufl. Kap. 12.5.2), was dazu führte, dass die ehemalige Verfahrenspflegschaft durch Ungleichzeitigkeiten und z.t. durch erhebliche Unterschiedlichkeiten gekennzeichnet war (vgl. die grundlegende Untersuchung zur Verfahrenspflegschaft von Münder/Hannemann/Bindel-Kögel u.a. 2009). Deswegen sind die Aufgaben nunmehr in § 158 Abs. 4 FamFG kurz angesprochen. So ist die zentrale Aufgabe des Verfahrensbeistand, die Interessen des Kindes festzustellen und sie im gerichtlichen Verfahren zu vertreten, er hat das Kind über das Verfahren zu informieren, es ihm zu erklären und dem Kind damit die Möglichkeit zu geben, das Verfahren, das Ergebnis usw. zu verstehen. Über diese Aufgaben hinaus kann das Gericht ihm ausdrücklich zusätzliche Aufgaben übertragen (Gespräche mit den Eltern und weiteren Bezugspersonen, Mitwirkung an einvernehmlichen Regelungen), diese zusätzlichen Aufgaben hat das Gericht konkret festzulegen und es hat die Beauftragung zu begründen. Damit soll möglichen Streitfällen, die vor dieser Regelung hinsichtlich der Aufgabenwahrnehmung des Verfahrensbeistands nicht selten waren (vgl. 6 Aufl. aaO.), vorgebeugt werden.

43 Von der **Rechtsstellung** her ist der Verfahrensbeistand in eigenem Namen tätig, er ist also nicht gesetzlicher Vertreter o. ä. der Kindes. Er ist (§ 158 Abs. 3 FamFG) Beteiligter und hat damit die Rechte eines Beteiligten, z.B. das Recht auf Akteneinsicht (§ 13 FamFG), das Recht auf Teilnahme am Gerichtstermin, es muss ihm die Möglichkeit gegeben werden, an Kindesanhörungen teilzunehmen. Ausdrücklich ist auch festgelegt, dass er die Möglichkeit hat, im Interesse des Kindes Rechtsmittel einzulegen (§ 158 Abs. 4 S. 5 FamFG). Festgelegt ist, dass der ehrenamtlich tätige Verfahrensbeistand einen Aufwendungsersatz erhält, der berufsmäßige Verfahrensbeistand eine Vergütung, die pauschaliert ist (§ 158 Abs. 7 FamFG). Mit dieser Pauschale sind alle Aufwendungen abgegolten.

44 Weitere Aussagen über die Person, die Qualifikation des zu bestellenden Verfahrensbeistands usw. hat das Gesetz nicht getroffen. Inzwischen zeigt sich, dass sich die Verfahrensbeistandschaft in Richtung einer spezialisierten, professionalisierten Tätigkeit entwickelt, die aber immer noch – z.B. auf der Ebene der Qualifikationen – durch eine erhebliche Bandbreite gekennzeichnet ist.

VI. Internationales Recht und Kindeswohlgefährdung

Bezüglich des internationalen Rechts bei Kindeswohlgefährdung kann weitgehend auf   45
die allgemeinen Ausführungen im internationalen Recht im Eltern/Kind-Rechtsver-
hältnis in § 10 V. verwiesen werden.

1. Zuständigkeit

So gilt für die Zuständigkeit der Gerichte das in Deutschland seit 1.1.2011 gültige   46
KSÜ und die seit 1.3.2005 in Deutschland gültige **Verordnung (EG) Nr. 2201/2003**
(sogenannte **Brüssel IIa-VO**) der EU (ausführlich vgl. § 2 II. 1.). Beide sind maßgeblich
für die elterliche Sorge und damit auch für die „Entziehung" der elterlichen Verantwortung. Im Verhältnis der beiden Bestimmungen zueinander ist die Brüssel IIa-VO
vorrangig, d. h. für Angehörige der EU-Staaten ist regelmäßig auf diese Verordnung
zurückzugreifen, ansonsten auf das KSÜ. In der Sache ist das Ergebnis für die Zuständigkeit der Gerichte identisch (Art. 8 in der Verordnung und Art. 15 des KSÜ): Es ist
das Gericht, die Behörde örtlich zuständig, in dem das **Kind** zum Zeitpunkt einer Antragstellung seinen **gewöhnlichen Aufenthalt** hat.

2. Anwendbares Recht

Bezüglich des **anwendbaren Rechts** würden Art. 21 und Art. 24 EGBGB greifen, sofern   47
keine **vorrangigen staatsvertraglichen Regelungen** existieren. Mit dem **KSÜ** existiert
gerade für den Bereich des Kindeswohls eine solche vorrangige Regelung. Auch hier
gilt für das Verhältnis dieser beiden Rechtsquellen untereinander wieder das o. a. Ge-
sagte. Nach den Bestimmungen des KSÜ wenden die Behörden, Gerichte der jeweiligen
Staaten ihr eigenes Recht, bei einem Fall in Deutschland also § 1666 BGB, an (vgl.
Art. 15 KSÜ).

Weiterführende Literatur
Simitis u.a. 1979; Zenz 1979; Münder ZfJ 1988, 10 ff.; Salgo 1993; Münder/Mutke/
  Schone 2000; Salgo u.a. 2010

§ 13. Elterliche Sorge bei Trennung

Leitlinie für die elterliche Sorge nach Trennung/Scheidung ist und bleibt das Wohl des   1
Kindes. Eine gute Basis hierfür ist das Einvernehmen der Eltern; durch Verfahrensbestimmungen soll das gefördert werden. Besteht nach Trennung/Scheidung weiterhin
gemeinsame elterliche Sorge, erhält der Elternteil, bei dem sich das Kind gewöhnlich
aufhält, für die Erledigung von Alltagsangelegenheiten die erforderlichen Kompetenzen. In strittigen Fällen ist das Wohl des Kindes konkret im Einzelfall zu ermitteln. Die
Bezugnahme auf allgemeine Prinzipien, normative Regeln usw. kann dies nicht ersetzen.

Ausführlich behandelte Bestimmungen

- Elterliche Sorge bei Trennung: § 1671 BGB
- Entscheidungsrecht bei gemeinsamer elterlicher Sorge: §§ 1628, 1687 BGB
- Verfahren: §§ 151 ff., insbes. § 156 FamFG
- Internationales Recht: Verordnung (EG) Nr. 2201/2003 des Rates über die Zuständigkeit und die Anerkennung und Vollstreckung von Entscheidungen in Ehesachen und in Verfahren betreffend die elterliche Verantwortung und zur Aufhebung der Verordnung (EG) Nr. 1347/2000 (Brüssel IIa-VO); Art. 21 EGBGB

Wichtige, interessante Entscheidungen

- Zum Willen des Kindes, zur Bindung des Kindes als Entscheidungskriterium: BGH 11.7.1984 – IV b ZB 73/83, FamRZ 1985, 169 f.
- Zur Frage der gemeinsamen elterlichen Sorge oder alleinigen elterlichen Sorge im Konfliktfall: BVerfG 18.12.2003–1 BvR 1140/03, FamRZ 2004, 354 ff.; BVerfG 1.3.2004–1BvR 738/01, FamRZ 2004, 1015 ff.; BGH 12.12.2007 – XII ZB 158/05, FamRZ 2008, 592
- Zu Angelegenheiten von erheblicher/alltäglicher Bedeutung: OLG München 13.7.1998–12 WF 966/98, FamRZ 1999, 111 f.; OLG München 15.3.1999–26 UF 1502 und 1659/98, NJW 2000, 368 f.; OLG Rostock 9.12.2005–11 UF 99/05, FamRZ 2007, 1835
- Grundrechtsverwirklichung durch Verfahren: BVerfG 5.9.2007–1 BvR 1426/07, FamRZ 2007, 1797

2 Jedes Jahr ist eine erhebliche Anzahl von Kindern von Scheidung betroffen. Jedoch schlägt sich die hohe Scheidungsziffer von um die 40 % (vgl. § 3 IV.) nicht unmittelbar in einer nennenswerten Steigerung der absoluten der Zahl der betroffenen Kinder nieder. Denn zum einen leben überhaupt nur in jeder zweiten geschiedenen Ehe minderjährige Kinder (von insgesamt 187.640 geschiedenen Ehen im Jahr 2011 waren das 92.892 mit minderjährigen Kindern, in denen allerdings insgesamt 148.239 Kinder lebten. Statistisches Bundesamt 2013, https://www.destatis.de/DE/ZahlenFakten/GesellschaftStaat/Bevoelkerung/Ehescheidungen/Tabellen/EhescheidungenKinder.html). Zum anderen entwickelt sich die absolute Zahl von Scheidungen aufgrund einer geringer werdenden Heiratsneigung (hierzu: Peukert 2012, 19) in den letzten Jahren sogar etwas rückläufig (von 213.975 Scheidungen 2003 auf 187.640 Scheidungen 2011).

3 Die Regelungen des BGB von 1900 zur „elterlichen Sorge" nach Scheidung – schon diese Begrifflichkeit war dem BGB seinerzeit noch vollkommen fremd – hatten ein im Vergleich zu heute gänzlich anderes funktionales Verständnis von Scheidung auch hinsichtlich der sorgerechtlichen Konsequenzen normativ umzusetzen. Nach ihnen verblieb die (damals) väterliche Gewalt grundsätzlich beim Vater. Wenn er an der Scheidung allein schuldig war, erhielt die Mutter (nur) die Personensorge; falls die Ehe aus beiderseitigem Verschulden geschieden wurde, erhielt die Mutter die Personen-

sorge für die Töchter und für die Söhne unter 6 Jahren; Vermögenssorge, gesetzliche Vertretung und die gesamte väterliche Gewalt für die älteren Söhne verblieben beim Vater. Erst mit dem Gleichberechtigungsgesetz von 1957 konnte die Mutter die volle elterliche Gewalt bekommen. Wegen dieser Anknüpfung an das Verschulden konnte grundsätzlich nur der schuldlose Elternteil die elterliche Sorge erhalten.

Aus der Sicht des Kindes wurde erst mit dem 1. EheRG von 1977 der Durchbruch **4** geschafft. Seitdem ist das **Wohl des Kindes das zentrale Entscheidungskriterium** für die Verteilung der elterlichen Sorge (ausführlich Coester 1983). Eine weitere Zäsur brachte das Kindschaftsrechtsreformgesetz (KindRG) von 1998. In § 1671 BGB wird nun **nicht mehr** auf die **Scheidung, sondern** auf die **Trennung abgestellt**, die Scheidung ist ein „Unterfall" der Trennung. Und: § 1671 BGB gilt für alle Fälle der gemeinsamen elterlichen Sorge, also auch für gemeinsame elterliche Sorge durch Sorgeerklärung (vgl. § 10 II.).

I. Von der Starrheit zur Flexibilität

Während nach altem Recht mit der Scheidung zwingend stets auch über die elterliche **5** Sorge zu entscheiden war (sogenannter Scheidungsverbund – vgl. § 4 V.), ist dieser Verbund nunmehr aufgelöst. Bei der Scheidung bzw. einer Trennung wird in den Fällen, in denen gemeinsame elterliche Sorge besteht, über die **elterliche Sorge nicht mehr zwingend automatisch** mit **entschieden**, sondern nur, wenn ein Elternteil beim Familiengericht beantragt, dass ihm die elterliche Sorge übertragen wird (ausführlich Schwab FamRZ 1998, 457 ff.). Sofern ein solcher Antrag nicht vorliegt, wird grundsätzlich (das heißt abgesehen von den Ausnahmefällen des § 1666 BGB) keine familiengerichtliche Entscheidung über die elterliche Sorge getroffen. Es bleibt in all diesen Fällen **weiterhin** bei der **gemeinsamen elterlichen Sorge**. Nach der Begründung zum KindRG wollte der Gesetzgeber damit keine Entscheidung darüber treffen, ob der gemeinsamen elterlichen Sorge von geschiedenen (oder getrennt lebenden) Eltern der Vorzug gegenüber der Alleinsorge eines Elternteiles gegeben werden solle. Er wollte mit dieser Regelung vielmehr dafür sorgen, dass in erster Linie die Eltern selbst darüber entscheiden, wie sie denn zukünftig die elterlichen Sorge gestalten wollten (BT-Ds. 13/4899, 63). Der Grundgedanke dieses Konzeptes ist der, dass es für die Kinder in den meisten Fällen am sinnvollsten ist, wenn sich die Eltern **einvernehmlich** über die Handhabung der elterlichen Sorge **verständigen**. Er beruht auf der (hoffnungsvollen) Annahme, dass eine gemeinsame elterliche Sorge nach der Scheidung insbesondere zu vermehrtem Kontakt der Kinder mit dem Elternteil führt, der außerhalb der Familie lebt, weil dieser ja nunmehr auch zukünftig an wichtigen Entscheidungen (vgl. auch § 13 III.) bezüglich der Kinder zu beteiligen ist. Zum Teil ist damit auch die Erwartung verbunden, dass durch die damit gegebene Einflussmöglichkeit auf die Erziehung des Kindes die Bereitschaft des außerhalb der Familie lebenden Elternteils steigt, seine Unterhaltsverpflichtungen zu erfüllen (weiterführend: Hammer FamRZ 2005, 1209 ff.; Kostka 2004; Dettenborn/Walter 2002, 142 ff.).

Die gemeinsame elterliche Sorge nach Scheidung wurde in breiterem Umfang erstmals in den Vereinigten Staaten von Amerika entwickelt. Kalifornien war der erste Staat in den USA, der 1979 die gemeinsame elterliche Sorge nach Scheidung zuließ. Die Untersuchungen bezüglich der gemeinsamen elterlichen Sorge für die kalifornischen Verhältnisse (vgl. Mnookin 1996; Maccoby/Mnookin FamRZ 1995, 1 ff.) ergaben, dass sie als solche keinen signifikanten Einfluss auf den anhaltenden Kontakt der außerhalb der Familie lebenden Elternteile (also faktisch meist der Väter) mit ihren Kindern hatte. Die Tatsache der gemeinsamen elterlichen Sorge bedeutet auch nicht, dass sich solche Väter in größerem Umfang als andere Väter an den alltäglichen, aber auch an den wichtigen Erziehungsentscheidungen beteiligten. Auch die Erwartung, dass die Bereitschaft zur Erfüllung der Unterhaltspflicht zunähme, hat sich (leider) nicht in dem erwarteten Umfang erfüllt. In Deutschland gibt es bisher keine derartigen Untersuchungen. Die ausführlichste Untersuchung (Proksch 2002) zur elterlichen Sorge bei Trennung und Scheidung fand im Anschluss an die Reform des Kindschaftsrechts statt und konnte auf diesen Punkt noch nicht eingehen.

6 **Alleinige elterliche Sorge** ist nach wie vor möglich. Ohnehin hat sie nach § 1626a Abs. 3 BGB die Mutter, wenn sie nicht mit dem Vater eine Ehe eingegangen ist, keine Sorgeerklärung abgegeben wurde und auch keine gerichtliche Übertragung gemeinsamer Sorge erfolgt ist. Nach § 1671 Abs. 2 BGB ist aber auch eine alleinige elterliche Sorge des Vaters auf dessen Antrag hin möglich. Die Regelung wurde in dieser Form durch das „Gesetz zur Reform der elterlichen Sorge nicht miteinander verheirateter Eltern" vom 18.4.2013 eingeführt und löst den bisherigen § 1672 BGB ab. Nach ihr kann die Übertragung der alleinigen Sorge auf den Vater im Einvernehmen mit der allein sorgeberechtigten Mutter geschehen, wobei aber das Kind, wenn es bereits älter als 14 Jahre ist, widersprechen kann. Auch im Falle des Einvernehmens mit der Mutter ist aber zumindest eine „negative" Kindeswohlprüfung erforderlich, d.h. die Sorgerechtsübertragung auf den Vater darf dem Kindeswohl nicht widersprechen. Ansonsten ist dem Antrag aber auch unabhängig vom Widerspruch des älteren Kindes oder vom Einvernehmen der Eltern, stattzugeben, wenn dies dem Wohl des Kindes am besten entspricht. Ruht die elterliche Sorge der Mutter nach § 1751 Abs. 1 BGB bereits, weil sie schon in eine Adoption des Kindes eingewilligt hat (vgl. § 16 IV.), dann bekommt der Vater auf seinen Antrag hin wiederum bereits dann vom Familiengericht die Sorge übertragen, wenn das dem Wohl des Kindes nicht widerspricht, § 1671 Abs. 3 BGB. Anders als bei der alleinigen Sorge der Mutter, die auch dann bestehen kann, wenn beide Elternteile zusammen leben, ist für die Übertragung der elterlichen Sorge nach § 1671 Abs. 2 BGB das nicht nur vorübergehende Getrenntleben der Eltern vorausgesetzt (im Einzelnen: Huber/ Antomo FamRZ 2013, 667).

7 Dieselbe Voraussetzung des nicht nur vorübergehenden Getrenntlebens gilt vor allem aber auch bei gemeinsamer elterlicher Sorge, wenn einer der beiden Elternteile den Antrag stellt, die alleinige Sorge zu erhalten. Das Familiengericht hat diesem Antrag nach § 1671 Abs. 1 Nr. 1 BGB stattzugeben, wenn der andere Elternteil **zustimmt**, es

sei denn, dass ein Kind, das das 14. Lebensjahr bereits vollendet hat, einem solchen Antrag und damit der Übertragung auf einen Elternteil widerspricht. In diesem Fall ist wie bei der **Nichtzustimmung des anderen Elternteils** nach Nr. 2 zu verfahren. Dann nämlich muss das Familiengericht nach § 1671 Abs. 1 Nr. 2 BGB seine Entscheidung – wie stets, wenn zwischen den Eltern unterschiedliche Positionen bestehen (§ 1697 a BGB) – am Wohl des Kindes ausrichten: Wenn zu erwarten ist, dass die Aufhebung der gemeinsamen elterlichen Sorge und die Übertragung (gerade) auf den Antragsteller dem Wohl des Kindes am besten entsprechen, hat das Familiengericht einem solchen Antrag stattzugeben. Ausdrücklich vom Gesetz zugelassen und in der gerichtlichen Praxis weit verbreitet ist es auch, dass einem Elternteil nur ein Teilbereich oder mehrere Teilbereiche der elterlichen Sorge übertragen werden (etwa das Aufenthaltsbestimmungsrecht, die schulischen Angelegenheiten usw.). Die Kompetenzen des Familiengerichts beschränken sich darauf, die gesamte elterliche Sorge oder Teilbereiche davon einem Elternteil zu übertragen. Dagegen kann das Familiengericht nicht selbst den Aufenthalt des Kindes bestimmen und gestalten. Insbesondere kann ein Wechselmodell, wie es durch gemeinsam sorgeberechtigte getrenntlebende Eltern im Rahmen autonomer Sorgerechtsgestaltung durchaus nicht selten praktiziert wird und nach dem eine anteilig gleichwertige Betreuung durch jedes der Elternteile erfolgt, nicht nach § 1671 BGB angeordnet werden (Wanitzek FamRZ 2008, 933 ff.; siehe zum sog. Wechselmodell auch: Kaiser FPR 2008, 143 ff.; Flemming Kind-Prax 2005, 96 f.). Nach der Reform des Kindschaftsrechts und der damit verbundenen Änderung des § 1671 BGB ist es zu einem **deutlichen Anstieg gemeinsamer elterlicher Sorge** gekommen: In etwa zwei Dritteln der Fälle besteht nach der Scheidung gemeinsame elterliche Sorge und in nur etwa einem Drittel der Fälle alleinige elterliche Sorge, in den meisten Fällen die der Mutter (ausführlich Proksch 2002, 59 ff.).

II. Das Wohl des Kindes als Entscheidungskriterium

Rechtlich betrachtet sind die Fälle einer weiterhin bestehenden gemeinsamen elterlichen Sorge und einer alleinigen elterlichen Sorge im Einvernehmen (d.h. mit Zustimmung des anderen Elternteils) unproblematisch. Besteht allerdings ein Dissens, will also ein Elternteil die alleinige elterliche Sorge ausüben, ohne dass der andere Elternteil zustimmt, so führt dies regelmäßig zu rechtlichen Auseinandersetzungen. Dann ist das Wohl des Kindes das – umstrittene und auslegungsbedürftige – Entscheidungskriterium. Die Formel vom Wohl des Kindes ist generell der Maßstab, an dem die elterliche Erziehungsautonomie ihre Grenze findet (vgl. § 12). Dies gilt auch bei Trennung und Scheidung:

■ Stimmt der andere Elternteil der Sorgerechtsübertragung nicht zu, so nennt das Gesetz selbst unmittelbar das Wohl des Kindes als zentrales Entscheidungskriterium, § 1671 Abs. 1 Nr. 2 BGB;

8

■ stimmt dagegen der andere Elternteil zu, dem einen Elternteil die alleinige elterliche Sorge zu übertragen, muss das Familiengericht dem ohne nähere Prüfung folgen, es sei denn, das 14 Jahre alte oder ältere Kind widerspricht (§ 1671 Abs. 1 Nr. 1, 2. HS. BGB) oder die elterliche Sorge muss „aufgrund anderer Vorschriften" abweichend geregelt werden, § 1671 Abs. 4 BGB. Hiermit ist insbesondere § 1666 BGB gemeint, der alle elterlichen Handlungen, und somit auch den übereinstimmenden Antrag auf alleinige elterliche Sorge, unter dem Aspekt der Gefährdung des Wohls des Kindes beurteilt;

■ aber auch in den Fällen, wo **überhaupt kein Antrag** gestellt wird, bildet § 1666 BGB die Grenze autonomer elterlicher Sorgerechtsgestaltung in der Trennungs-/Scheidungssituation.

9   Der Begriff „Wohl des Kindes" ist rechtlich unbestimmt. Eine allgemeine, für alle Lebensverhältnisse passende Definition würde kaum weiterhelfen, da sie wiederum sehr abstrakt wäre. Insofern ist es erforderlich – ähnlich wie bei der „Gefährdung des Kindeswohls" nach § 1666 BGB (vgl. § 12 I.) – zu prüfen, was das Wohl des Kindes in der konkreten Situation von Trennung und Scheidung bedeutet.

1. Von der „richtigen" zur „einvernehmlichen" Entscheidung

10   Lange Zeit konzentrierte sich die fachliche Diskussion darauf, was „das Beste" für das Kind ist, was also die „richtige" Ausfüllung des Begriffs vom Wohl des Kindes sei. Anfangs wurden materielle und psychische Versorgungsaspekte hervorgehoben (vgl. Simitis u.a. 1979, 280 ff.). Anders als heute spielten auch normative moralische Kriterien teilweise eine Rolle.

> Heute ist bspw. die Zuweisung der elterlichen Sorge an einen Elternteil – wenn das Kindeswohl dem im Konkreten zu prüfenden Einzelfall nicht widerspricht – möglich, auch wenn die Mutter in einer gleichgeschlechtlichen Beziehung lebt (AG Mettmann 16.11.1984 – 41 F 62/ 64, FamRZ 1985, 529), zu sado-masochistischen Praktiken neigt (OLG Hamm 1.2.2006 – 10 UF 147/04, FamRZ 2006, 1697), der Elternteil sich der Bhagwan-Bewegung angeschlossen hat (OLG Hamburg 13.8.1985 – 12 UF 8/85 S, FamRZ 1985, 1284), er Zeuge Jehovas ist (OLG Karlsruhe 13.8.2001 – 5 UF 140/01, FamRZ 2002, 1728; EGMR 16.12.2003 – 64927/01 (Palau Martinez/Frankreich) FamRZ 2004, 765), der Elternteil in einer sogenannten alternativen Gemeinschaft lebt (OLG Stuttgart 3.7.1984 – 15 UF 33/83, NJW 1985, 67), der Elternteil HIV-positiv ist (OLG Stuttgart 25.2.1988 – 17 UF 17/88, NJW 1988, 2620) oder auch wenn er sich nach der Scheidung einer operativen Geschlechtsanpassung unterzogen hat (OLG Schleswig 25.8.1989 – 13 UF 119/89 und 13 WF 123/89, FamRZ 1990, 433 ff.).

11   Eine Zeitlang stellte die Rechtsprechung auf kognitive, lernorientierte Förderungskriterien ab. Später wurden die entstandenen sozialen Bindungen des Kindes und die Kontinuität des Erziehungsprozesses betont und zunehmend familiensystemische und familiendynamische Aspekte eingebracht (vgl. § 13 II. 2.). Dies alles aber ist im Einzelfall schwereinzuordnen. Deswegen misst § 1671 BGB dem **Konsens der Eltern** ein **großes Gewicht** bei. Dies zum einen dadurch, dass dann, wenn kein Antrag vorliegt,

davon ausgegangen wird, dass die Elternteile untereinander ein **einvernehmliches Arrangement** gefunden haben. Das Ergebnis dieses Arrangements könnte dann die weiterhin bestehende gemeinsame elterliche Sorge sein. Aber auch dann, wenn sich die Eltern dahingehend verständigen, dass ein Elternteil die alleinige elterliche Sorge übertragen bekommen soll, geht das Gesetz in § 1671 Abs. 1 Nr. 1 BGB davon aus, dass einem solchen **Antrag** grundsätzlich stattzugeben ist, wenn der andere Elternteil damit **einverstanden** ist. Nur dem Willen des 14jährigen oder älteren Kindes kommt, wie gesehen, eine Art „Gegenwirkung" zu. Es muss also darum gehen, eine möglichst **einvernehmliche Regelung** zu finden, damit der Konflikt relativ geringe Auswirkungen auf das Kind hat. Wie Langzeituntersuchungen gezeigt haben (vgl. Fthenakis u.a. 1982, 161 ff. m.w.N,), ermöglicht dies, dass Kinder auch nach der Trennung positive Beziehungen zu beiden Eltern behalten, was die bestmögliche Verwirklichung des Kindeswohls bedeutet: statt der „besten" also die „einvernehmliche" Lösung (Lempp 1989; Coester 1983; Coester FuR 1991, 70 ff.). Damit gibt es dann vielleicht keine „Sieger", aber es wird erreicht, dass nicht die Kinder die Last der Scheidung tragen (dazu sehr beeindruckend Wallerstein/Lewis/Blakeslee 2002). In der Mehrzahl der Fälle ist es inzwischen so, dass bereits zum Zeitpunkt der Scheidung Konsens über die elterliche Sorge besteht (zu über 70 % in der Untersuchung von Proksch 2002, 78). In anderen Fällen kann eine einvernehmliche Lösungen erst aufgrund des Einwirkens des Familiengerichts auf die Eltern im Verlauf des kindschaftsrechtlichen Verfahrens erreicht werden (§ 156 FamFG). Hierbei spielt die Verweisungsmöglichkeit auf Beratungsangebote (zur Beratung: Kölch/Fegert FamRZ 2008, 1573 ff.) insbesondere auch der Jugendhilfe nach § 17 SGB VIII (ausführlich Münder/ Trenczek 2011, 7. 2.) eine besondere Rolle (vgl. § 13 IV.).

2. Wichtige Aspekte bei streitigen Entscheidungen

Besteht kein Konsens, so kommt es bisweilen zu heftigen Auseinandersetzungen zwischen den Beteiligten. Sie führen zu der der rechtlichen Frage, welche Kriterien in diesen Fällen maßgeblich sein sollen. Ausgelöst durch die damalige Änderung von § 1671 BGB zum 1.7.1998 konzentrierte sich die Auseinandersetzung bei streitigen Fällen zunächst darauf, ob aufgrund der Gesetzesänderung nun die **gemeinsame elterliche Sorge der Regelfall** sei (und deswegen der Elternteil, der die alleinige elterliche Sorge in einem streitigen Fall begehrt, entsprechend beweisen müsse, dass diese dem Wohl des Kindes entspräche) **oder** ob auch hier **im Einzelfall zu prüfen** sei, ob eine dem Kindeswohl dienliche Basis zwischen den Eltern in Hinsicht auf Kooperation und Kommunikation besteht (zur Darstellung des damaligen Streitstandes vgl. 4. Aufl., 170). Eine gewisse Entspannung schien die Entscheidung des BGH vom 29.9.1999 (XII ZB 3/99 – FamRZ 1999, 1646 ff.) zu bringen, die als Voraussetzung der gemeinsamen elterlichen Sorge **Konsens- und Kooperationsbereitschaft der Eltern** verlangte und bei mangelnder Bereitschaft hierzu die Übertragung der elterlichen Sorge auf einen Elternteil als kindeswohldienlich ansah. In der Folge kam es aber zu Auseinandersetzungen über die Di-

12

mension des elterlichen Dissenses bzw. das notwendige Maß an Kommunikations- und Kooperationsbereitschaft. Viele Entscheidungen der Gerichte stellten an die Kooperationsbereitschaft der Eltern als Voraussetzung für die Aufrechterhaltung der gemeinsamen elterlichen Sorge relativ geringe Anforderungen (vgl. den Überblick bei Motzer FamRZ 2003, 793 ff.). Dies war wohl mit der Grund dafür, dass sich das Bundesverfassungsgericht veranlasst sah, klare Aussagen zu treffen (BVerfG 18.12.2003–1 BvR 1140/03, FamRZ 2004, 354 ff.): Es machte deutlich, dass es von Verfassungs wegen nicht geboten sei, der gemeinsamen elterlichen Sorge gegenüber der alleinigen elterlichen Sorge den Vorrang einzuräumen, dass das Gesetz dies auch nicht vorsehe und dass auch nicht zu vermuten sei, dass die gemeinsame Sorge im Zweifelsfall für das Kind die beste Form der Wahrnehmung elterlicher Sorge ist. Vielmehr „setzt die gemeinsame Ausübung der Elternverantwortung eine tragfähige soziale Beziehung zwischen den Eltern voraus, erfordert ein Mindestmaß an Übereinstimmung zwischen ihnen und hat sich am Kindeswohl auszurichten" (a.a.O.). Dies hat das Bundesverfassungsgericht in einer weiteren Entscheidung (BVerfG 1.3.2004–1 BvR 738/01, FamRZ 2004, 1015 f.) nochmals ausdrücklich betont und hinzugefügt, dass einem Elternteil auf Antrag die elterliche Sorge zu übertragen ist, „wenn zu erwarten ist, dass die Aufhebung der gemeinsamen Sorge und die Übertragung ... dem Wohl des Kindes am besten entspricht". Daran hält auch der BGH nach wie vor fest (BGH 12.12.2007 – XII ZB 158/05, FamRZ 2008, 592 m. Anm. Luthin 594). Damit ist klargestellt: Das **Wohl des Kindes ist stets die oberste Richtschnur.** Deshalb ist es sogar möglich, dem Elternteil, der erkennbar und in schwerem Maße die Hauptverantwortung dafür trägt, dass keine einvernehmliche Sorgerechtslösung gefunden werden konnte, dennoch das Sorgerecht allein zu übertragen, wenn dies aus Gründen des Kindeswohls geboten ist. Denn: Sorgerechtentscheidungen haben nicht die Funktion, pflichtwidriges Verhalten der Eltern zu sanktionieren (vgl. BGH 12.12.2007 – XII ZB 158/05, FamRZ 2008, 592), Zu beachten ist auch der **Verhältnismäßigkeitsgrundsatz,** weswegen nicht immer die gesamte elterliche Sorge auf einen Elternteil übertragen werden muss, sondern auch **Teilentscheidungen** möglich sind (so auch ausdrücklich BVerfG a.a.O.), z.B. nur die Übertragung des Aufenthaltsbestimmungsrechts (vgl. OLG Dresden 9.2.2007–20 UF 799/06, FamRZ 2007, 923). Hiernach könnte der Elternteil, dem dieses Recht übertragen wurde, den alltäglichen Lebens- und Erziehungsort des Kindes bestimmen, während es im Übrigen bei der gemeinsamen elterlichen Sorge bliebe.

13 In strittigen Fällen spielen aber auch andere Aspekte eine Rolle. Naheliegend ist es z.B., auf den **Willen des Minderjährigen** abzustellen. Der Wille des Kindes ist stets ein wichtiges Entscheidungskriterium (BGH 11.7.1984 – IV b ZB 73/83, NJW 1985, 1703; OLG Schleswig 26.2.2003–10 UF 195/02, FamRZ 2003, 1494 f.), das die Familiengerichte zu berücksichtigen verpflichtet sind (zur Kindesanhörung vgl. § 13 IV.). Jedoch kommt dem Willen des Minderjährigen keine letztlich ausschlaggebende Bedeutung zu. Nur beim entgegenstehenden Willen des über 14 Jahre alten Kindes hat der Gesetzgeber vorgesehen, dass hierdurch die „Indizfunktion" des gemeinsamen elterli-

chen Vorschlags neutralisiert wird. Mit dem Begriff des „**Wohls des Kindes**" sind außerjuristische, sozial- und humanwissenschaftliche Kategorien angesprochen, die ob ihrer Komplexität einfache und eindeutige Lösungen ausschließen. Welche Gesichtspunkte unter dem Aspekt des Wohls des Kindes bei der Entscheidung über die elterliche Sorge von Bedeutung sind, hängt davon ab, wie die verschiedenen human- und sozialwissenschaftlichen Erkenntnisse jeweils gewichtet werden. Gegenwärtig konkurrieren diesbezüglich vor allem ein bindungstheoretisch begründeter Kontinuitätsgrundsatz und die sogenannte systemtheoretische, systemische, familiendynamische Theorie miteinander.

Der **Bindungsbegriff** hatte im Kindschaftsrecht durch die Neuregelung des Rechts der elterlichen Sorge von 1980 eine besondere Berücksichtigung gefunden, da in § 1671 Abs. 2 BGB a.F. die Bindungen des Kindes zu seinen Eltern und zu seinen Geschwistern ausdrücklich erwähnt wurden. Das Konzept der klassischen Bindungstheorie wurde vor dem Hintergrund der Psychoanalyse Freuds entwickelt, es wird ergänzt durch ethologische und ethnologische Forschungsansätze sowie durch die Erkenntnisse der Deprivationsforschung. Aus diesen humanwissenschaftlichen Erkenntnissen entwickelte die Bindungslehre die Auffassung, dass Kinder für ihre Entwicklung (mindestens) eine Person brauchen, deren Beteiligung an ihrem Schicksal über die notwendige Grundversorgung (Versorgung mit Nahrung, Körperpflege) hinausgeht. Theoretische Grundlagen sind auf psychoanalytischer Ebene die **Theorie der Objektbeziehung** und der **verhaltensbiologisch orientierte Ansatz**, die beide davon ausgehen, dass das neugeborene Kind die Fähigkeit zur sozialen Beziehung erst erwerben muss. Dies geschehe durch Lernprozesse im Rahmen des Umgangs der Hauptperson mit dem Kind (zur Bindungstheorie: Bowlby 2005). Die Konsequenz der Bindungstheorie im Kontext kontroverser Scheidungsverfahren bestünde in einerklaren rechtlichen Zuordnung des Kindes zu einer Hauptperson (Lempp FamRZ 1984, 741 ff.; Klussmann 1995; Kaltenborn ZfJ 1989, 60 ff.). Die **systemorientierte, systemische Betrachtungsweise der Familie** (und die entsprechende Weiterentwicklung zur familiendynamischen Betrachtungsweise) sieht die Familie als ein eigenständiges System, in dem die Mitglieder dieser Gruppe ihr Zusammenleben selbst und autonom organisieren können und in diesem Zusammenhang verschiedene Rollen einnehmen. Die Verhältnisse im System der Familie ändern sich im Laufe der Zeit. Entwicklungen, die einzelne Personen der Familie durchmachen, verlangen von den anderen Mitgliedern der Familie ebenfalls Entwicklungen und Veränderungen. Familie ist kein statisches System, sondern ein dynamischer Prozess. In diesem Familiensystem gibt es verschiedene Untersysteme (Subsysteme). Im Scheidungsfall ist die Beziehung zwischen den Elternteilen von besonderer Bedeutung. Hier ist unter familiensystemischem Aspekt zu differenzieren zwischen der Paarebene und der Elternebene. Gerät eine Beziehung in Krisen, so hat dies durchaus Auswirkungen auf die verschiedenen Ebenen. Für den Scheidungsfall aber gilt, dass die Paar-/Partnerschaftsebene und die Elternebene zu unterscheiden sind (hierzu: Balloff/Koritz 2006, 97). Während die Paar-/Partnerschaftsebene gelöst werden kann, ist die gemeinsame Elternschaft nicht lösbar. Dieser Ansatz tendiert daher grundsätzlich zum Fortbestand der gemeinsamen elterlichen Sorge im Scheidungsfall (Jopt FamRZ 1987, 875 ff.; Prestien RdJB 1988, 431 ff.; Proksch FamRZ 1989, 916 ff.).

Bei der Auseinandersetzung (exemplarisch Lempp FamRZ 1984, 161 ff.; Fthenakis 14
1982; Fthenakis FamRZ 1985, 662 ff.) gilt, dass unter dem Aspekt des Wohls des

Kindes **Verabsolutierungen nicht sinnvoll** sind. Der Aspekt der Bindung und der Kontinuität darf sicher nicht unterschätzt werden. Allerdings darf er auch nicht in einem trivialisierenden Alltagsverständnis verwendet werden, etwa in dem Sinne, dass das Kleinkind zur Mutter gehöre. Notwendig ist es, konkret und detailliert Bindung und Verankerung des Minderjährigen im Einzelfall festzustellen. Dabei ist das gesamte sozialisatorische Umfeld (Freunde, Schule, Gruppen usw.), und nicht nur ein Elternteil, zu beachten. Geschieht dies, dann sind Bindung und Kontinuität sicher zentrale Kriterien für die Verteilung der elterlichen Sorge – in der Rechtsprechung wird hierauf entscheidend abgestellt (besonders deutlich bei BGH 11.7.1984 – IV b ZB 73/83, FamRZ 1985, 169 f.; OLG Dresden 15.10.2002–10 UF 433/02, FamRZ 2003, 1489).

15 Ausschlaggebend bleibt bei alledem, dass die Entscheidung **nicht aus Prinzipien abgeleitet** werden kann, sondern dass im Zentrum jeweils die genaue Auseinandersetzung mit dem Einzelfall stehen muss. Zurückhaltung ist gegenüber allen Entscheidungen geboten, die aus „allgemeinen Grundsätzen" abgeleitet werden, ohne dass zugleich eine gründliche Befassung damit stattfindet, wie im konkreten Einzelfall das individuelle Kindeswohl durch diese Entscheidung gesichert wird. Gerade in streitigen Fällen ist es nötig, immer wieder auf die Erkenntnisse und Erfahrungen humanwissenschaftlicher Disziplinen – ggf. mittels Gutachten für konkrete Einzelfälle (vgl. zu den Gutachten § 12 V. 1.) zurückzugreifen.

16 Die **gerichtliche Praxis** zu § 1671 Abs. 1 Nr. 2 BGB zeichnet sich durch eine ausgefeilte Kasuistik aus (eine übersichtliche zusammenfassende Darstellung bei Schilling FamRZ 2007, 3233 ff. v.a. 3237 ff., aktuelle Rechtsprechungsübersicht bei Wanitzek FamRZ 2012, 1344 ff.). So unterscheiden die Gerichte bei der Frage, ob die Aufhebung oder die Beibehaltung der gemeinsamen Sorge für das Kind am besten ist, u.a. folgende **Fallgruppen:** mangelnde Kooperation der Eltern, Weigerung eines Elternteils, Gleichgültigkeit eines Elternteils, keine anstehenden wichtigen Entscheidungen, weit voneinander entfernte Wohnsitze der Eltern, Gründung einer „neuen Familie", tätliche Auseinandersetzungen, Inhaftierung eines Elternteils usw. Der BGH (BGH 12.12.2007 – XII ZB 158/05, FamRZ 2008, 592 m. Anm. Luthin 594) nimmt mit seinem stark verallgemeinernden Postulat, die Pflicht der Eltern zur Konsensfindung lasse sich in der Realität nicht verordnen, mitunter zu schnell an, dass die Aufhebung der gemeinsamen Sorge für das Kind am besten sei. Denn er legt die Entscheidung über die Aufhebung oder Beibehaltung der gemeinsamen Sorge im Ergebnis häufig in die Hände desjenigen Elternteils, der die Alleinsorge begehrt und der seine Erfolgsaussichten faktisch dadurch erhöht, dass er besonders hartnäckig den Umgang des anderen Elternteils behindert oder etwa – wie im konkreten Fall – den als ausgeräumt anzusehenden Vorwurf des sexuellen Missbrauchs aufrechterhält (so auch Elden NJW-Spezial 2008, 292 f.). Immerhin hat der BGH entschieden, dass die Übertragung der Alleinsorge konkrete tatrichterliche Feststellungen voraussetzt und formelhafte Wendungen, nach denen den Eltern die Kontakt- und Kooperationsbereitschaft fehle, solche Feststellungen nicht ersetzen können. Dazu muss das Familiengericht auch prüfen, ob dem Wohl des Kindes nicht in gleicher oder vergleichbarer Weise auch durch Maßnahmen Rechnung getragen werden kann, die weniger in das Elternrecht einschneiden als der mit der Übertragung der Alleinsorge auf den einen Elternteil einhergehende Entzug des Sorgerechts des anderen Elternteils (BGH 11.5.2005 – XII 33/04, FamRZ 2005, 1167). Falls das Gericht im Einzelfall in der ersten Prüfungsstufe zu dem Ergebnis gelangt, dass die Aufhebung der gemeinsamen Sorge für das Kind am besten ist, ist in einem zweiten Schritt zu ermitteln, ob dem antragstellenden Elternteil bzw. – bei widerstreitenden Sorgerechtsanträgen – welchem der beiden Elternteile die Alleinsorge zu übertragen ist. Hierfür hat die Rechtsprechung als **Kriterien** herausgebildet: Erziehungsfähigkeit, Förderungsgrundsatz, Bindungstoleranz, Kontinuitätsgrundsatz, Bindungen des Kindes, Wille des Kindes. Wichtig ist, dass all diese Fallgruppen und Sorgerechtskriterien nur erste Anhaltspunkte bieten können. Das Gericht hat jeweils sämtliche Umstände des Einzelfalles zu ermitteln; hier kommt dem gerichtlichen Verfahren (vgl. § 13 IV.) eine entscheidende Bedeutung zu.

III. Gemeinsame elterliche Sorge und Erziehung bei Getrenntleben

Nicht zuletzt aufgrund der dargestellten Gesetzesänderungen (vgl. § 13 I.) verbleibt die **17** elterliche Sorge auch nach Trennung und Scheidung grundsätzlich bei beiden Elternteilen. Damit stellt sich die Frage, wie die konkrete Erziehung beim Getrenntleben der Eltern funktioniert, denn eine alltägliche Kommunikation zwischen ihnen wird dann in den allermeisten Fällen nicht mehr stattfinden. Hier sind die schon länger bestehenden Regelungen in § **1628 BGB** und die des durch die Kindschaftsrechtsreform eingeführten § **1687 BGB** von Bedeutung. Danach lassen sich unterscheiden:

- Angelegenheiten, deren Regelung für das Kind von erheblicher Bedeutung sind (§§ 1687 Abs. 1 S. 1, 1628 BGB);
- Angelegenheiten des täglichen Lebens (§ 1687 Abs. 1 S. 2 BGB);
- Angelegenheiten der tatsächlichen Betreuung (§ 1687 Abs. 1 S. 4 BGB).

Hiernach müssen sich Eltern, die die gemeinsame elterliche Sorge haben, über **Ange-** **18** **legenheiten von erheblicher Bedeutung** einvernehmlich verständigen. Kommt eine Einigung nicht zustande, kann das Familiengericht nach § 1628 BGB auf Antrag die Entscheidung in dieser Angelegenheit einem Elternteil übertragen (vgl. § 10 III.). Bei **Angelegenheiten von alltäglicher Bedeutung** und bei der **tatsächlichen Betreuung** ist der Elternteil, bei dem sich das Kind mit der Einwilligung des anderen Elternteils oder aufgrund einer gerichtlichen Entscheidung aufhält, berechtigt, diese Dinge allein zu regeln. Schwierigkeiten wird es bei der Abgrenzung zwischen den Angelegenheiten von erheblicher Bedeutung und den Angelegenheiten des täglichen Lebens geben. Für letztere findet sich in § 1687 Abs. 1 S. 3 BGB eine Legaldefinition. Kriterien dafür, dass es sich um eine Angelegenheit von erheblicher Bedeutung handeln könnte, sind vor allem die Irreversibilität oder zumindest die schwere Abänderbarkeit einer zu ihnen getroffenen Entscheidung. Von **erheblicher Bedeutung** sind regelmäßig grundlegende schulische Angelegenheiten (Schulwahl, Art der weiterführenden Schule – OLG München 13.7.1998–12 WF 966/98, FamRZ 1999, 111 f.; OLG Dresden 15.10.2002–10 UF 433/02, FamRZ 2003, 1489; OLG Brandenburg 19.7.2004–9 UF 89/04, OLG-Report Brandenburg 2004, 440; OLG Rostock 9.12.2005–11 UF 99/05, FamRZ 2007, 1835), medizinische Eingriffe oder riskantere Heilbehandlungen, die Beantragung umfangreicherer sozialer Leistungen (z.B. Eingliederungshilfe – ThOVG 19.4.2002–3 EO 55/00, NJW 2002, 3647 ff.), die Beantragung eines Kinderreisepasses (für eine Reise nach Katar: OLG Köln 4.6.2004–4 WF 4/04, FPR 2005, 45; a.A. OLG Bremen 8.8.2007–5 UF 34/06 – zit. nach Schilling FamRZ 2007, 3233 ff.), aber auch die Änderung der Staatsbürgerschaft (OLG Hamm 23.3.2006–4 UF 294/05, FamRZ 2006, 1058) oder des Namens des Kindes (OLG Stuttgart 11.8.2010–16 UF 1.22/10). Zu berücksichtigen ist aber bei letzterem, dass es sich hierbei um Änderungen nach NamÄndG handelte, während die Einbenennung in § 1618 BGB über eine spezialgesetzliche Regelung verfügt, die § 1628 BGB vorgeht. Ob Auslandsreisen, ggf. verbunden mit mehrstündigem Flug, eine grundsätzliche Angelegenheit sind, wird von der Rechtsprechung im Einzelfall unterschiedlich beurteilt. Insbesondere wenn es sich um sehr lange, das Kind möglicherweise auch durch andere äußere Bedingungen (Klima, kulturell bedingte Besonderheiten) überfordernde Flugreisen handelt, kommt es häufig zu einer Anerkennung durch die Gerichte als Angelegenheit von besonderer Bedeutung – und einer Übertragung des Entscheidungsrechts auf den Elternteil, bei dem das Kind seinen gewöhnlichen Aufenthalt hat (so OLG Köln 26.10.1998–14 UF 170/98, NJW 1999, 295; OLG Naumburg 9.8.1999–3 WF 131/99, FamRZ 2000, 1241; zu Flugreisen während des Irakkriegs vgl. AG Heidenheim 9.4. 2003–2 F 271/03, FamRZ 2003, 1404; AG Freising 10.4.2003–2 F 292/03, FamRZ 2004, 968). Anders wird hingegen entschieden, wenn die Urlaubsreise nicht zu lange (hier: eine Woche) dauert und auch bei weiteren Reisen (hier: China) die Situation im Reisegebiet insoweit bereits vertraut ist (OLG Frankfurt 30.7.2008–2 UF 185/08; OLG Karlsruhe 29.5.2007–16 WF 83/07, FamRZ 2008, 1368; OLG Karlsruhe 23.12.2004–16 UF 156/04, FamRZ 2005, 1004). Ob eine derartige Ausdifferenzierung wirklich zwingend ist, erscheint jedoch fraglich. Denn richtig verstanden sorgt § 1687 BGB dafür, dass bei den Angelegenheiten des täglichen Lebens, die praktisch im Vordergrund stehen, kein Zwang zur ständigen Kommunikation mit dem anderen Elternteil besteht, und zwar nicht zuletzt deswegen, damit es nicht durch Streitigkeiten über vergleichsweise unwichtige Angelegenheiten zu generellen Konflikten kommt, die sich negativ auf das Kind auswirken. **Im Zweifelsfall** sollte eine Entscheidung zugunsten der **Alltagssorge** getroffen werden (so OLG München 15.3.1999–26 UF 1502 und 1659/98, NJW 2000, 368 f.; a.A. Schilling FamRZ 2007, 3233 ff. m.w.N.). Zu den **Angelegenheiten des täglichen Lebens** gehört jedenfalls etwa die Anmeldung zum Nachhilfeunterricht (OLG Düsseldorf 8.7.2005 – II-3 UF 21/05, 3 UF 21/05, NJW-RR 2005, 1529; OLG Naumburg 14.6.2005–3 UF

55/05, FamRZ 2006, 1058; weitere im Schrifttum erörterte Beispiele hat Schilling FamRZ 2007, 3236, zusammengestellt).

IV. Verfahrenshinweise, Konfliktlösung durch Verfahren

Für eine gegebenenfalls erforderliche Regelung der elterlichen Sorge sind die Familiengerichte zuständig. Die Verfahrensvorschriften hierfür finden sich in den §§ 151 ff. FamFG. Danach gehören die Verfahren zur elterlichen Sorge gemäß § 151 Nr. 1 FamFG zu den Kindschaftssachen. Von miteinander verheirateten Eltern können Sorgerechtsanträge jedoch auch im Scheidungsverfahren gestellt werden. Kindschaftssachen sind dann eine Scheidungsfolgesache nach § 137 Abs. 3 FamFG, die in den Scheidungsverbund einbezogen werden kann, wenn einer der beiden Ehegatten dies beantragt. Weitere Voraussetzung ist allerdings, dass keine Gründe des Kindeswohls gegen die Einbeziehung sprechen. Auch das Verfahren selbst folgt dem Kindeswohlprinzip. Deshalb ist etwa auch die Anhörung des nach seinem Entwicklungsstand schon verständigen Kindes in Sorgerechtsverfahren nach § 159 FamFG obligatorisch, und zwar ohne dass hierfür eine Altersgrenze nach unten zu ziehen wäre (BGH 16.3.2011 – XII ZB 407/10, FamRZ 2011, 796 m. Anm. Völkel. Alter des Kindes hier: 8 Jahre). Von besonderer Relevanz ist auch die Bestimmung in § 156 FamFG, wonach die Gerichte „in jeder Lage des Verfahrens" auf die Herbeiführung von Einvernehmen zwischen den Beteiligten hinwirken sollen. Das ist dort von Bedeutung, wo Eltern sich über die elterliche Sorge nach Trennung/Scheidung nicht verständigen können. Der Verzicht auf eine zwingende Regelung berücksichtigt, dass sich im Einzelfall auch eine Konstellation ergeben kann, nach der ein derartiges Einwirken dem Wohl des Kindes widersprechen würde. Ansonsten wird das Gericht zunächst auf die Möglichkeiten der Beratung durch die Beratungsstellen der Jugendhilfeträger und insbesondere auf die dort angebotene Unterstützung bei der Entwicklung einvernehmlicher Konzepte zur Gestaltung der elterlichen Sorge hinweisen. In diesem Zusammenhang kommt der Zusammenarbeit zwischen Familiengericht und Beratungsstellen eine besondere Bedeutung zu (ein Überblick über verschiedene Modellprojekte hierzu findet sich bei Fichtner 2006; zur Mediation: Trenczek FPR 2009, 335 ff.). Das Gericht kann die Eltern auch dazu verpflichten, an einer Beratung teilzunehmen. Eine solche Verpflichtung ist zwar nicht mit Zwangsmitteln durchsetzbar. Jedoch kann eine Verweigerung der Teilnahme an einer Beratung nach § 81 Abs. 1 Nr. 5 FamFG die Auferlegung der Verfahrenskosten zur Folge haben. Weiterhin kann das Gericht die Teilnahme der Eltern an einem (kostenfreien) Informationsgespräch über Mediation anordnen (nicht jedoch die Teilnahme an einer Mediation selbst). Kommt es zu einer Einigung, so kann diese in Verfahren nach § 1671 Abs. 1 BGB allerdings nicht, wie etwa beim Umgangsrecht (vgl. § 14), als gerichtlich gebilligter Vergleich aufgenommen, sondern muss in einem entsprechenden gerichtlichen Beschluss umgesetzt werden (BGH 16.3.2011 – XII ZB 407/10, FamRZ 2011, 796 m. Anm. Völker). Die Entwicklung eines einvernehmlichen

19

Konzepts zur Wahrnehmung der elterlichen Sorge darf nicht verkürzt nur als Lösung eines rechtlichen Problems verstanden werden. Auch geht es nicht um ein förmliches, äußerliches Einvernehmen. Entscheidend ist, dass zwischen den Beteiligten in der Sache Einigkeit darüber erzielt wird, wie sich die realen Lebensverhältnisse des Kindes nach der Trennung bzw. nach der Scheidung zukünftig gestalten, d.h. wie die alltägliche Betreuung organisiert wird, wie die Kontakte des Kindes zu den Elternteilen gestaltet werden, wie die Kommunikation zwischen den Elternteilen bezüglich der für das Kind wichtigen Angelegenheiten aussieht usw.

20 Ein Verfahren vor dem Familiengericht über die elterliche Sorge kommt grundsätzlich nur zustande, wenn von einem Elternteil ein Antrag auf Übertragung der alleinigen elterlichen Sorge bzw. von Teilen von ihr gestellt wird. Stimmt der andere Elternteil einem solchen Antrag zu, so ergeht üblicher Weise (wenn das über 14jährige Kind nicht widerspricht) eine entsprechende Entscheidung des Familiengerichts. Nach § 49 ff. FamFG ist auf Antrag oder von Amts wegen der Erlass einer **einstweiligen Anordnung zulässig.** Allerdings ist dies hier nicht, wie in Aufenthalts-, Umgangs- und Herausgabeangelegenheiten (§ 156 Abs. 3 S. 1 FamFG) von Gesetzes wegen regelmäßig zu erörtern. Generell soll die einstweilige Anordnung nur in Betracht kommen, wenn die Wahrung des Kindesinteresses ein Abwarten bis zur endgültigen Entscheidung verbietet. Zu Recht wird darauf aufmerksam gemacht, dass sie ansonsten aufgrund ihrer präjudizierenden Wirkung, gerade auch im Hinblick auf die Bedeutung des Kontinuitätsprinzips, nicht unproblematisch ist (Gernhuber/ Coester- Waltjes 2010 § 65 II Rn. 31 bis 35; Garbe/ Ullrich 2009 § 3 Rn. 121 f.).

21 Das Bundesverfassungsgericht betont, dass gerade auch bei der **Gestaltung des Sorgerechtsverfahrens** das Grundrecht der Eltern aus Art. 6 Abs. 2 S. 1 GG zu beachten ist. Das Verfahren muss grundsätzlich geeignet sein, eine möglichst zuverlässige Grundlage für eine am Kindeswohl orientierte Entscheidung zu erlangen und **der Durchsetzung der materiellen Grundrechtspositionen auch des Kindes zu dienen.** Die Interessen des Kindes festzustellen und in das Verfahren einzuführen, ist wesentliche Aufgabe des Verfahrenspflegers (§ 158 FamFG). Streiten die Eltern um die elterliche Sorge, so kann schon allein dies dem Kindesinteresse entgegenstehen und daher seine Bestellung erforderlich machen. Mitunter steht zu Verfahrensbeginn aber noch nicht fest, ob ein Interessenkonflikt vorhanden ist. Auch in diesen Fällen ist ein Verfahrensbeistand zu bestellen. Die Bestellung eines Verfahrensbeistandes kann weiterhin insbesondere auch dann geboten sein, wenn das Gericht den von einem Kind nachhaltig geäußerten Willen wegen eines angenommenen Loyalitätskonflikts nicht berücksichtigen will (BVerfG 5.9.2007–1 BvR 1426/07, FamRZ 2007, 1797).

V. Internationales Recht und elterliche Sorge bei Trennung/Scheidung

22 Geht es um die elterliche Sorge für ein minderjähriges Kind und weist der Fall eine Verbindung zu einem ausländischen Staat auf (vgl. § 2 II. 1.), ist zunächst zu prüfen,

ob die internationale Zuständigkeit der deutschen (Familien-)Gerichte gegeben ist, und wenn ja, welchen Staates (Familien-)Recht sie anwenden. Ausgangspunkt der Prüfung ist hier das Haager Übereinkommen über die Zuständigkeit, das anzuwendende Recht, die Anerkennung, Vollstreckung und Zusammenarbeit auf dem Gebiet der elterlichen Verantwortung und der Maßnahmen zum Schutz von Kindern vom 19.10.1996 (**KSÜ**), das für Deutschland am 1.1.2011 in Kraft getreten ist und insoweit das MSA abgelöst hat. Die Durchführungsbestimmungen für das KSÜ wurden in das IntFamRVG aufgenommen (dazu Wagner/Janzen FPR 2011, 113). In seinen Art. 5–14 regelt das KSÜ die internationale Zuständigkeit. Nach der Grundregel des Art. 5 Abs. 1 KSÜ sind die Gerichte desjenigen Staates zuständig, in dem das Kind seinen **gewöhnlichen Aufenthalt** hat. Die Art. 13 ff. KSÜ befassen sich mit dem anwendbaren Recht. Hier gilt der Grundsatz (Art. 13 Abs. 1), dass die Gerichte ihr eigenes Recht (also die lex fori) anwenden. Gegenüber den internationalen Zuständigkeitsregeln des KSÜ vorrangig ist die Verordnung (EG) Nr. 2201/2003 (**Brüssel IIa-VO**), und zwar im Verhältnis zwischen den EU-Mitgliedstaaten. Deshalb verdrängt die Brüssel IIa-VO (die allerdings nicht die Frage des anwendbaren Rechts regelt) praktisch weitgehend das KSÜ. Nach Art. 8 Abs. 1 Brüssel IIa-VO sind grundsätzlich die Gerichte desjenigen EU-Mitgliedstaates international zuständig, in dem das Kind zur Zeit der Antragstellung seinen gewöhnlichen Aufenthalt hat; dies gilt auch, wenn das Kind die Staatsangehörigkeit eines Drittstaates besitzt. Strittig ist nun, ob in den Fällen, in denen die internationale Zuständigkeit der deutschen Gerichte aus der Brüssel IIa-VO folgt, das anwendbare Recht nach den Art. 13 ff. KSÜ oder aber nach **Art. 21 EGBGB** zu bestimmen ist (vgl. Palandt/Thorn Anhang Art. 24 EGBGB Rn. 21). In vielen Fällen wird sich der Streit deshalb nicht praktisch auswirken, weil auch Art. 21 EGBGB an den gewöhnlichen Aufenthalt des Kindes anknüpft; freilich kann es in Einzelfällen Unterschiede geben (Janzen FPR 2011, 111; Schulz FamRZ 2011, 159). Auch die **Anerkennung gerichtlicher oder behördlicher Entscheidungen** eines EU-Mitgliedstaates richtet sich nach der Brüssel IIa-VO (Art. 21 f). Ausführungsvorschriften enthält das IntFamRVG. Die Anerkennung ausländischer Akte von Nicht-EU-Mitgliedstaaten bestimmt sich im Wesentlichen nach §§ 108 f. FamFG. Zur Rückführung widerrechtlich ins Ausland verbrachter Minderjähriger nach HSÜ vgl. § 11 II. 2.

Weiterführende Literatur

- Coester 1983, Lempp FamRZ 1984, 741 ff.; Proksch FamRZ 1989, 916 ff.
- *Zur Neuregelung* 1998 vgl. die materialreiche Gesetzesbegründung des Regierungsentwurfes in der BT-Ds. 13/4899; Proksch 2002
- Büte FuR 2008, 53 ff.; Kloster-Harz, FPR 2008, 129 ff.; Sarres FPR 2008, 131 ff.

§ 14. Besonders konfliktträchtig: das Umgangsrecht

1 Nach Trennung (und Scheidung), aber auch wenn nie ein gemeinsames Sorgerecht bestanden hat, ist das Umgangsrecht von besonderer Bedeutung. Während bei Auseinandersetzungen um die elterliche Sorge die gerichtliche Entscheidung regelmäßig einen Schlussstrich zieht, sind der Umgang und das Umgangsrecht über Jahre hinweg bis zur Volljährigkeit des Kindes relevant. Es ist daher kaum überraschend, dass es hier zu z.t. heftigen und langwierigen rechtlichen Auseinandersetzungen kommt.

Ausführlich behandelte Bestimmungen

- *Umgangsrecht:* §§ 1684, 1685 BGB
- *Beratung, Unterstützung:* § 18 SGB VIII
- *Verfahrensrecht:* §§ 155 f., 165 FamFG

Wichtige, interessante Entscheidungen

- *Zum Umgangsrecht des Kindes:* OLG Brandenburg 21.1.2004–15 UF 233/00, NJW 2004, 3786 ff.; BVerfG 22.5.2003–1 BvR 2222/01, FamRZ 2004, 523
- *Zum Umgangsrecht des abwesenden Elternteils:* EGMR 26.2.2004–74969/01 (Görgülü/Bundesrepublik Deutschland), FamRZ 2004, 1456 ff.; BVerfG 10.6.2005–1 BvR 2790/04, FamRZ 2005, 1233; VerfGH Berlin 29.1.2004 – VerfGH 152/03, FamRZ 2004, 970 f.
- *Zum Umgangsrecht dritter Personen:* BVerfG 9.4. 2003–1 BvR 1493/96, FamRZ 2003, 816 ff.; KG 20.3.2009–17 UF 2/09; OLG Dresden 12.10.2011–21 UF 0581/11
- *Zu Beratung, Unterstützung nach § 18 SGB VIII:* OLG Brandenburg B. 25.2.2003–9 WF 23/03, FamRZ 2003, 1760
- Zum Umgangsausschluss eines der rechtsradikalen Szene zuzurechnenden Vaters, weil durch die Ausübung des Umgangs die Mutter gefährdet würde: BVerfG 13.12.2012–1 BvR 1766/12
- *Zu Verfahren, effektiver Rechtsschutz:* BVerfG 25.11.2003–1 BvR 834/0, FamRZ 2004, 980 f., KG 23.12.2008–18 UF 156/08, FamRZ 2009, 1428 (m. Anm. Ernst, 1430)
- *Zur zwangsweisen Durchsetzung des Umgangs:* BVerfG 1.4.2008–1 BvR 1620/04, FamRZ 2008, 845
- *Zum Umgangsrecht des leiblichen, nicht rechtlichen Vaters:* EGMR 21.12.2010–20578/07 (Anayo/Deutschland), FamRZ 2011, 269

I. Wessen Recht: Recht des Kindes, Recht des Elternteils?

2 Während das Umgangsrecht lange Zeit überhaupt nur als Recht des – abwesenden – Elternteils verstanden wurde, hat sich die Situation mit den durch die Kindschafts-

rechtsreform zum 1.7.1998 neu eingefügten Bestimmungen in § 1626 Abs. 3 BGB und § 1684 BGB geändert (aus sozialwissenschaftlicher Sicht: Mutke/Tammen, Unsere Jugend 2008, 84 ff.). Hier wird das Umgangsrecht zunächst aus dem Blickwinkel des Kindes betrachtet: Nach § 1684 Abs. 1 S. 1 BGB hat das Kind ein Recht auf Umgang mit jedem Elternteil. Die Validität des Programmsatzes in § 1626 Abs. 3 S. 1 BGB belegen Untersuchungen, nach denen die Kontakthäufigkeit von Trennungskindern zum abwesenden Elternteil einen hochsignifikanten Effekt u.a. bezüglich geringerer Ausprägung von psychischen Störungen und Verhaltensauffälligkeiten oder auch gelungener Individuation bzw. Ablösung hat (vgl. Dettenborn/Walter 2002, 180 f.). Der betreuende Elternteil ist gemäß § 1684 Abs. 2 BGB nicht nur verpflichtet, Kontakte des Kindes zum anderen Elternteil zuzulassen, sondern hat sie auch positiv zu fördern (OLG Rostock 20.4.2006–11 UF 57/01, FamRZ 2006, 1623). Allerdings formuliert § 1684 Abs. 1 S. 2 BGB auch die Berechtigung jedes Elternteils zum Umgang. Insofern lässt sich durchaus die Frage stellen, wessen Recht das Umgangsrecht ist (ausführlich dazu Münder 2005). Wenn auch § 1684 BGB programmatisch das **Recht des Kindes** voranstellt, so ist in der Praxis weitgehend nur das **Recht des abwesenden Elternteils** von Bedeutung. Das hat allerdings auch schlicht damit zu tun, dass das minderjährige Kind sein Umgangsrecht nicht selbst rechtlich verfolgen kann; es muss hierzu gesetzlich vertreten werden. Das Recht auf Umgang mit seinen Eltern steht dem Kind als höchstpersönliches Recht zu und kann deswegen auch nur von ihm, vertreten durch den sorgeberechtigten Elternteil oder, im Falle eines Interessenkonflikts, durch einen Verfahrenspfleger, nicht aber von dem sorgeberechtigten Elternteil im eigenen Namen gerichtlich geltend gemacht werden (BGH 14.5.2008 – XII ZB 225/06, FamRZ 2008, 1334 m. Anm. Luthin 1335). In allen Fällen einer gemeinsamen elterlichen Sorge wäre dazu die zusätzliche Bestellung eines Pflegers erforderlich. Somit kann faktisch nur dann, wenn der das Kind vertretende Elternteil (in nahezu allen bisher vorliegenden Entscheidungen die Mutter) allein sorgeberechtigt ist, eine rechtliche Durchsetzung des **Umgangsrechts des Kindes** eine Rolle spielen.

Hintergrund der bisweilen sehr heftigen Auseinandersetzungen um das Umgangsrecht 3 ist in Trennungs- und Scheidungssituationen die nichtverarbeitete Beziehungsproblematik zwischen den Eltern, in denen die Dysfunktionalität auf der Paarebene den Umstand überlagert, dass damit nicht notwendigerweise auch die Elternebene dysfunktional geworden sein muss. Deswegen ist auch zu beobachten, dass zum Umgangsrecht dort viel heftiger gestritten wird, wo die gemeinsame elterliche Sorge aufgelöst ist, als dort, wo die gemeinsame Sorge auch nach Trennung/ Scheidung fortbesteht. Noch schwieriger gestaltet sich die Situation, wenn die Eltern noch nie mit dem Kind als Familie gelebt haben und der Aufbau einer perspektivischen Familie auch nie geplant oder zumindest frühzeitig für beendet erklärt wurde, die Trennung der späteren Eltern etwa während der Schwangerschaft erfolgte. Gerade das vom Kind gegen den abwesenden Elternteil angestrebte Umgangsrecht muss in seiner soziofunktionalen Eigenständigkeit betrachtet werden. Vor allem auch dann, wenn das Kind einen Elternteil, zumeist den Vater, nicht oder nur in einer sehr kurzen, frühen Phase seiner Kindheit erlebt hat, besteht etwa in der Phase der Identitätssuche, in der Pubertät nicht selten ein Bedürfnis des Kindes, ihn auch konkret kennen zu lernen. Dennoch ist es nicht verwunderlich, dass sich die ganz überwiegende Zahl gerichtlicher Entscheidungen mit dem **Umgangsrecht des Elternteils** befasst (vgl. etwa die Übersichten bei Motzer FamRZ 2000, 925; ders. FamRZ 2004, 1145; Weber NJW 2004, 3084; Wanitzek FamRZ 2012, 1344 ff.). Wohl aufgrund der langen Tradition und des Vorverständnisses, wonach das Umgangsrecht wie selbstverständlich ein Recht des abwesenden Elternteils ist, gibt es gar keine große Befassung damit, wie dies rechtlich zu begründen sei. Wenn darauf eingegangen wird, dann wird das Umgangsrecht als ein Restbestand des natürlichen Elternrechts angesehen (z.B. BGH 23.5.1984 – IV b ZR 9/83, FamRZ 1984, 778; BVerfG 21.5.2003–1 BvR 90/03, NJW 2003, 3547; BVerfG 26.9.2006–1 BvR 1827/06, FamRZ 2007, 105: Das Umgangsrecht eines Elternteils steht unter dem Schutz des Art. 6 Abs. 2 Satz 1 GG). Das **Umgangsrecht als Recht des Kindes** spielt bisher nur in wenigen Entscheidungen eine Rolle (ausführlich Münder 2005, 565 ff.; BVerfG 30.1.2002–1 BvR 2222/01, FamRZ 2002, 534; BVerfG 20.5.2003–1 BvR 2222/01, FamRZ 2004, 523; OLG Celle 21.11.2000–19 UF 253/00, ZfJ 2001, 352; OLG Köln 15.1.2001–27 WF 1/01, FamRZ 2001, 1023; OLG Köln 12.12.2001–26 WF 193/01, FamRZ 2002, 979; OLG Brandenburg 21.2.2003–15 UF 233/00, FamRZ 2005, 293 ff.). Zudem lehnt ein Teil dieser Entscheidungen, zumindest in den Fällen, wo es um die zwangsweise Durchsetzung des Umgangsrechts des Kindes geht, ein Recht des Kindes auf Umgang mit dem abwesenden Elternteil ab (so die beiden Beschlüsse des Bundesverfassungsgerichts; OLG Köln 17.12.2002–25 UF 227/02, FamRZ 2004, 52; OLG Nürnberg 11.6.2001–7 UF 201/01, FamRZ 2002, 413). Das BVerfG hat inzwischen (BVerfG 1.4.2008–1 BvR 1620/04, FamRZ 2008, 845 m. Anm. Luthin 853; dazu: Peschel-Gutzeit NJW 2008, 1922 ff.) grundlegend entschieden, dass ein Umgang mit dem Kind, der nur mit Zwangsmitteln durchgesetzt werden kann, in der Regel nicht dem Kindeswohl dient. Der durch die Zwangsmittelandrohung (im entschiedenen Fall des OLG Brandenburg 21.1.2004–15 UF 233/00, NJW 2004, 3786 ff.) bewirkte Eingriff in die Grundrechte des Elternteils ist insoweit nicht gerechtfertigt. Etwas anderes soll nur gelten, wenn es im Einzelfall hinreichende Anhaltspunkte gibt, die darauf schließen lassen, dass auch ein erzwungener Umgang dem Kindeswohl dienen würde (siehe dazu rechtsvergleichend und auch sozialwissenschaftliche, psychologische Gesichtspunkte berücksichtigend Altrogge 2007, Altrogge ZKJ 2008, 154 ff., vgl. auch: BGH 14.5.2008 – XII ZB 225/06, FamRZ 2008, 1334, m. Anm. Luthin 1335).

4   Das Gesetz selbst enthält für die **inhaltliche Ausgestaltung des Umgangsrechts** nur wenige Hinweise. Entsprechend der grundsätzlichen Linie im Sorgerecht wird auch hier in § 1684 Abs. 2 BGB zunächst das **Konsensprinzip** zwischen den Eltern betont. Leitbild ist ein im beiderseitigen Einvernehmen ausgeübtes Umgangsrecht (grundlegend: Hammer 2004). Das vom Gesetz angestrebte Einvernehmen wird jedoch nicht

immer ohne Weiteres, und mitunter auch überhaupt nicht, erreichbar sein. Deshalb kann auch das Familiengericht nach § 1684 Abs. 3 FamFG auf Antrag oder von Amts wegen über Umfang und Art der Ausübung des Umgangsrechts entscheiden. Voraussetzung hierfür ist die **Erforderlichkeit** des Tätigwerdens des Gerichts; eine Kindeswohlgefährdung oder auch nur ein Hinweis hierauf müssen hingegen nicht vorliegen. Die Verfahren sind regelmäßig, also in der Regel auch dann, wenn sogenannte hochstrittige Eltern Beteiligte sind, auf die Erzielung von Einvernehmen zwischen den Beteiligten ausgerichtet, § 156 FamFG (im Einzelnen § 14 IV.).

II. Aspekte gerichtlicher Entscheidungen

Die in Rechtslehre und Rechtsprechung entwickelten Kriterien, nach denen Entscheidungen über das Umgangsrecht getroffen werden, enthalten wenig generelle Aussagen. **5** Die Situation ist geprägt durch eine einzelfallbezogene Kasuistik. Das ist auch nicht verwunderlich, denn im Kindschaftsrecht ist stets auf den Einzelfall abzustellen; gegenüber generalisierenden Aussagen ist eher Skepsis angebracht. Mit dieser Einschränkung lassen sich dennoch die folgenden Leitgedanken festhalten.

1. Wille des Kindes

In der Geltendmachung des subjektiven Rechts des Kindes auf Umgang gegenüber einem umgangsunwilligen Elternteil ist der subjektive Wille des Kindes bereits impliziert. **6** Die Berücksichtigung dieses Willens stößt, wie oben an der Entscheidung des BVerfG 1.4.2008–1 BvR 1620/04 – gesehen, zunächst dort auf Grenzen, **wo feststeht**, dass die Umgangspflicht des umgangsunwilligen Elternteils nicht anders als mittels Einsatzes von Ordnungsmitteln (vgl. § 89 FamFG) durchsetzbar wäre. Ausdrücklich Anderes hält das Bundesverfassungsgericht hingegen für den Fall offen, dass doch noch zumindest die Chance einer Verhaltensumsteuerung des umgangsverpflichteten Elternteils besteht. Dies wäre etwa als Folge einer im Rahmen erzwungenen Umgangs zustande gekommenen persönlichen Begegnung mit dem Kind denkbar. Der Wille des Kindes auf Umgang mit einem Elternteil kann darüber hinaus dann keine Berücksichtigung finden, wenn der Umgang, obwohl vom Kind gewünscht, dennoch eine Gefahr für sein Wohl bedeuten würde (sog. selbst gefährdender Kindeswille).

Rechtlich komplizierter stellt sich die Situation fraglos dar, wenn das Kind seinerseits **7** den Umgang ablehnt. Die Anwendung unmittelbaren Zwangs zur Durchsetzung des Umgangsrechts scheidet hier jedenfalls schon wegen § 90 Abs. 3 FamFG ausdrücklich aus und wäre im Übrigen auch aus dem allgemeinen Gesichtspunkt der Kindeswohlgefährdung heraus nicht zu akzeptieren. Darüber hinaus gilt es zu berücksichtigen, dass das Kind, bspw. aus früherem Verhalten des Umgang begehrenden Elternteils, aber auch aus aktuellem Erleben mit ihm, gute Gründe haben mag (etwa: häusliche Gewalt), den Umgang abzulehnen. Zumindest wenn in diesen Fällen zugleich eine Kindeswohlgefährdung vorliegt, kann das Familiengericht das Umgangsrecht für längere Zeit oder sogar auf Dauer ausschließen und damit im Ergebnis dem Willen des Kindes folgen (§ 1684 Abs. 4 S. 2 BGB, vgl. § 14 II. 2.). Nach einer Entscheidung des OLG Hamm – 2 UF 214/08, II-2 UF 214/08 – darf die Ausübung des Umgangsrechts ganz unabhängig von einer Kindeswohlgefährdung aber auch grundsätzlich nicht gegen den Willen des Kindes durchgesetzt werden, wenn die Umgangsverweigerung eigenständig und ohne Druck des anderen Elternteils erfolgt. Häufig wird jedoch in Auseinandersetzungen über das Umgangsrecht gerade geltend gemacht, dass der „erklärte" Kindeswille nicht der „wirkliche" Wille des Kindes sei (beispielhaft OLG Koblenz 21.5.2003 – UF 230/03, FamRZ 2004, 288 f.). Hierhinter steht der Vorwurf, das Kind sei in der Herausbildung seines ablehnenden Willens durch das betreuende Elternteil beeinflusst, der Wille sei also induziert. Dem hält zwar ein Teil der Literatur entgegen, dass es geradezu Aufgabe von Erziehung sei, den Willen des Kindes zu beeinflussen und das Kind demnach sogar ein Recht auf Beeinflussung habe (Lempp 1983). Allerdings würde dies noch nicht begründen, weshalb eine derartige Beeinflussung nicht der Intention des § 1684 Abs. 2 BGB folgen sollte. Jedenfalls gilt es, die Mehrdimensionalität des Problems aufzunehmen. Dies ist aber noch nicht erreicht, wenn Komplexität auf den Satz reduziert wird: „Ein Kindeswille kann außer Acht gelassen werden, wenn er offensichtlich beeinflusst worden ist" (BVerfG 2.4.2001–1 BvR 212/98, FamRZ 2001, 1057). In der Familienrechtspsychologie wird demgegenüber vorgeschlagen, in der Haltung des Kindes zwischen Anpassung einerseits und Verinnerlichung der induzierten Inhalte andererseits zu unterscheiden (vgl. Dettenborn/Walter 2002, 83). Zumindest im letztgenannten Fall wird davon auszugehen sein, dass der induzierte Wille dann auch dem „wirklichen" und nicht nur dem „erklärten" Willen des Kindes entspricht und somit sehr wohl in die Umgangsregelung einzubeziehen ist. Dies wird zumindest faktisch gar nicht zu vermeiden sein, weil gerade der induzierte Kindeswille häufig in einer Ausprägung auftritt, die jede Kontaktaufnahme scheitern lassen kann (vgl. Balloff/Koritz 2006, 86). Die Gerichte berücksichtigen dies in unterschiedlicher Weise. Das OLG Düsseldorf nimmt in generalisierender Weise ein grundsätzliches Interesse des Kindes am persönlichen Umgang mit dem abwesenden Elternteil an, weshalb nur in Fällen von Kindeswohlgefährdung der Umgang auszuschließen sei. (OLG Düsseldorf 31.5.1994–8 UF 40/94, FamRZ 1994, 1277). Welche geringe Bedeutung einer sorgfältigen Einzelfallprüfung eingeräumt wird, zeigen auch etwa Aussagen, dass auf jeden Fall bei Kindern unter 10 Jahren regelmäßig unterstellt werden kann, dass die verbale Ablehnung des Umgangs nicht auf einer begründeten eigenen Entscheidung beruht. Folgerichtig wird nach dieser Argumentation insbesondere bei Kleinkindern davon ausgegangen, dass eine Ablehnung nicht dem Kindeswohl entspricht und deswegen der Kindeswille dem Kindeswohl untergeordnet sei (dazu Röttgen zu OLG Koblenz 21.5.2003–13 UF 230/03, FamRZ 2004, 288). Nach einer neueren Entscheidung des OLG Saarbrücken vom 08.10.2012 (6 WF 381/12, FamRZ 2013, 12) muss der Elternteil, der sich auf den ablehnenden Willen des Kindes beruft, zumindest darlegen, wie er auf den Willen des Kindes eingewirkt hat, um es zum Umgang zu bewegen. Bei kleineren Kindern soll die Möglichkeit geschaffen werden, den Widerstand gegen Umgangskontakte noch mit erzieherischen Mitteln zu überwinden (OLG Hamm 12.12.2007–10 WF 196/07, FamRZ 208, 1371). Gegebenenfalls wird das Umgangsrecht für den hierfür erforderlichen Zeitraum aber zumindest ausgesetzt (OLG Köln 16.3.2009–4 UF 160/08). Noch dezidierter spricht das OLG Hamburg (12.3.2008–10 UF 57/07, FamRZ 2008, 1372) davon, dass aus § 1684 BGB **kein Rechtsanspruch auf Umgang gegenüber dem den Umgang ablehnenden Kind** folgt. In der oft zitierten Entscheidung des EMRG im Fall Görgülü (EGMR 26.2.2004–74969/01, FamRZ 2004, 1456 ff., vgl. auch die im Anschluss ergangene Entscheidung des BVerfG 14.10.2004–2 BvR 1481/04, BVerfGE 111, 307) wird allerdings auf einen anderen Umstand abgestellt, nämlich darauf, dass der leibliche, nicht sorgeberechtigte Elternteil, dem von Anfang an jeder Kontakt mit dem Kind verweigert wurde, zumindest die Chance erhalten muss, zu seinem Kind eine tatsächliche familiäre Bande zu entwickeln.

2. Ausschluss und Einschränkung des Umgangs

Welch großen Gestaltungsraum der Gesetzgeber den Gerichten einräumt, zeigen § 1684 Abs. 3 und Abs. 4 BGB, wonach das **Umgangsrecht eingeschränkt** oder sogar **ausgeschlossen** werden kann. Der totale Ausschluss des Umgangsrechts ist eine deutliche Beschränkung des Rechts des Elternteils, aber verfassungsrechtlich zulässig (VerfGH Berlin 29.1.2004 – VerfGH 152/03, FamRZ 2004, 970 f.; Beispiel: OLG Nürnberg 9.8.2007–11 UF 305/07, FamRZ 2008, 715: Umgangsausschluss für ein Jahr, weil der Vater das Kind dauerhaft in einen Loyalitätskonflikt bringt, den Lebensmittelpunkt bei der Mutter nicht hinnehmen kann, während er gleichzeitig Maßnahmen der Erziehungsberatung zwar formal zustimmt, diese aber nur zulassen will, wenn die von ihm vorgegebenen Bedingungen akzeptiert werden). Wird die Einschränkung oder der Ausschluss des Umgangsrechts auf pädophile Neigungen des umgangsberechtigten Elternteils gestützt, so setzt dies die Feststellung dieser Neigungen und eine daraus resultierende konkrete Gefährdung des Kindes voraus (BVerfG 29.11.2007–1 BvR 1635/07, FamRZ 2008, 494. In diesen Fällen kommt auch kein begleiteter Umgang – sh. gleich unten – in Betracht, OLG Düsseldorf 28.5.2009 – II-6 UF 188/07, 6 UF 188/07). Bevor es zu einem völligen Ausschluss des Umgangsrechts kommt, ist zu prüfen, ob nicht weniger gravierende Eingriffe in das Recht des Elternteils möglich sind, etwa ein zunächst zeitlich befristeter Umgangsausschluss (vgl. OLG Rostock 28.1.2004–11 UF 57/ 01, FamRZ 2004, 968 ff.). Insgesamt gesehen ist die Schwelle für den Ausschluss des persönlichen Umgangs sehr hoch und wird auch ein zeitweiliger Ausschluss von Umgangskontakten als in der Regel nicht akzeptabel angesehen (z.B. OLG Köln 5.12.2002–4 UF 173/02, NJW 2003, 1878 f.). Genau aus dem Bestreben, grundsätzlich einen Ausschluss des Umgangsrechts zu vermeiden, hat der Gesetzgeber in § 1684 Abs. 4 die Sätze 3 und 4 eingefügt. Seitdem spielt der sogenannte **begleitete** oder **beschützte Umgang**, d.h. der Umgang in Anwesenheit eines Dritten, eine zunehmende Rolle in der Praxis. Er kommt nicht nur dann in Betracht, wenn Gefährdungen des Kindes befürchtet werden (langjährige, durch zahlreiche Rückfälle geprägte Alkoholerkrankung des den Umgang begehrenden Elternteils: OLG Koblenz 24.5.2006–11 UF 60/06, FamRZ 2007, 926, Entführung ins Ausland, Missbrauch o.ä.), sondern gerade auch dann, wenn dadurch wegen des hohen Konfliktpotenzials zwischen den Elternteilen ein Umgang überhaupt erst ermöglicht werden kann (Willutzki KindPrax 2003, 51; Klinkhammer/Klotmann/Prinz 2004; Fthenakis 2008). Ist auf der Basis auch eines begleiteten Umgangs eine sinnvolle Gestaltung des Umgangs insbesondere deswegen nicht möglich, weil die Eltern sich nicht verständigen können oder wollen, so kann nach § 1684 Abs. 3 BGB auch eine **Umgangspflegschaft** angeordnet werden. Obgleich es sich hierbei um einen Eingriff in die elterliche Sorge handelt (vgl. § 1909 Abs. 1 BGB i.V.m. § 1630 Abs. 1 BGB), ist hierfür keine Gefährdung des Kindeswohls vorausgesetzt (Umkehrschluss aus § 1685 Abs. 3 S. 2 BGB). Ist der Umgang aus der Perspektive des Kindeswohls sinnvoll oder gar erforderlich und scheitert er daran, dass der das Kind betreuende Elternteil diesen Umgang unterbindet, so können gegenüber diesem Elternteil auch **weitergehende Maßnahmen** getroffen werden, so z.b. der Entzug des Aufenthaltsbestimmungsrechts und die Übertragung auf einen Dritten (z.b. das Jugendamt), um in dieser Situation konfliktberuhigend zu wirken (so OLG Frankfurt/M. 3.2.2004–1 UF 284/00, FamRZ 2004, 1311 f.). Als letzte Konsequenz gegenüber einem Elternteil, der sich weigert, einen dem Kindeswohl förderlichen Umgang zuzulassen, kommt gar der Entzug der elterlichen Sorge und ihre Übertragung auf den anderen Elternteil oder auf einen Dritten in Frage (vgl. dazu BVerfG 9.6.2004– 1 BvR 487/04, FamRZ 2004, 1166 ff.). Gerichtliche Festlegungen oder gerichtlich gebilligte Vergleiche über Maßnahmen zur Umsetzung des Umgangsrechts können auch unter Anwendung von Ordnungsmitteln (Ordnungsgeld bis 25.000 €, Ordnungshaft bis sechs Monate) nach § 89 FamFG zwangsweise durchgesetzt werden. Allerdings hat der BGH in einer Entscheidung vom 12.12.2007 auch umgekehrt der den Umgang des Vaters mit dem Kind hintertreibenden Mutter die Alleinsorge übertragen, weil dies unter Kindeswohlaspekt geboten war (XII ZB 158/05 – FamRZ 2008, 592 m. Anm. Luthin 594; siehe § 13 II. 2.).

9 In den meisten Fällen legen die Familiengerichte selbst die Details der Umgangsregelungen fest. Hier haben sich **gewisse Standards** herausgebildet: fest reglementierte Besuchstermine an den Wochenenden (zum Beispiel alle zwei bis drei Wochen), an den hohen Feiertagen, während der Ferienzeit.

> Die durch die Familiengerichte getroffenen Umgangsregelungen zeichnen sich oft durch **starre Details** aus: So werden bisweilen minutengenau der zeitliche Umfang des Umgangs und der genaue Abhol- und Abgabepunkt bei der „Übergabe des Kindes" festgelegt – je konfliktträchtiger, desto genauer. Die Genauigkeit einer Regelung wird damit begründet, dass nur eine entsprechend präzise Regelung vollziehbar und vollstreckbar ist (vgl. OLG Brandenburg 14.3.2006 – 9 WF 27/06, FamRZ 2006, 1620: Umgangsregelungen müssen genaue und erschöpfende Bestimmungen über Art, Ort und Zeit des Umgangs mit dem Kind enthalten).

Den Bedürfnissen der Kinder wird das nicht gerecht. Kinder, ihr Leben und ihr Ver- 10
halten lassen sich nicht in starre Schablonen pressen. In erfreulich klaren Worten hatte
das Bundesverfassungsgericht einer solchen Praxis eine Absage erteilt (BVerfG
18.2.1993–1 BvR 692/92, FuR 1993, 97 ff.): Die Familiengerichte kommen ihrer Aufgabe in einschlägigen Verfahren nur dann nach, wenn sie sich mit den Besonderheiten
des Einzelfalls auseinandersetzen, die Interessen der Eltern sowie deren Einstellung und
Persönlichkeit würdigen und auf die Belange des Kindes eingehen. Dabei ist insbesondere der Wille des Kindes zu berücksichtigen, soweit das mit seinem Wohl vereinbar
ist. So sehr jedoch alle Einzelaspekte von Bedeutung sein mögen, **Leitlinie** für die Entscheidungen der Gerichte zum Umgangsrecht ist und bleibt das **Wohl des Kindes**
(§ 1697 a BGB). Welche Entwicklungen daher auch immer an der Spruchpraxis der
Gerichte zu beobachten sein mögen: Letztlich können ihre Entscheidungen immer nur
aus dem Wohl des Kindes rechtlich begründet werden.

III. Umgangsrechte dritter Personen

§ 1626 Abs. 3 S. 2 BGB enthält bereits seit dem KindRG von 1998 die normative Vor- 11
gabe, dass zum Wohl des Kindes in der Regel auch der Umgang mit anderen Personen
als den Eltern gehört, nämlich dann, wenn das Kind zu ihnen über Bindungen verfügt,
deren Aufrechterhaltung sich positiv auf seine Entwicklung auswirken. In der spezi-
algesetzlichen Regelung, die auch hier vorgeht, war das jedoch bis zur Neufassung von
§ 1685 Abs. 2 BGB zum 30.4.2004 zunächst nur teilweise umgesetzt. Mittlerweile gilt
ein Umgangsrecht für nahe Verwandte des Kindes (Großeltern und Geschwister) sowie
für enge Bezugspersonen, die mit dem Kind in einer sozial- familiären Beziehung leben
oder gelebt haben, die nun aber nicht mehr, wie zuvor, auf eine bestimmte Personengruppe beschränkt sind. Neuerdings hat selbst der leibliche, nicht rechtliche Vater unter bestimmten Voraussetzungen ein Umgangsrecht. Das Umgangsrecht ist in allen
diesen Fällen zwar nicht so deutlich wie in § 1684 Abs. 1 BGB aus der Perspektive des
Kindes formuliert. Jedoch wird gerade auch im Rahmen von § 1685 BGB dem Kin-
deswillen eine zentrale Bedeutung zukommen müssen. Anders als beim elterlichen
Umgangsrecht, wo dies prinzipiell unterstellt wird, besteht es hier nämlich nur, wenn
positiv festgestellt ist, dass es dem **Wohl des Kindes dient**.

Das wird bei **Großeltern** (KG 20.3.2009–17 UF 2/09) – wie auch bei **Geschwistern** - 12
regelmäßig möglich sein, wenn auch freilich nicht für Fälle, in denen Großeltern den
elterlichen Konflikt noch befeuern (z.B. OLG Hamm 23.6.2000–11 UF 26/00, FamRZ
2000, 1601) oder wenn sie unangemessen auf das Kind einwirken (OLG Koblenz
31.8.1999–15 UF 166/99). Kein wechselseitiges Umgangsrecht soll allerdings nach einer Entscheidung des OLG Dresden (12.10.2011–21 UF 0581/11) für leibliche Geschwister mehr bestehen, wenn eines der Kinder adoptiert und dadurch das Verwandtschaftsverhältnis zwischen ihnen aufgelöst wurde (vgl. § 16 IV. 3.).

13   Das Umgangsrecht mit anderen **engen Bezugspersonen** steht unter der weiteren Voraussetzung, dass diese aktuell oder in der Vergangenheit tatsächlich für das Kind Verantwortung tragen oder getragen haben. Dies liegt in der Regel vor, wenn der Umgang Begehrende in einer **sozial- familiären Beziehung mit dem Kind gelebt hat,** die allerdings „für längere Zeit" bestanden haben muss. Bei der Auslegung dieses unbestimmten Rechtsbegriffs wird wesentlich auf die sich mit zunehmendem Alter verändernde Zeitperspektive des Kindes abzustellen sein (BVerfG 11.12.2000–1 BvR 661/00, FamRZ 2001, 753; 25.11.2003–1 BvR 834/03, FamRZ 2004, 689). Zwar wird die Vorschrift, ebenso wie ihre Vorgängerin, in der Praxis überwiegend auf Pflegeeltern und Stiefelternteile anzuwenden sein. Jedoch kommt es für das Bestehen eines Umgangsrechts nicht mehr darauf an, ob die Umgang begehrende Person mit einem Elternteil des Kindes verheiratet war, eine gleichgeschlechtliche Lebenspartnerschaft eingegangen war, in nichtehelicher oder nichtverpartnerschlichter Lebensgemeinschaft mit ihm gelebt hat. Als Umgangsberechtigte kommen, sofern die genannten Voraussetzungen erfüllt sind, auch andere Verwandte des Kindes, Stiefgeschwister und auch die leiblichen Eltern, nachdem sie in die Adoption des Kindes eingewilligt haben, in Betracht (Motzer FamBR 2004, 232, 234). Deshalb fällt es schwer, der Argumentation des OLG Dresden in der oben zitierten Entscheidung zu folgen, wonach ausgerechnet im Fall einer durch Adoption aufgelösten Geschwisterbeziehung keine sozial-familiäre Beziehung vorgelegen haben soll.

14   Auch der **leibliche, nicht rechtliche Vater** hat nunmehr nach § 1685 Abs. 2 BGB ein Umgangsrecht. Dies war überhaupt erst der eigentliche Anlass für die Gesetzesänderung, die nämlich durch eine Entscheidung des BVerfG (9.4.2003–1 BvR 1493/96, 1724/01 – BVerfGE 108, 82) zu genau dieser Frage ausgelöst wurde. Nach bisher geltendem Recht war hierfür aber wiederum vorausgesetzt, dass der leibliche, nicht rechtliche Vater für längere Zeit mit dem Kind in einer sozial-familiären Beziehung gelebt hat. Das schloss freilich all diejenigen „biologischen" Väter aus der Umgangsrechtsregelung aus, die nie eine Gelegenheit bekommen hatten, mit ihrem Kind eine Beziehung aufzubauen. Hierin sah der EGMR in zwei Entscheidungen eine Verletzung des Rechts auf Privat- und Familienleben i.S.v. Art. 8 EMRK (21.12.2010–20578/07– (A./Bundesrepublik Deutschland), FamRZ 2011, 269 und S. vs. Bundesrepublik Deutschland – 15.9.2011–17080/07). Deshalb schuf der Gesetzgeber ein zum 13.07.2013 wirksam gewordenes „Gesetz zur Stärkung der Rechte des leiblichen, nicht rechtlichen Vaters", das mit § **1686 a BGB** eine Regelung bereit hält, wonach der biologische Vater ein Recht auf Umgang – und auch auf Auskunft über die persönlichen Verhältnisse des Kindes hat – wenn er **ein nachhaltiges Interesse an dem Kind gezeigt** hat.

IV. Verfahrenshinweise

Das Verfahren, nach dem Umgangsregelungen herbeigeführt werden, ist heute in den 15
§§ 151 ff. FamFG geregelt; es war in dieser Form jedoch mindestens seit Ende der
1990er Jahre schon weitgehend durch die gerichtliche Praxis vorgeprägt (hierzu am
Beispiel: Ernst FamRZ 2009, 1430). Die beiden wichtigsten Kennzeichen des Verfahrens, neben dem Kindeswohlprinzip, das nicht nur für die Anwendung des materiellen
Rechts maßgeblich, sondern auch verfahrensleitend ist, sind das **Vorrang- und Beschleunigungsgebot** sowie **das Hinwirken auf Einvernehmen.**

Zum Hinwirken auf Einvernehmen nach § 156 FamFG sei insbesondere auf das bereits 16
zum Sorgerechtsverfahren Ausgeführte verwiesen (§ 13 IV.). Auch dem Verfahrensbeistand (§ 158 Abs. 4 S. 3 FamFG) und dem Gutachter (§ 163 Abs. 2 FamFG) kann
durch das Gericht aufgegeben werden, aktiv am Zustandekommen einer einvernehmlichen Regelung mitzuwirken. Zu ergänzen bleibt, dass speziell beim Umgangsrecht
einvernehmlichen Regelungen, die in die Form eines gerichtlich gebilligten Vergleiches
gebracht werden, eine besondere Bedeutung zukommt (§ 156 Abs. 2 BGB). Werden
die dort festgehaltenen Vereinbarungen verletzt, kann hierauf mit ebensolchen
Zwangsmaßnahmen nach § 89 FamFG (vgl. oben § 14 II. 2.) reagiert werden, wie bei
einem Verstoß gegen unmittelbar durch das Gericht getroffene Festlegungen. Darüber
hinaus ist nach § 156 Abs. 3 S. 1 BGB immer dann, wenn es zu keiner einvernehmlichen
Regelung im ersten Erörterungstermin nach § 155 Abs. 2 FamFG gekommen ist, regelmäßig die Möglichkeit des Erlasses einer einstweiligen Anordnung zu thematisieren.
Gerade in Auseinandersetzungen um das Umgangsrecht sind Strategien der Verfahrensverschleppung unbedingt zu durchkreuzen, weil einmal geschaffene Tatsachen
später häufig kaum noch zu verändern sind, ohne dass das Kindeswohl hierdurch berührt wäre. Dem dient auch das Vorrang- und Beschleunigungsgebot in § 155
FamFG. Abs. 2 bestimmt, dass das Gericht in diesen Verfahren die Sache mit den Beteiligten in einem Termin erörtert, der spätestens einen Monat nach Beginn des Verfahrens stattfinden soll und in dem das Gericht das Jugendamt anhört. Diese Rückkehr
zum Mündlichkeitsprinzip eröffnet dem Jugendamt weitreichende Möglichkeiten, seine Fachlichkeit in das Sorgerechts- bzw. Umgangsverfahren einzubringen. Durch den
frühen Anhörungstermin wird zugleich das schriftliche Austragen des Streits vor Gericht sowohl verletzungsmindernd und eskalationsvermeidend als auch ressourcensparend reduziert (Meysen JAmt 2008, 233 ff.; Fellenberg FPR 2008, 125 ff.; kritisch
zu der Neuregelung: Flügge FPR 2008, 135 ff.). Zwar besteht auch nach Wegfall der
speziellen Vorschrift in § 52 Abs. 2 FGG immer noch, nunmehr über § 21 FamFG, die
Möglichkeit, das Verfahren aus wichtigem Grund auszusetzen. Ein solcher wichtiger
Grund könnte darin liegen, dass auf übereinstimmenden Antrag der Beteiligten noch
ein Einigungsversuch abgewartet oder dass eine Mediation zum Abschluss gebracht
werden soll (Kemper/ Schreiber 2012, § 21 Rn. 8). Jedoch wird von dieser Möglichkeit
nur mit äußerster Zurückhaltung Gebrauch zu machen sein. Letztlich ist hier das al-

tersabhängige Zeitempfinden des Kindes maßgeblich, das sich, während seine Eltern einen Einigungsversuch nach dem anderen starten, entweder von dem Elternteil, mit dem der Umgang zustande kommen soll, entfremdet oder aber, in der anderen Variante, einen Umgang, den es im Grunde ablehnt, aus Gehorsam oder Loyalität ausführt. Im Übrigen besteht nach § 163 Abs. 1 FamFG nunmehr die Möglichkeit, auch Sachverständigen eine Frist für die Erstellung ihres Gutachtens zu setzen, und somit eine weitere potenzielle Quelle von Verfahrensverzögerung auszuschließen. Auch das in § 165 FamFG vorgesehene Vermittlungsverfahren unterliegt dem Beschleunigungsgebot (§ 165 Abs. 2 FamFG). Es kommt in Betracht, wenn ein entsprechender Antrag eines Elternteils vorliegt, weil gerichtlich festgelegte oder in einem gerichtlich gebilligten Vergleich vereinbarte Umgangsregeln in der Folgezeit vom anderen Elternteil dennoch verletzt worden sind. Hierbei kann es unter Umständen auch zu einem neuen Vergleich kommen, wenn sich bspw. frühere Regelungen als nicht praktikabel oder unbillig erwiesen haben (§ 165 Abs. 4). Andererseits weist das Gericht insbesondere aber auch sehr klar auf die Rechtsfolgen hin, die sich aus einem umgangserschwerenden oder gar –vereitelnden Verhalten ergeben können – von der Verhängung von Ordnungsmitteln bis zum Entzug der elterlichen Sorge (§ 165 Abs. 3 FamFG). Ihre Anwendung ist jedenfalls nach § 165 Abs. 5 FamFG immer dann zu prüfen, wenn es im Vermittlungsverfahren zu keiner Einigung zwischen den Eltern kommt.

17 Die auf sozialpädagogischer Ebene korrespondierenden Regelungen zum Umgangsrecht finden sich in § 18 Abs. 3 SGB VIII. Die dort vorgesehenen Beratungsrechte für Kinder und umgangsberechtigte Personen sowie Personen, in deren Obhut sich das Kind befindet, haben zunehmend an Bedeutung gewonnen, sogar dahin gehend, dass die vorherige Inanspruchnahme der Beratung durch das Jugendamt vor Einleitung eines gerichtlichen Umgangsverfahrens für notwendig erachtet wird (OLG Brandenburg 25.2.2003–9 WF 23/03, FamRZ 2003, 1760) und auch die Beiordnung eines Anwalts vor der Inanspruchnahme der Beratung nach § 18 SGB VIII nicht in Frage kommt (OLG Köln 10.9.2003–14 WF 143/03, JAmt 2004, 50). Eine solche vorrangige Inanspruchnahme der Beratungstätigkeit des Jugendamtes wird nur dann als entbehrlich angesehen, wenn der sorgeberechtigte Elternteil jeglichen Umgang des anderen Elternteils mit dem Kind ablehnt, so dass ein Beratungs-/Mediationsverfahren keinen Sinn macht (OLG Hamm 20.3.2003–3 WF 44/03, FamRZ 2003, 1758).

18 Akteure der Auseinandersetzungen um das Umgangsrecht sind meist streitende Elternteile; Kinder sind hier nicht selten lediglich Objekte dieses Streites. Umso dringlicher ist es, dass hier eine **Sicherung des Kindeswohls** durch Verfahren greift. Von besonderer Bedeutung ist in diesem Zusammenhang die Möglichkeit der Bestellung eines Verfahrenspflegers nach § 158 FamFG (ausführlich § 12 V. 2.). Gerade in hochstreitigen Umgangsregelungsverfahren wird nicht selten die Voraussetzung des § 158 Abs. 2 Nr. 1 FamFG erfüllt sein.

Vor einer Einschränkung oder einem Ausschluss des Umgangsrechts hat das Gericht zur Wahrung der Grundrechte des umgangsbegehrenden Elternteils das Kind persönlich anzuhören (§ 159 Abs. 1 und 2 FamFG), auch um sich so einen unmittelbaren Eindruck von ihm zu verschaffen. Will das Gericht von fachkundigen Feststellungen und fachlichen Wertungen eines gerichtlich bestellten Sachverständigen abweichen, so muss es anderweitig über eine zuverlässige Grundlage für die am Kindeswohl orientierte Entscheidung verfügen (BVerfG 13.11.2007 – 1 BvR 1637/07, FamRZ 2008, 246). Grundrechtsschutz ist auch durch die Gestaltung des Verfahrens sicherzustellen. Diesen Anforderungen werden die Gerichte nur gerecht, wenn sie sich mit den Besonderheiten des Einzelfalles auseinandersetzen, die Interessen der Eltern sowie deren Einstellung und Persönlichkeit würdigen und auf die Belange des Kindes eingehen; der Wille des Kindes ist zu berücksichtigen, soweit das mit seinem Wohl vereinbar ist (BVerfG 26.9.2006 – 1 BvR 1827/06, FamRZ 2007, 105). Von der persönlichen Anhörung der Beteiligten bzw. von der Einholung eines Sachverständigengutachtens kann das Gericht nur dann absehen, wenn es anderweit über eine möglichst zuverlässige Entscheidungsgrundlage verfügt (BVerfG 18.1.2006 – 1 BvR 526/04, FamRZ 2006, 605). Teilweise wird allerdings kritisiert, dass die vom BVerfG aufgestellten Maßstäbe für die Verfahrensgestaltung dazu geführt haben, dass sich die „Verfahrensrüge zum BVerfG" zum gängigen Mittel in hochstreitigen Elternkonflikten entwickelt habe (Motzer FamRZ 2005, 1971).

Zum Gedanken der Sicherung des Kindeswohls gehört es auch, dass gegen das Kind **19** kein unmittelbarer Zwang zur Ausübung des Umgangsrechts angewandt werden darf, § 90 Abs. 2 S. 1 FamFG. So kann auch beispielsweise der Umgangspfleger nicht die Polizei um Vollstreckungshilfe ersuchen, wenn ihm das Kind nicht herausgegeben wird. § 88 Abs. 2 FamFG schließlich normiert i.V.m. § 50 Abs. 1 Nr. 1 SGB VIII eine Unterstützungspflicht des Jugendamts gegenüber dem Familiengericht bei der Durchsetzung gerichtlicher Umgangsregelungen.

V. Internationales Recht und Umgang

Wenn beim Umgangsrecht ein sog.. Auslandsbezug besteht, also Menschen beteiligt **20** sind, die – zunächst – nicht dem deutschen Recht unterfallen, dann sind auch hier die entsprechenden Bestimmungen des internationalen Privatrechts zu prüfen, sowohl hinsichtlich der Frage nach der Zuständigkeit deutscher Gerichte, wie auch hinsichtlich der Frage, welches Recht anzuwenden ist (grundsätzlich vgl. § 2 II.). Was die **Zuständigkeit** der deutschen Gerichte (bzw. Behörden) anbelangt, so ist wiederum die **Verordnung (EG) Nr. 2201/2003 (Brüssel IIa-VO)** maßgebend, da nach Art. 1 Abs. 2 a) die Verordnung ausdrücklich für das Umgangsrecht gilt. Danach wäre zwar nach Art. 8 dieser Verordnung ebenfalls der gewöhnliche Aufenthaltsort des Kindes maßgeblich (vgl. § 13 V.). Allerdings enthält Art. 9 der Verordnung eine abweichende Zuständigkeitsregelung: Danach verbleibt es beim (rechtmäßigen) Umzug eines Kindes von einem Mitgliedstaat in einen anderen bei der Zuständigkeit der Gerichte (und Behörden), die vor dem Umzug des Kindes zuständig waren, für die Dauer von drei Monaten nach dem Umzug (zu den Einzelheiten vgl. Art. 9 Abs. 1 und Abs. 2 Brüssel

IIa-VO). Was das **anzuwendende Recht** anbelangt, so ist Art. 21 EGBGB maßgebend, wonach das Recht des Staates gilt, in dem **das Kind seinen gewöhnlichen Aufenthalt** hat. Ebenso wie § 89 FamFG im Falle der Vollstreckung eines inländischen Umgangstitels sieht § 44 des Internationalen Familienrechtsverfahrensgesetz (IntFamRVG, dazu § 2 II. 1. am Ende) für den Fall der in Deutschland zu vollstreckenden **Umgangsregelung des Gerichts eines anderen EG-Mitgliedstaats** die Festsetzung von Ordnungsmitteln vor (Gruber FamRZ 2005, 1603 ff.).

Weiterführende Literatur

Münder 2005; Menne ZKJ 2006, 446; Altrogge FPR 2008, 410,Wranitzek FamRZ 2008, 933

Zur umgangsrechtlichen Praxis aus Sicht der Kinder- und Jugendpsychiatrie: Kölch/ Fegert FamRZ 2008, 1573 ff.

§ 15. Die „kleinen Sorgerechte" – Beteiligung Dritter bei der Erziehung der Kinder

1 Bei der Erziehung sind nicht immer nur die rechtlich zuständigen Eltern tätig. Stiefeltern, neue Partner, Pflegepersonen, Erziehungs- und Betreuungspersonen können in unterschiedlicher Weise an der Erziehung beteiligt sein. Das Gesetz regelt deren Rechte nicht systematisch, sondern punktuell an verschiedenen Stellen und zum Teil unterschiedlich.

Ausführlich behandelte Bestimmungen

- *Alltägliche Erziehung:* §§ 1687 b, 1688 BGB; § 9 LPartG
- *Verbleibensanordnungen:* §§ 1632 Abs. 4, 1682 BGB
- *Umgangsrechte:* § 1685 Abs. 2 BGB
- *Mitwirkung im Verfahren:* § 161 FamFG

Wichtige, interessante Entscheidungen

- *Zur Kompetenz bei eingetragenen Lebenspartnern:* BVerfG 17.7.2002–1 BvF 1/01, 1 BvF 2/01, BVerfGE 105, 313
- *Zur Rechtsstellung von Pflegepersonen:* BVerfG 17.10.1984–1 BvR 284/84, BVerfGE 68, 176, 187 ff.
- *Bei sozial-familiären Beziehungen:* BVerfG 9.4. 2003–1 BvR 1493/96, 1724/01, BVerfGE 108, 82

2 Rechtlich hat der Gesetzgeber die **Beteiligung Dritter an der Betreuung, Erziehung, Beaufsichtigung** usw. der Minderjährigen umfassend nur bei der Beistandschaft, der Vormundschaft und der Pflegschaft bzw. bei der völligen Ersetzung des Eltern-Kind-Verhältnisses bei der Annahme als Kind geregelt (vgl. § 16). Im realen Leben gibt es

jedoch vielfältige Formen der Beteiligung Dritter an der Erziehung von Kindern: von der Mitwirkung des Partners einer nichtehelichen Lebensgemeinschaft oder eingetragenen Lebenspartnerschaft über die Stiefelternschaft bis zur Betreuung und Förderung in Pflegestellen, Heimen, Internaten oder auch der täglichen Betreuung und Erziehung von Kindern in Kindertagesstätten. Zivilrechtliche Regelungen gibt es nur wenige, öffentlich-rechtliche, sozialrechtliche befassen sich kaum mit der hier behandelten Thematik. Im Familienrecht hat der Gesetzgeber diese Situationen oft anlassbezogen und damit punktuell und verstreut geregelt.

Erste Regelungen solcher sogenannter „kleiner Sorgerechte" (vgl. Schwab FamRZ 2001, 385 ff.; Battes FuR 2002, 49 ff., 113 ff.) wurden mit der Neuregelung des Rechts der elterlichen Sorge zum 1.1.1980 für Pflegepersonen geschaffen. Ein deutlicher Ausbau fand im Zusammenhang mit der Kindschaftsrechtsreform zum 1.7.1998 statt, Erweiterungen gab es mit dem Inkrafttreten des Lebenspartnerschaftsgesetzes zum 1.8.2002 und schließlich aufgrund von verfassungsgerichtlichen Entscheidungen zum 30.4.2004.

Insbesondere drei Aspekte regelt der Gesetzgeber für die betroffenen Personengruppen: 3

- die Mitwirkung und Mitentscheidung in der Erziehung bei Angelegenheiten des täglichen Lebens,
- die Möglichkeit von Verbleibensanordnungen zugunsten von Bezugspersonen,
- ein Umgangsrecht zugunsten von Bezugspersonen.

Insgesamt lassen sich diese Rechtsverhältnisse als **„kleine Sorgerechte"** bezeichnen, da 4 diesen dritten Personen eben nur bestimmte Rechte eingeräumt sind.

I. Stiefeltern – Stiefkinder

Der größere Teil der Kinder, deren Eltern nicht zusammen leben, wächst dennoch nicht 5 bei nur einem Elternteil, sondern in einer Stieffamilie auf, und zwar in der Hälfte aller Fälle mit gemeinsamen Kindern des leiblichen Elternteils und dessen (Ehe-)Partners. Nach allerdings schon älteren Schätzungen (seit 1999 sind keine Angaben des Bundesamtes für Statistik mehr vorhanden, vgl. Hausmann DNotZ 2011, 603 f., wo auch das folgende Zahlenmaterial entnommen ist) kann davon ausgegangen werden, dass mindesten 5,5 % aller in Familien lebenden minderjährigen Kinder in der Bundesrepublik Deutschland Stiefkinder sind (die tatsächliche Zahl dürfte mittlerweile schon um einiges höher liegen). Etwa 60 % von ihnen wachsen mit einem leiblichen Elternteil auf, das verheiratet ist, in den anderen 40 % lebt der leibliche Elternteil in einer nichtehelichen Partnerschaft. Zumeist, in 90 % der Fälle, ist das leibliche Elternteil die Mutter.

Stiefkinder sind nur mit ihrem Elternteil verwandt, mit dem Ehegatten des Elternteils 6 sind sie (§ 1590 Abs. 2 BGB) im 1. Grad verschwägert. Sie stammen aus einer früheren Ehe oder nichtehelichen Beziehung ihres leiblichen Elternteils (Scheidung, Trennung, Tod). Die Beziehungen zwischen Stiefeltern und Stiefkindern sind durch Komplexität und Überkreuzung verschiedener Beziehungsstränge gekennzeichnet (dazu Visher/Visher 1995; Hoffmann-Riem 1998). Das BGB kennt kein Recht der Stiefeltern/Stiefkinder. **Umfassende rechtliche Kompetenzen** kann der Stiefelternteil nur durch die **Adoption** des Stiefkindes (vgl. § 16 IV.) erreichen. **Unterhaltsrechtlich** können sich Ansprüche des Stiefkindes gegen den Stiefelternteil (und umgekehrt) allein auf vertraglicher Grundlage ergeben. Ein solcher Vertrag kann stillschweigend zustande kommen, die Aufnahme des Stiefkindes in den Haushalt allein ist allerdings noch kein stillschweigender Unterhaltsvertrag (vgl. aber BSG 13.11.2008 – B 14 AS 2/08R-, wo aus der Aufnahme des Stiefkindes in den Haushalt der Wille des Stiefelternteils abgeleitet wird, i.S.v. § 7 Abs. 3 Nr. 3 lit.. c SGB II für das Stiefkind einzustehen und Verantwortung zu übernehmen). Ein Vertrag wird jedenfalls vorliegen, wenn der Stiefelternteil Sozialleistungen für das Stiefkind (Kindergeld), steuerrechtliche Erleichterungen in Anspruch nimmt, regelmäßig aber nur in diesem Umfang. Auch aus der in der Vergangenheit liegenden faktischen Gewährung von Unterhalt durch den Stiefelternteil kann kein Unterhaltsvertrag konstruiert werden, aus dem sich zukünftige Ansprüche des Stiefkindes auf Unterhalt ergeben – und selbst dann wäre ein solcher (stillschweigender) Vertrag seitens des Stiefelternteils jederzeit auflösbar. Im Todesfall des leiblichen Elternteils ist unterhaltsrechtlich § 1371 Abs. 4 BGB zu beachten (Ausbildungskosten der Stiefabkömmlinge aus dem aus Zugewinnausgleichsgründen erhöhten Erbteil des Ehegatten). Hinsichtlich der **Namenserteilung** ermöglicht die Einbenennung des § 1618 BGB Namensgleichheit zwischen Stiefelternteil und Stiefkind. Hinsichtlich der **Erziehung** waren lange Zeit im Gesetz keine Regelungen enthalten. Mit dem Lebenspartnerschaftsgesetz wurde – entsprechend der Regelung in § 9 LPartG (vgl. § 15 II.) – § 1687 b BGB ins Gesetz aufgenommen. Danach ist eine Beteiligung des Stiefelternteils bei **Angelegenheiten des täglichen Lebens** möglich. Voraussetzung ist, dass der Elternteil des Kindes – also der nunmehrige Ehegatte des Stiefelternteils – allein sorgeberechtigt ist. Der Begriff „Angelegenheiten des täglichen Lebens" ist identisch mit dem im Falle der Trennung/Scheidung in § 1687 BGB verwendeten Begriff (im Einzelnen § 13 III.).

7 Aufgrund des langjährigen Zusammenlebens kann sich eine soziale Elternschaft ergeben. Von rechtlicher Bedeutung wird dies dann, wenn der leibliche Elternteil die elterliche Sorge tatsächlich nicht mehr ausüben kann oder verstirbt (§§ 1678, 1680, 1681 – vgl. § 10 II. 2.). Dadurch könnte dem anderen Elternteil des Kindes die alleinige Sorge übertragen werden und es könnte nunmehr u.a. die Herausgabe des Kindes verlangen. Hierauf geht § **1682 S. 1 BGB** ein und ermöglicht eine **Verbleibensanordnung** zugunsten des Stiefelternteils. Tatbestandliche Voraussetzung ist – wie im Kindschaftsrecht meist –, dass das Wohl des Kindes durch die Wegnahme gefährdet würde. Inhaltlich knüpft § 1682 BGB an den (früher geschaffenen) § 1632 Abs. 4 BGB an (vgl. §§ 11 II. 1., 15 IV.). Erlässt das Familiengericht eine Verbleibensanordnung, so hat gemäß § 1688 Abs. 4 BGB der Stiefelternteil dann auch das Recht, für das Kind in Angelegenheiten des täglichen Lebens zu entscheiden und es zu vertreten (vgl. oben).

Trennen sich Stiefelternteil und leiblicher Elternteil, so kann es in bestimmten Situationen aus Kindeswohlgründen sinnvoll sein, dass zwischen dem Stiefelternteil und dem Kind ein **Umgang** stattfindet. Dies ist nach § 1685 Abs. 2 BGB möglich. Bis zum 30.4.2004 regelte die Vorschrift speziell das Umgangsrecht des Stiefelternteils. Seitdem ist sie allgemeiner formuliert, damit auch für andere Situationen anwendbar (vgl. § 14 III.), umfasst aber natürlich nach wie vor auch die Möglichkeit eines Umgangs zwischen Kind und Stiefelternteil, wenn dies dem Wohl des Kindes dient (im Einzelnen: Hausmann DNotZ 2011, 604 ff.

II. „Stieflebenspartner – Stieflebenspartnerkinder"

Das Lebenspartnerschaftsgesetz ist in weitgehender Parallelität zum Ehe- und Kindschaftsrecht geschaffen worden (vgl. § 4). Damit sind auch die Regelungen zwischen dem Lebenspartner/der Lebenspartnerin und dem Kind des anderen Lebenspartners/der Lebenspartnerin entsprechend den Regelungen bei Stiefelternschaft – Stiefkinderschaft. Im Einzelnen sind dies die Folgenden: Auch die Stieflebenspartner sind mit den Stieflebenspartnerkindern verschwägert, § 11 Abs. 2 LPartG. Nach Änderung des Lebenspartnerschaftsgesetzes ist nun auch die **Adoption** des leiblichen, ebenso wie nach der Entscheidung des BVerfG des adoptierten Kindes des Lebenspartners möglich. **Unterhaltsrechtlich** ergeben sich keine Unterschiede zu den unterhaltsrechtlichen Ausführungen bei Stiefeltern/Stiefkindern (vgl. § 15 I.); auch die Regelung des § 1371 Abs. 4 BGB findet wegen des Verweises in § 6 LPartG Anwendung. Hinsichtlich der **Mitwirkung bei der Erziehung** ist § 9 LPartG identisch mit § 1687 b BGB, ja, er war sogar das Vorbild für § 1687 b BGB; insofern sind die sorgerechtlichen Bestimmungen zur Mitwirkung bei der Erziehung des Kindes des Lebenspartners gleichlautend mit denen von Stiefeltern bezüglich der Stiefkinder (vgl. § 15 I.). Im Falle der tatsächlichen Verhinderung bei der elterlichen Sorge bzw. des Todes des Lebenspartners ermöglicht § 1682 S. 2 BGB eine **Verbleibensanordnung** zugunsten des Lebenspartners; auch diese Regelung ist inhaltsgleich mit der Regelung zu Stiefkinderverhältnissen (vgl. § 15 I.). Und schließlich ist auch die Regelung für den **Umgang** identisch: Wenn es dem Wohl des Kindes dient, haben Lebenspartner unter den Voraussetzungen des § 1685 Abs. 2 BGB ein Umgangsrecht nach Trennung oder Aufhebung der eingetragenen Lebenspartnerschaft.

III. „Nichteheliche Stiefpartner-Kinderverhältnisse"

Im Gegensatz zur eingetragenen (gleichgeschlechtlichen) Lebenspartnerschaft sind die heterosexuelle nichteheliche und auch die homosexuelle nichteingetragene Lebensgemeinschaft gesetzlich nicht geregelt (vgl. § 5). Daraus ergeben sich auch einige Unterschiede zu den bisher behandelten Konstellationen, zumindest hinsichtlich der Rechtsgrundlagen. Keine Unterschiede ergeben sich hinsichtlich des **Unterhalts**, denn Rechtsgrundlage für Unterhalt bei der Stiefelternschaft bzw. der „Stiefpartnerschaft" ist eine vertragliche Vereinbarung; eine gesetzliche Grundlage besteht nicht. Die Begründung einer vertraglichen Unterhaltspflicht ist bei nichtehelichen Lebensgemeinschaften gegenüber dem Kind des Partners unter den gleichen Voraussetzungen möglich. Somit kommt es für das Bestehen eines Unterhaltsanspruchs darauf an, ob ein entsprechender (regelmäßig: stillschweigender) Vertrag zwischen dem Partner einer nichtehelichen Gemeinschaft und dem Kind des anderen Partners besteht. Bezüglich der **Beteiligung an der Erziehung** besteht für nichteheliche Lebensgemeinschaften keine dem § 1687 b BGB (bzw. dem § 9 LPartG) entsprechende Regelung. Dennoch braucht es letztlich keine Unterschiede zu geben. Denn § 1687 b BGB hat als Voraussetzung, dass das **Einvernehmen des alleinsorgeberechtigten Elternteils** vorliegt. Im Falle einer Alleinsorgeberechtigung kann in einer nichtehelichen Lebensgemeinschaft die Beteiligung in Angelegenheiten des täglichen Lebens dadurch erreicht werden, dass der Elternteil und der Partner einer nichtehelichen Lebensgemeinschaft dies vereinbaren, d.h. die Beteiligung ist auf einer **vertraglichen Grundlage** mit dem insofern ja auch zum Vertragsabschluss befugten alleinsorgeberechtigten Elternteil möglich. Solche (wiederum meist stillschweigenden) vertraglichen Vereinbarungen werden in den meisten Fällen nichtehelicher Lebensgemeinschaften mit Kindern bestehen. Damit kann im Ergebnis die in § 1687 b BGB vorgesehene Regelung auch bei nichtehelichen Lebensgemeinschaften erreicht werden; insofern hat § 1687 b BGB vornehmlich eine klarstellende Funktion in den dort angesprochenen Fällen. Auch bezüglich einer **Verbleibensanordnung** gibt es **rechtliche Unterschiede**, denn auch hier ist keine dem § 1682 BGB entsprechende Regelung für die Konstellation einer nichtehelichen Lebensgemeinschaft mit Kind eines Partners vorgesehen. Dennoch ist auch hier grundsätzlich eine Verbleibensanordnung möglich. Rechtsgrundlage dafür wäre dann § **1666 BGB**. Das setzt voraus, dass die in § 1666 BGB angesprochene und benannte **Kindeswohlgefährdung** vorliegt (im Einzelnen § 12). Und da auch § 1682 BGB für eine Verbleibensanordnung voraussetzt, dass das **Kindeswohl** durch die Wegnahme gefährdet würde, besteht insofern **inhaltliche Identität** zwischen § **1682 BGB und** § **1666 BGB**. Damit kann auch im Falle einer nichtehelichen Lebensgemeinschaft etwa dann, wenn der sorgeberechtigte Partner an der Ausübung der elterlichen Sorge verhindert bzw. verstorben ist, eine Verbleibensanordnung zugunsten des anderen Partners der nichtehelichen Lebensgemeinschaft vom Familiengericht angeordnet werden. Hinsichtlich des **Umgangs** dagegen sind die Regelungen wiederum gleich: Wegen der seit dem 30.4.2004 geltenden weiten Fassung des § **1685 Abs. 2 BGB** (vgl. oben) können auch in einer nichtehelichen Lebensgemeinschaft die dort genannten Voraussetzungen erfüllt sein. Erforderlich ist eben, dass eine **sozial-familiäre Beziehung** besteht.

IV. Erziehung außerhalb des Elternhauses: Die rechtliche Bedeutung sozialer Beziehungen

Während die soeben behandelte Beteiligung Dritter dadurch gekennzeichnet war, dass 10
diese dritten Personen mit einem Elternteil des Kindes in einer Ehe, eingetragenen Lebenspartnerschaft oder eheähnlichen Lebensgemeinschaft zusammenlebten, leben in den nun zu erörternden Konstellationen die Kinder außerhalb des Elternhauses bei dritten Personen, d.h. in anderen Familien oder Einrichtungen. Die Erziehung von Minderjährigen außerhalb des Elternhauses liegt – nicht nur empirisch – im Schatten. Im Jahr 2007 (neuere Zahlen liegen nicht vor) waren 139.300 Kinder, Jugendliche und auch junge Volljährige im Rahmen von Hilfen zur Erziehung in einer Pflegefamilie, einem Heim oder einer sonstigen betreuten Wohnform untergebracht (Deutsches Jugendinstitut, www.dji.de/dasdji/thema/0910). Dennoch findet mit dieser Thematik kaum eine rechtliche Befassung statt. Die Orte der Erziehung sind unterschiedliche: Internatsunterbringung, Heimerziehung, Jugendwohngemeinschaften, Pflegestellen, Kinderdörfer usw. Klassische Unterbringungsformen sind die Heimerziehung und die Pflegestellen.

Die Anlässe für die Erziehung außerhalb des Elternhauses sind vielfältiger Art. Faktisch 11
kommen die Minderjährigen zu 80 % aus sozial belasteten Familien, in denen sich die Erziehung schwierig gestaltet und die Familien in besonderer Weise auf die Hilfe Dritter angewiesen sind. Durch die längerfristige Erziehung außerhalb des Elternhauses kann es zu einem Auseinanderfallen zwischen der sozialen Elternschaft der Betreuungs- und Erziehungspersonen einerseits und der formellen rechtlichen Inhaberschaft der leiblichen Eltern andererseits kommen. Dadurch kann das Kindeswohl tangiert sein.

> Existentielle Bindungen sind für Kleinkinder (aber auch für Kinder und Jugendliche generell) entscheidend für den Aufbau der Persönlichkeit. Der Abbruch solcher Bindungen ist mit erheblichen Risiken verbunden. Wichtige Faktoren für die Entstehung solcher Bindungen sind die Stabilität des Erziehungsfeldes, die Konsistenz des erzieherischen Verhaltens, Intimität, kontinuierliche Interaktionsmöglichkeiten, personale Nähe. Meist ist die Herausbildung an konstante Personengruppen, an Hauptbezugspersonen gebunden. Regelmäßig sind die biologischen Eltern die ersten Bezugspersonen. Die Entstehung von Bindungen ist aber nicht Folge von Geburt oder Zeugung. Wichtiges Indiz für die Entstehung solcher Beziehungen ist die Dauer des Aufwachsens des Kindes in dem jeweiligen Sozialisationsfeld unter Berücksichtigung des kindlichen Zeitbegriffs: Je jünger das Kind ist, desto geringer sind die Zeiträume, die notwendig sind, um solche soziale Elternschaft entstehen zu lassen (Heilmann 1998, 99 ff.). Maßgeblich für das Wohl des Kindes sind damit nicht die abstrakte Rechtsfrage oder statusorientierte Überlegungen (z.B. blutsmäßige Elternschaft vor sozialer Elternschaft), sondern die konkrete Situation des Minderjährigen. Allerdings findet sich weder im BGB noch im SGB VIII ein „Recht der Erziehung außerhalb des Elternhauses". Besonders intensiv diskutiert wurde die Frage bei den Pflegekindschaftsverhältnissen (vgl. Salgo 1987).

Die Rechtsdogmatik versucht, die Situation bei der **Erziehung außerhalb des Eltern-** 12
hauses vornehmlich mit den Mitteln des **Vertragsrechts** zu bewältigen (ausführlich zum

Pflegekinderwesen: Salgo 1987; Windel FamRZ 1997, 713 ff.; Lakies ZfJ 1998, 128 ff.; Salgo FamRZ 1999, 337 ff.; Ernst/Höflich, in: Schwabe 2008, S. 170 ff.). Ausgangspunkt ist dabei die Auffassung, dass die Übertragung der elterlichen Sorge als solche nicht möglich ist, sondern nur die Übertragung der elterlichen Sorge zur Ausübung in Frage kommt (vgl. § 10 III.). Auf der Basis dieser Rechtskonstruktion werden – meist stillschweigend – Vereinbarungen zwischen den sorgeberechtigten Eltern und den dritten Personen, den Fremderziehern, angenommen, die die Grundlage für die Erziehung außerhalb des Elternhauses sind. Wenn es zum Konflikt zwischen Sorgeberechtigten und Fremderziehern kommt, wenn das Wohl des Minderjährigen im Mittelpunkt des Konfliktes steht, stößt das Vertragsrecht an seine Grenzen (Salgo 1987, 275 ff.; Schwab 1982). Wegen des Ausgangspunktes, dass die elterliche Sorge nur zur Ausübung übertragen werden kann, könne (so die Auffassung) die vertragliche Grundlage für die Erziehung außerhalb des Elternhauses seitens der Inhaber des Sorgerechts jederzeit fristlos beendigt werden.

> Die vorhandenen Regelungen entfalten deswegen unterschiedliche Wirkungen. Der für die **Familienpflege** vorgesehene § **1630 Abs. 3 BGB** hat bisher keine größere Bedeutung entfaltet, denn dafür, dass die Pflegepersonen in dieser Situation die Bestellung eines Pflegers verlangen können, ist die Zustimmung der Eltern erforderlich. Wenn Konsens besteht, wird ein entsprechender Antrag in der Regel nicht gestellt, bei Dissens kann die Vorschrift nicht wirken. Nach § 1630 Abs. 3 BGB können nicht nur einzelne Angelegenheiten der elterlichen Sorge, sondern kann das Sorgerecht insgesamt übertragen werden (KG 8.2.2006 – 25 UF 74/05, FamRZ 2006, 1291). Die Pflegeperson erhält gemäß § 1630 Abs. 3 S. 3 BGB die Rechte und Pflichten eines Pflegers, nicht jedoch die förmliche Stellung eines Pflegers. Allerdings haben die Pflegepersonen einen Anspruch auf Aufwendungsersatz gemäß den §§ 1630 Abs. 3 S. 3, 1915 Abs. 1, 1835a BGB (OLG Stuttgart 6.12.2005 – 8 WF 152/05, FamRZ 2006, 1290).

13 Bedeutung entfaltet dagegen § **1688 BGB**. Danach kann eine **Pflegeperson** (Abs. 1) bzw. **Erziehungsperson** bei den in Abs. 2 genannten Fällen der Hilfe zur Erziehung in **Angelegenheiten des täglichen** Lebens selbst entscheiden, den Arbeitsverdienst für das Kind verwalten, Sozialleistungsansprüche usw. geltend machen (ausführlich Lakies ZfJ 1998, 128 ff.). Auch hier ist der Konsens Basis für die Kompetenz der Pflege-, Erziehungs- und Betreuungspersonen: § 1688 Abs. 1 und Abs. 2 BGB gelten nicht, wenn (so Abs. 3) die Inhaber der elterlichen Sorge etwas anderes erklären. Diese Kompetenz in Alltagsangelegenheiten ist gemäß § 1688 Abs. 4 BGB auch dann gegeben, wenn das Gericht eine Verbleibensanordnung nach § 1632 Abs. 4 BGB oder § 1682 BGB ausgesprochen hat. Mit dem Stichwort der **Verbleibensanordnung** ist der zweite wichtige Komplex bei der außerfamilialen Erziehung angesprochen. Die rechtlichen Regelungen befinden sich an unterschiedlichen Orten. Der schon seit 1980 bestehende § **1632 Abs. 4 BGB** sieht die Möglichkeit der Verbleibensanordnung dann vor, wenn das Kind längere Zeit in **Familienpflege** gelebt hat. Zweck der Vorschrift ist, das in Pflege befindliche Kind davor zu schützen, dass es zur Unzeit aus der Pflegefamilie herausgenommen wird. Es sollen die Bindungen, die das Kind zu seiner Pflegefamilie aufgebaut hat, geschützt werden, wenn eine Entfremdung zu den leiblichen Eltern eingetreten ist (OLG Koblenz 7.3.2005–13 UF 859/04, FamRZ 2005, 1923). Damit ist klargestellt, dass das Herausgabeverlangen der Sorgeberechtigten am Maßstab des § 1666 BGB zu prüfen ist (vgl. § 13). Diese Entscheidung für den Vorrang der sozialen Realität (ausführlich Salgo 1987, 210 ff.) wurde vom Bundesverfassungsgericht bestätigt (BVerfG 17.10.1984–1 BvR 284/ 84, BVerfGE 68, 176 ff.; BVerfG 14.4.1987– 1 BvR 332/86, BVerfGE 75, 201 ff.). Nach ihr ist auch die Pflegefamilie, zumindest wenn das Kind seit längerer Zeit in ihr lebt, unter den Schutz von Art. 6 Abs. 1 GG gestellt. Deshalb dürfe auch Art. 6 Abs. 3 GG bei der Entscheidung über die Herausnahme des Kindes aus seiner ›sozialen Familie‹ nicht gänzlich außer Betracht bleiben (BVerfG 17.10.1984–1 BvR 284/84, BVerfGE 68, 176, 187). Nur ausnahmsweise kann bei Weggabe eines Kindes in eine Pflegefamilie allein aufgrund der Dauer eines solchen Pflegeverhältnisses auch ohne die Voraussetzungen des § 1666 Abs. 1 BGB eine Verbleibensanordnung nach § 1632 Abs. 4 BGB getroffen werden, und zwar dann, wenn bei Herausgabe des Kindes an seine Eltern eine schwere und nachhaltige Schädigung des körperlichen oder seelischen Wohlbefindens des Kindes zu erwarten ist (BVerfG 14.4.1987–1 BvR 332/86, BVerfGE 68, 176, 191; 23.8.2006–1 BvR 476/04, FamRZ 2006, 1593). Damit ist an wichtiger Stelle der Vorrang realer Beziehungen vor dem formalen Rechtsstatus im Kindschaftsrecht gesichert. Allerdings nicht generell, denn grundsätzlich hat das Bundesverfassungsgericht die Herausnahme aus der Pflegestelle zum Zwecke der Adoption für zulässig erklärt (wenn auch im konkreten Fall abgelehnt – BVerfG 12.10.1988–1 BvR 818/88, BVerfGE 79, 51 ff.; ausführlich Lakies FamRZ 1990, 698 ff.), bzw. die Schwelle einer Kindeswohlgefährdung bei Herausgabeverlangen des (zum Vormund bestellten) Großelternteils besonders hoch angesetzt (BVerfG 25.11.2003–1 BvR 1248/ 03, FamRZ 2004, 771). Im Übrigen ist die Rechtsprechung weitgehend den Intentionen des Gesetzgebers gefolgt: Bei Pflegeverhältnissen, die zwei Jahre oder länger dauern, wird die Herausnahme des Kindes regelmäßig abgelehnt, und zwar relativ unabhängig vom Alter des Kindes; in konkreten Fallkonstellationen werden auch kürzere Zeiträume als ausreichend angesehen, um eine Herausnahme abzulehnen (Münder/Lakies 1990, 133 ff.; anschaulicher Fall: OLG Köln 10.12.2007–14 UF 103/07, FamRZ 2008, 807). Familienpflege bedeutet im Übrigen nicht nur Pflegefamilie, sondern alle familienähnlichen Erziehungs- und Betreuungsformen, und ist deswegen auch im Bereich der Heimerziehung bei entsprechenden familienähnlichen Betreuungsformen (z.B. SOS-Kinderdorf) anwendbar. Handelt es sich bei der außerfamilialen Erziehung nicht um eine Familienpflege im o.a. Sinn, so sind im Gesetz keine weiteren spezifischen Regelungen vorgesehen. Stellt das **Herausgabeverlangen** eine Kindeswohlgefährdung dar, kommt **§ 1666 BGB** unmittelbar zur Anwendung und im Rahmen der vom Familiengericht zu treffenden „erforderlichen Maßnahmen" (vgl. § 12 III.) kann durch das Gericht – bei Vorliegen einer Kindeswohlgefährdung – eine entsprechende Verbleibensanordnung unmittelbar auf der Rechtsgrundlage des § 1666 BGB ergehen.

14 Die gestärkte Rechtsstellung von Pflegepersonen schlägt sich nunmehr auch im Verfahrensrecht in § 161 FamFG nieder. Die Vorschrift macht in Teilen auch bisherige Rechtsprechung des BGH (25.8.1999 – XII ZB 109/98, FamRZ 200, 219; 11.9.2003 – XII ZB 30/01, FamRZ 2004, 102; 13.4.2005 – XII ZB 54/03, FamRZ 2005, 975) obsolet, indem sie klarstellt, dass Pflegepersonen nach gerichtlichem Ermessen nunmehr auch Beteiligte im kindschaftsrechtlichen Verfahren sein können und somit mit allen Rechten und Pflichten ausgestattet sind, die sich aus dieser förmlichen Verfahrensposition herleiten. Dies gilt auch für Personen, etwa Stiefelternteile, bei denen sich das Kind aufgrund einer Verbleibensanordnung nach § 1682 BGB aufhält.

15 Leben das Kind und die außerfamiliale Erziehungs- und Betreuungsperson nicht mehr zusammen (z.b. nach Rückführung des Kindes in den elterlichen Haushalt), so kann sich auch hier die Frage nach dem **Umgang** stellen. Aufgrund der nunmehr weiten Fassung des § **1685 Abs. 2** BGB stellt diese Norm bei Pflegepersonen, Familienpflege, familienanalogen Erziehungs- und Betreuungsformen, in denen sich eine **sozial-familiäre Beziehung** herausgebildet hat, die Rechtsgrundlage für ein **Umgangsrecht** dar (ausführlich: Bernau KJ 2006, 330 f.). Damit können die Familiengerichte Umgang anordnen, wenn dieser dem Wohle des Kindes dient. Handelt es sich bei den außerfamilialen Erziehungs- und Betreuungsformen um Konstellationen, in denen eine sozial-familiäre Beziehung im Sinne des § 1685 Abs. 2 BGB nicht vorliegt, etwa weil die Voraussetzung des längere Zeit Zusammenlebens in häuslicher Gemeinschaft nicht gegeben ist, aber dennoch enge soziale Beziehungen entstanden sind und es deswegen aus Kindeswohlgründen angezeigt ist, dass ein Umgang stattfindet, so wäre auch hier unmittelbar § 1666 BGB die Rechtsgrundlage für ein entsprechendes Umgangsrecht.

Weiterführende Literatur

Zu Patchworkfamilie/ Stieffamilie: Hausmann DNotZ 2011, 602 ff.; Bernau KJ 2006, 320 ff.

Zu Stiefeltern – Stiefkinder: Hoffmann-Riem 1998; Löhning FPR 2008, 157 ff.; Muscheler StAZ 2006, 189 ff.; Nickel NJ 2006, 113 ff.,

Zu außerfamilialer Erziehung: Münder 2004, 117 ff.

Zu Pflegeverhältnissen: Salgo 1987; Lakies ZfJ 1998, 128 ff.

§ 16. Auf dem Weg zum Jugendhilferecht: das Eltern-Kind-Verhältnis unterstützt, ergänzt, ersetzt

1 Adoption, Vormundschaft, Pflegschaft und Beistandschaft hatten früher einen vornehmlich vermögensrechtlichen Hintergrund. Inzwischen sind sie in erster Linie von sozialer Bedeutung. Sie reichen von der teilweisen Unterstützung der elterlichen Sorge (Beistandschaft) über die teilweise (Pflegschaft) oder vollständige (Vormundschaft) Ersetzung der elterlichen Sorge bis hin zur vollständigen rechtlichen Neubegründung eines Eltern-Kind-Verhältnisses (Adoption).

Ausführlich behandelte Bestimmungen

- *Beistandschaft:* §§ 1712–1717 BGB
- *Vormundschaft:* § 1773, §§ 1835–1836 e BGB; § 53 SGB VIII
- *Pflegschaft:* §§ 1909, 1915, 1916 bis 1919 BGB
- *Internationales Recht:* Art. 22 EGBGB, Haager Kinderschutzabkommen (KSÜ); Verordnung (EG) Nr. 2201/2003 des Rates über die Zuständigkeit und die Anerkennung und Vollstreckung von Entscheidungen in Ehesachen und in Verfahren betreffend die elterliche Verantwortung und zur Aufhebung der Verordnung (EG) Nr. 1347/2000 (Brüssel IIa-VO)
- *Annahme als Kind:* §§ 1741, 1748 BGB
- *Adoptionsvermittlung:* §§ 2, 3,10, 12 AdVermiG
- *Internationales Recht:* Art. 22 EGBGB; Haager Adoptionsübereinkommen (HAÜ), BVerfG 16.1.2002–1 BvR 1069/01, FamRZ 2002, 535 f.

Wichtige, interessante Entscheidungen

- *Zum Aufgabenkreis der Beistandschaft:* BGH 17.6.1999 – III ZR 248/98, Kind-Prax 1999, 165
- *Zur Ersetzung der Einwilligung der Eltern bei der Annahme als Kind:* BVerfG 29.7.1968–1 BvL 20/63, 31/66 und 5/67, BVerfGE 24, 119 ff.; BVerfG K. 29.11.2005–1 BvR 1444/01, FamRZ 2006, 94 ff.
- *Zur „Sukzessivadoption" in eingetragenen Lebenspartnerschaften:* BVerfG 19.2.2013–1 BvL 1/11, 1 BvR 3247/09

Der übergreifende Zusammenhang, in dem die nachfolgend dargestellten Regelungs- **2** gegenstände zueinander stehen, ist bereits in der Überschrift bezeichnet: Bei Beistandschaft, Vormundschaft, Pflegschaft und Adoption weist der Gesetzgeber den Jugendämtern besondere und insoweit eigenständig zu erfüllende Aufgaben zu, §§ 53 bis 58 SGB VIII (hierzu ausführlich Münder/ Trenczek 2011). Für die Lebensverhältnisse von Eltern und Kindern sind die Bestimmungen des SGB VIII vielfach bedeutsamer als die BGB-Regelungen. Insofern befinden wir uns mit diesem Kapitel auf dem Weg zum Kinder- und Jugendhilferecht.

Ansonsten verfügen Beistandschaft, Pflegschaft und Vormundschaft über eine gemein- **3** same Genese, die im Wesentlichen mit der rechtlich diskriminierenden Stellung nichtehelicher Kinder und ihrer Mütter im Zusammenhang zu bringen ist (vgl. §§ 1 II. 3.; 2 III.). Dieses von der Zeit überholte Kapitel der Geschichte des Familienrechts ist jedoch mit dem KindRG von 1998 endgültig abgeschlossen. Mittlerweile hat sich demzufolge die soziale Funktion der genannten Rechtsinstitute grundlegend gewandelt:

- Die **Beistandschaft** (§§ 1712–1717 BGB) ist die **Unterstützung eines Elternteils** durch das Jugendamt in den Bereichen der Vaterschaftsfeststellung sowie der Geltendmachung und Durchsetzung von Unterhaltsansprüchen.
- Die **Vormundschaft** (§§ 1773–1895 BGB) **ersetzt umfassend die elterliche Sorge**; andere Wirkungen des Eltern-Kind-Verhältnisses (Abstammung, Unterhalt) werden davon nicht berührt.
- Die **Pflegschaft** (§ 1909, §§ 1915 ff. BGB) **ersetzt die elterliche Sorge in Teilbereichen** oder überbrückt die Zeit bis zur Bestellung eines Vormundes
- Durch die **Annahme als Kind** (Adoption, §§ 1741–1772 BGB) entsteht zwischen Kind und Annehmenden ein im rechtlichen Sinn vollständiges **Eltern- Kind- Verhältnis**

4   Verfahrensrechtlich sind Vormundschaft und Pflegschaft dem Kindschaftsrecht zugeordnet und unterliegen damit den Regelungen des 3. Abschnitts im 2. Buch des FamFG. Für die Adoption hingegen steht ein eigener Abschnitt 4 im Buch 2 des FamFG zur Verfügung.

I. Beistandschaft: Unterstützung der elterlichen Sorge

5   Die Beistandschaft steht in der Nachfolge der früher für Kinder nichverheirateter Mütter eingetretenen gesetzlichen Amtspflegschaft für die Bereiche Vaterschaftsfeststellung und Unterhalt. Anders als ihre Vorgängerin ist sie jedoch keine fürsorgliche Zwangsmaßnahme mehr, sondern bietet alleinerziehenden Elternteilen bzw. auch solchen, in deren alleiniger Obhut sich ein Kind befindet, die Möglichkeit, sich auf nunmehr freiwilliger Grundlage der Unterstützung durch das Jugendamt zu versichern.

6   Die Beistandschaft kann mittlerweile als sozial etabliert gelten. Denn während 1997 insgesamt 650.636 Kinder unter Amtspflegschaft standen, war im Jahr 2011 für immerhin 630.565 Kinder eine Beistandschaft bestellt worden (Statistisches Bundesamt 2013 a). Zwar gilt es bei dem Vergleich der beiden Zahlen zu berücksichtigen, dass die Quote der nichtehelichen Kinder auch in dem genannten Zeitraum kontinuierlich angestiegen ist (z.B. in der alten Bundesrepublik von 1970 bis 2010 von 5 % auf 27 %, in den neuen Bundesländern von 13 % auf 61 %, Peukert 2012, 19). Allerdings ist auch darauf zu verweisen, dass ebenfalls 2011 lediglich 355 (bestellte) Unterhaltspflegschaften angeordnet werden mussten, die etwa dann in Betracht kommen, wenn das Kind zur Sicherung seines Unterhaltes Hilfe benötigt, das alleinsorgende Elternteil eine solche Hilfe aber nicht beantragt.

7   Die Beistandschaft tritt gemäß § 1712 BGB nur auf **schriftlichen Antrag** eines Elternteils ein; gegen den Willen eines Elternteils kann sie nicht angeordnet werden: Es hängt allein vom Willen des Elternteils ab, ob überhaupt und in welchem Umfang die Beistandschaft eintritt und – folgerichtig – ob und wann sie beendet wird (§ 1715 BGB). Wird ein Antrag gestellt, so wird das Jugendamt – andere Personen oder Institutionen kommen für die Führung einer Beistandschaft nicht in Betracht – mit Zugang des An-

trages Beistand (§ 1714 BGB). Prüfungen, etwa dahingehend, ob die Beistandschaft aus Gründen des Kindeswohls erforderlich sei, entfallen; es besteht ein **unbedingter Rechtsanspruch** auf die Bestellung der Beistandschaft.

Voraussetzung dafür, dass ein Elternteil den Antrag stellen kann, ist nach § 1713 BGB, **8** dass ihm für den beantragten Aufgabenkreis die **alleinige elterliche Sorge** zusteht oder zustehen würde, wenn das Kind geboren wäre. Seit 12.2.2002 kann auch bei gemeinsamer elterlicher Sorge der Elternteil die Beistandschaft beantragen, in dessen **Obhut** sich das Kind befindet. Bei der Antragstellung kommt es nicht auf die Volljährigkeit der Mutter an. Der Antrag kann bereits vor der Geburt gestellt werden. Ist der antragsberechtigte Elternteil bereits verstorben, so kann auch der von ihm nach § 1776 benannte Vormund die Beistandschaft beantragen. Zumindest hinsichtlich des Kernadressatenkreises bestehen keine Unterschiede zu der in § 18 SGB VIII geregelten Beratung und Unterstützung bei der Geltendmachung von Unterhaltsansprüchen. Obgleich vom Adressatenkreis stärker eingeschränkt, zeitlich auf die Situation gleich nach der Geburt des Kindes beschränk und auch systematisch anders zugeordnet, ist auch der Zusammenhang zu § 52 a SGB VIII zu sehen (im Einzelnen: Hoffmann/ Proksch in Münder u.a, FK-SGB VIII, § 52 a). Dies macht deutlich, dass die Beistandschaft inhaltlich eine **sozialrechtliche, jugendhilferechtliche Leistung** ist. Systematisch richtiger wären die Bestimmungen deshalb auch in SGB VIII verortet. Damit ließen sich auch die in der Sache gleichgerichteten Bestimmungen der §§ 1712 ff. BGB und § 18 SGB VIII besser harmonisieren (zur gegenwärtigen Aufgabenwahrnehmung vgl. ausführlich Münder/Mutke u.a. 2007, 157 ff.).

Die **Aufgaben** der Beistandschaft beschränken sich auf die zwei in § 1712 BGB ge- **9** nannten Bereiche: Vaterschaftsfeststellung und Geltendmachung von Unterhaltsansprüchen. Neben der Geltendmachung von Unterhaltsansprüchen von nichtehelichen Kindern sind hier Streitigkeiten über den Kindesunterhalt im Zusammenhang mit Trennung und Scheidung von Bedeutung. Die Geltendmachung von Unterhaltsansprüchen umfasst die außergerichtliche wie gerichtliche Geltendmachung, einstweilige Anordnungen, Vergleiche, zur Durchsetzung auch die Zwangsvollstreckung, Abänderungsvefahren bzw. auch die Verteidigung dagegen (so OLG Naumburg 27.9.2005–3 WF 172/05, FamRZ 2006, 1223). Andere Ansprüche als zivilrechtliche Unterhaltsansprüche (z.B. auf Unterhaltsvorschuss – vgl. § 8 III.) können vom Beistand nicht geltend gemacht werden (BGH 17.6.1999 – III ZR 248/98, KindPrax 1999, 165).

Als **Rechtsfolge** nennt § 1716 Satz 1 BGB, dass die **elterliche Sorge nicht einge- 10 schränkt** wird. Insofern unterscheidet sich die Beistandschaft von der Pflegschaft. Andererseits gelten im Übrigen nach § 1716 Satz 2 BGB die Vorschriften über die Pflegschaft sinngemäß. Das führt zu dem Ergebnis, dass hinsichtlich des Aufgabenkreises der Beistandschaft sowohl der alleinsorgeberechtigte Elternteil als auch der Beistand gesetzliche Vertreter des Kindes sind. Einigen sie sich nicht, so setzt sich – rechtlich gesehen – keiner der beiden durch. Faktisch allerdings kann der alleinsorgeberechtigte

Elternteil seinen Willen realisieren, denn auf seinen entsprechenden Antrag hin kann die Beistandschaft jederzeit aufgehoben bzw. eingeschränkt werden, § 1715 Abs. 1 BGB. (im Einzelnen: Münder/Trenczek 2011, Kap. 10.3.3).

II. Vormundschaft: vollständige Ersetzung der elterlichen Sorge

11 Die Vormundschaft war zunächst ökonomisch ausgerichtet, denn im Wesentlichen ging es bei ihr um die rechtliche Kompensation fehlender Handlungs- und Geschäftsfähigkeit Volljähriger bzw. des Fehlens der gesetzlichen Vertretungsbefugnis der Eltern oder eines Elternteils eines Minderjährigen. Hierauf weist auch die Vielzahl vermögensrechtlicher Bestimmungen im Vormundschaftsrecht (insbesondere §§ 1802–1847 BGB) hin. Während es eine Vormundschaft über Volljährige seit der gesetzlichen Abschaffung der Entmündigung 1992 (vgl. § 17) nicht mehr gibt, hat, auch bedingt durch die veränderte Rechtsstellung der nichtverheirateten Mutter einerseits, eine äußerst geringe Müttersterblichkeit (32 Fälle bundesweit 2011) und gestiegene Lebenserwartung andererseits die Vormundschaft über Minderjährige eine deutliche Schwerpunktverschiebung hin in Richtung Kinderschutz erfahren: Im Jahr 2011 existierten 31.377 sogenannte bestellte Amtsvormundschaften, denen in den allermeisten Fällen ein Sorgerechtsentzug wegen Gefährdung des Kindeswohls vorausgeht. Demgegenüber bestanden lediglich 6.478 sogenannte gesetzliche Amtsvormundschaften (zur Begrifflichkeit gleich unten), die vor allem auch dann eintreten, wenn minderjährige Mütter nicht verheiratet sind oder für deren Kind keine Sorgeerklärung abgegeben wurde.

1. Die Voraussetzungen der Vormundschaft und die Bestellung des Vormundes

12 Ein Minderjähriger erhält in drei Fällen einen Vormund (§ 1773 BGB):

- wenn er nicht unter elterlicher Sorge steht. Dies lieg vor, wenn beide Elternteile bereits verstorben sind oder beiden die elterliche Sorge entzogen wurde (§ 1666 BGB). Ist nur ein Elternteil verstorben oder ist nur einem Elternteil die Sorge entzogen worden, kommt es darauf an, ob der andere Elternteil nunmehr die alleinige Sorge hat oder ob sie ihm übertragen werden kann (§ 1680 BGB). Falls nicht, ist wiederum ein Vormund zu bestellen.
- wenn die Eltern nicht zur Vertretung des Minderjährigen berechtigt sind. Dies ist der Fall, wenn die elterliche Sorge ruht, §§ 1673–1675 BGB, auch hier wieder unter der Voraussetzung, dass der andere Elternteil als Inhaber der elterlichen Sorge nicht zur Verfügung steht.
- wenn der Familienstand des Minderjährigen nicht zu ermitteln ist, z.B. bei anonymer Geburt bzw., wie ein derzeit als Regierungsentwurf vorliegender Gesetzesentwurf vorsieht: vertraulicher Geburt, und bei Findelkindern (hier auch: „Babyklappe"), § 1773 Abs. 2 BGB.

In den genannten Fällen wird die Vormundschaft nach § 1774 BGB vom Familienge- 13
richt angeordnet. Das BGB kennt die **Einzelvormundschaft** – §§ 1775 ff.
BGB – die **Vereinsvormundschaft** – § 1791 a BGB, § 54 SGB VIII – und die **Amtsvormundschaft
des Jugendamtes** – § 1791 b BGB, § 55 SGB VIII. Das Jugendamt kann jedoch **nicht
nur zum Vormund bestellt** werden, sondern es wird darüber hinaus in den in
§ 1791 c BGB genannten Fällen (vgl. § 11 IV.) sowie für die Zeit der sogenannten Adoptionspflege gem. § 1751 Abs. 1 S. 2, 2. Hs. BGB (vgl. § 16 IV.) **von Gesetzes wegen
Vormund** (vgl. § 11 IV.). Das BGB geht vom Vorrang der Einzelvormundschaft aus,
in der Meinung, dass grundsätzlich jeder als Vormund geeignet ist, so, wie ja auch
Eltern für ihre Elternschaft keines zusätzlichen Befähigungsnachweises bedürfen. Vereinsvormundschaft und Amtsvormundschaft sollen nur zur Anwendung kommen,
wenn keine geeignete Einzelperson vorhanden ist. Allerdings gilt dies nur in Bezug auf
den ehrenamtlichen Vormund, nicht für den vergütungsberechtigten Berufsvormund
(§ 1791 b Abs. 1 S. 1, 1. HS, § 1836 Abs. 1 S. 2 BGB). Dies ist jedoch nicht unproblematisch, denn dadurch besteht die Gefahr, dass entgegen dem Willen des Gesetzgebers
unter der Hand das „Staatsmündel" (Salgo/ Zenz, FamRZ 2009, 1381) zum Prototyp
vormundschaftlicher Fürsorge wird.

Die Auswahl des Vormundes erfolgt durch das Familiengericht, das an die Benennung 14
durch die Eltern weitestgehend (Ausnahme: § 1778 BGB) gebunden ist, wenn diese eine
entsprechende Verfügung von Todes wegen getroffen haben (§ 1776 f. BGB). Ansonsten hat das Jugendamt dem Familiengericht Personen oder Vereine zu bezeichnen, die
im gegebenen Einzelfall zur Führung der Vormundschaft geeignet sind (§ 53 SGB VIII).
Unter ihnen wählt das Familiengericht nach **Anhörung des Jugendamtes** unter Berücksichtigung der in § 1779 Abs. 2 BGB genannten Kriterien den Vormund aus. Hiernach ist klar, dass insbesondere die persönlichen Bindungen des Mündels zu beachten
sind und es keineswegs von Gesetzes wegen geboten ist, unbedingt den nächsten Verwandten zum Vormund zu bestimmen. Bestimmte Personen kommen zur Übernahme
einer Vormundschaft nicht in Betracht (§§ 1780 ff. BGB). Ansonsten besteht nach
§ 1785 BGB grundsätzlich eine Pflicht zur Übernahme der Vormundschaft, die nur bei
Vorliegen von Gründen nach § 1786 BGB abgelehnt werden kann. Der Einzelvormund
kann gegen seinen Willen nach § 1886 BGB vom Familiengericht entlassen werden.
Die Vereins- und Amtsvormundschaft endet, wenn eine als Vormund geeignete Einzelperson vorhanden ist (§ 1887 BGB); dies wird jedoch nur selten praktisch. Derzeit
liegen etwa 70 bis 80 % der Vormundschaften bei den Jugendämtern.

Der Vormund wird vom Familiengericht (§ 1789 BGB) bestellt und erhält hierüber 15
(§ 1791 BGB) eine Urkunde. Die Vormundschaft endet, wenn die Gründe für die Vormundschaft wieder entfallen, außer bei Volljährigkeit des Mündels also z.B. noch beim
Ende des Ruhens der elterlichen Sorge, bei der Feststellung des Familienstandes, bei
der Aufhebung von Maßnahmen nach § 1666 BGB (§ 1882 BGB).

2. Rechtsstellung des Vormunds

16 Das Rechtsverhältnis zwischen Vormund und Mündel ist kein Eltern- Kind- Verhältnis, sondern ein Dauerschuldverhältnis eigener Art, das, soweit die Vormundschaft unentgeltlich geführt wird, wesentliche Elemente des Vertragstyps des Auftrages (§§ 662 ff. BGB) enthält (Schwab 2012, Rn. 885). Deshalb kann sich der Vormund auch nicht auf das Elterngrundrecht nach Art. 6 Abs. 2 GG berufen. Gleichwohl fallen ihm insoweit die im BGB für Eltern vorgesehenen Aufgaben zu (§§ 1793, 1800 BGB i.V.m. §§ 1631 ff. BGB). Er übt die elterliche Sorge in all ihren Bestandteilen, also hinsichtlich des Personen- und des Vermögenssorgerechts, aus und ist insbesondere der gesetzliche Vertreter des Mündels. Hierbei steht er allerdings wegen der besonderen rechtlichen Konstellation der Vormundschaft unter stärkerer gerichtlicher Kontrolle und Reglementierung als Eltern:

- Der Vormund kann durch einen Gegenvormund (§ 1792 BGB) oder durch mehrere andere Vormünder (§ 1797 BGB) kontrolliert werden.
- Bei bestimmten Rechtsgeschäften ist er von der Vertretung ausgeschlossen, § 1795 BGB); in anderen Fällen kann ihm die Vertretungsmacht entzogen werden, § 1796 BGB (insoweit aber analoge Regelung auch für Eltern, § 1629 Abs. 2 BGB)
- es existieren ausführliche Bestimmungen über die Ausübung der Vermögenssorge (§§ 1802–1834 BGB).
- Gewisse Geschäfte sind von der Genehmigung durch das Familiengericht abhängig (§§ 1819–1825 BGB).

17 Hinsichtlich der Personensorge gelten nur wenige Einschränkungen:

- § 1801 BGB ermöglicht den Entzug des weltanschaulich/religiösen Erziehungsrechts;
- nach § 3 Abs. 2 Satz 2 RKEG ist die familiengerichtliche Genehmigung für die Bestimmung über die weltanschaulich/religiösen Erziehung nötig;
- nach § 19 StAG ist die Genehmigung eines deutschen Familiengerichts beim Antrag auf Entlassung des Mündels aus der deutschen Staatsbürgerschaft nötig;
- die Genehmigung des Familiengerichts für den Abschluss von Ausbildungs-, Dienst- und Arbeitsverträgen mit einer vereinbarten Laufzeit von über einem Jahr – § 1822 Nr. 6 und 7 BGB – hat angesichts der gestiegenen Schuldauer quantitativ an Bedeutung verloren; die Genehmigung des Familiengerichts wird nach § 1828 BGB gegenüber dem Vormund erklärt.

18 Ebenso wie gegenüber den Personensorgeberechtigten hat das Familiengericht gegenüber dem Vormund Eingriffsmöglichkeiten (§ 1837 Abs. 3 BGB), bis hin zur entsprechenden Anwendung von §§ 1666 ff. BGB (§ 1837 Abs. 4 BGB).

19 Eine zentrale Rolle nicht nur im Verfahren der Auswahl des Vormundes, sondern auch darüber hinaus kommt dem Jugendamt zu. In § 53 **Abs. 2 SGB VIII** ist den Vormündern ein **Rechtsanspruch auf Beratung und Unterstützung** durch das Jugendamt eingeräumt (ausführlich Münder/ Trenczek 2011 § 10 III. 1.). Das Jugendamt hat aus seiner sozialpädagogischen Kompetenz heraus Beratung und Unterstützung anzubieten. Oft allerdings reicht die Unterstützung der Vormünder über die Ausgabeentsprechender Merkblätter oder das Angebot von Vorträgen kaum hinaus. Der Rechtsanspruch der Vormünder besteht aber auch auf Beratung und Unterstützung in Einzelfällen, insbesondere bei erzieherischen Hilfen, geeigneten erzieherischen Angeboten usw. (ausführlich: Hoffmann/ Proksch in Münder u.a. FK-SGB VIII § 53 Rn. 6 ff.).

Wird das Jugendamt Vormund, weil dies von Gesetzes wegen vorgesehen ist oder weil   20
keine natürliche Person in Betracht kommt, dann wird es **als Amt Vormund**: Amtsvormundschaft, § 55 SGB VIII (ausführlich Münder 2011/ Trenczek Kap. 10.3.2, 10.3.3). Die Ausübung der Aufgaben der Vormundschaft wird einzelnen Bediensteten übertragen (§ 55 Abs. 2 SGB VIII), die häufig Verwaltungsfachkräfte, und nicht Sozialarbeiter, sind (zur Qualitätsproblematik der Amtsvormundschaft vgl. Behlert/ Hoffmann, JAmt 2004, 345 ff.). Grundsätzlich hat das Jugendamt dieselben Rechte und Pflichten wie ein Einzelvormund, es ist jedoch weitgehend von den aufgeführten Beschränkungen befreit.

Obgleich die Zahl der Amtsvormundschaften insgesamt rückläufig ist (von 67.554 im   21
Jahr 1980 auf 37.855 im Jahr 2011) sind die Fallzahlen der einzelnen Mitarbeiter, die in den Jugendämtern, damit beauftragt sind, die Führung der Vormundschaften wahrzunehmen (behördenintern spricht man von sogenannten „Realvormündern") über die Jahre hinweg stetig angewachsen. Deshalb ist inzwischen eine gesetzliche Begrenzung auf höchstens 50 Vormundschaften/ Pflegschaften pro Mitarbeiter unter der Voraussetzung, dass dieser keine weiteren Aufgaben wahrzunehmen hat, erfolgt (§ 55 Abs. 2 S. 4 SGB VIII). Darüber hinaus richtet sich die gesetzliche Klarstellung und Präzisierung in § 1793 Abs. 1 a BGB, wonach der Vormund mit dem Mündel persönlichen Kontakt zu halten hat und ihn in der Regel einmal im Monat in dessen üblicher Umgebung aufsuchen soll, aus gutem Grund gerade auch an die mit der Führung von Vormundschaften betrauten Mitarbeiter der Jugendämter.

3. Die Aufgaben des Familiengerichts

In Vormundschaftsangelegenheiten hat das Familiengericht die Oberaufsicht, es wird   22
von Amts wegen, häufig auf Anregung (§ 24 FamFG) des Jugendamtes, tätig (vgl. § 1774 BGB). Zuständig ist das Familiengericht am Wohn- und Aufenthaltsort des Minderjährigen, § 152 Abs. 2 FamFG; die Zuständigkeit in Sonderfällen, z.B. bei vorläufigen Maßnahmen, richtet sich nach § 152 Abs. 3 FamFG. Die funktionelle Zuständigkeit beim Familiengericht ist zwischen Richter und Rechtspfleger geteilt. § 3 Nr. 2 lit. a RPflG enthält den Katalog der Aufgaben des Rechtspflegers, § 14 RPflG den des Richters: Grundsätzlich ist der Rechtspfleger zuständig, wichtige Maßnahmen sind jedoch dem Richter vorbehalten. Das Verfahren richtet sich nach den Vorschriften über das kindschaftsrechtliche Verfahren nach FamFG. Dabei ist zu sehen, dass der

Entzug der elterlichen Sorge nach §§ 1666, 1666 a BGB und die Auswahl und Bestellung eines Vormundes innerhalb eines einheitlichen Verfahrens vorgenommen werden. In diesem Verfahren werden u.a. die Eltern (§ 160 FamFG) und gegebenenfalls das Kind (§ 159 FamFG) gehört und dem Minderjährigen wird ein Verfahrensbeistand bestellt (§ 158 FamFG). Die Mitwirkung des Jugendamtes ist nicht nur wegen § 162 FamFG, sondern schon wegen der materiellrechtlichen Vorschriften in BGB und SGB VIII obligatorisch.

23 Ist die Bestellung des Vormundes erfolgt, hat das Familiengericht vornehmlich noch die Aufgabe, die Aufsicht über die Vormundschaft auszuüben und ggf. in sie einzugreifen. Die **Aufsicht** des Familiengerichts ist in § 1837 Abs. 2 BGB angesprochen. Um ihr nachkommen zu können, hat der Vormund nach § 1839 BGB eine Auskunftspflicht; hinsichtlich der Vermögenssorge bestehen weitere Auskunftspflichten nach §§ 1840 ff. BGB. Bei Verletzung der Pflichten des Vormundes muss das Familiengericht **eingreifen**. An Möglichkeiten sind in § 1837 Abs. 3 BGB Gebote und Verbote sowie die Festsetzung von Zwangsgeld aufgeführt. Versagt der Vormund in relevanter Weise, so ist die Entlassung aus der Vormundschaft möglich. Gemäß § 1837 Abs. 4 BGB kommt auch der Entzug von Teilrechten der Vormundschaft (z.B. Personensorgerecht, Aufenthaltsbestimmungsrecht usw.) in Betracht. Zur Erfüllung seiner Aufgaben ist das Familiengericht auf die Information und **Unterstützung** anderer Stellen, insbesondere des Jugendamts, angewiesen. Dies ist in § 53 **Abs. 3 SGB VIII** ausdrücklich festgehalten. Damit andererseits das Jugendamt seinen Aufgaben nachkommen kann, hat das Familiengericht nach § 1851 BGB dem Jugendamt die wichtigsten Fakten über die Vormundschaft mitzuteilen.

III. Pflegschaft: Teilweise Ersetzung der elterlichen Sorge

24 Im Unterschied zur Vormundschaft, die die gesamte elterliche Sorge umfasst, tritt die **Ergänzungspflegschaft** für Minderjährige in § 1909 BGB, wie die Bezeichnung schon vermitteln soll, ergänzend zur elterlichen Sorge hinzu. Sie wird bestellt, wenn die Inhaber der elterlichen Sorge (oder der Vormund) an der Wahrnehmung von **einzelnen Angelegenheiten der elterlichen Sorge** verhindert sind. Dies erfolgt auf Anregung der Eltern, wenn diese an der Vertretung der Kinder gehindert sind (so z.B. § 181 BGB, der den Eltern die sogenannten Insichgeschäfte verbietet, oder auch, wie bereits erwähnt, § 1629 Abs. 2 BGB i.V.m § 1795 BGB). Wird die Pflegschaft gegen den Willen der Eltern unter Eingriff in deren Elternrecht angeordnet, kann sie zunächst eine generelle Gefährdung des Kindeswohls zum Gegenstand haben. Wenn die Zahl der (Amts-)pflegschaften in den letzten 10 Jahren von 26.760 auf 33.445, also um mehr als die Hälfte angestiegen ist, so kann davon ausgegangen werden, dass es sich hierbei zum größten Teil um Sorgerechtspflegschaften handelt. Die Pflegschaft kann hier ganze Teile der elterlichen Sorge, wie etwa das Aufenthaltsbestimmungsrecht, die Gesundheitssorge, aber auch die gesamte Personen- oder die gesamte Vermögenssorge

betreffen, oder auch nur einzelne Entscheidungen wie die Einwilligung in eine Heil-behandlung oder die Fortsetzung bzw. Beendigung lebenserhaltender Maßnahmen. Sie kann aber auch einen einzelnen Interessenskonflikt, auch i.S. v. §§ 1629 Abs. 2, 1796 BGB, betreffen. Im Zusammenhang mit Interessenskonflikten zwischen dem Perso-nensorgeberechtigten und den Kindern spielt auch die Pflegschaft in Form der Ver-fahrenspflegschaft (vgl. § 12 V. 2.) eine Rolle. Eine besondere Form der Pflegschaft ist die Umgangspflegschaft nach §§ 1684 Abs. 3, 1685 Abs. 3 BGB (vgl. § 14 II. 2.). Hin-zuweisen ist schließlich noch auf die **Ersatzpflegschaft** (vorläufige Pflegschaft) nach § 1909 Abs. 3 BGB, die für den Zeitraum zur Anwendung kommt, in dem eine not-wendig gewordene Bestellung eines Vormunds noch nicht erfolgt ist.

Die Aufgaben des Pflegers ergeben sich aus dem Beschluss des Gerichts, durch den die **25** Pflegschaft angeordnet wird. Damit kann das Gericht relativ zielgenau Maßnahmen treffen, um mittels der Pflegschaft die Interessenvertretung bzw. den Schutz des Kindes sicherzustellen. **Rechtsfolge der Pflegschaft** ist die Tatsache, dass die **elterliche Sorge im Umfang der Pflegschaft eingeschränkt** ist, 1630 Abs. 1 BGB. Entsprechend der Aufgabe endet die Pflegschaft auch: Ist sie für eine einzelne Angelegenheit bestellt worden, so endet sie nach § 1918 Abs. 3 BGB mit der Erledigung dieser Aufgabe. In den Fällen der längerfristigen Bestellung der Pflegschaft (z.B. § 1666 BGB) endet sie mit der Erreichung der Volljährigkeit, ansonsten durch einen entsprechenden Aufhe-bungsakt des Gerichtes.

Die Mehrzahl der für die Vormundschaft geltenden Vorschriften findet auch für die **26** Pflegschaft entsprechende Anwendung, § 1915 BGB. Auch hier geht das Gesetz von der **Einzelpflegschaft** aus, wenngleich § 1916 BGB verhindern soll, dass das Problem eines Interessenkonflikts zwischen Eltern und Kind einfach nur auf andere Angehörige oder andere den Eltern nahestehende Personen mittels einer Übertragung der Pfleg-schaft auf diese verlagert würde. Dennoch wird die Einzelpflegschaft in der Tat in vielen Fällen anzutreffen sein, in denen es nur um punktuelle Aufgaben wie eben z.B. die Abgabe von Willenserklärungen bei Verträgen zwischen Eltern und ihren Kindern geht. Bei länger andauernden Maßnahmen hingegen wird zumeist das Jugendamt als Pfleger bestellt.

IV. Adoption: Von der Erbenverschaffung zum Wohl des Kindes

Die entscheidenden rechtlichen Bezugspunkte einer Annahme als Kind sind heute das **27** **Wohl des Kindes** sowie die **Entstehung eines Eltern- Kind- Verhältnisses**. Die ur-sprüngliche Konzeption des BGB-Gesetzgebers war freilich eine andere. Nach dem BGB von 1900 waren Kinderlosigkeit und ein Mindestalter der Annehmenden von 50 Jahren (so dass mit eigenen leiblichen (ehelichen) Kindern nicht mehr zu rechnen war) Voraussetzungen für eine Adoption. Die Adoption kam durch einen Vertrag zwischen Annehmenden und Adoptierten zustande, die bisherigen Verwandtschaftsverhältnisse zur alten Familie blieben bestehen, die Adoption konnte durch Vertrag wieder aufgehoben werden. Ziel waren einerseits die Beschaffung eines Erben und andererseits die Existenzsicherung im Alter (vgl. § 2 III.).

28 Die heutigen rechtlichen Regelungen der §§ 1741 bis 1772 BGB entstammen im Wesentlichen dem Gesetz über die Annahme als Kind vom 1.1.1977 (hierzu: Baer/ Gross; Oberloskamp ZfJ 2000, 218 ff.). Hinzu kommen das Adoptionsvermittlungsgesetz (AdVermiG) sowie § 51 SGB VIII. Aber auch in anderen Vorschriften des SGB VIII ist explizit (§ 36 Abs. 1 S., 2) oder implizit (37 Abs. 1 S. 4) auf die Adoption hingewiesen.

29 Die soziale Funktion der Neugründung bzw. Neubestimmung einer Familie erfüllt die Adoption heutzutage überwiegend dadurch, dass das Kind durch einen neuen Partner des leiblichen Elternteils adoptiert wird (vgl. auch Frank FamRZ 2007, 1693 ff.). Dies trifft zumindest auf 56 % der Adoptionen im Jahr 2011 zu. Insgesamt entwickelt sich die Zahl der erfolgten Adoptionen seit Jahren rückläufig. Sie hat sich innerhalb der letzten zwei Jahrzehnte halbiert (1993: 8.687; 2011: 4.060, davon 1.690 Adoptionen durch Personen, die nicht Stiefeltern oder Verwandte der Minderjährigen waren). Dies kann mehrere Ursachen haben. Zum einen liegt die Annahme nahe, dass sich aufgrund der zu verzeichnenden Geburtenrückgänge auch die Zahl der zur Adoption zur Verfügung stehenden Kinder verringert. Zum anderen scheinen leibliche Eltern aus vielerlei Gründen der Unterbringung von Kindern in Pflegefamilien im Rahmen einer jugendhilferechtlichen Leistung nach § 33 SGB VIII den Vorzug vor der Adoption zu geben. Hierbei dürfte vor allem die Rückführungsoption der Vollzeitpflege, aber auch die Einflussmöglichkeit der Eltern im Rahmen der Hilfeplanung eine Rolle spielen (so Kotthaus in: „Süddeutsche Zeitung" vom 17.5.2010). Zwar geht auch die Zahl der vorgemerkten Adoptionsbewerbungen deutlich zurück (von 1993: 21.744 auf 2011: 5.957). Sie beträgt damit aber immer noch das Siebenfache der zur Adoption vorgemerkten Minderjährigen (2011: 859. Alle Zahlenangaben: Statistisches Bundesamt 2013 b).

30 Nur noch eine Ausnahmerolle spielt die **Volljährigenadoption, §§ 1767 ff** BGB (hierzu: Frank FamRZ 2007, 1694). Für sie gelten andere Voraussetzungen und sie entfaltet im Vergleich zur Minderjährigenadoption eingeschränkte Wirkungen. Auch kann sie vergleichsweise problemlos wieder aufgehoben werden. Sie wird rechtlich an den vagen Begriff der sittlichen Rechtfertigung geknüpft (§ 1767 BGB). Vom Vorliegen dieser Voraussetzung ist insbesondere dann auszugehen, wenn ein soziales Eltern-Kind-Verhältnis besteht (z.B. bei Pflegeverhältnissen, wo die Annahme des minderjährigen Pflegekindes wegen der fehlenden Zustimmung der Eltern nicht möglich war) oder ein sonstiges familienbezogenes Motiv vorliegt (z.B. Stiefkinder-Adoption – LG Frankenthal FamRZ 1998, 505). Ansonsten ist die Rechtsprechung gegenüber der Erwachsenenadoption zurückhaltend. Deutlich wird dies bei der Adoption von Ausländern: Hier wird oft die Umgehung ausländerrechtlicher Bestimmungen vermutet und deswegen die sittliche Rechtfertigung verneint (vgl. z.B. BayObLG 16.11.1999–17 BR 115/99, FamRZ 2001, 118; a.A. OLG Celle 6.10.1994–18 W 22/94, StAZ 1995, 171).

Eine derartige Praxis ist nicht nur unter dem Aspekt des Diskriminierungsverbotes aus Art. 3 Abs. 3 GG zumindest problematisch, sondern auch in der Sache unbegründet. Denn weder erlangt der volljährige ausländische Adoptierte einen Aufenthaltsanspruch (BVerfG 18.4.1989–2 BvR 1169/84 – BVerfGE 80, 81 ff.; in Betracht käme allenfalls die Härtefallregelung in § 36 Abs. 2 S. 1 AufenthG), noch erwirbt er die deutsche Staatsangehörigkeit (Umkehrschluss aus § 6 StAG).

1. Voraussetzung der Adoption

§ 1741 BGB nennt das **Wohl des Kindes** und die Begründung eines **Eltern-Kind-Ver-** 31
hältnisses als Voraussetzung für die Annahme als Kind. In der Realität wird die Prüfung relativiert: Bei Stiefeltern- und Verwandtenadoptionen wird regelmäßig davon ausgegangen, dass die Voraussetzungen des § 1741 BGB vorliegen. Bei den Fremdadoptionen werden angesichts des Verhältnisses von Adoptionsbewerbern zu für Fremdadoptionen vorgemerkten Kindern die Bewerber faktisch durch die Adoptionsvermittlungsstelle „ausgewählt". Rechtlich von Bedeutung wird § 1741 BGB, wenn bestimmte Personen ein bestimmtes Kind adoptieren wollen, weil z.B. ein tatsächliches Betreuungsverhältnis besteht (Pflegepersonen, Erziehungspersonal von Einrichtungen). Hier kann es zu Rechtskonflikten kommen, wenn die Adoptionsvermittlungsstelle das Kind an andere, womöglich besser geeignete Adoptionsbewerber geben will. Auf der Basis vorhandener human- und sozialwissenschaftlicher Kenntnisse ist zu eruieren, welche Sozialisationskonstellation dem Wohl des Kindes am zuträglichsten ist. Die Deduktion von abstrakten Vorstellungen auf konkrete Sachverhalte ist hier ebenso wenig nützlich wie in anderen Fällen (§§ 1666, 1671 BGB – vgl. §§ 12 I.; 13 I., 13 II.), in denen der Begriff des Kindeswohls auszulegen ist. Ausgehend davon, dass unter Kindeswohlgesichtspunkten eine nachhaltige Verbesserung der Situation des Kindes erforderlich ist, besteht auch kein Automatismus dahingehend, dass eine Annahme des Kindes stets besser wäre als ein Pflegekinderverhältnis. Hierzu würde es schon erforderlich sein, dass der Eintritt merklicher und massiver Verbesserungen zu erwarten wäre (BGH 15.10.1996 – XII B 72/96, BGHZ 133, 384; BVerfG 16.1.2002–1 BvR 1069/01, FuR 2002, 187 ff.).

Dass Homosexualität eines Adoptionsbewerbers kein kindeswohlgefährdender Aus- 32
schlussgrund für eine Adoption sein kann, hat der EGMR bereits in einer Entscheidung vom 26.2.2002 (Beschwerde Nr. 35615/97, FamRZ 2003, 149) festgestellt. Bei **ein-
getragenen Lebenspartnerschaften** ist seit einer Gesetzesänderung ab 1.1.2005 die Annahme sowohl des Kindes eines Lebenspartners möglich – § 9 Abs. 7 LPartG – als auch die Annahme eines Kindes allein durch einen Lebenspartner – § 9 Abs. 6 LPartG (vgl. auch Wellenhofer NJW 2005, 706).

Mit der Regelung des § 1741 Abs. 1 Satz 2 BGB wollte der Gesetzgeber dem Kindes- 33
handel und vergleichbaren Praktiken präventiv entgegenwirken. Ob es sich um eine gesetz- oder sittenwidrige Vermittlung handelt, richtet sich nach deutschem Recht.

Gesetzwidrig ist hauptsächlich ein Verstoß gegen §§ 5, 14 ff. AdVermiG. Erforderlich ist außerdem, dass der Adoptionsbewerber sich an der Vermittlung oder Verbringung gerade des anzunehmenden Kindes beteiligt hat. In diesen Fällen besteht die erhöhte Anforderung, dass die Adoption nicht nur dem Wohl des Kindes dient, sondern dass sie zum Wohl des Kindes erforderlich ist.

34 **Formelle Voraussetzungen** kennt das Gesetz nur wenige: § 1743 BGB nennt Alterserfordernisse von mindestens 25 bzw. 21 Jahren. Gemäß § 1752 BGB bedarf es für die Adoption eines Antrags seitens des bzw. der Annehmenden an das Familiengericht und der Einwilligung insbesondere des Kindes (§ 1746 BGB) und der Eltern (§ 1747 BGB; hierzu gleich unter § 16 IV.2). Die Formvorschriften gemäß § 1750 BGB einzuhalten bereitet wegen der Einschaltung von Adoptionsvermittlungsstellen und Notariaten üblicherweise keine rechtlichen Probleme. Nach § 1744 BGB soll der Annahme eine angemessene Probezeit vorgeschaltet sein, während der sich erweisen soll, ob es tatsächlich zur Herausbildung eines Eltern- Kind- Verhältnisses kommt. Insbesondere bei Stiefkind- und Verwandtenadoptionen wird auf diese Probezeit verzichtet. Eine gemeinschaftliche Adoption durch Nichtverheiratete, etwa durch Partner einer nichtehelichen Lebensgemeinschaft, versagt § 1741 Abs. 2 S. 1 BGB. Ehepaare wiederum können, wenn es sich nicht um eine Stiefkindadoption handelt, nach § 1741 Abs. 2 S. 2 BGB ein Kind nur gemeinsam annehmen.

35 Die gemeinsame Adoption durch Partner einer eingetragenen Lebenspartnerschaft ist nach geltendem Recht noch immer ausgeschlossen. Allerdings kann der Entscheidung des BVerfG vom 19.2.2013 (1 BvL 1/11; 1 BvR 3247/09) ein Hinweis darauf entnommen werden, dass dies wegen Verstoßes gegen den Gleichbehandlungsgrundsatz aus Art. 3 Abs. 1 GG verfassungswidrig sein könnte. Explizit, weil allein diese Fallgestaltung zur Entscheidung anstand, hat es dies in Bezug auf die sogenannte Sukzessivadoption festgestellt: Gemäß § 1742 BGB kann ein angenommenes Kind nach erfolgter Annahme nur noch von dessen Ehegatten angenommen werden. Partnern einer eingetragenen Lebenspartnerschaft war auch diese Möglichkeit bisher verwehrt. Das Bundesverfassungsgericht hat dem Gesetzgeber aufgegeben, bis zum 30.6.2014 eine entsprechende gesetzliche Neuregelung zu treffen, die dem Anspruch auf Gleichbehandlung sowohl der betroffenen Kinder im Verhältnis zu adoptierten Kindern von Ehepartnern als auch der betroffenen Lebenspartner im Verhältnis zu Ehepaaren gerecht wird. Gleichzeitig hat es verfügt, dass bis dahin das LPartG nach Maßgabe der genannten Entscheidung anzuwenden sei.

36 Die Adoption selbst geschieht durch Entscheidung Familiengerichts (§ 1752 BGB). Wenn die Voraussetzungen vorliegen, ist dem Antrag zu entsprechen. Aufgrund der geschilderten Realsituation findet durch das Familiengericht faktisch keine weitere Überprüfung statt, solange die entsprechenden Einwilligungen vorhanden sind.

2. Einwilligungen, ihre Ersetzung – Zwangsadoption?

Ist ein Antrag auf Annahme gestellt, müssen die Einwilligungen des Kindes und die der **37** abgebenden Eltern erfolgen. Das **Kind** kann, wenn es über 14 Jahre alt ist, nur selbst einwilligen, braucht dann aber die Zustimmung des gesetzlichen Vertreters (§ 1746 BGB). Die Einwilligung der **leiblichen Eltern** (§ 1747 Abs. 1 BGB) ist auch dann erforderlich, wenn ihnen nach § 1666 BGB das Sorgerecht entzogen wurde oder wenn etwa der Vater wegen § 1626 a Abs. 4 BGB nicht sorgeberechtigt ist. Um Eltern mit gemeinsamem Sorgerecht, vor allem aber auch allein sorgeberechtigte Mütter, zu schützen, müssen nach § 1747 Abs. 2 BGB acht Wochen seit der Geburt des Kindes verstrichen sein, bevor eine Einwilligung wirksam erteilt werden kann, denn hinter den Einwilligungserklärungen der leiblichen Eltern stehen häufig massive, auch mental extrem belastende soziale Probleme. In der Mehrzahl der Fremdadoptionsfälle handelt es sich um Kinder alleinsorgeberechtigter Mütter, die sich oft in von ihnen als schwierig, zum Teil ausweglos empfundenen Situationen befinden, denen der Zugang zu anderen Hilfen verbaut oder nicht möglich ist, die in diesen Situationen die Einwilligung zur Adoption häufig als einen Akt schuldbeladenen individuellen Versagens empfinden (im Einzelnen: Dettenborn/ Walter 2002, 269 f.).

Die genannte Schutzfrist gilt allerdings nicht für den Vater, der nicht mit der Mutter **38** verheiratet ist. Er kann, sofern keine Sorgeerklärung abgegeben wurde, seine Einwilligung bereits vor der Geburt des Kindes erteilen (§ 1747 Abs. 3 Nr. 1 BGB). Andererseits hat er aber auch die Möglichkeit, nach § 1671 Abs. 2 BGB die alleinige elterliche Sorge zu beantragen.

Zum Rechtsproblem wird die Einwilligung, wenn die leiblichen Eltern sie nicht ertei- **39** len. Hier sieht § 1748 BGB die Möglichkeit zur **Ersetzung der Einwilligung** vor. Die Ersetzung der Einwilligung bei einer Adoption ist der denkbar schwerste Eingriff in das Elternrecht. Sie geschieht regelmäßig gegen massiven Widerstand der Eltern und wird bisweilen als Zwangsadoption bezeichnet (zur Aufgabe des Jugendamtes vgl. § 16 IV. 4.). Entscheidend ist, aus welchen Gründen die Einwilligung ersetzt wird. Wie bei allen unbestimmten Rechtsbegriffen besteht die Gefahr, dass aus allgemeinen Wertvorstellungen, abstrakten Prinzipien auf Einzelfälle deduziert wird, statt fallbezogen zu klären, was in der konkreten Situation die Auslegung der Voraussetzungen bedeutet (vgl. §§ 12 I.; 13 I., 13 II.). Wegen der Orientierung am Wohl des Kindes ist § 1748 BGB grundsätzlich verfassungskonform (BVerfG 29.7.1968–1 BvL 20/63, 31/66 und 5/67, BVerfGE 24, 119 ff.; BVerfG 16.1.2002–1 BvR 1069/01, FamRZ 2002, 535 f.). Entscheidend ist, ob die Ausfüllung der Generalklausel im konkreten Einzelfall auch korrekt geschieht. § 1748 BGB kennt vier Ersetzungsgründe für die Einwilligung eines Elternteils:

- anhaltend gröbliche Pflichtverletzung und unverhältnismäßiger Nachteil bei Unterbleiben der Adoption – § 1748 Abs. 1 S. 1 BGB;

- Gleichgültigkeit trotz Belehrung durch das Jugendamt und unverhältnismäßiger Nachteil bei Unterbleiben der Adoption – § 1748 Abs. S. 1, Abs. 2 BGB;
- zwar nicht anhaltende, aber besonders schwere Pflichtverletzung und die voraussichtliche Unmöglichkeit, das Kind in der Obhut des Elternteils zu belassen – § 1748 Abs. 1 S. 2 BGB;
- schwere geistige Gebrechen der Eltern und schwere Entwicklungsgefährdung des Minderjährigen – § 1748 Abs. 3 BGB.

40   Hinzu kommt die Einwilligungsersetzung beim von Anfang an nicht sorgeberechtigten Vater, für die es genügt, dass das Unterbleiben der Adoption einen unverhältnismäßigen Nachteil für das Kind bedeuten würde, § 1748 Abs. 4 BGB. Ansonsten ist bei der Ersetzung der Einwilligung auch danach zu unterscheiden, um welche Art von Adoption es sich handelt. Bei der Stiefkindadoption wird eine Ersetzung der Einwilligung des leiblichen Elternteils oft nicht unproblematisch sein, weswegen sich das Bundesverfassungsgericht (BVerfG 29.11.2005–1 BvR 1444/01, FamRZ 2006, 94 ff.) und der BGH (BGH 23.3.2005 – XII ZB 10/03, BGHZ 162, 357) kritisch zu Stiefkindadoptionen gegen den Willen des leiblichen Vaters geäußert haben. Hier kann eine Einwilligung nur unter strengeren Voraussetzungen als in Fällen der Drittadoption ersetzt werden, weil nicht ohne Weiteres davon ausgegangen werden kann, dass die Adoption durch den Stiefvater in aller Regel dem Wohl des Kindes diene.

41   Die Ausfüllung der unbestimmten Rechtsbegriffe obliegt den Familiengerichten. 2010 wurde in 248 Fällen, das entspricht etwa 6,2 % aller Adoptionen, die elterliche Einwilligung ersetzt. Zu den einzelnen Ersetzungsgründen gibt es eine **umfangreiche Rechtsprechung** (Nachweise bei Palandt/Götz § 1748 Rn. 3 ff.; MünchKomm-Maurer § 1748 Rn. 5 ff.). Notwendig bleibt die konkrete Befassung mit dem Einzelfall. Ein wichtiger Fingerzeig ist die Tatsache, dass die ersten drei Ersetzungsgründe konzeptionell eine Nähe zu § 1666 BGB haben. Dort findet bei Vorliegen der Kindeswohlgefährdung zunächst nur ein Eingriff in die elterliche Sorge (u.U. der vollständige Entzug) statt (vgl. § 12 III.). Die Wirkungen der Adoption sind demgegenüber wesentlich umfangreicher, hier wird jegliches Band zu den leiblichen Eltern abgeschnitten (§ 16 IV. 3.). Deswegen muss es sich um ein elterliches Fehlverhalten handeln, dessen Auswirkungen auf die Entwicklung des Kindes nicht mehr mit den Mitteln des § 1666 BGB begegnet werden kann. Wenn z.B. das Aufwachsen des Kindes in einer Pflegefamilie gesichert ist (etwa dadurch, dass den Eltern gemäß § 1666 die elterliche Sorge entzogen wurde), kann die Ersetzung der Einwilligung der Eltern nicht darauf gestützt werden, dass allein der Status eines angenommenen Kindes erheblich günstiger sei, als der eines Pflegekindes (so BGH 15.10.1996 – XII ZB 72/96, BGHZ 133, 384 ff.; BVerfG 16.1.2002–1 BvR 1069/01, FuR 2002, 187 ff.).

42   Bei einem derartig schweren Eingriff in das gesamte Elternrecht (vgl. die Darstellung der Wirkungen in § 16 IV. 3.) kommt den **Verfahrensvorschriften** eine besondere Bedeutung zu. So ist das Kind (auch das Kleinkind) grundsätzlich anzuhören (§ 192

Abs. 1 und 3 FamFG). Die **Beratung und Belehrung der Eltern** ist in § 1748 Abs. 2 BGB selbst unmittelbar als eine Voraussetzung für die Ersetzung der Einwilligung angesprochen. Diese vom Jugendamt wahrzunehmende Aufgabe (vgl. § 16 IV. 4.) muss so ausgeführt werden, dass den Eltern die Bedeutung der Ersetzung ihrer Einwilligung klar wird. Eine **Anhörung der Eltern** ist bei Ersetzung ihrer Einwilligung, die einen Eingriff in das Elternrecht darstellt, im Übrigen schon wegen Art. 103 Abs. 1 GG (Recht auf rechtliches Gehör) notwendig. Selbst dann, wenn der Elternteil seinen Aufenthaltsort ohne Hinterlassung seiner Anschrift gewechselt hat (§ 1748 Abs. 2 Satz 2 BGB), muss alles versucht werden, diesen Anspruch auf rechtliches Gehör zu realisieren, etwa dadurch, dass Personen, die den Elternteil (anwaltlich) vertreten, informiert werden, Betreuer eingeschaltet werden usw. (BVerfG 4.6.2003–1 BvR 2114/02, ZfJ 2004, 111 f.). Formell geschieht die Ersetzung der Einwilligung eines Elternteils durch das Familiengericht auf Antrag des Kindes. Das 14 jährige Kind kann diesen Antrag selbst stellen. Beim noch nicht 14 jährigen Kind ist der Antrag durch den gesetzlichen Vertreter zu stellen. Falls dies ein Vormund oder Pfleger ist, sind rechtliche Probleme nicht zu erwarten. Liegt hingegen die gesetzliche Vertretung bei den die Eltern, dann werden diese von sich aus wohl keinen Antrag auf Ersetzung ihrer Einwilligung stellen. In diesem Fall müsste das Familiengericht zunächst erst die elterliche Sorge gemäß § 1666 BGB einschränken und die Befugnisse der Antragstellung auf einen Pfleger übertragen, bevor dieser dann als Vertreter des Kindes den Antrag auf Ersetzung der elterlichen Einwilligung beim Gericht stellen kann. Gegen den Ersetzungsbeschluss ist Beschwerde der Eltern nach § 58 Abs. 1 FamFG möglich; erst nach Rechtskraft des Ersetzungsbeschlusses kann die Annahme als Kind ausgesprochen werden, § 198 Abs. 1 FamFG.

3. Wirkungen

Wirkungen ergeben sich bereits dann, **wenn** die **Einwilligungen** der Eltern **vorliegen:**   43

- nach § 1751 BGB ruhen die elterliche Sorge und das Umgangsrecht,
- regelmäßig wird das Jugendamt Vormund,
- der Annehmende ist, wenn sich das Kind in seiner Obhut befindet, nach § 1751 Abs. 4 BGB dem Kind gegenüber ab diesem Moment zum Unterhalt verpflichtet,
- der Annehmende hat entsprechend § 1688 BGB das Recht, in Alltagsangelegenheiten zu entscheiden und den Inhaber des Sorgerechts zu vertreten (vgl. § 15 IV.).

Im Übrigen treten die Wirkungen der Adoption mit dem Beschluss des Familienge-   44 richtes ein. Der Beschluss über die Annahme als Kind ist unanfechtbar, § 197 Abs. 3 FamFG. Lehnt das Familiengericht hingegen die Annahme ab, so kann hiergegen Beschwerde nach §§ 58 ff. eingelegt werden. Beschwerdeberechtigt ist nach § 59 Abs. 1 FamFG der Antragsteller, nach § 60 FamFG der beschränkt geschäftsfähige mindestens 14 Jahre alte Minderjährige sowie nach § 59 Abs. 3 FamFG i.V.m. § 194 Abs. 2 FamFG das Jugendamt.

45 Wichtigste rechtliche Wirkung der Adoption ist, dass der Angenommene damit zum Kind des Annehmenden wird, § 1754 Abs. 2 BGB. Bei gemeinschaftlicher Annahme erlangt das Kind die Rechtstellung eines gemeinschaftlichen Kindes. Gleiches gilt für die Annahme eines Kindes des Ehepartners (§ 1754 Abs. 1 BGB), hier nach § 9 Abs. 7 S. 2 LPartG analog auch für Partner einer eingetragenen Lebenspartnerschaft. Dem oder den Annehmenden steht damit die elterliche Sorge zu, sie sind unterhaltspflichtig und das angenommene Kind wird gesetzlicher Erbe. Das Kind erhält den Namen der Annehmenden, § 1757 BGB (sh. dort auch mögliche Ausnahmen). Es erfolgt eine volle Integration des Angenommenen in die rechtliche Verwandtschaftsstruktur des Annehmenden bei gleichzeitigem Erlöschen der bisherigen Verwandtschaftsverhältnisse, § 1755 Abs. 1 BGB (Ausnahmen bei Stiefkind-, § 1755 Abs. 2 BGB, und Verwandtenadoption, § 1756 BGB). Ist der (minderjährige) Adoptierte Ausländer, so erhält er die deutsche Staatsangehörigkeit (§ 3 Nr. 3 i.V.m. § 6 StAG), ebenso wie der (minderjährige) Deutsche bei Adoption durch einen Ausländer seine Staatsbürgerschaft in der Regel verliert (§ 27 StAG).

46 Eine **Aufhebung der Adoption** kommt äußerst selten vor (die jährlichen Fallzahlen liegen konstant unter 25) und ist an enge Voraussetzungen geknüpft. Neben einem Antrag auf Aufhebung wegen fehlender Einwilligungen (§ 1760 BGB) kommt nur eine Aufhebung von Amts wegen aus schwerwiegenden Gründen zum Wohl des Kindes – und damit nur während seiner Minderjährigkeit- in Betracht (§ 1763 BGB). Eine entscheidende weitere Voraussetzung hierfür wäre allerdings, dass das Kind nach Aufhebung der Adoption zu seinen leiblichen Eltern zurückkehren könnte oder aber durch andere Annehmende adoptiert würde. Damit soll verhindert werden, dass das Kind in eine Situation der Elternlosigkeit gerät. Ansonsten sind bei Gefährdung des Kindeswohls durch die Adoptiveltern Maßnahmen nach § 1666 BGB zu ergreifen.

4. Adoption als Jugendhilfe: Vorbereitung, Vermittlung

47 Da das Wohl des Kindes zentraler Orientierungspunkt der Adoption ist, wird auf die Zusammenführung von Annehmenden und Kindern besonderer Wert gelegt. Die **Adoptionsvermittlung** darf nur vom Jugendamt und Landesjugendamt und nur dann wahrgenommen werden, wenn diese entsprechende Adoptionsvermittlungsstellen einrichten (§ 2 Abs. 1 AdVermiG). Das Jugendamt ist für normale Adoptionen, die zentrale (interdisziplinär zusammengesetzte) Adoptionsstelle des Landesjugendamtes nach § 11 AdVermiG für schwierige Fälle sowie für Adoptionen mit Auslandsberührung zuständig. Andere, in § 2 Abs. 2 AdVermiG genannten Träger (Caritas, Diakonie, Arbeiterwohlfahrt) dürfen Adoptionsvermittlung nur betreiben, wenn ihre Adoptionsvermittlungsstellen entsprechend § 4 AdVermiG anerkannt sind. Die Vermittlung darf nur durch Fachkräfte wahrgenommen werden, § 3 AdVermiG.

48 Das Jugendamt hat auch über die Vermittlung hinaus eine wichtige Stellung im Adoptionsverfahren. Beim Verfahren zur Ersetzung der Einwilligungen hat es entsprechend § 51 SGB VIII eine umfassende **Belehrungs- und Beratungsaufgabe**. Diese bezieht sich (§ 51 Abs. 2 SGB VIII) auch auf mögliche Hilfen, die die Erziehung des Kindes in der eigenen Familie weiterhin möglich machen würden. Die Frage, ob das Wohl des Kindes bei der Annahme durch die konkreten Personen gewährleistet ist, ist von so zentraler Bedeutung, dass hierüber nach § 189 **FamFG** von der **Adoptionsvermittlungsstelle** ein **Gutachten** abgegeben werden muss. Falls dieses Gutachten nicht durch das Jugendamt abgegeben wurde (sondern z.b. durch die Adoptionsvermittlungsstelle eines Wohlfahrtsverbandes), ist das Jugendamt gemäß § 194 Abs. 1 FamFG im Verfahren vor dem Gericht anzuhören. Ähnlich wie im kindschaftsrechtlichen Verfahren (dort: § 162 Abs. 2 S. 2 FamFG) erlangt es auf seinen Antrag hin die Verfahrensstellung eines Beteiligten (§ 188 Abs. 2 FamFG) und hat ein eigenständiges Beschwerderecht.

Nicht nur sozialpädagogische Gründe waren für die Intensivierung der Adoptionsvermittlung maßgebend, auch **fiskalische Überlegungen** spielten hierbei eine Rolle: In der Gesetzesbegründung hieß es, dass sich die Aufwendungen für die Unterbringung von Kindern in Heimen und Pflegestellen vermindern, wenn diese Kinder in größerem Umfang zur Adoption vermittelt werden (BR-Dr. 7/75,2). Dies ist mit der Hintergrund von § 10 AdVermiG. Er soll sicherstellen, dass die zentrale Adoptionsstelle des Landesjugendamtes informiert wird, wenn sich Vermittlungsbemühungen über längere Zeit hinziehen. **49**

V. Internationales Recht

1. Internationales Vormundschafts- und Pflegschaftsrecht

In Vormundschafts- und Pflegschaftssachen mit Auslandsbezug sind nach § 99 Abs. 1 FamFG deutsche Gerichte zunächst dann zuständig, wenn das Mündel oder der Pflegling Deutscher ist bzw. seinen **gewöhnlichen Aufenthalt** in Deutschland hat oder aber wenn der Minderjährige der Fürsorge durch ein deutsches Gericht bedarf. Materiellrechtlich kommt nach Art. 24 EGBGB das Heimatrecht des Kindes zur Anwendung. Aber wie stets (vgl. § 2 II.) stehen auch hier die **höherrangigen europarechtlichen Regelungen** über dem nationalen Recht und haben **völkerrechtliche Vereinbarungen** gemäß § 97 Abs. 1 FamFG Vorrang. Dies betrifft auch vorliegend wiederum zunächst die Brüssel IIa-VO, die nach Art. 1 Abs. 1 lit. b auch für den Bereich der elterlichen Verantwortung und damit nach Art. 1 Abs. 2 lit. b ausdrücklich auch für die Vormundschaft, die Pflegschaft und entsprechende Rechtsinstitute gilt. Die Verordnung legt gemäß Art. 8 die allgemeine Zuständigkeit der Gerichte danach fest, wo das **Kind** zum Zeitpunkt der Antragstellung seinen **gewöhnlichen Aufenthalt** hat. Dies gilt nicht nur für Staatsangehörige der Mitgliedstaaten der EU, sondern auch für Staatsangehörige von Drittstaaten (soweit sie die Zuständigkeitskriterien erfüllen). Allerdings tritt hier in dieser besonderen Rechtsmaterie des Kinderschutzes das KSÜ ergänzend zur Brüssel IIa-VO hinzu. Auch das KSÜ regelt die Zuständigkeit – übrigens nicht nur der Gerichte, sondern auch der Behörden – gemäß Art. 5 KSÜ zunächst über **50** den gewöhnlichen Aufenthaltsort des Minderjährigen, hält im Folgenden jedoch für eine Reihe von besonderen Fallgestaltungen Ausnahmeregelungen bereit. Hinsichtlich des **anzuwendenden materiellen Rechts** wird über Art. 15 Abs. 1 KSÜ ein **Gleichlauf** mit der **formellen Zuständigkeit** hergestellt. Damit ist dann, wenn Gerichte (oder Behörden) des gewöhnlichen Aufenthaltsortes zuständig sind, auch das Recht des gewöhnlichen Aufenthaltsortes anzuwenden.

51 Sofern aufgrund des gewöhnlichen Aufenthalts deutsches Recht anzuwenden ist, bedeutet dies, dass für ausländische Minderjährige die im BGB (und im SGB VIII) enthaltenden Schutzmaßnahmen durch die Gerichte und Behörden zur Anwendung kommen können. Dazu zählen nach Art. 3 lit. c KSÜ eben auch Vormundschaft und Pflegschaft.

2. Internationales Adoptionsrecht

52 Unter den Begriff „Auslandsadoption" können unterschiedliche Konstellationen fallen: Adoptionen in Deutschland durch Ausländer, durch Deutsche, die ein ausländisches Kind annehmen wollen, Adoptionen im Ausland durch Deutsche usw. Hier stellen sich die Fragen nach der Zuständigkeit dafür, die Annahme als Kind auszusprechen sowie danach, welches Recht hierbei anzuwenden ist.

53 § 101 FamFG erklärt **die deutschen Gerichte** für die Annahme eines Kindes als zuständig, sofern der Annehmende bzw. einer der annehmenden Ehegatten oder das Kind Deutscher sind oder ihren gewöhnlichen Aufenthalt in Deutschland haben. Die für die Europäische Union ansonsten im Bereich der elterlichen Verantwortung relevante Brüssel IIa-VO schließt eine Anwendung auf Adoptionen nach Art. 1 Abs. 3 lit. b ausdrücklich aus. Das **anzuwendende Recht** ergibt sich daher unmittelbar aus **Art. 22 EGBGB.** Hiernach gilt:

- ist der Annehmende ledig, gilt das Recht des Staates, dem der Annehmende angehört;

- sind die Annehmenden verheiratet, so gilt das Recht der Ehewirkung, d.h. **Art. 14 EGBGB** kommt zur Anwendung (vgl. § 3 III.). Auch hier ist zu beachten, dass die sogenannten Vorfragen (vgl. § 2 II. 2.) selbständig angeknüpft werden, d.h. die Frage, ob es sich um ein minderjähriges Kind handelt und ob eine Ehe besteht, richtet sich z.B. nach Art. 7 EGBGB bzw. nach Art. 13 EGBGB. Bezüglich der Annahme durch Ehegatten kommt damit die Anknüpfungsleiter des Art. 14 (vgl. § 3 III.) zur Anwendung. Damit kann geklärt werden, welches Recht angewandt wird.

54 Das anzuwendende Recht gilt für alle Rechtsaspekte im Zusammenhang mit der Adoption, so für die Frage, ob eine Adoption nach der entsprechenden Rechtsordnung überhaupt möglich ist (z.B. ist sie in muslimischen Rechtordnungen unbekannt), welche Voraussetzungen gegeben sein müssen und in welcher Form sie vorzunehmen ist. Es gilt auch hinsichtlich der Rechtsfolgen der Adoption, also etwa der elterlichen Sorge, der Unterhaltspflicht, des Erbrechts, des Erlöschens der bisherigen Verwandtschafts-

beziehungen usw. Für die Erteilung von Einwilligungen und die Frage, ob und wie Einwilligungen ersetzt werden können, gilt allerdings gemäß Art. 23 EGBGB zusätzlich noch das Recht des Staates, dem das Kind angehört und ausnahmsweise, sofern dies für das Wohl des Kindes erforderlich ist, stattessen auch deutsches Recht.

Auch sofern Deutsche ein ausländisches Kind adoptieren wollen, ist hierfür zunächst 55 eine Vermittlung nach den Vorschriften des AdVermiG (§ 2 a) erforderlich. Im Ausland durchgeführte Adoptionen können nach §§ 2 und 3 des Adoptionswirkungsgesetzes (AdWirkG) durch die Familiengerichte anerkannt oder in eine deutschen Vorschriften entsprechende Adoption umgewandelt werden. Für Adoptionen, die in einem Vertragsstaat des Haager Adoptionsübereinkommens (AdÜbk) vorgenommen wurden, ist dies jedoch entbehrlich, da hier bereits vertraglich festgelegt ist, dass sie in den anderen Vertragsstaaten nach Vorlage der Bescheinigung über ihr ordnungsgemäßes Zustandekommen kraft Gesetzes anerkannt werden.

Weiterführende Literatur
Hoffmann/ Proksch in Münder u.a. FK-SGB VIII § 55, 56; Münder/Trenczek 2011, Kap. 10.3, Trenczek u.a. 2011, Kap. II.2.4.7 und 2.4.8
Zur Vormundschaft: Oberloskamp 2010
Zur Adoption: Paulitz 2006

Teil 6
Behinderte und psychisch kranke Volljährige zwischen Hilfebedürftigkeit und Autonomie

Auch bei Volljährigen kann sich ein Bedürfnis nach Hilfe und Unterstützung ergeben. Das gilt besonders bei psychischen Störungen, körperlicher, geistiger, seelischer Behinderung, bei Abbauerscheinungen im Alter usw. Für derartige Fälle sah das BGB die Vormundschaft über Volljährige vor (§ 1896 ff. BGB a.F). Ihr musste eine Entmündigung vorausgehen. Entmündigte Personen waren weder wahlberechtigt noch testierfähig. Erfolgte die **Entmündigung** wegen Geisteskrankheit, so konnte der Betreffende auch keine Ehe eingehen oder Geschäfte abschließen – nicht einmal Lebensmittel oder Kleidung konnte er rechtswirksam kaufen, denn nach § 104 Nr. 3 BGB a.f. war geschäftsunfähig, wer wegen Geisteskrankheit entmündigt war. Die Kritik (ausführlich Zenz/Eicken/Ernst 1987) führte dazu, dass die **Vormundschaft über Volljährige** und die sogenannte **Gebrechlichkeitspflegschaft** (§ 1900 BGB a.F.) mit dem „Gesetz zur Reform des Rechts der Vormundschaft und Pflegschaft über Volljährige" (Betreuungsgesetz; BtG) mit Wirkung vom 1.1.1992 **durch die Betreuung abgelöst** wurden. Die noch vom BtG betonte persönliche Betreuung ist mit dem seit dem 1.1.1999 in Kraft befindlichen 1. Betreuungsrechtsänderungsgesetz (BtÄndG) auf die rechtliche Betreuung reduziert worden, um die vergütungspflichtige eigentliche Betreuertätigkeit von rein karitativen Tätigkeiten abzugrenzen.

§ 17. Das Betreuungsrecht

1 Der Grundgedanke der rechtlichen Betreuung besteht in der Ermöglichung einer selbstbestimmten Lebensgestaltung auch bei Defiziten infolge einer psychischen Krankheit oder geistigen, seelischen oder körperlichen Behinderung. Sie ist vom Betreuungsgericht auf das unbedingt erforderliche Maß festzulegen. In höchstpersönlichen Angelegenheiten bedarf es darüber hinaus zusätzlich einer ausdrücklichen gerichtlichen Entscheidung. Es gilt der Grundsatz der ehrenamtlichen Betreuung; berufsmäßige Betreuung ist die gesetzgeberische Ausnahme. Der Betreuer erhält seine Aufwendungen ersetzt; bei berufsmäßiger Betreuung erhält er eine Vergütung.

Ausführlich behandelte Bestimmungen

- Voraussetzungen der rechtlichen Betreuung, Person des Betreuers: §§ 1896, 1897, 1900 f. BGB
- Aufgaben des Betreuers: §§ 1901–1907 BGB
- Aufwand, Vergütung: §§ 1835–1836 BGB; Vormünder- und Betreuervergütungsgesetz (VBVG)
- Verfahren in Betreuungssachen: §§ 271 ff. FamFG

Wichtige, interessante Entscheidungen

- *Zur Person des Betreuers:* BayObLG 22.10.1997–3 Z BR 112/97, FamRZ 1999, 49
- *Zum Einwilligungsvorbehalt:* OLG Hamm 29.5.2000–15 W 158/00, FamRZ 2001, 254
- *Zur gerichtlichen Genehmigung und zur Straffreiheit beim Abbruch lebenserhaltender Maßnahmen:* BGH 17.3.2003 – XII ZB 2/03; BGH 8.6.2005 – XII ZR 177/03; OLG Frankfurt/ Main 8.6.2006–20 W 52/06, BtPrax 2007, 91; BGH 25.6.2010–2 StR 454/09
- *Zur Zwangsbehandlung:* BVerfG 20.2.2013–2 BvR 228/12; BGH 20.6.2012 – XII ZB 99/12 und XII ZB 130/12

Durch das BtG wurden zum 1.1.1992 die Vormundschaft über Volljährige sowie die 2 Gebrechlichkeitspflegschaft abgeschafft und die Betreuung eingeführt. Bei dem BtG handelt es sich um ein Artikelgesetz, durch das etwa 300 Vorschriften in insgesamt etwa 50 Gesetzen geändert bzw. neu geschaffen wurden. Zu ihnen gehören auch solche des öffentlichen Rechts, wie etwa das **Betreuungsbehördengesetz** (BtBG), das Bestimmungen über Aufbau, Organisation und Zuständigkeit der Betreuungsbehörden enthält. Das **materielle Recht der Betreuung** ist in den §§ 1896 bis 1908 i BGB geregelt; das **Verfahrensrecht** findet sich im Abschnitt 1 und, sofern eine Unterbringung des Betreuten erfolgen soll, die mit Freiheitsentziehung verbunden ist, im Abschnitt 2 **des 3. Buches FamFG**. Das Verfahren in Betreuungs- und Unterbringungssachen findet gemäß § 23 c GVG vor einem **Betreuungsgericht** statt.

Das Betreuungsrecht will die Autonomie des Betreuten erhalten. Es verfolgt daher den 3 Zweck, den Wünschen des Betreuten soweit wie möglich Rechnung zu tragen. Im Verlauf seiner nunmehr über 20-jährigen Existenz hat das Betreuungsrecht über die ursprüngliche Intention hinaus Bedeutung auch dadurch gewonnen, dass mittels ihm Lücken in der sozialen Unterstützung und Versorgung psychisch Kranker und geistig Behinderter geschlossen wurden (Zenz 2000; Hirsch/Halfen 2003). In diesem Zusammenhang mag man von einer schleichenden Verlagerung öffentlicher Aufgaben in privatrechtliche Betreuungsverhältnisse sprechen können (OLG Oldenburg 29.5.2003–5 W 79/03, FPR 2004, 264 f.; Rosenow BtPrax 2007, 195 ff. Zur Doppelgleisigkeit öffentlicher und privater Fürsorge schon BVerfG 10.2.1960–1 BvR 526/53; 1 BvR 29/57, BVerfGE 10, 302). Positiv gewendet kann jedoch gleichermaßen darauf verwiesen werden, dass in ihm die rechtliche Betreuung mit dem Aspekt der Rehabilitation und Teilhabe in Zusammenhang gebracht ist, § 1901 Abs. 4 BGB (Ackermann/Medjedovic/Witzel ZfRSoz 2004, 192, 215; zur Entwicklung des Betreuungsrechts allgemein: Brosey BtPrax 2007, 251; Fröschle BtPrax 2007, 191 ff.).

Die Zahl der Betreuungen hat sich von 1992 (418.956) bis 2011 (1.319.361) mehr als 4 verdreifacht. Pro 1.000 Einwohner sind 2011 im Bundesdurchschnitt 16,12 Betreuerbestellungen erfolgt, wobei allerdings beträchtliche regionale Unterschiede zu verzeichnen sind (Baden- Württemberg: 10,68 gegenüber Mecklenburg- Vorpommern: 21,14 Betreuungen pro 1.000 Einwohner). Dies mag sowohl mit unterschiedlichen Altersstrukturen als auch mit voneinander abweichenden Bestellungspraxen der Gerichte zu erklären sein. Jedenfalls ist es aufgrund dieser Entwicklungen u.a. zu einem beträchtlichen Anstieg der Kosten für Vergütungen und Auslagen der Betreuer gekommen, die von den Ländern zu tragen sind. Die Begrenzung des Kostenanstiegs war (neben der Stärkung der Vorsorgevollmacht) einer der wesentlichen gesetzgeberischen Ziele für das 2. BtÄndG (Sonnenfeld NJW 2005, 1896 ff.; Schütze BtPrax 2007, 246 ff.). Neben einigen Änderungen im materiellen Recht ging es vornehmlich um die Reduzierung von Betreuungsfällen und vor allem auch um die Reduzierung der Kosten bei Berufsbetreuung. Dies sollte durch die Einführung von Vergütungs- und Auslagenpauschalen erreicht werden, die in dem zum 1.7.2005 in Kraft getretenen VBVG geregelt sind. Die gewünschten finanziellen Entlastungseffekte sind bisher allerdings noch nicht eingetreten, denn auch im Vergleich zum Jahr 2010 stiegen die Ausgaben der Staatskasse für Aufwendungsersatz und Vergütung von Betreuern (und Verfahrenspflegern) von 683,4 Mio. € auf 743,7 Mio. €. Ein zum 01.07.2014 in Kraft tretendes 4. BtÄndG sieht daher vor, vor allem mittels einer obligatorischen Anhörung der Betreuungsbehörde im Verfahren noch stärker dem Grundsatz der Erforderlichkeit Rechnung zu tragen und damit zugleich dem dramatischen Zuwachs an jährliche Neuanordnungen von Betreuungen (1992: 75.170; 2011: 233.332 – auch hier eine Erhöhung auf mehr als das Dreifache) Einhalt zu gebieten. (Datenquellen hier und im Folgenden: Statistisches Bundesamt 2012; www.bmj.bund.de; www.bundesanzeiger-verlag.de).

5 Seine derzeit geltende Fassung hat das Betreuungsrecht durch das 3. BtÄndG vom 1.9.2009 erhalten, in dem u.a. Form, Inhalt und Wirksamkeit der Patientenverfügung geregelt wurden. Eine weitere Gesetzesänderung fand zum 26.2.2013 mit der Neufassung von § 1906 BGB statt, der nunmehr neben den rechtlichen Voraussetzungen der betreuungsrechtlichen Unterbringung auch die der betreuungsrechtlichen Zwangsbehandlungen regelt.

I. Voraussetzungen für eine Betreuung

6 Da für Minderjährige als Schutz die elterliche Sorge besteht, kann nur für Volljährige unter den in § 1896 BGB genannten Voraussetzungen die Bestellung eines Betreuers erfolgen. Eine vorsorgliche Betreuerbestellung, die dann allerdings erst mit Eintritt der Volljährigkeit wirksam wird, ist jedoch nach § 1908 a BGB bereits nach Vollendung des 17. Lebensjahres möglich. In Betracht kommt eine Betreuerbestellung bei **psychischer Krankheit** oder **körperlicher, geistiger** oder **seelische Behinderung.**

> Zu den **psychischen Krankheiten** gehören zum einen seelische Störungen. Dies sind Abweichungen vom Durchschnittsverhalten ohne krankhaften Körperbefund (z.B. Neurosen, Persönlichkeitsstörungen, abweichende Persönlichkeitsentwicklungen).

Zum anderen gehören seelisch auffällige Phänomene dazu, denen eine Krankheit zugrunde liegt: die sogenannten exogenen und endogenen Psychosen, durch welche die Einsicht und die Fähigkeit, üblichen Lebensanforderungen zu entsprechen, und der Realitätsbezug erheblich gestört sind. Bei den endogenen Psychosen sind nach gegenwärtigem Erkenntnisstand die Ursachen noch unbekannt (angenommen wird, dass ihnen eine Körperkrankheit zugrunde liegt). Die exogenen Psychosen sind nachweisbar auf körperliche Schädigungen zurückzuführen (z.b. Vergiftungen, Hirnmissbildungen, Hirngefäßleiden usw.). Generell lässt sich sagen, dass die in dem ICD 10 Klassifikationssystem der WHO (International Classification of Diseases and Related Health Problems) aufgeführten Krankheiten den Begriff der psychischen Krankheit im Sinne des § 1896 BGB ausfüllen. Die Begriffsbestimmungen der geistigen (angeborene oder frühzeitig erworbene Intelligenzdefekte verschiedener Schweregrade) bzw. seelischen **Behinderungen** (psychische Beeinträchtigungen als Folge von psychischen Krankheiten oder Auswirkungen hirnorganischer Beeinträchtigungen, z.b. insbesondere bei älteren Menschen Demenz vom Typ Alzheimer) sind an § 2 Abs. 1 SGB IX angelehnt. Handelt es sich um eine körperliche Behinderung, so kann eine Betreuung grundsätzlich nur auf Antrag des Volljährigen bestellt werden (§ 1896 Abs. 1 Satz 2 BGB).

Zu den medizinischen Voraussetzungen muss die gerade wegen dieser Krankheit oder Behinderung bestehende **Unfähigkeit** hinzukommen, seine **Angelegenheiten** im Vermögens- oder dem persönlichen Bereich **selbst zu besorgen.** Dies wird vor allem bei **Abhängigkeitserkrankungen** praktisch bedeutsam. Hier reicht dafür, dass eine Betreuung in Betracht zu ziehen wäre, die Suchtkrankheit als solche nicht aus. Vielmehr muss noch hinzutreten, dass durch den Substanzgebrauch auch tatsächlich eine Schädigung der geistigen Funktion oder des Nervensystems eingetreten ist, aufgrund derer der Betroffene seine Angelegenheiten nicht mehr selbst besorgen kann (OLG Zweibrücken 23.3.2004–3 W 219/ 03, FamRZ 2004, 1815). Im Bereich der körperlichen Behinderung wird die Unfähigkeit zur Besorgung der eigenen Angelegenheiten wohl nur bei weitgehender Kommunikationsunfähigkeit, etwa bei Totallähmung oder Mehrfachbehinderung in Form von Taubblindheit verbunden mit Sprachunfähigkeit gegeben sein (HK-BGB/Kemper § 1896 Rn. 5). Außerdem muss gemäß § 1896 Abs. 2 S. 2 BGB die Betreuung **erforderlich** sein, weil es keine anderen vorrangigen Hilfemöglichkeiten, z.B. der kommunalen Sozialarbeit, gibt. Insofern gilt auch hier der Grundsatz der Subsidiarität (OLG Oldenburg 23.5.2003–5 W 75/03, FamRZ 2004, 1320). Da es sich um eine **rechtliche** Betreuung handelt, ist das entscheidende Kriterium jedenfalls die Notwendigkeit eines gesetzlichen Vertreters. Deswegen ist eine Betreuung auch dann nicht notwendig, wenn andere Personen durch **Bevollmächtigungen** den Betroffenen ebenso gut wie ein Betreuer vertreten können (OLG Zweibrücken 24.3.2004–3 W 219/03, BtPrax 2004, 155). Eine Vollmacht kann als **Vorsorgevollmacht** bereits vor Eintritt der Betreuungsbedürftigkeit, aber auch zu jedem späteren Zeitpunkt erteilt werden, sofern der Vollmachtgeber zum Zeitpunkt der Vollmachterteilung geschäftsfähig ist. Mit der Vorsorgevollmacht ist es dem Vollmachtgeber möglich, für den Fall einer späteren Betreuungsbedürftigkeit durch Festlegung bestimmter Wünsche und Rechtsfolgen insbesondere durch Vollmachterteilung an (eine) andere Person(en), entsprechende Vorsorge zu treffen (Müller/Renner 2005; Holzhauer FamRZ 2006,

518 ff.). Zwar besteht hierbei kein allgemeines Formerfordernis (Ausnahmen: Schriftform bei Einwilligung in genehmigungspflichtige medizinische Maßnahmen, § 1904 Abs. 5 BGB, sowie in Unterbringung, Zwangsbehandlung und unterbringungsähnliche Maßnahmen, § 1906 Abs. 5 BGB). Um jedoch spätere Zweifel an ihrer Gültigkeit möglichst zu vermeiden, empfiehlt sich generell die Schriftform und möglichst auch die notarielle Beurkundung. Darüber hinaus bietet § 6 Abs. 2 BtBG die Möglichkeit der öffentlichen Beglaubigung durch die Betreuungsbehörde, deren Rechtswirkung insofern der einer notariellen Beurkundung entspricht. Das alles hilft freilich nur, soweit hinsichtlich Inhalt und Umfang der Befugnisse, die dem Bevollmächtigten übertragen wurden, keine Unklarheiten bestehen. Dies betrifft wiederum insbesondere die §§ 1904, 1906 BGB, wo die Wirksamkeit der Vollmachterteilung auch davon abhängt, dass sie die dort bezeichneten Maßnahmen ausdrücklich umfasst. Vorsorgevollmachten können in das bei der Bundesnotarkammer geführte Zentrale Vorsorgeregister eingetragen werden (§§ 78 a ff. BNotO). Dies erleichtert die Feststellung, ob im Bedarfsfall eine Vollmacht vorliegt oder eine Betreuerbestellung erforderlich ist.

8 Die Bestellung eines Betreuers darf nicht gegen den **freien Willen** des Betroffenen erfolgen. Diese als Abs. 1 a mit dem 2. BtÄndG in § 1896 BGB eingefügte Klarstellung knüpft im Wortlaut ihrer Begründung (BT- DS 15/ 2494, 27 ff.) unmittelbar an eine Entscheidung des BayObLG (26.2.2003–3 Z BR 243/02, FamRZ 2003, 962) an, in der es heißt: „Der Staat hat nicht das Recht, den Betroffenen zu erziehen, zu bessern oder zu hindern, sich selbst zu schädigen". Hiermit wiederum wird Bezug genommen auf BVerfG 23.3.1998–2 BvR 2270/ 96, FamRZ 1998, 895, wonach auch dem psychisch Kranken, zumindest unter der Voraussetzung, dass weder eine Fremdgefährdung noch eine unmittelbare Gefährdung des eigenen Lebens droht, die „Freiheit zur Krankheit" zuzubilligen sei.

9 Die Betreuung endet gemäß § 1908 d BGB, wenn ihre Voraussetzungen entfallen sind. Hierzu kann der Betreute, der Betreuer oder ein anderer Beteiligter (etwa: Bevollmächtigter, Ehegatte, Eltern, Kind usw., § 274 FamFG) einen entsprechenden Antrag stellen. Um sicherzustellen, dass eine Betreuung nicht auf Dauer bestehen bleibt, sieht § 295 Abs. 2 FamFG vor, dass spätestens sieben Jahre nach ergangenem Betreuungsbeschluss zu überprüfen ist, ob sie weiterhin notwendig ist.

II. Wer wird Betreuer?

10 Auch wenn die Begründung für die Zuordnung der rechtlichen Betreuung zum Familienrecht vornehmlich aus historischen und systematischen Gesichtspunkten heraus zu formulieren sein wird, lassen sich doch auch Anknüpfungspunkte hierfür in der unmittelbaren Lebenswirklichkeit finden. Denn trotz über die Jahre hinweg zu beobachtender Rückgänge waren auch im Jahr 2011 mit 56,6 % deutlich über die Hälfte der bestellten Betreuer Familienangehörige der Betroffenen. Die vom Gesetz in § 1897 Abs. 1 BGB vorgenommene Festlegung auf eine natürliche Person als Betreuer kann

aber auch durch ehrenamtliche Betreuer, die nicht Familienangehörige sind (2011: 5,6 % Anteil an der Gesamtzahl der Erstbestellungen), selbständige Berufsbetreuer (Anteil: 31,7 %) oder Mitarbeiter von Betreuungsvereinen oder Betreuungsbehörden erfüllt werden. Jedoch auch dann, wenn der anerkannte Betreuungsverein (Anteil: 5,6 %) oder die Betreuungsbehörde selbst (Anteil: 0,3 %) **nachrangig** als Betreuer bestellt werden, übertragen sie die Wahrnehmung der Betreuung einzelnen Personen (§ 1900 BGB), so dass auch hier dem **Grundsatz der persönlichen Betreuung** insoweit Rechnung getragen wird. (Zum Grundsatz der persönlichen Betreuung vgl. Hoffmann BtPrax 2008, 95 ff.; Thar BtPrax 2007, 104 ff.; zum Grundsatz der Nachrangigkeit (BayObLG 26.11.1997–3 Z BR 422/97, Rpfleger 1998, 199). Voraussetzung für die Bestellung einer natürlichen Person als Betreuer ist ihre Geeignetheit für die wahrzunehmenden Aufgaben. Diese liegt bspw. nicht bei Personen vor, bei denen erhebliche Interessenkonflikte zum Betroffenen bestehen (etwa bei konfliktträchtigen erbrechtlichen Konstellationen –BayObLG 13.10.1999–3 Z BR 289/99, FamRZ 2000, 1183, jedoch nicht notwendigerweise bei ablehnender Haltung zu lebensverlängernden Maßnahmen – OLG Frankfurt/ Main 8.6.2006–20 W 52/06, BtPrax 2007,91; OLG München 25.1.2007–33 Wx 6/07, BtPrax 2007, 79). Vereins- und Behördenbetreuer dürfen nur mit Einwilligung ihres Vereins oder der Behörde zum Betreuer bestellt werden (§ 1897 Abs. 2 BGB); Mitarbeiter des Altenheims oder der psychiatrischen Einrichtung, in der der Betroffene lebt, dürfen nach § 1897 Abs. 3 BGB nicht zum Betreuer bestellt werden. Schlägt der Betroffene eine Person als Betreuer vor (die allerdings auch in diesem Falle nicht Heimmitarbeiter o.ä. sein darf), so ist das Gericht zunächst grundsätzlich an diesen Vorschlag gebunden (§ 1897 Abs. 4 BGB), und zwar auch dann, wenn im Einzelfall eine andere geeignetere Person zur Verfügung stünde (BayObLG 22.10.1997–3 Z BR 112/97, FamRZ 1999, 49). Das Gericht kann sich über ihn nur hinwegsetzen, wenn er nicht auf einer eigenständigen Willensbildung beruht (BayObLG 16.7.2003–3 Z BR 119/03, FamRZ 2003, 1871) oder dem Wohl des Volljährigen zuwiderläuft (BGH 10.11.2010 – XII ZB 355/10). Der Vorschlag des Betroffenen, einen bestimmten Berufsbetreuer zu bestellen, entbindet das Gericht allerdings nicht von der Pflicht zu prüfen, ob ein geeigneter ehrenamtlicher Betreuer zur Verfügung steht (OLG Hamm 23.5.2006–15 W 472/05, FamRZ 2006, 1785). Andererseits folgt aus dem Recht, die Bestimmung einer Person als Betreuer auch zurückzuweisen (§ 1897 Abs. 4 S. 2 BGB), dass im Einzelfall der gewünschte Berufsbetreuer vor dem ausdrücklich als Betreuer nicht gewünschten Ehrenamtlichen Vorrang haben kann (KG 27.6.2006–1 W 36/06, FamRZ 2007, 81).

Der Vorschlag des Betroffenen kann auch in Gestalt einer Betreuungsverfügung vorliegen. Sie unterscheidet sich von der Vorsorgevollmacht darin, dass bei Eintritt der entsprechenden Voraussetzungen – Krankheit/ Behinderung, Unfähigkeit zur Besorgung der eigenen Angelegenheiten – keine unmittelbare Rechtswirkung im Verhältnis von Betroffenem und der von ihm zur Wahrnehmung der jeweiligen Aufgaben bestimmten Person eintritt, sondern zunächst die gerichtliche Betreuerbestellung zwi-

11

schengeschalten ist. Dies erhöht die Sicherheit für diejenigen Betroffenen, die aufgrund ihrer Krankheit oder Behinderung nicht mehr in der Lage sind, ihre an den Bevollmächtigten gerichteten Vorgaben noch selbst effektiv zu bestimmen. (Hingegen kann zum Zweck der Kontrolle der Handlungen des Bevollmächtigten selbst, insbesondere auch bei Missbrauchsgefahr - so Pardey 2009, 42 – nach § 1896 Abs. 3 BGB ein sogenannter **Kontrollbetreuer** bestellt werden.) Anders als bei der Vorsorgevollmacht ist für die Errichtung einer Betreuungsverfügung die Geschäftsfähigkeit keine Voraussetzung. Besondere Formerfordernisse existieren auch hier nicht; jedoch ist es sinnvoll, sie handschriftlich abzufassen und jährlich zu aktualisieren. Gem. § 1901 c BGB, § 285 FamFG besteht für diejenigen, die eine solche Betreuungsverfügung besitzen, die Verpflichtung, diese bei Kenntniserlangung von der Einleitung eines Betreuungsverfahrens unverzüglich beim Betreuungsgericht abzugeben. Ansonsten kann die Betreuungsverfügung in vielen Bundesländern bei den Betreuungsgerichten hinterlegt und inzwischen auch im Vorsorgeregister der Bundesnotarkammer registriert werden (§ 78 a BNotO, § 10 Vorsorgeregister – Verordnung – VRegV).

12 Hat der Betroffene keinen Wunsch geäußert oder kann diesem ausnahmsweise nicht entsprochen werden, sind soziale Nähe und familiäre Bindungen die nächstwichtigen Kriterien bei der Betreuerauswahl (§ 1897 Abs. 5 BGB). Wegen des Vorrangs der persönlichen Betreuung ergibt sich dadurch folgende **Reihenfolge:**

- die vom Betroffenen gewünschte Person
- Ehegatte, Eltern(teil) oder Kind des Betroffenen
- andere Verwandte
- andere ehrenamtliche Betreuer
- Berufsbetreuer, Vereinsbetreuer, Behördenbetreuer
- anerkannter Betreuungsverein
- Betreuungsbehörde

13 Zur Übernahme der Betreuung besteht nach § 1898 BGB grundsätzlich eine Verpflichtung. Der Betreuer kann jedoch seine Entlassung verlangen, wenn ihm die Fortführung der Betreuung nicht mehr zumutbar ist. Andererseits kann er aber auch vom Betreuungsgericht entlassen werden, etwa wenn er erforderliche Abrechnungen vorsätzlich falsch erteilt oder nicht im erforderlichen Umfang persönlichen Kontakt mit dem Betreuten hält, § 1908 b BGB.

III. Aufgaben und Rechtsstellung des Betreuers

1. Aufgabenkreis

14 Die Aufgabenkreise des Betreuers werden ausgehend davon, dass eine Betreuung nur für die Gegenstände eingerichtet werden soll, für die sie unbedingt notwendig ist (**Erforderlichkeitsgrundsatz**), vom Betreuungsgericht festgelegt (§ 1896 Abs. 1 S. 2 BGB). Als Aufgaben, die durch den Betreuer zu erledigen sind, kommen daher nur

exakt diejenigen in Betracht, die durch den Betroffenen aufgrund seiner Erkrankung oder Behinderung nicht selbst erledigt werden können. Eine Betreuerbestellung „für alle Angelegenheiten" muss demnach auf Ausnahmefälle beschränkt bleiben. Erfolgt sie jedoch, so zieht sie als Konsequenz den Ausschluss des Betroffenen vom Wahlrecht nach sich (§ 13 Nr. 2 BWG, vgl. auch § 309 Abs. 1 S. 1 FamFG). Für Bereiche, in denen eine besondere Grundrechtsberührung stattfindet (Fernmeldeverkehr, Entgegennahme, Öffnen und Anhalten der Post), muss das Betreuungsgericht die Betreuung ausdrücklich anordnen, sie kann dann nicht anderen Aufgabenkreisen einfach entnommen werden (§ 1896 Abs. 4 BGB). Vielfach bezieht sich die Bestellung auf **Vermögensangelegenheiten**, weil es sich dabei oft um tatsächlich und/oder rechtlich komplizierte Angelegenheiten handelt. Auch hier ist aber darauf zu achten, dass vom Betreuungsgericht der jeweils konkret wahrzunehmende Aufgabenkreis festgelegt wird. Was den **persönlichen Bereich** anbelangt, so bedarf es hier besonderer Sorgfalt, um den Aufgabenkreis festzulegen, für den wirklich eine Betreuung erforderlich ist. Deswegen wird gerade in persönlichen Angelegenheiten in aller Regel keine generelle Betreuung in Frage kommen, sondern immer eine genaue Festlegung des Aufgabenkreises erfolgen. Die Praxis orientiert sich hierbei vor allem auch an jenen Aufgabenkreisen, für die das Gesetz **besondere richterliche Genehmigungen** vorsieht. Diese sind:

- **§ 1904 BGB, besonders gefährliche ärztliche Maßnahmen.** Ist der Betreute selbst einwilligungsunfähig, erteilt der Betreuer, sofern ihm der Aufgabenkreis der Gesundheitsfürsorge übertragen worden ist, die Genehmigung zu ärztlichen Eingriffen oder Heilbehandlungen. Wenn hierbei allerdings die Gefahr, dass der Betroffene stirbt oder einen schweren gesundheitlichen Schaden erleidet, das normale Durchschnittsrisiko deutlich überschreitet, bedarf er hierfür noch einmal einer gesonderten betreuungsgerichtlichen Genehmigung. Gleiches trifft zu, wenn der Betreuer in eine ärztliche Maßnahme nicht einwilligen will, die aber medizinisch indiziert ist und deren Unterlassen mutmaßlich den Tod oder schwere gesundheitliche Schädigungen zur Folge haben wird. Entbehrlich ist die gerichtliche Einwilligung jedoch nach § 1904 Abs. 4 BGB immer dann, wenn der behandelnde Arzt und der Betreuer sich darin einig sind, dass eine ärztliche Maßnahme – oder aber ihr Unterlassen – dem Willen des Patienten entspricht. Hieraus folgt im Umkehrschluss, dass für die Erteilung einer Einwilligung oder für eine Nichteinwilligung des Betreuers stets der (mutmaßliche) Wille des Patienten maßgeblich ist: Der Betreuer entscheidet nicht so, wie er es für richtig hält, sondern so, wie der Betreute entscheiden würde, wenn er selbst einwilligungsfähig wäre (vgl. auch § 1901 Abs. 3 BGB; zur Problematik der sog. Zwangsbehandlung siehe gleich unten). Das Verfahrensrecht verlangt in diesen Fällen gem. § 298 FamFG zwingend die persönliche Anhörung des Betroffenen, die Bestellung eines Verfahrenspflegers sowie die Einholung eines Sachverständigengutachtens und orientiert darüber hinaus noch auf die Anhörung weiterer Beteiligter, etwa naher Angehöriger oder Vertrauenspersonen (§ 274 Abs. 4 FamFG).

Gleichwohl ist die Anwendung von § 1904 BGB in der Praxis schwierig, weil das Gesetz keine Maßstäbe für den Grad der Gefährlichkeit von bestimmten Untersuchungen, Behandlungen oder Eingriffen vorgibt (zu Rechtsprechungsfällen vgl. Palandt/Götz § 1904 Rn. 8 ff.). Besondere Relevanz erlangt die Vorschrift bei der Ablehnung bzw. dem Abbruch lebensverlängernder bzw. lebenserhaltender Maßnahmen bei schwersten Hirnschädigungen oder am Lebensende (hierzu: BGH 17.3.2003 – XII ZB 2/03, BGHZ 154, 205). Hat der einwilligungsunfähige Patient bereits zu einem früheren Zeitpunkt im Rahmen einer **Patientenverfügung** (§ 1901 a BGB) in bestimmte Behandlungen schriftlich eingewilligt bzw. diese untersagt, so ist der Betreuer, nachdem er festgestellt hat, dass die eingetretene Lebenssituation auf die Verfügung zutrifft, an die Festlegung des Betroffenen gebunden. Eine solche Bindungswirkung tritt zwar für Ärzte nicht unmittelbar ein; sie ergibt sich jedoch faktisch aus den Empfehlungen der Bundesärztekammer und der Zentralen Ethikkommission bei der Bundesärztekammer zum Umgang mit Vorsorgevollmachten und Patientenverfügungen (Deutsches Ärzteblatt 2010, 879). Liegt keine Patientenverfügung vor, so hat der Betreuer den mutmaßlichen Willen des Betroffenen zu ermitteln, um seine Entscheidungen entsprechend treffen zu können.

■ § 1905 BGB, **Sterilisation:** Die Einwilligung in eine Sterilisation steht nicht nur unter Richtervorbehalt (§ 1905 Abs. 2 BGB), sondern für sie ist auch eigens ein besonderer Betreuer zu bestellen, dem keinerlei andere Aufgaben zu erfüllen obliegen darf (§ 1899 Abs. 2 BGB). Dies gilt auch dann, wenn eine Betreuung „für alle Angelegenheiten" übertragen wurde. Zusätzlich sind in das Genehmigungsverfahren ein Verfahrenspfleger und ein Sachverständiger einzubeziehen (§ 297 Abs. 5 und 6 FamFG). Jedoch kann auch dann der Betreuer die Einwilligung erst erteilen, wenn feststeht, dass der oder die Betroffene (auch die Sterilisation von Männern fällt unter § 1905 BGB, Bt-Ds 11/4528, 79 vom 11.5.1989) selbst nicht einwilligen kann und hierzu auch dauerhaft außerstande bleiben wird. Darüber hinaus müssen die weiteren von § 1905 Abs. 1 BGB geforderten Voraussetzungen vorliegen, die absichern, dass die Sterilisation unter keinen Umständen gegen den Willen des oder der Betroffenen, also zwangsweise, erfolgt. Es kommt daher auch nicht auf die Fähigkeit zur freien Willensbildung an; vielmehr ist bereits der natürlich geäußerte Wille, der auf eine Ablehnung der Maßnahme hindeutet, beachtlich. In diesem Zusammenhang mag es angebracht sein, darauf zu verweisen, dass vor Inkrafttreten des BtG nach Schätzungen jährlich mehr als 1.000 Sterilisationen an einwilligungsunfähigen Behinderten vorgenommen worden sind (Bt-Ds 11/4528, 74), während im ersten Jahr unter dem BtG (1992) lediglich zwei Sterilisationen durch die damaligen Vormundschaftsgerichte genehmigt wurden (2011: 41 gerichtliche Sterilisationsgenehmigungen). Weitere gesetzliche Voraussetzung für eine richterliche Genehmigung einer entsprechenden betreuerischen Einwilligung wäre, dass davon ausgegangen werden müsste, dass es bei unterbliebener

Sterilisation auch tatsächlich zu einer Schwangerschaft käme. Diese wiederum müsste im Falle ihres Eintritts zu einer Lebensgefahr oder der Gefahr einer schweren Beeinträchtigung des körperlichen, aber auch des seelischen Gesundheitszustandes der Schwangeren führen. Hierzu zählt, wie § 1905 Abs. 1 S. 2 BGB ausdrücklich feststellt, auch die Gefahr der Trennung des Kindes von der Mutter wegen Gefährdung des Kindeswohls (§§ 1666, 1666 a BGB; vgl. § 12). In jedem Fall ist die Einwilligung des Betreuers eine Ultima-ratio-Entscheidung, die nur getroffen werden darf, wenn weder die Gefährdungen, die aus der Schwangerschaft resultieren, anders abgewendet werden können noch die Schwangerschaft selbst auf andere zumutbare Weise, etwa durch Kontrazeptiva, verhindert werden kann.

▪ **§ 1906 BGB, Unterbringung, unterbringungsähnliche Maßnahmen, Zwangsbehandlung.** Gemeint ist hier die privatrechtliche Unterbringung mit Freiheitsentziehung durch den Betreuer, nicht die öffentlich-rechtliche Unterbringung, deren Voraussetzungen in den landesrechtlichen Unterbringungs- bzw. Psychiatriegesetzen geregelt sind. Eine Freiheitsentziehung liegt vor, wenn die Bewegungsfreiheit des Betreuten räumlich begrenzt ist, die Überwindung dieser Begrenzung durch physische Mittel kontrolliert und verhindert wird und die Überwindung dieser Kontrollen in zumutbarer Weise nicht möglich ist (sogenannte „Düsseldorfer Formel", OLG Düsseldorf 2.11.1962–3 W 362,383/62, NJW 1963, 398). Unter den Genehmigungsvorbehalt fallen auch die in § 1906 Abs. 4 BGB genannten unterbringungsähnlichen Maßnahmen. Zu ihnen gehören insbesondere das Fixieren und das Medikamentieren mit dem Ziel, den Betreuten am Verlassen eines Aufenthaltsortes zu hindern. Eine Unterbringung mit Freiheitsentziehung setzt schon wegen Art. 104 Abs. 2 GG eine richterliche Entscheidung voraus. Dies gilt auch für die sogenannte privatrechtliche Unterbringung im Rahmen des Betreuungsrechts (BVerfG 10.2.1960–1 BvR 526/53, 1 BvR 29/57, BVerfGE 10, 302). Deshalb ist sie überhaupt nur in zwei Fallgruppen zulässig: bei Gefahr der Selbsttötung oder Selbstzufügung eines erheblichen gesundheitlichen Schadens, § 1906 Abs. 1 Nr. 1 BGB, sowie bei einer Untersuchung, Heilbehandlung oder einem ärztlichen Eingriff, deren Notwendigkeit der Betroffene aufgrund seiner Behinderung oder psychischen Erkrankung nicht erkennen kann, § 1906 Abs. 1 Nr. 2 BGB. In allen anderen Fällen ist die Anordnung einer geschlossenen Unterbringung nicht zulässig.

Ist jedoch eine Unterbringung rechtmäßig erfolgt, dann ist in ihrem Rahmen unter den engen Voraussetzungen von § 1906 Abs. 3 und 3 a BGB auch eine Zwangsbehandlung möglich. Die Neuregelung, die zum 26.2.2013 in Kraft getreten ist, wurde notwendig, weil der BGH unter Aufgabe seiner bisherigen Rechtsprechung in seiner Entscheidung vom 20.6.2012 (XII ZB 130/ 12) zu dem Ergebnis gekommen war, dass ein Eingriff in ein so hohes Verfassungsgut wie die körperliche Integrität nur auf der Grundlage eines Gesetzes zulässig sei. Gestützt wird dies auf zwei Entscheidungen des BVerfG aus dem Jahr 2011 (BVerfG 23.3.2011–2 BvR 882/09, FamRZ 2011, 1128 und 12.10.2011–2 BvR 633/11, FamRZ 2011, 1927), wonach auch im strafrechtlichen Maßregelvollzug eine Zwangsbehandlung nur auf der Grundlage eines Gesetzes zulässig ist (inzwischen auch: BVerfG 20.2.2013–2 BvR 228/12). Hiernach ist die Einwilligung eines Betreuers in eine Zwangsbehandlung unter der Voraussetzung einer gerichtlichen Genehmigung nur möglich, wenn

- der Betreute selbst die Notwendigkeit der ärztlichen Maßnahme trotz vorangegangener Erklärungsversuche krankheits- oder behinderungsbedingt nicht zu erkennen vermag,
- die ärztliche Zwangsmaßnahme notwendig ist zur Abwendung eines erheblichen gesundheitlichen Schadens, dem durch andere zumutbare Maßnahmen nicht begegnet werden kann und
- der durch die Zwangsbehandlung zu erwartende Nutzen die durch sie hervorgerufenen Beeinträchtigungen deutlich überwiegt.

16 In allen anderen Fällen besteht gerade auch für psychisch kranken Menschen die bereits erwähnte „Freiheit zur Krankheit".

17 Verfahrensrechtlich sind Unterbringung und Zwangsbehandlung, wie auch unterbringungsähnliche Maßnahmen, den Unterbringungssachen zugeordnet (§ 312 Nr. 1 und 2 FamFG). Zum einen ist damit klargestellt, dass Zwangsbehandlungen nur im Rahmen einer Unterbringung, und nicht etwa ambulant, erfolgen dürfen. Zum anderen gelten hier noch einmal besonders verstärkte Verfahrensgarantien, z.B. – neben der Bestellung eines Verfahrenspflegers (§ 317 FamFG), der Einholung eines Gutachtens (§ 321 FamFG) und der Anhörung des Betroffenen (§ 319 FamFG) – auch die verpflichtende Anhörung sonstiger Beteiligter (§ 320 FamFGi.V.m. § 315 Abs. 4 FamFG), Regelungen zur Dauer der Unterbringung (§§ 329, 333 FamFG) sowie erweiterte Möglichkeiten der Beschwerde (§§ 335 f. FamFG). Gleichzeitig sind in § 319 Abs. 6 und 7 FamFG aber auch Regelungen zur Anwendung unmittelbarer Gewalt oder zum gewaltsamen Eindringen in die Wohnung des Betroffenen zu finden.

- § 1907 BGB – Beendigung des **Mietverhältnisses**: Da die Rehabilitation von Behinderten nach einem Klinikaufenthalt nicht unwesentlich davon abhängt, dass sie wieder in ihre vertraute Umgebung zurückkommen, hat der Gesetzgeber auch für die Aufgabe der Mietwohnung einen Genehmigungsvorbehalt vorgesehen.

2. Die Rechtsstellung des Betreuers

18 Da es sich um Betreuung im rechtlichen Sinne handelt, ist der Betreuer innerhalb des Aufgabenkreises, für den er bestellt wurde, der gesetzliche Vertreter des Betreuten (§ 1902 BGB). Seine sich hieraus ergebenden Befugnisse unterliegen jedoch gesetzlichen Einschränkungen. Die nachhaltigste Einschränkung, die sich jedoch allein auf das **Innenverhältnis** zwischen Betreuer und Betreutem bezieht, folgt aus dem allgemeinen Grundverständnis der Betreuung und besteht nach § 1901 BGB in der zentralen **Pflicht des Betreuers,** sich am Wohl des Betreuten zu orientieren und auf dessen Wünsche, Vorstellungen usw. einzugehen (Seitz BtPrax 2005, 170 ff.; Tenter BtPrax 2007,

55 ff.). Allerdings haben die Wünsche des Betreuten nur dann Vorrang, wenn sie tatsächlich Ausdruck seines Selbstbestimmungsrechts sind (BGH 22.7.2009 – XII ZR 77/06). Beschränkungen im **Außenverhältnis** ergeben sich zunächst aus dem **höchstpersönlichen** Charakter bestimmter Angelegenheiten. Hierzu zählt etwa die Aussage als Beschuldigter/Angeklagter im Strafverfahren, die Ausübung des Sorgerechts als Elternteil, die Wahrnehmung des Umgangs mit dem Kind, die Vaterschaftsanerkennung (§ 1595 Abs. 2 BGB) usw. In den genannten Fällen ist der Betreute uneingeschränkt handlungsfähig. Dies ist er auch dort, wo nicht auf die Geschäftsfähigkeit abgestellt wird: So kann er eine Ehe oder eingetragene Lebenspartnerschaft eingehen und bleibt auch grundsätzlich testierfähig (vgl. § 1903 Abs. 2 BGB). Insbesondere für den Bereich der Vermögenssorge ordnet weiterhin § 1908 i BGB mit Verweis auf einschlägige Vorschriften des Vormundschaftsrecht (vgl. § 16 II.) entsprechende Beschränkungen (gesetzliche Vertretungsausschlüsse, Entziehung der Vertretungsmacht, gerichtliche Genehmigungen von Rechtsgeschäften) an. Darüber hinaus geht vor allem von den oben (§ 17.III.1) besprochenen gerichtlichen Genehmigungsvorbehalten eine Beschränkung der Vertretungsmacht des Betreuers aus.

Die Rechtstellung des Betreuers als gesetzlicher Vertreter ist zunächst noch kein Hinweis auf die Geschäftsunfähigkeit des Betreuten. Diese müsste vielmehr nach § 104 Nr. 2 BGB ausdrücklich festgestellt werden. Nur in diesem Fall sind seine Willenserklärungen nichtig (§ 105 Abs. 1 BGB) und der Betreuer vertritt ihn innerhalb seiner Aufgabenkreise in allen Angelegenheiten im Rechtsverkehr. Eine Ausnahme bilden in diesem Fall nur Geschäfte des täglichen Lebens i.S.v. § 105 a BGB, die mit geringwertigen Mitteln bewirkt werden können (z.B. Erwerb von Kleidung, Nahrung, Genussmitteln; anderes kann allerdings bei Alkoholismus oder krankhaftem Kaufdrang gelten). Hier ist der von einem Geschäftsunfähigen geschlossene Vertrag wirksam, sobald Leistung und Gegenleistung (soweit vereinbart) bewirkt sind. **19**

Außerhalb dieser Fallgestaltung der Geschäftsunfähigkeit kann der Betreute auch weiterhin selbst in den Bereichen, für die ein Betreuer bestellt wurde, selbstständig Rechtsgeschäfte abschließen, aus denen heraus er berechtigt und verpflichtet wird. Dabei kann es zu einer **Konkurrenz zwischen Betreutem und Vertretungsbefugnis des Betreuers** kommen, wenn beide Erklärungen unterschiedlichen Inhalts abgeben. In diesen Fällen gilt regelmäßig das zeitlich frühere Rechtsgeschäft. Wird durch die Willenserklärungen des Betreuten allerdings seine Person oder sein Vermögen erheblich gefährdet, so kann das Betreuungsgericht nach § **1903 BGB** anordnen, dass derartige Willenserklärungen des Betreuten nur noch mit Einwilligung des Betreuers abgegeben werden dürfen (**Einwilligungsvorbehalt**). Die bezeichnete Situation liegt z.B. dann vor, wenn der Betreute anderenfalls Gefahr liefe, in einem psychiatrischen Krankenhaus untergebracht zu werden, lebensbedrohlich zu erkranken, seine Wohnung zu verlieren oder aber erhebliche Vermögenseinbußen etwa dadurch hinnehmen zu müssen, dass er unnütze oder jedenfalls ungünstige Verträge abschließt oder sich wegen Vertrags- **20** verletzung schadensersatzpflichtig macht. Auch der Einwilligungsvorbehalt führt entsprechend der Grundintention des Betreuungsrechts nicht zur Geschäftsunfähigkeit. Allerdings kann seine Anordnung ein Hinweis, wenn auch freilich noch kein sicheres Indiz, für ihr Vorliegen sein. Jedenfalls macht er in der Praxis Sinn, wenn der Betroffene nicht immer und nicht zweifelsfrei geschäftsfähig ist (HK-BGB/Kemper 2009 § 1903 Rn. 5).

21 Auch der Einwilligungsvorbehalt ist nach dem Grundsatz der Erforderlichkeit so eng wie möglich zu fassen. Deshalb wird die Anordnung eines vollständigen Einwilligungsvorbehaltes ebenso ausnahmsweise erfolgen wie die Betreuung in allen Angelegenheiten.

3. Finanzielle Ansprüche des Betreuers

22 Ein besonderes Problem der rechtlichen wie auch der rechtspolitischen Auseinandersetzung waren und sind die finanziellen Ansprüche der Betreuer. Wie zu Beginn dieses Kap. zu sehen, war die Kostenentwicklung der Betreuervergütungen dann auch wesentlicher Anlass für das 2. BtÄndG. Geregelt sind die Aufwendungen und Vergütungen durch den Verweis des § 1908 i BGB auf die entsprechenden Vormundschaftsbestimmungen der §§ 1835–1836 e BGB und dort wiederum durch den Verweis des § 1836 Abs. 1 BGB auf das **VBVG**. Der Grundsatz besteht in der unentgeltlichen Führung der Betreuung, § 1836 Abs. 1 S. 1 BGB. Jedoch besteht ein Anspruch auf **Aufwendungsersatz** (Kosten für Porto, Kopien, Fahrtkosten, Versicherung für Schäden, die der Betreute, der Betreuer oder ein Dritter erleidet, für Tätigkeiten Dritter, z.B. Rechtsanwälte, gezahlte Entgelte), § 1835 BGB. Der ehrenamtliche Betreuer kann alternativ eine **pauschale Aufwandsentschädigung** in Höhe des 19fachen des Höchstbetrages der Zeugenentschädigung (z.Z. 17 €) verlangen, § 1835 a BGB. Mit bestimmten Einschränkungen steht der Aufwendungsersatz gemäß §§ 7 Abs. 1, 8 Abs. 2 VBVG auch Betreuungsvereinen und Betreuungsbehörden zu. Etwas anderes gilt, wenn die Betreuung einem **Berufsbetreuer** übertragen wurde. Dabei ist durch das Gericht zunächst festzustellen, dass es sich überhaupt um eine berufliche Betreuung handelt. Dies ist nach § 1 Abs. 1 S. 2 VBVG dann der Fall, wenn der Betreuer mehr als 10 Betreuungen führt oder die Führung der Betreuung voraussichtlich nicht weniger als 20 Std. wöchentlich in Anspruch nimmt. Der Berufsbetreuer hat gem. § 1836 Abs. 1 S. 2 BGB einen Anspruch auf Vergütung, deren Höhe sich nach den §§ 4 f. VBVG richtet. Ausgangsgröße für deren Höhe sind zunächst die aus den jeweiligen Bildungsabschlüssen abgeleiteten Fachkenntnisse des Betreuers, aus denen sich Stundensätze zwischen 27 und 44 € ergeben. Diese werden dann mit im Gesetz festgelegten Stundenpauschalen multipliziert, in denen der Betreuungsaufwand in Abhängigkeit von drei Grundannahmen ermittelt wurde:

- Betreuungen sind zu Beginn zeitaufwendiger als im späteren Verlauf;
- die Betreuung vermögender Betreuter ist zeitaufwendiger als die mitteloser Betreuter;
- die Betreuung eines in einem Heim wohnenden Betreuten ist weniger zeitaufwendig als wenn der Betreute außerhalb eines Heimes wohnt.

Aufwendungen, die der Berufsbetreuer zu machen hat, sind in diesen Stundenpauschalen bereits abgegolten. Ausgenommen ist hiervon nur der Ersatz für berufliche Dienste. Einen Vorteil von dieser Regelung hat vor allem der anwaltliche Berufsbetreuer. 23

Anders als der Vereinsbetreuer selbst erhält aber der Betreuungsverein auch eine Vergütung (§ 7 VBVG). Bei der **Betreuungsbehörde** dagegen müsste das Betreuungsgericht zunächst das Vorliegen besonderer Umstände des Einzelfalles feststellen, bevor es ausnahmsweise eine Vergütung bewilligt (§ 8 VBVG). 24

IV. Verfahrensfragen

Das Verfahren kann jede natürliche oder juristische Person anregen (§ 24 FamFG); der Betroffene selbst hat ein Antragsrecht (§ 1896 Abs. 1 BGB). § 276 **FamFG** legt fest, dass zur Interessenwahrnehmung den Betroffenen ein **Verfahrenspfleger** vom Gericht zu bestellen ist, wenn dies erforderlich ist. Der Verfahrenspfleger hat die Aufgabe, die Interessen des Betroffenen wahrzunehmen, ihn im Verfahrensverlauf beratend und erklärend zu begleiten und zu unterstützen sowie seine Wünsche und seinen Willen dem Gericht zur Kenntnis zu bringen. Von seiner Bestellung kann nur unter den engen Voraussetzungen des Abs. 3 abgesehen werden. Die Bestellung eines Verfahrenspflegers ist insbesondere dann erforderlich, wenn von der persönlichen Anhörung des Betroffenen, die ansonsten nach § 278 **FamFG** obligatorisch ist, wegen einer drohenden gesundheitlichen Gefahr (§ 278 Abs. 4 FamFG i.V.m. § 34 Abs. 2 FamFG) abgesehen wird. Sie ist regelmäßig erforderlich, wenn eine Betreuung für alle Angelegenheiten beabsichtigt ist. 25

Darüber hinaus ist die persönliche Anhörung des Betroffenen schon wegen seines grundrechtsgleichen Rechts auf rechtliches Gehör nach Art. 103 Abs. 1 GG von herausragender Bedeutung. Deshalb darf auch die Entscheidung, von einer Anhörung wegen zu befürchtender negativer gesundheitlicher Folgen abzusehen (§ 34 Abs. 2 FamFG), nur auf der Grundlage eines ärztlichen Gutachtens getroffen werden. In der Anhörung geht es auch darum, sich einen persönlichen Eindruck vom Betroffenen in einer Situation zu schaffen, die es erlaubt, die Wünsche und den Willen des Betroffenen wahrzunehmen. Im Übrigen sieht § 279 Abs. 1 BGB auch die Möglichkeit der Anhörung weiterer Beteiligter vor. Um auch auf fachlicher Ebene sicherzustellen, dass eine Betreuung erforderlich ist, ist nach § 280 **FamFG** vorgeschrieben, dass eine Betreuung erst angeordnet werden darf, wenn ein entsprechendes Sachverständigengutachten eingeholt worden ist. Hierauf kann nur in den in § 281 FamFG genannten Fällen ver- 26 zichtet werden; dann bedarf es aber zumindest eines ärztlichen Zeugnisses. Die Betreuungsbehörde muss nach gegenwärtig noch geltendem Recht nicht zwingend, sondern nur in den gesetzlich vorgesehenen Fällen des § 279 Abs. 2 FamFG einbezogen werden. Dies wird sich jedoch mit dem 4. BtÄndG zum 01,07.2014 ändern.

27   Wird eine Betreuung bestellt, so hat das Gericht entsprechend § 1896 BGB und nach § 286 FamFG eine sogenannte **Einheitsentscheidung** zu treffen, also nicht nur die Betreuung als solche anzuordnen, sondern zugleich den Aufgabenkreis zu benennen, den Betreuer zu bestellen und den Zeitpunkt der Überprüfung der Entscheidung festzulegen. Der ehrenamtliche Betreuer, der nur eine Betreuung führt, wird gemäß § 289 **FamFG** in einem Verpflichtungsgespräch auf sein Amt als Betreuer verpflichtet und in die damit verbundenen Aufgaben eingewiesen.

28   Gegen die Entscheidung des Betreuungsgerichts ist das Rechtsmittel der Beschwerde (§§ 58 ff. FamFG) und gegen die Entscheidung des Beschwerdegerichts, dies ist hier das Landgericht, das Rechtsmittel der Rechtsbeschwerde (§§ 70 ff. FamFG) zum BGH gegeben. Die Rechtsbeschwerde, die ansonsten nur statthaft ist, soweit sie vom Beschwerdegericht oder dem Oberlandesgericht zugelassen wurde, bedarf gerade in Betreuungssachen in den meisten und grundlegenden Fällen (§ 70 Abs. 3 FamFG) dieser Zulassung nicht.

Weiterführende Literatur

Damrau/ Zimmermann 2011 Fröschle 2009; Pardey 2009 Schmidt/Bayerlein/Mattern/ Ostermann 2011; Jürgens/Kröger/Marschner/Winterstein 2011; Deinert/Walther 2006; Bienwald/Sonnenfeld/Hoffmann 2011; Probst 2009;

Ausklang

§ 18. Von der gesetzgeberischen Bevormundung zur Mündigkeit – alles in Ordnung?

Seit dem Bestehen des BGB hat sich viel geändert. Die Entwicklung von Ehe und Familie wird über die Jahre hinweg als Deinstitutionalisierung, Pluralisierung und Individualisierung (vgl. § 1 I.) beschrieben. Auf der Rechtsebene hat das Familienrecht kontinuierliche Änderungen erfahren, es lässt sich als eine Geschichte der Veränderungen (vgl. § 2 III.) beschreiben. Blickt man auf das Jahr 1900 zurück, so ist im Familienrecht nur noch weniges unverändert geblieben. Diese Rechtsänderungen zeigen eine bestimmte Linie: Ging das BGB **1900** von „gefestigten Vorstellungen" über das Zusammenleben von Mann und Frau, über die Verhältnisse von Eltern und Kindern aus und kam deswegen zu klaren rechtlichen, **institutionellen Vorgaben** für Ehen und Familien, so ist die Gestaltung der Verhältnisse zwischen Mann und Frau, zwischen Eltern und Kindern zunehmend der Autonomie der Beteiligten – genauer: der Erwachsenen – überlassen worden. Diese Entwicklung „Vom Status zur Realbeziehung" (Schwenzer 1987) bzw. „Vom vorgegebenen gesetzlichen Leitbild zur autonomen Gestaltung" (Münder FuR 1992, 191 ff.) geht so weit, dass von einer Auflösung des Familienrechts gesprochen und danach gefragt wird, ob sich überhaupt noch von einem Familienrecht reden lässt (vgl. § 2 IV.). 1

Diese langsamen, aber kontinuierlichen Entwicklungen zeigen sich besonders deutlich in den Gesetzesänderungen. Gesetzesänderungen bedürfen parlamentarischer Mehrheiten. Damit handelt es sich um Entwicklungen und Änderungen, die politisch gewollt und gesellschaftlich akzeptiert sind. Sie werden als Fortschritt und Weiterentwicklung gesehen. Und es ist ja in der Tat Autonomie und Emanzipation für Ehefrauen, Mütter, Kinder, auch für Männer, wenn sie durch rechtliche Regelungen nicht mehr auf bestimmte Aufgaben, auf bestimmtes Verhalten, auf bestimmte Funktionen festgelegt werden. Wenn es ihnen selbst als einzelnen Individuen überlassen bleibt, wie sie ihre privaten Beziehungen, ihre Lebensverhältnisse in der Ehe, ihre Lebenssituation im Verhältnis Eltern und Kinder gestalten wollen. 2

Diese über nun ein Jahrhundert verlaufende Entwicklung aber hat – wie eine Medaille – stets zwei Seiten: Nicht nur eine glänzende Vorderseite mit mehr Autonomie, mit der Loslösung aus bevormundenden Regelungen, mit der Anerkennung von Selbstständigkeit und individueller Entscheidung, sondern auch eine schattige Rückseite mit dem Verlust an Sicherheit, mit der Aufgabe von Berechenbarkeit und mit dem Abbau von sorgenden und fürsorglichen Bestimmungen. 3

4 Sicher ist es positiv zu würdigen, dass

- das Gesetz im Eherecht nicht mehr Rollen für die Ehefrau fest- und vorschreibt,
- die Scheidung nicht mehr Terrain schmutzigen Wäschewaschens, sondern in weitem Umfang einer einvernehmlichen – Regelung der Beteiligten zugänglich ist,
- die elterliche Sorge bei Scheidung nicht mehr automatisch (ob die Eltern es wollen oder nicht) von den Gerichten geregelt wird, sondern es zunächst der Autonomie der Eltern überlassen bleibt, was hier passiert,
- bei nichtehelichen Kindern nicht mehr von Gesetzes wegen (und auch gegen den Willen der Mutter) Amtspflegschaft eintritt, sondern nur dann, wenn gewünscht, das Jugendamt Beistand wird,
- bei nicht verheirateten Eltern die gemeinsame elterliche Sorge möglich wird.

5 Nicht zu übersehen ist aber auch, dass

- die Scheidung zu einem „einseitigen" Kündigungsakt geworden ist, mit dem auch eine Verweigerung partnerschaftlichen Diskurses einhergehen kann,
- Scheidungsfolgen abdingbar der Disposition überlassen sind und damit auch die Schwächeren, Unerfahreneren schutzloser werden können,
- die Vereinbarungen über die elterliche Sorge bei Trennung eine Angelegenheit der Erwachsenen ist, und so das Kindeswohl auf der Strecke bleiben kann,
- es in der Hand der Mutter liegt, ob für ihr nichteheliches Kind die Vaterschaft festgestellt, Unterhalt eingetrieben oder ob das Kind insofern rechtlos gestellt wird.

6 Das Positive und Begrüßenswerte an dieser Entwicklung ist, dass der Staat hinsichtlich der Beziehungen zwischen Erwachsenen, hinsichtlich des Eltern-Kind-Verhältnisses die Bevormundung durch das BGB von 1900 zurückgefahren hat und damit auch im Familienrecht akzeptiert hat, dass mündige Bürger ihre Angelegenheiten – zunächst – selbst regeln können. Nachdenklich stimmt dabei, dass damit auch der Verlust von Schutz, die Aufgabe wohlmeinender und an vielen Stellen verständlicher Fürsorglichkeit verbunden ist. Die bevormundenden Elemente waren es, die die Reformer beflügelten, die Veränderung des Familienrechts voranzutreiben. Der damit möglicherweise verbundene Verlust an Schutz einzelner Familienmitglieder ist es, der Anlass zum Nachdenken gibt.

7 Im 19. Jahrhundert wurde bei der Etablierung der bürgerlichen Rechtsordnung im allgemeinen Zivilrecht (nicht im Familienrecht) die grundsätzliche rechtliche Akzeptanz dessen, was autonome Bürger (und Bürgerinnen) wollten und rechtlich vereinbarten, gegen den obrigkeitsstaatlichen Staat durchgesetzt. Dies – die rechtliche Akzeptanz des individuellen Wollens – hat jetzt auch das Familienrecht erreicht. Das Leitbild der bürgerlichen Rechtsordnung des 19. Jahrhunderts, der selbstständige Bürger als gesellschaftliches Subjekt und sein rechtliches Spiegelbild, das autonome Rechtssubjekt im Zivilrecht, war jedoch nicht voraussetzungslos. Dieses Konzept setzt Lebensverhältnisse von Bürgern voraus, in denen sie sich entfalten, in denen sie Autonomie entwickeln und realisieren können und in denen sie über ökonomische Rah-

menbedingungen verfügen, um citoyen (im Übrigen: nicht bourgeois) zu sein. Nur: die Bedingungen waren und sind nicht bei allen Menschen so, dass sie in Verhältnissen leben, die die völlige Entfaltung des autonomen Bürgers erlauben. So war die Entwicklung des allgemeinen Zivilrechts im 20. Jahrhundert auch zu einem erheblichen Teil dadurch gekennzeichnet, dass Schutzrechte und Sozialrechte für die Situationen entwickelt wurden, in denen sich zwar rechtlich-formal Gleiche gegenüberstanden, aber in der Realität ökonomisch Ungleiche begegneten.

Wenn nun im Familienrecht die Individualität der einzelnen Angehörigen von Ehe und   8
Familie betont wird, so fragt sich: Wie kann unter veränderten, rechtlichen Bedingungen sichergestellt werden, dass nicht abstrakt von rechtlich-formalen Gleichen ausgegangen wird, obwohl in der Rechtstatsächlichkeit sich Ungleiche gegenüberstehen? Insofern gehört wohl nicht allzu viel Phantasie dazu, sich im Familienrecht eine ähnliche Entwicklung vorzustellen, wie sie im allgemeinen Zivilrecht stattgefunden hat. Und wenn es um die Umsetzung von Schutz für Schwächere geht, um die Etablierung des Schutzgedankens im Familienrecht, so wird dies wiederum nur über rechtliche Regelungen zu erreichen sein. Damit geht mit der Entregelung zugleich eine Verrechtlichung einher. Ein banales Beispiel: Wenn die Eltern höhere Autonomie hinsichtlich der elterlichen Sorge nach Trennung haben (und damit in größerem Umfang auch nach der Trennung gemeinsame elterliche Sorge etablieren können), dann bedarf es zusätzlicher rechtlicher Regelungen, wie unter solchen Bedingungen die alltägliche Ausübung der elterlichen Sorge funktionieren kann (vgl. § 13 III.).

Und so lässt sich mit dem Abbau von Rechtsbestimmungen, die den Familienmitglie-   9
dern Vorgaben machten, zugleich ein wachsender Bedarf an Rechtsregelungen feststellen, die den einzelnen Individuen Rechte, Schutzpositionen u.ä. einräumen. Diese Regelungen finden sich nicht immer unmittelbar im Familienrecht des BGB. So entstanden die ersten diesbezüglichen Regelungen – die wohl nicht zufälligerweise mit dem Ende monarchistischer und dem Beginn republikanischer Staatsformen in Deutschland einhergingen – außerhalb des Familienrechts des BGB: Zu nennen sind – abgesehen von den für das Familienrecht wichtigen Grundrechten der Weimarer Verfassung (Art. 119 ff. WV) – etwa das Gesetz über die religiöse Kindererziehung von 1921 (vgl. § 10 IV.) oder das 1922 verabschiedete RJWG, das nunmehr als Kinder- und Jugendhilfegesetz im SGB VIII Teil des Sozialrechts geworden ist, und sich umfassend mit der Sozialisation, Förderung, Erziehung und Bildung von Kindern und Jugendlichen befasst. Aber auch im Familienrecht selbst finden sich (der Entregelung entgegengesetzte) Verrechtlichungen: z.B. die umfassenden Bestimmungen über den Versorgungsausgleich (vgl. § 4 IV.), z.B. die notwendig gewordenen Regelungen bei gemeinsamer elterlicher Sorge für miteinander nicht verheiratete Eltern (vgl. § 10 III.), z.B. die wesentlich zahlreicheren Bestimmungen über die Betreuung anstelle der übersichtlichen Bestimmungen über die Vormundschaft über Volljährige (vgl. § 17). Besonderen Niederschlag findet der Schutzgedanke im Verfahrensrecht des FamFG:

Schon allein, dass das dem Untersuchungsgrundsatz und der richterlichen Aufklärung verpflichtete FamFG in Sorgerechtsangelegenheiten Anwendung findet anstelle der ZPO, macht dies deutlich; umfangreiche Anhörungsvorschriften, bis hin zum Verfahrensbeistand (vgl. § 12 V. 2.), gehen in die gleiche Richtung.

10 Insofern wird die Entwicklung des Familienrechts von der durch den Gesetzgeber festgelegten Gestaltung von Ehe und Familie hin zur autonomen Gestaltung von Ehe und Familie durch die Beteiligten nicht das Ende der Rechtsentwicklung des Familienrechts sein. Angesichts der – langfristig wohl nicht reversiblen – Deinstitutionalisierung, Pluralisierung und Individualisierung erscheint es notwendig, dafür zu sorgen, dass das Familienrecht nicht zu einem reinen Individualrecht wird. Orientiert an und ausgehend von den realen Lebensverhältnissen der Beteiligten gilt es, dafür zu sorgen, dass reale Ungleichheit, individuelles Unterlegensein nicht auf dem Altar einer formalen Autonomie geopfert, sondern zum Anlass genommen wird, hieran anknüpfend Rechtsregelungen für die schutzbedürftigen, individuellen Familienmitglieder zu schaffen. Dies ist notwendig, damit das Familienrecht nicht 125 Jahre später das Verdikt ereilt, das Otto von Gierke 1889 über das Privatrecht allgemein gefällt hat, nämlich dass ihm der „Tropfen sozialistischen Oeles" fehle.

Literaturverzeichnis

Achinger, H. (1963): Sozialpolitik und Wissenschaft, Stuttgart 1963

Altrogge, A. (2007): Umgang unter Zwang: Das Recht des Kindes auf Umgang mit dem umgangsunwilligen Elternteil, Bielefeld 2007

Andrae, M. (2006): Internationales Familienrecht, 2. Auflage, Baden-Baden 2006

Balloff, R. (2004): Kinder vor dem Familiengericht, München 2004

Balloff, R./ Koritz, N. ((2006): Handreichung für Verfahrenspfleger, Stuttgart 2006

Bange, D. (1994): Die dunkle Seite der Kindheit: Sexueller Missbrauch an Mädchen und Jungen, Ausmaß, Hintergründe, Folgen, 2. Aufl., Köln 1994

Beck, U. (1986): Risikogesellschaft. Auf dem Weg in eine andere Moderne, Frankfurt/M., 1. Aufl., 1986

Beck, U./Beck-Gernsheim, E. 1996: Das ganz normale Chaos der Liebe, Frankfurt/M., 1996

Behlert, W. (2011): Schulisches Erziehungsrecht und Verantwortung für das Kindeswohl. In: Fischer, J./Buchholz, Th./Merten, R. (Hrsg), Kinderschutz in gemeinsamer Verantwortung von Jugendhilfe und Schule, Wiesbaden 2011, S. 65 ff.

Bernau, F. (2005): Die Aufsichtshaftung der Eltern nach § 832 BGB im Wandel, Berlin, 2005

Bienwald, W./Sonnenfeld, S./Hoffmann, B. (2011): Betreuungrecht, Kommentar 5. Aufl., Bielefeld 2011

Bieritz- Harder, R. u.a. (Hrsg) (2012): Sozialgesetzbuch XII. Sozialhilfe. Lehr- und Praxiskommentar. 9. Auf., Baden-Baden 2012

Bieritz-Harder, R./Conradis, W./Thie, S.. (2012); Sozialgesetzbuch XII, Sozialhilfe. Lehr- und Praxiskommentar, 9. Aufl., Baden-Baden 2012 (Zitierweise Bearbeiter in LPK-SGB XII)

Blanke, K./Ehling, M./Schwarz, N. (1996): Zeit im Blickfeld. Ergebnisse einer repräsentativen Zeitbudgeterhebung (Schriftenreihe des BMFS Band 121), Stuttgart u.a. 1996

Borchardt, K.-D. (2010): Das ABC des Rechts der Europäischen Union, Luxemburg 2010

Borchert, J. (1989): Innenweltzerstörung, Frankfurt/Main 1989

Borchert, J. (1995): Das »Gleichgewicht des Ganzen«. Zur Notwendigkeit einer familienpolitischen Struktur des Sozialstaates, in: Lücker-Aleman 1995, 38 ff.

Borth, H. (2011): Praxis des Unterhaltsrechts, 2. Aufl., Bielefeld 2011

Bowlby, J. (2005): Frühe Bindung und kindliche Entwicklung, 5. Aufl., München 2005

Brassard, M./Hardy, D. (2002): Psychische Misshandlung, in: Helfer/Kempe/Krugmann 2002, 585 ff.

Brudermüller, G. (2008): Geschieden und doch gebunden? Ehegattenunterhalt zwischen Recht und Moral , München 2008

Bruns, M. /Kemper, R. (2005): Lebenspartnerschaftsrecht – Handkommentar, 2. Auflage, Baden-Baden 2005

Bundesministerium für Familien und Senioren (Hrsg.) (2011: Familien mit Migrationshintergrund, Berlin 2011

Bundesministerium für Familien und Senioren (Hrsg.) (2012): Familienreport 2012, Berlin 2012

Bundesministerium für Familien und Senioren (Hrsg.) (2013): 14. Kinder- und Jugendbericht. Berlin 2013

Buske, Sybille v. (2004): Fräulein Mutter und ihr Bastard. Eine Geschichte der Unehelichkeit in Deutschland 1900 – 1970, Diss. Göttingen 2004

Centwell, H. (2002): Kindesvernachlässigung – ein vernachlässigtes Thema, in: Helfer/Kempe/Krugmann 2002, 515 ff.

Coester, M. (1983): Das Kindeswohl als Rechtsbegriff, Frankfurt/M. 1983

Conradis, W. (1996): Die Systematik der subsidiären Sozialleistungen und die Ausgestaltung des Unterhaltsregresses, Frankfurt/Main 1996

Damrau, J./Zimmermann, W. (2011): Betreuungsrecht, 4. Aufl., Stuttgart 2011

Däubler, W. (2008): BGB kompakt, 3. Aufl., München 2008

Deinert, H./Walther, G. (2006): Handbuch Betreuungsbehörde, Köln 2006

Dethloff, N. (2012): Familienrecht, 30. Aufl., München 2012

Dettenborn, H. (2010): Kindeswohl und Kindeswille, 3. Aufl., München/Basel 2010

Dettenborn, H./Walter, E. (2002): Familienrechtspsychologie, München, Basel 2002

Dienel, Ch. (2002): Familienpolitik. Gesamtdarstellung der Handlungsfelder und Probleme, Weinheim und München 2002

Doering-Striening, G. (2007): Die sozialen Rechte der jungen Familien, Baden Baden 2007

Ehinger, U./Griesche, G./Rasch, I. (2008): Handbuch Unterhaltsrecht, 5. Auflage, Köln 2008.

Ernst, R. (1993): Die Vater-Kind-Zuordnung aufgrund der Ehe der Mutter. Eine vergleichende Darstellung des deutschen und französischen Rechts, Frankfurt am Main u.a. 1993

Ernst, R./Höflich, P. (2008): Rechtliche Grundlagen, in: Mathias Schwabe, Zwang in der Heimerziehung? Chancen und Risiken, München 2008, S. 170 ff.

Eschenbruch, K. /Schürmann, H. /Menne, M. (Hrsg.) (2013): Der Unterhaltsprozess. Praxishandbuch des materiellen und verfahrensrechtlichen Unterhaltsrechts, 6. Auflage, Köln 2013

Esser, J. /1970): Vorverständnis und Methodenwahl in der Rechtsfindung, Frankfurt a.M. 1970

Fegert, J. u.a. (2001): Umgang mit sexuellem Missbrauch, Münster 2001

Felix, D. (2012): Familienlastenausgleich, in: v. Maydell, B./Ruland, F./Becker, U. (Hrsg.), Sozialrechtshandbuch (SRH), Baden-Baden 2012, § 13

Fichtner, J. (2006): Konzeptionen und Erfahrungen zur Intervention bei hoch konflikthaften Trennungs- und Scheidungsprozessen-Exemplarische Praxisprojekte, München 2006

Fieseler, G./Herboth, R. (2011): Recht der Familie und Jugendhilfe, 7. Aufl., Neuwied/Kriftel 2011

Frankfurt a.M.

Fröschle, T. (2009): Studienbuch Betreuungsrecht, 2. Aufl., Köln 2009

Fthenakis, W. E. u.a. (1982): Ehescheidung, München u.a. 1982

Fuchsloch, C./Scheiwe, K. (2007): Leitfaden Elterngeld München 2007

Garbe, R./Ullrich, Ch. (2009): Verfahren in Familiensachen, 2. Aufl., Baden-Baden 2009

Gerhard, U. (Hrsg.) (1997): Frauen in der Geschichte des Rechts, München 1997

Gerhard, U./Limbach, J. (1988): Rechtsalltag von Frauen, Frankfurt/M. 1988

Gerlach, I. (2009): Familienpolitik, 2. Aufl., Wiesbaden 2009

Gernhuber, J./Coester-Waltjen, D. (2010): Lehrbuch des Familienrechts, 6. Aufl., München 2010

Gierke, v. O. (1889): Die soziale Aufgabe des Privatrechts, Vortrag gehalten am 05.04.1889 in der juristischen Gesellschaft zu Wien, Wien 1889

Glatzer, W. (1997): Nichteheliche Lebensgemeinschaften. Bundesinstitut für Bevölkerungswissenschaften (Hrsg.): Material zur Bevölkerungswissenschaft Heft 89, Wiesbaden 1997

Goldstein, J. u.a. (1988): Das Wohl des Kindes, Frankfurt/M. 1988

Götsche, F. / Rehbein, F. / Breuers, Chr.: Versorgungsausgleichsrecht. Handkommentar, Baden-Baden 2012

Grandel, M. / Stockmann, R.: Stichwortkommentar Familienrecht. Alphabetische Gesamtdarstellung. Materielles Recht/Verfahrensrecht, 1. Auflage, Baden-Baden 2012

Greven-Aschoff, B. (1981): Die bürgerliche Frauenbewegung in Deutschland 1894–1933, Göttingen 1981

Grziwotz, H. (2006): Nichteheliche Lebensgemeinschaft, 4. Aufl., München 2006

Hammer, S. (2004): Elternvereinbarungen im Sorge- und Umgangsrecht. Theoretische Grundlagen und praktische Lösungen für Vereinbarungen von Eltern in vorsorgenden Ehe- und Partnerschaftsverträgen sowie bei der Regelung von Trennungs- und Scheidungsfolgen, Bielefeld 2004

Hase, F. (2003): Sozialversicherung und Familie zwischen sozialem Augleich und staatlicher Verantwortung, in: DRV-Schriftenreihe, Band 46, Frankfurt/M. 2003

Hebeler, T.. (2012): Ausbildungsförderung, in: v. Maydell, B./Ruland, F./Becker, U. (Hrsg.), Sozialrechtshandbuch (SRH), Baden-Baden 2012, § 31

Heidel, T. / Hüßtege, R. / Mansel, H.-P. / Noack, U. (Hg.): BGB. Band 1: Allgemeiner Teil / EGBGB. Kommentar, 2. Auflage, Baden-Baden 2012

Heilmann, S. (1998): Kindliches Zeitempfinden und Verfahrensrecht, Neuwied/Kriftel 1998

Heinsohn, G./Knieper, R. (1974): Theorie des Familienrechts, Frankfurt/M. 1974

Helfer, M./Kempe, R./Krugmann, R. (Hrsg.) (2002): Das misshandelte Kind, Frankfurt/M. 2002 (Übersetzung der 5. Auflage aus dem Amerikanischen von The Battered Child)

Helms, T. / Kieninger, J. / Rittner, Chr.: Abstammungsrecht in der Praxis. Materielles Recht, Verfahrensrecht, Medizinische Abstammungsbegutachtung, Bielefeld 2010

Helms, Tobias (1999): Die Feststellung der biologischen Abstammung. Eine rechtsvergleichende Untersuchung zum deutschen und französischen Rechts, Berlin 1999

Henrich, D. (2000): Internationales Familienrecht, 2. Aufl., Frankfurt/M. 2000

Hettlage, R. (1998): Familienreport. Eine Lebensform im Umbruch, 2. Aufl. München 1998

Hirsch, M. (1965): Entzug und Beschränkung des elterlichen Sorgerechts, Berlin 1965

Hoffmann-Riem, C. (1998): Das adoptierte Kind. Familienleben mit doppelter Elternschaft, 4. Aufl., München 1998

Höger, J. (2005): Die gerichtliche Kontrolle von Unterhaltsvereinbarungen im Eherecht, Berlin 2005

Jarras, H.D./ Pieroth, B. (2012) Grundgesetz für die Bundesrepublik Deutschland. Kommentar, 12. Aufl., München

Jayme, E./Hausmann, R. (2012): Internationales Privat- und Verfahrensrecht: Textausgabe, 16. Aufl., München 2012

Jeand'Heur, B. (1993): Verfassungsrechtliche Schutzgebote zum Wohl des Kindes und staatliche Interventionspflichten aus der Garantienorm des Art. 6 Abs. 2 Satz 2 GG, Berlin 1993

Jestaedt, M. (2008): Staatlicher Kinderschutz und das Grundgesetz-Aktuelle Kinderschutzmaßnahmen auf dem Prüfstand der Verfassung. In: Lipp, V. et al. (Hrsg.): Kinderschutz bei Kindeswohlgefährdung-Neue Mittel und Wege?, Göttingen 2008

Johannsen, K. H./Henrich, D. (2010): Familienrecht, 5. Auflage, München 2010

Jürgens, A./Kröger, D./Marschner, R./Winterstein, P. (2011): Betreuungsrecht kompakt,
7. Auflage, München 2011

Kammerloher-Lis, S. (1999): Die Entstehung des Gesetzes über die religiöse Kindererziehung vom 15. Juni 1921, Frankfurt/M. u.a.1999

Kant, I. (1797): Die Metaphysik der Sitten. Werkausgabe, Bd. VIII (Hrsg. Weischedel, W.),

Kaufmann, F.-X. (1995): Zukunft der Familie im vereinten Deutschland, München 1995

Kempner, R./Schreiber, K. (2012): Familienverfahrensrecht. Handkommentar. 2. Aufl., Baden-Baden 2012

Kennerknecht, C. (1995): Kosten und Aufwendungen der Kindererziehung, in: Lücker-Aleman 1995, 109 ff.

Kessler, R. (1994): Methoden der praktischen Rechtsanwendung – Rechtstechnik, in: Kreft/Münder u.a. 1994, 111 ff.

Kimminich, O./ Hobe, St. (2008): Einführung in das Völkerrecht, 7. Aufl., Tübingen und Basel 2008

Klussmann, R.W. (1995): Das Kind im Rechtsstreit der Erwachsenen, 2. Aufl., München/Basel 1995

Kropholler, J. (2004): Internationales Privatrecht, 5. Aufl., Tübingen 2004 Lempp, R. (1983): Gerichtliche Kinder- und Jugendpsychiatrie. Ein Lehrbuch für Ärzte, Psychologen und Juristen, Bern/Stuttgart/Wien 1983

Lempp, R. (1989): Die Ehescheidung und das Kind, 4. Aufl., München 1989

Lenz, K. (2003): Familie- Abschied von einem Begriff? Erwägen, Wissen, Ethik 3, 485 – 498

Lipp, V./Schumann, E./Veit, B. (2008), Kindesschutz bei Kindeswohlgefährdung – neue Mittel und Wege, Göttingen 2008

Lücker-Aleman, K. (Hrsg.) (1995): Familienförderung oder -ausbeutung?, Münster 1995

Manssen,G. (2013): Staatsrecht II, 10. Aufl., München 2013

Markefka, M./Nave-Herz, R. (Hrsg.) (1989): Handbuch der Familien- und Jugendforschung, Band 2: Jugendforschung, Neuwied/Frankfurt M. 1989

Marx, A. (2011): Familienrecht für soziale Berufe: Ein Leitfaden mit Beispielfällen, Mustern und Übersichten, Köln 2011

Maydell, B.v./Ruland, F. (Hrsg.) (2012): Sozialrechtshandbuch, 5. Aufl., Baden-Baden 2012

Menger, A. (1974): Das bürgerliche Recht und die besitzlosen Volksklassen, 4. Aufl., Tübingen 1908 (reprographischer Nachdruck Darmstadt 1974)

Meysen, T. u.a. (Hrsg.) (2009): Das Familienverfahrensrecht-FamFG, Köln 2009

Migrationsbericht (2011); Bundesamt für Migration und Flüchtlinge, Berlin 2011

Müller, C. (2012): Der Rückgriff gegen Angehörige von Sozialleistungsempfängern, 6. Aufl., Baden Baden 2012

Müller, G./Renner, T. (2005): Betreuungsrecht und Vorsorgeverfügungen in der Praxis, Recklinghausen 2005

Münchener Kommentar zum Bürgerlichen Gesetzbuch. (Hrsg. Rebmann, K./Säcker F. J.) (2010), Band 8, Familienrecht II (§§ 1589–1921), 6. Aufl., München 2010

Münder, J. (1995): Die Zukunft des Familienlastenausgleichs, in: Lücker-Aleman 1995, 20 ff.

Münder, J. (1998): Alleinerziehende im Recht, 2. Aufl. Münster 1998

Münder, J. (2005): Umgangsrecht – wessen Recht?, in: Bub, W.-R. u.a. (Hrsg.): Zivilrecht im Sozialstaat, Festschrift für Peter Derleder, Baden-Baden, 2005, 565 ff.

Münder, J. (Hrsg.) (2011): SGB II – Grundsicherung für Arbeitssuchende, Lehr- und Praxiskommentar, 5. Aufl., Baden Baden 2013 (Zitierweise Bearbeiter in LPK-SGB II)

Münder, J. /Trencek, Th: (2011): Kinder- und Jugendhilferecht, 7. Aufl., Neuwied 2011

Münder, J. u.a. (2013): Frankfurter Kommentar zum SGB VIII, 7. Aufl., Baden- Baden 2013 (Zitierweise: Bearbeiter in Münder u.a. FK-SGB VIII)

Münder, J./ Mutke, B. u.a. (2007): Die Praxis des Kindschaftsrecht in Jugendhilfe und Justiz, München 2007

Münder, J./Hannemann, A./Bindel-Kögel, G./Stötzel, M./Fazekas, R. (2009): Verfahrenspflegschaft – Innovation durch Recht, Münster 2009

Münder, J./Mutke, B./Schone, R. (2000): Kindeswohl zwischen Jugendhilfe und Justiz, Münster 2000

Münder, J./Slupik V. (1984): Rechtliche Diskriminierung von Mädchen und jungen Frauen im Sozialisationsbereich, in: Münder, J. u.a.: Rechtliche und politische Diskriminierung von Mädchen und Frauen, Opladen 1984, 9 ff.

Nave-Herz, R, (2012): Familie heute: Wandel der Familienstrukturen und die Folgen für die Erziehung, 5. Aufl., Darmstadt 2012

Nave-Herz, R./Markefka, M. (Hrsg.) (1989): Handbuch der Familien- und Jugendforschung, Band 1: Familienforschung, Neuwied/Frankfurt (M.) 1989

Nell-Breuning, O. v. (1969): Zwischen Arbeitslosigkeit und Überbeschäftigung, in: (Hrsg. Blind, A. von) Festgabe für Hans Achinger anlässlich seines 70. Geburtstags am 5. Okt. 1969, Berlin 1969, 185 ff.

Oberloskamp, H. (2010): Vormundschaft, Pflegschaft und Beistandschaft bei Minderjährigen, 3. Aufl., München 2010

Oeter, F. (1989): Der unsoziale Sozialstaat, München/Basel 1989

Palandt/Bearbeiter (2013): Bürgerliches Gesetzbuch, Kommentar, 72. Aufl. München 2013

Pardey, K.-D. (2009): Betreuungs- und Unterbringungsrecht in der Praxis, 4. Aufl., Baden- Baden

Paulitz, H. (Hrsg.) (2006): Adoption, 2. Aufl. München 2006

Peukert, R. (2012): Familienformen im sozialem Wandel, 8. Aufl., Wiesbaden 2012

Probst, M. (2009): Betreuungs- und Unterbringungsverfahren für die Praxis der Gerichte, Anwälte, Behörden und Betreuer, 2. Aufl., Berlin 2009

Proksch, R. (2002): Rechtstatsächliche Untersuchung zur Reform des Kindschaftsrechts, Köln 2002

Raffelhüschen, B./Walliser, J. (1997): Was hinterlassen wir zukünftigen Generationen? Ergebnis der Generationenbilanzierung, in: Knappe, E./Winkler, A. (Hrsg.): Sozialstaat im Umbruch, Frankfurt a. Main/New York 1997, 65 ff.

Rauscher, Th. (2012): Internationales Privatrecht, 4. Auflage, Heidelberg 2012

Richter, R. u.a. (2007): Die sozialen Rechte der jungen Familie, Baden Baden 2007

Röchling, W. (1997): Vormundschaftliches Eingriffsrecht und KJHG unter besonderer Berücksichtigung der »öffentlichen Hilfen« nach § 1666 a Abs. 1 BGB, Neuwied 1997

Romahn, H. (2006): Reform der monetären Familienpolitik – Notwendigkeit und Optionen, in. Altenhammer, J./Klammer, U. (Hrsg.): ehe und Familie in der Steuerrechts- und Sozialordnung, Tübingen 2006

Rouka, S. (1996): Das Selbstbestimmungsrecht des Minderjährigen bei ärztlichen Eingriffen, (diss. jur), Frankfurt a.M. 1996

Ruland, F. (1973): Familiärer Unterhalt und Leistungen der sozialen Sicherheit, Berlin 1973

Sachsse, C./Tennstedt, F. (1982): Familienpolitik und Gesetzgebung: Die juristische Regelung der Familie, in: Kaufmann 1982, 87 ff.

Salgo, L. (1987): Pflegekindschaft und Staatsintervention, Darmstadt 1987

Salgo, L. (1993): Der Anwalt des Kindes, Köln 1993

Salgo, L. (2010): Verfahrensbeistandschaft, 2. Auflage, Köln 2010

Salgo, L. (Hrsg.) (2002): Verfahrenspflegschaft für Kinder und Jugendliche, Köln 2002

Sartorius, U./Bubeck, T. (2004): Sozialrecht in der arbeitsrechtlichen und familienrechtlichen Praxis, 2. Aufl., Baden-Baden 2004, 155 ff.

Schlauß, S. (2005): Das neue Gesetz zum internationalen Familienrecht, Köln 2005

Schleicher,H. (2010): Jugend- und Familienrecht, 13. Auflage, München 2013

Schlüter, W. (2012): BGB Familienrecht, 14. Aufl., Heidelberg/Karlsruhe 2012

Schmidt, G./Bayerlein, R./Mattern, C./Ostermann, J. (2011): Betreuungspraxis und psychiatrische Grundlagen, 2. Aufl., Köln 2011

Schone, R. u.a. (1997): Kinder in Not, Münster 1997

Schone, R./Wagenblass, S. (2010): Wenn Eltern psychisch krank sind...: kindliche Lebenswelten und institutionelle Handlungsmuster, 3. Auflage, Münster 2010

Schreiber, W. (1955) Existenzsicherheit in der industriellen Gesellschaft, Köln 1955

Schröder, R./Bergschneider, L. (2007): Familienvermögensrecht, 2. Auflage, Bielefeld 2007

Schulte-Bunert, K. / Weinreich, G. (2012): Kommentar des FamFG, 3. Auflage, Köln 2012

Schulze,R. u.a. (2012): BGB- Handkommentar, 7.Aufl. Baden- Baden 2012

Schwab, D. (1982): Zur zivilrechtlichen Stellung der Pflegeeltern, des Pflegekindes und seiner Eltern – rechtliche Regelungen und rechtspolitische Forderungen, in: Verhandlungen des Deutschen Juristentages 1982, Band I, A 63

Schwab, D. (2012): Familienrecht, 20. Aufl., München 2012

Schwab, D./Vaskovics, L (2011): Pluralisierung von Elternschaft und Kindschaft: Familienrecht, -soziologie und –psychologie im Dialog. ZfF Sonderheft 8, Leverkusen und Berlin 2011

Schwarz, K. (1989): Weniger Kinder – weniger Ehen – weniger Zukunft? (Schriftenreihe der Deutschen Liga für das Kind e.V. Band 19), 2. Aufl., Neuwied 1989

Schwenzer, I. (1987): Vom Status zur Realbeziehung, Baden-Baden 1987

Schweppe, K. (2001): Kindesentführungen und Kindesinteressen, Münster 2001

Simitis, S. (1974): Das »Kindeswohl« – neu betrachtet, in: Goldstein u.a. 1974, 95 ff.

Simitis, S. (1975 a): Zur Situation des Familienrechts – über einige Prämissen, in: Simitis/ Zenz Band 1, 1975, 15 ff. (1975 a)

Simitis, S. (1975 b): Zur Situation der elterlichen Sorge, in: Simitis/Zenz Bd. 2. 1975, 66 ff. (1975 b)

Simitis, S. u.a. (1979): Kindeswohl, Frankfurt/M. 1979

Simitis, S./Zenz, G. (1975): Seminar: Familie und Familienrecht, 2 Bände, Frankfurt/M. 1975

Statistisches Bundesamt (2004 b): Leben und Arbeiten in Deutschland. Ergebnisse des Mikrozensus 2003, Wiesbaden 2004

Statistisches Bundesamt (2013 a): Statistik der Kinder- und Jugendhilfe. Statistik der Pflegeerlaubnis, Pflegschaften, Vormundschaften, Beistandschaften, Sorgerecht, Sorgeerklärungen, Wiesbaden 2013

Statistisches Bundesamt (2013 b): Statistik der Kinder- und Jugendhilfe. Statistik der Adoptionen, Wiesbaden 2013

Staudinger, J. von/Bearbeiter (1993): Kommentar zum Bürgerlichen Gesetzbuch mit Einführungsgesetz und Nebengesetzen, 13. Aufl., Berlin 1993 ff.

Steele, B. (2002): Psychodynamische und biologische Aspekte der Kindesmisshandlung, in: Helfer/Kempe/Krugmann 2002, 114 f.

Stegmaier, P. (2011): Recht und Normativität aus soziologischer Perspektive. In: Krüper, J. (Hrsg.), Grundlagen des Rechts, Baden-Baden 2011

Trenczek, Th./Tammen, B./Behlert, W. (2011): Grundzüge des Rechts, 3. Auflage, München und Basel 2011

Tzschaschel, H.-U. (2005): Vereinbarungen bei nichtehelichen Lebensgemeinschaften, 4. Aufl., Heidelberg 2005

Vaskovics, L./Rupp, M. (1995): Partnerschaftkarrieren. Entwicklungspfade nichtehelicher Lebensgemeinschaften, Opladen 1995

Vaupel, H. (1999): Die Familienrechtsreform in den 50er Jahren im Zeichen widerstreitender Weltanschauungen, Baden-Baden 1999

Viefhues, W./Mleczko, K. (2008): Das neue Unterhaltsrecht 2008, 2. Aufl., Münster 2008

Völker, M./Clausius, M. (2012): Sorge- und Umgangsrecht, 5. Auflage, Bonn 2012

Wallerstein, J./Lewis, J./Blakeslee, S. (2002): Scheidungsfolgen – die Kinder tragen die Last. Eine Langzeitstudie über 25 Jahre, Münster 2002

Weber, C./Zitelmann, M. (1998): Standards für VerfahrenspflegerInnen, Neuwied 1998

Weiden, K. v. d. (1991): Das Stiefkind im Unterhaltsrecht und im Recht der elterlichen Sorge (Diss. jur.), Mainz 1991

Wellenhofer, M. (2011): Familienrecht, 2. Aufl., München 2011

Wellenhofer-Klein, M. (2003): Die eingetragene Lebenspartnerschaft, München 2003

Wendl, Ph. / Dose, H.-J. (Hg.): Das Unterhaltsrecht in der familienrichterlichen Praxis, 8. Auflage, München 2011

Wesel, U. (2007): Fast alles was Recht ist. Jura für Nichtjuristen, 8. Aufl., Frankfurt/M. 2007

Wiemer, E. (2007): Inhaltskontrolle von Eheverträgen – Eine kritische Auseinandersetzung mit der Kernbereichslehre des BGH, Bielefeld 2007

Yerlikaya, H.: Zwangsehen. Eine kriminologisch-strafrechtliche Untersuchung, Baden-Baden 2012

Zacher, H.F. (2001): Elternrecht. In: Isensee, J./Kirchhof, P. (Hrsg.). Handbuch des Staatsrechts, Bd. IV, 2. Aufl., Heidelberg 2001, S. 267 ff.

Zahn-Harnack, A. (1928): Die Frauenbewegung, Berlin 1928

Zeidler, W. (1984): Zeitgeist und Rechtsprechung, in: Zeidler, W. u.a. (Hrsg.): Festschrift Hans Joachim Faller, München 1984, 145 ff.

Zenz, G. (1979): Kindesmisshandlung und Kindesrechte, Frankfurt/M. 1979

Zitelmann, M. (2001): Kindeswohl und Kindeswille im Spannungsfeld von Pädagogik und Recht, Münster 2001

Stichwortverzeichnis

Die **erste Zahl** (Fettdruck) verweist auf den Paragrafen. Die **zweite Zahl** (mager) verweist auf die Randnummer.